作者简介

    王成金 中国科学院地理科学与资源研究所副研究员, 硕士生导师。2002年获人文地理学硕士学位, 2005年获人文地理学博士学位, 2005~2008年做博士后工作, 2008年至今在中国科学院地理科学与资源研究所任职。长期以来,主要从事经济地理学与区域发展的研究工作, 主要研究领域为交通运输地理学,尤其是在港口体系和现代物流网络等方面有着浓厚的研究兴趣。曾主持国家自然科学基金委员会、全国博士后管理委员会、国家发展和改革委员会、地方政府等资助的多项项目,已经发表学术论文60多篇,参编著作十多部。

国家自然科学基金项目"港航企业的物流网络整合及
对港口体系的影响机制"（批准号：41171108）成果

交 通 运 输 地 理 与 区 域 发 展

集装箱港口网络
形成演化与发展机制

王成金　著

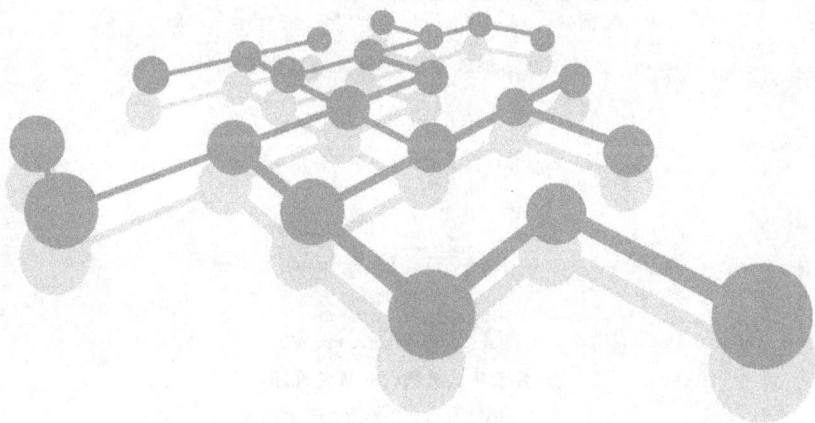

科学出版社
北　京

内 容 简 介

　　港口是国家和区域发展的战略性基础设施，构建合理的港口体系和航运网络是保障全球贸易和国内贸易高效发展的基础。本书从多种空间尺度，系统阐述了集装箱港口网络体系的发展过程，总结了一般性演化规律，剖析了航运网络的空间组织特征，揭示了枢纽港的发展机制，重点考察了新时期下新生因素对集装箱港口发展的作用机理。全书共分为十四章。第一章为绪论；第二章至第七章为全球尺度的集装箱港口研究，重点阐述了集装箱港口体系演化过程、航运网络组织、枢纽港识别和发展机理；第八章至第十三章为中国尺度和区域尺度的集装箱港口研究，重点分析了集装箱港口网络体系结构、发展演化、航运网络和区域性发展特征及模式；第十四章为研究结论及展望。

　　本书可供相关领域的学者和规划工作者以及交通部门的管理决策者提供参考。

图书在版编目（CIP）数据

集装箱港口网络形成演化与发展机制 / 王成金著 . —北京：科学出版社，
2012

ISBN 978-7-03-035602-4

Ⅰ. 集… Ⅱ. 王… Ⅲ. 集装箱码头–网络系统–研究–中国
Ⅳ. U656.106

中国版本图书馆 CIP 数据核字（2012）第 223508 号

责任编辑：刘 超 李 敏/责任校对：包志虹
责任印制：钱玉芬 / 封面设计：耕者设计

科 学 出 版 社 出版

北京东黄城根北街 16 号
邮政编码：100717
http://www.sciencep.com

北京京华虎彩印刷有限公司 印刷

科学出版社发行 各地新华书店经销

*

2012 年 9 月第 一 版 开本：B5（720×1000）
2017 年 4 月第二次印刷 印张：22 3/4
字数：435 000

定价：128.00 元

（如有印装质量问题，我社负责调换）

序　一

20 世纪 80 年代以来，随着经济全球化快速推动，世界各国的贸易往来越加频繁。在此过程中，航运业承担了世界贸易流的主要组织和运输任务，尤其是集装箱航运成为各个沿海国家普遍关注的重点。港口也由此成为沿海各国基础设施建设的重中之重，尤其是大型枢纽港或国际航运中心成为许多沿海国家的建设方略。在经济全球化过程中，中国成为世界贸易网络和经济联系的重要节点，对外贸易高速发展。这促使中国集装箱港口日渐增多并且吞吐规模迅速扩大，2011年吞吐量已经占据世界首位，15 个港口进入世界百强的行列，2006 年上海港的集装箱吞吐量超越香港而位居全球第二位，2011 年突破 3000 万标准箱，超越新加坡港而位居全球第一。这些发展均表明了中国港口开始在全球集装箱航运与国际贸易网络中发挥着越来越重要的作用。

在经济全球化的过程中，世界经济体系的空间结构越来越建立在"流"、连接、网络和节点的基础之上。港口的作用日渐超越了传统海陆交界面的交通节点，而汇集更多的功能，如金融、信息、产业等，形成国际物流、客流、信息流和资金流等各种空间流的连接区域，以及综合性交流、集散枢纽。这促使港口城市不但成为世界城市体系中的核心节点和全球社会经济交流的核心节点乃至控制中心，而且成为了全球的战略性区域和各个国家参与国际竞争的门户区域，对提升国家竞争力有着积极的推动作用。这就需要经济地理学者从不同的角度，加强对港口的科学研究。

我所在的中国科学院地理科学与资源研究所一直从事经济地理和空间规划的研究，尤其是经济地理与区域发展室（原称为"工交组"）是中国经济地理和交通地理研究的重要力量。王成金博士是该团队的重要成员，一直从事交通地理领域的研究工作，近年来他以港口体系为主要研究领域，做了大量的研究工作，取得了一些成绩，现在他把研究成果进行了整理并出版，与全国的研究者进行交流。这本书从全球视角，系统刻画了集装箱港口网络的形成、发展过程，解释了其动力机制，并对中国集装箱港口体系的特殊发展特征和机制进行了更深入地解析。这本书在理论和实证上均取得了颇为丰硕的成果，是交通地理领域中值得参考的重要文献。

作为从事经济地理研究的老一辈人，写完这些文字时，我也希望王成金博士能够继续努力，在交通地理领域做出一些令我们值得惊喜的成果，以此鼓励与共勉。

张文尝

2012 年 3 月 11 日于北京奥运村科技园区

序　二

中国科学院地理科学与资源研究所（以下简称"地理所"）在中国交通地理学的研究领域具有突出优势和领先作用，自 20 世纪 50 年代设立"工交组"研究交通问题开始，经过几代人的不懈努力，包括陈航、张文尝等老先生，我本人，王成金博士等中青年学者，以及我的一些学生，形成了比较完善的学科体系和传承性强、科研生命力旺盛的专攻团队。加入该团队的成员，无论先后，在以"科研"作为谋生手段的同时，始终将发展学科、张扬学科作为自己义不容辞的责任，并以"善学者尽其理"的精神确定自己的专攻方向。其中，港口地理的研究一直是由陈航先生承担的，他围绕中国沿海港口的布局和发展形成了一系列的理论与实践成果。但遗憾的是，2000 年陈航老师不幸病逝，地理所的港口研究曾一度中断。

值得高兴的是，王成金博士成为继任者。王成金博士在攻读硕士和博士期间，就已将研究方向定位在交通地理学领域，形成了扎实的研究基础和较强的科研能力。2005 年其博士毕业后申请做我的博士后，加入地理所以交通地理为主要研究领域的创新研究团队。作为我的科研助手，他在承担大量规划任务和其他领域科研项目的同时，始终将交通地理学，尤其是港口的研究作为学术的主攻方向，从这一视角去观察、理解和分析这个变化的世界，希冀形成一定的学术积累。他申请的两个国家自然科学基金项目很好地支撑了他的研究方向。我在组织科研项目时，也将他的研究方向结合进来，为其提供必要的平台。例如，2007年申请的国家自然科学基金重点项目"空间组织与空间效率的基础理论研究"，王成金博士负责"基于运输技术进步的世界集装箱运输网络组织机理研究"专题，主要任务是基于系统论、经济地理学的研究方法和模型，从实证方面探索技术进步对空间组织的影响。

随着经济全球化的持续推进，世界贸易网络不断形成和发展，港口的地位开始日益重要，成为各区域发展的战略性门户，尤其是大型枢纽港或国际航运中心的建设成为许多国家的长期方略，其发展机制与机理是学术研究的焦点和热点。基于长期的研究成果，王成金博士撰写了《集装箱港口网络形成演化与发展机制》这部著作。在该专著中，他系统刻画了全球集装箱港口体系的演化过程与航运网络组织结构，定量识别了集装箱枢纽港及航运组织系统，揭示了各种因素对集装箱港口发展的作用机理及差异，尤其是重点分析了航运企业重组和国际码头企业扩张对集装箱港口体系的影响机制；同时，深入分析了中国集装箱港口体系的演化规律与航运网络组织，对中国各区域性港口体系的发展差异与经典理论模型进行了比较分析，考察了中国集装箱港口体系演化的特殊机制与模式。本著作是近年来中国交通运输地理领域的重要文献和研究成果，它丰富了中国港口地理学的理论研究，对中国集装箱港口的建设也具有较高的指导价值。

　　长期以来，中国科学院地理科学与资源研究所的交通运输地理研究团队形成了大量的理论分析与实证研究，我一直想围绕交通运输地理的研究主题，设计出版一套丛书，丰富充实中国交通运输地理学的理论研究。其中，王成金博士所著的这本书就是其中的一本。看到此书的出版，我非常高兴，并应王成金博士之邀，欣然作此序。同时，也希望王成金博士能够继续在港口地理方面开展更为深入的研究，争取更多的研究成果，这是我对他的一点希望。

　　学科无大小，学术有专攻。只要能科学解释大千世界中繁复神妙的现象就是好学问。无专攻的学者寥寥是全才，多数是庸才，这是我对青年学者的善意忠告。

金凤君

2012 年 5 月 14 日于北京奥运村科技园区

前　言

一

在本书的研究过程中，本人得到了国家自然科学基金委和中国博士后管委会的大力资助。

2006 年，本人获得了中国博士后基金二等资助项目"国际集装箱枢纽港的形成演化机理及对中国的启示"（证书号：2005038112），开始对本书的部分内容进行了初步研究，形成了一些雏形的成果。2008 年，本人获得了国家自然科学基金委的青年基金资助项目"基于城际物流的我国城市关联系统的实证研究"（批准号：40701045），同时参与了金凤君研究员主持的国家自然科学基金重点项目"空间组织与空间效率的基础理论研究"（批准号：40635026），在两个基金项目资助下，对集装箱港口体系进行了一些更为深入的研究。

2011 年，国家自然科学基金委的资助项目"港航企业的物流网络整合及对港口体系的影响机制"（批准号：41171108）获得了批准。在该项目的资助下，基于新的理念和研究方法及技术，本人对集装箱港口体系、枢纽港和航运网络及发展机理进行了更为深入的分析和论证，并按照著作的撰写框架，对所取得的研究成果进行系统化的整理和补充以及数据更新和结论验证等系列工作，最终形成了本书的研究内容与成果。

二

集装箱运输是一场技术革命，始于 20 世纪 20 年代左右，50 年代开始从陆地运输系统推向海上运输系统，逐步成为全球贸易的主要组织方式。集装箱技术推动了世界范围内的港口设施改造与泊位建设，并对全球的港口体系格局、航运网络组织、枢纽港发展产生了深远影响。而改革开放以来，中国成为全球产业转移的重要区域和"世界工厂"，对外贸易迅速发展，集装箱航运业和集装箱港口逐步发展，尤其 90 年代中期以来迅速崛起。中国集装箱港口的迅速发展不但影响了全球的港口体系和航运网络，而且深刻影响了沿海地区的发展和城市建设。

不同的时期，集装箱港口的发展呈现出不同的空间特征，尤其是 20 世纪 90

年代以来随着全球运输管制的日渐放松，欧美等发达国家的集装箱航运业发展缓慢，而新兴工业化国家和发展中国家的集装箱港口建设持续推动、集装箱贸易迅速增长，促使各种新的港口发展特征不断涌现，不同因素或要素对集装箱港口的影响机理和作用程度也发生了巨大变化，而不同区域（如地中海、加勒比海和东亚地区）的港口也因其社会经济环境差异而呈现出不同的特殊发展机制。这种变化为经济地理学者提供了新的科学命题和研究方向，需要在理论上揭示其发展机理与机制，并且对传统港口地理研究的范式、方法及技术产生了挑战。

本书正是基于这种发展背景与科学命题，利用经济地理学的视角与研究理念，从全球和中国两个空间尺度，刻画集装箱港口体系的演化过程和航运网络组织，分析各类因素的影响机制与作用模式，揭示集装箱港口体系发展的一般性规律。尤其是针对中国快速发展的趋势，全面分析中国集装箱港口的发展过程、区域差异与发展机理及未来的变化情景，凝练出反映中国特殊机制的集装箱港口发展模式。

<h1 style="text-align:center">三</h1>

本书共分十四章，核心内容主要分为两部分。

第一章为绪论，主要介绍本研究的背景，回顾评述国内外的研究现状，阐述基本的研究思路。

第二章至第七章为世界尺度内的集装箱港口体系研究。本部分重点对世界范围内的集装箱港口体系结构、空间演化、航运网络组织、枢纽港识别、发展机理等内容进行了深入刻画、分析和论证。具体包括：世界集装箱港口体系的发展演化（第二章），世界集装箱航运网络的空间组织（第三章），集装箱枢纽港识别与空间体系（第四章），集装箱港口的发展演化机理（第五章），航运企业重组对集装箱港口网络的影响（第六章），国际码头企业扩张对集装箱港口网络的影响（第七章）。

第八章至第十三章为中国尺度内的集装箱港口体系研究。本部分重点对中国地区的集装箱港口体系结构、空间演化、航运网络及区域性发展特征进行了深入刻画和分析，并根据各区域性港口体系的发展对既有的经典理论进行验证分析。具体包括：中国集装箱港口体系的发展演化（第八章），中国海上集装箱运输的组织网络（第九章），边缘挑战理论与珠江三角洲实证研究（第十章），现代集装箱港口体系理论与长江三角洲实证（第十一章），国际港航企业重组与中国集装箱港口体系（第十二章），中国集装箱港口体系演化模式与发展战略（第十三章）。

第十四章为研究结论及展望，主要对本书的研究结论和创新点进行了总结，并对未来的研究要点进行了展望。

目　　录

第一章

绪 论

第一节 研究背景与意义

一、研究背景

1. 全球港口集装箱化快速推进

港口是国家或区域的大型基础设施，成为各区域的门户和国际贸易的主要起讫点。自 20 世纪 50 年代，集装箱技术从陆地运输系统推向海上运输系统，港口集装箱化进程不断加快，港口的码头泊位、装卸设施、堆场等基础设施及船舶标准不断和集装箱技术接轨，传统港口实现了技术改造，专业化功能不断增强。目前，全球 600 多个港口开展了集装箱运输，这促使全球集装箱吞吐量迅速增长。1970 年，全球集装箱吞吐量仅为 630 万标准箱（twenty-foot equivalent unit, TEU），1990 年达 7800 万 TEU，2010 年迅速提高到 5.06 亿 TEU，尤其是金融危机之前，全球港口的集装箱吞吐量呈现快速增长的态势。这显示出集装箱技术对传统港口体系和航运组织的巨大影响。但是，全球各地的集装箱化水平存在很大的差异，各港口在全球航运网络中的地位不同且存在不确定性。这需要透视集装箱技术对传统港口发展影响的空间轨迹，考察主要港口在全球航运网络中的地位及变化的时序过程，总结全球集装箱港口形成、发展及演化的一般性规律与发展机理。

2. 世界航运重心不断转移

社会经济要素的分布往往呈现出非均衡性的空间特征，并在时间序列中形成某种空间演进轨迹。全球港口集装箱运输虽然呈现快速发展的态势，但各地存在着很大的差异，集装箱航运的重心地区也不断迁移。在港口的集装箱化早期阶段，北美国家是集装箱运输的重心地区，随后欧洲逐步发展集装箱运输并在规模上逼近北美，在 20 世纪 70 年代中期超越北美而跃居首位；20 世纪 80 年代中期开始，东亚地区的港口集装箱运输超越北美和欧洲，跃居全球首位，成为世界集装箱航运的重心地区；20 世纪 90 年代初期开始，发展中国家的集装箱航运迅速发展，港口吞吐量开始赶超北美和欧洲，尤其是南北航线的发展中地区超越了发达地区。世界集装箱航运重心的空间转移促使全球航运网络组织进行调整，由此对全球集装箱港口体系产生了重大影响，集装箱港口的空间分布、等级结构、职能体系与枢纽港都发生巨大变化。着眼于全球尺度，探讨集装箱航运发展与格局演变的动力机制，深入揭示枢纽港的空间体系、发展机制与发展模式，具有重要的理论意义与应用价值。

3. 中国集装箱港口迅速崛起

改革开放以来，中国经济迅速发展，国际贸易联系不断增强，成为世界经济体系的重要组成部分，这促使中国集装箱航运业迅速崛起。中国港口的集装箱化始于 20 世纪 70 年代初，90 年代中期开始，集装箱吞吐量迅速发展，2003 年达 4800 万 TEU，超越美国而居全球首位，2010 年吞吐量突破 1.46 亿 TEU，其规模和增长率均居全球首位。同时，中国集装箱港口开始迅速崛起，1984 年上海港冲入全球百强而居第 91 位，随后青岛、深圳、大连、天津、广州、厦门、宁波、福州、中山、连云港、营口、苏州、南京、泉州、烟台等 15 个港口先后入围世界百强，如果合计香港和台湾地区的港口（香港、高雄港、基隆港、台中港），则有 20 个港口居全球百强之列。其中，香港连续多年居全球首位，目前居全球第三，而上海港居全球第一，深圳港居全球第四，这表明中国集装箱港口在全球的地位日益突出，并成为世界集装箱航运的重心。基于快速发展的背景和全球视角，探讨中国集装箱港口发展的时序规律、空间体系与区域竞争格局，考察其全球地位与枢纽港的发展层次，可以为中国集装箱港口和枢纽港的建设提供理论指导。

4. 中国集装箱港口面临复杂的发展环境

鉴于中国与发达国家的发展差距，中国港口的集装箱化历程呈现出独特的发展轨迹，并由此决定了中国港口发展的复杂环境。虽然中国集装箱航运和集装箱港口快速崛起，并成为全球航运网络的核心地区，但中国港口面临着复杂的国内环境，许多瓶颈性制约因素仍然存在。而且，周边国家的集装箱港口尤其枢纽港的竞争日趋激烈，并力图对中国形成包围之势，以分流中国集装箱货源，将中国港口沦为支线港或喂给港；而中国港口的国际竞争力相对较低，且枢纽港对国家竞争优势的支撑能力较弱，难以抗争周边国际枢纽港。同时，中国集装箱枢纽港的布局和功能定位仍然较为混乱，存在着一定程度的无序竞争和重复建设，合理而有序的港口体系尚未形成。有鉴于此，从问题导向和全球视角解析中国集装箱港口体系的内部因素与外部环境，探讨中国集装箱港口的发展模式，并制定其发展战略，具有重要的实践意义。

二、研究意义

1. 理论价值

本书研究的主要科学意义和学术价值在于丰富交通地理学和港口地理学的理论体系，具体表现为两方面。

（1）从时间和空间两个角度，系统分析世界集装箱港口的发展演化规律、空间格局与航运网络，尤其对枢纽港进行空间识别，考察集装箱港口和枢纽港的发展机理，尤其重点解析新生因素的影响机制，建立起较为系统的集装箱港口网络研究体系，丰富了港口地理学的理论内容。

（2）从定量评判和空间分析的角度出发，基于图论与复杂网络理论，构筑运输组织空间分析的内容体系和研究方法（包括数理模型与实现技术），利用 TransCad 和 Arcinfo 等软件，对世界航运网络进行评价与解析，并对核心节点——枢纽港进行量化识别与分析，丰富和拓展了交通地理学的理论体系和研究方法。

2. 应用价值

本书研究的主要应用价值，在于为中国集装箱港口体系的优化与枢纽港建设提供理论支撑，具体表现为两方面。

（1）把中国地域纳入到世界研究范畴，考察中国集装箱港口的全球地位，并从全国和区域尺度考察港口体系的时序规律与发展机理，以及发展模式与空间竞争态势，提出未来中国集装箱港口体系的优化策略，这为中国集装箱港口运输体系的空间优化和发展提供了基本的理论支撑。

（2）从全球视角，审视中国集装箱枢纽港的层级体系与国际地位、发展模式、发展机制，以及区域竞争态势，提出未来发展的基本策略，可以为中国国际航运中心的建设提供基本的理论支撑，有助于构建培育国家竞争优势的支点与平台。

第二节 研 究 综 述

20 世纪 50 年代开始，集装箱运输从陆上推向海上，这对世界港口体系的发展和演变产生了深远影响，并成为经济全球化的重要驱动和支撑力量。对此，地理学者给予持续关注，集装箱港口研究开始成为交通地理研究的活跃领域。

一、港口研究范畴

港口地理学是交通地理学的重要研究领域或分支学科，港口在区域发展、国土开发乃至全球贸易网络中有着战略性地位，对区域空间结构的塑造和优化调整有重要影响，长期以来就为地理学者所关注。港口地理学已形成了相对完善的研究体系，而且随着时代背景的变化，其研究范畴不断拓展，研究内容不断深化。关于港口地理学的基本研究范畴，学者们提出了不同的论点。

从理论、时间、空间和学科等角度阐释港口的要素、形态和过程是港口地理学的核心主题，其分析方法主要有形态学和拓扑学；其中，形态学占据了主导地位，实际研究中两类方法则紧密融合。港口地理学中，空间分割是向陆地和向海洋；陆向部分包括城市、工业、交通网络、港口决策与政策制定等；海向部分包括船舶设计、港口选择、贸易形态、前岸（foreland）特征、国际政治等。20 世纪 40 年代之前，港口研究主要是描述港口发展的各类现象，系统的港口形态研究应追溯到 Morgan（1952）的分析，Weigend（1958）提出港口地理学的基本要素为港口、运输、货物、腹地、前岸和航海空间，但缺少形态变化的分析。Bird（1963）将港口作为形态和功能联系的产物，提出了"港口通用模型"即 Anyport 模型，该模型经历了 40 多年的理论和实证挑战（Slack and Wang，2003）。60 年代之后，学者们从单一的港口转向港口体系的历史形态研究，尤其关注殖民地国家的港口体系分析，Taaffe 和 Morril（1963）的先行研究理念曾一度盛行，并引领了 90 年代之前的港口地理认识过程，激发了大量港口形态的历史研究，先后形成了系列修正模型，以理解港口及港口体系的空间变化（Rimmer，1967a；1967b；Hoyle，1968；Hayuth，1981）。拓扑学认为港口是综合交通网络的基础节点，但又跨越区域和国家的发展问题（Alonso，1964；Hoyle and Pinder，1981）；60 年代，该方法将港口控制在规模之内（Chorley and Haggett，1970；Kansky，1963），而 Taaffe 的港口理论则力图构建交通网络的经典时序模型。港口的发展环境变化由全球、国家、地区等各层级因素所决定，不同尺度内港口地理研究的范畴不同。期间，Bird（1980）认为港口地理研究应多元化，形成7个范畴：历史起源、港口区位、区域发展、技术改造、比较分析、未来趋势和世界体系，这种论点融合了各种方法论。该时期，港口地理学的研究范式是港口中心论，相关研究以港口为核心，港口发展的掌控权力取决于港口本身，外部因素的影响较小（表1-1）。

表1-1　港口地理学的传统研究范畴

类型	研究类型	举例
1	港口起源及港口与腹地、前岸的关系研究	Weigend（1958），Bird（1963），Vigarié（1964），Elliott（1969），Hoyle（1968），Hilling（1977）
2	港口区位与经济影响	区位，包含图解：Hoover（1948），Alonso（1964）；投入评价：Omtvedt（1963），Goss（1968），Gilman 等（1977）
3	港口和区域发展	加纳：Taaffe 和 Morril（1963）；加州：Smolensky 和 Ratajczak（1965）；澳洲：Rose（1966）；发展中国家：Weinand（1972）；区域发展和未开发：Smith（1977）
4	技术进步与港口改造	Couper（1972），Mayer（1973）；货柜：Burg（1969），Johnson 等（1971），Gilman 等（1977）；散装货物：Takel（1974）
5	港口或港口前岸的比较研究	Carter（1962），Britton（1965），Ogundana（1970～1971），Robinson（1976）
6	未来趋势与决策研究	Shaffer（1965），Tanner 等（1967），Bird（1980）
7	世界体系与大宗货物	油：Odell（1976）；铁矿：Manners（1971）
8	港口废弃与城市滨水区开发	Hoyle、Pinder（1981），Norcliffe（1981），Hayuth（1982）

资料来源：Hoyle Hilling, 1984

港口理论的研究轨迹一直就不是线性的。集装箱化以来，港口发展面临环境不断变化的压力，自我掌控能力不断下降，港口地理学被迫与时代环境相同步，形成了新的研究范式与领域（Slack，2001）。

（1）港口中心论过分强调港口自身属性，忽视了企业实体的作用；目前，集装箱运输的日益集中和全球化航运组织，传统理论模型难以满足研究需求（Heaver，2002；Notteboom，2002）。近些年来，部分学者提出了以企业为中心的研究范式（Airriess，2001a；Comtois，1999），认为港口不再是命运掌控者，只是被动顺从于外部影响（Willingdale，1984）。随后，部分学者认为应抛弃港口中心论，从港口选择的角度认识港口发展（Slack，1985），而基于制度经济学的研究范式开始质疑港口的空间性，认为企业是港口研究的切入点

（Rimmer，1999）。Olivier and Brian（2006）指出跨国公司是经济地理和港口地理的研究桥梁，可衔接经济地理的企业研究和港口地理的网络分析，尤其亚洲港航企业的分析有助于摆脱西方学者所构建的经典理论；同时，全球港口网络功能的分析促使合作网络方法论的发展，将港口研究脱离空间分析，而侧重于社会人文特征。

（2）行为方法论对港口研究的贡献不能低估，力图将研究焦点从抽象的空间结果转移到过程研究，即基于港口环境演变的决策过程；港口的属性已超越了内在特征，这是拓扑方法无法体现的（Pedersen，2003），并同企业中心论的研究范式相同。企业研究过程引申出行为研究的方法论，问卷调查、访谈等方法在港口和航运企业的早期研究中发挥了重要作用。

（3）20世纪90年代开始，全球的港口私有化进程持续推进，尤其交通设施供给的制度改革促使对制度环境的关注；实证研究尤其东亚的实证分析促使学者们对制度环境的关注，制度成为新的研究趋向。Wang和Slack（2000）、Wang和Olivier（2003）指出制度对港口体系的影响已超越了市场力量，如中国的体制就使港口发展摆脱了Anyport模型所确定的线性形态。Robinson（2002）最近将权力框架作为港口研究的基础，Notteboom和Winkelmans（2001）则力图揭示全球港口管理机构变革的实质。这些工作逐步形成了新的研究范式（Olivier，2006）。

（4）单体港口一直是港口地理学的基础研究单位，但从20世纪末开始，港航企业的地位日显重要，港口研究逐步码头化。同一港口的不同码头的投资经营者不同，货箱和船舶等竞争机制从港口间深入到港口码头间，码头成为空间分析的基础单位（Heaver，1995）。港口研究的空间尺度调整是将港口作为异质空间而不是同质空间，并要求新的港口地理研究视角，Slack和Wang（2003）认为港口码头的地理研究须模式化。这说明港口研究的码头化促使方法论的转变，即从港口到码头和从港口作为经营单位到港口企业的转变（Olivier and Brian，2006）。

（5）港口不仅是一种空间，更是一种经济系统。Robinson（2002）认为港口地理学应关注物流链和价值链，指出港口发展处于物流重组的新环境中即全球化、合作化和私有化，其角色发生了基本变化，如何将这些新的条件概念化，以往研究或概念难以解析现实环境（Olivier and Brian，2006）。但相关研究已开始，以提升港口在全球化和综合物流中的地位，如Janelle和Beuthe（1997）、Hesse和Rodrigue（2004）。

综合来看，港口地理学已形成了相对完善的研究体系，而且随着社会经济环境的变化，港口地理学的研究内容不断拓展，并形成新的研究范式与研究领域，其对时代背景下的理论构建与方法论建设具有重要意义。基于传统研究体系，坚持最新研究范式，解析港口体系内各种要素的空间相互关系，分析全球集装箱港口网络的空间体系、最新现象与发展机制，归纳总结一般性规律与基本空间模式，具有重要的学科价值和实践应用价值。

二、港口演化理论

港口是港口研究的基础点，作为大型基础设施具有内在发展规律，并成为港口地理的基本内容。Robinson（1976）曾定义了5个层级的港口体系，其中，最简单的内部港口体系为所有发生在定义边界内的活动及组织。港口发展模型最早要追溯到区位论，但系统理论的提出要追溯到 Bird 的"港口通用模型"即Anyport 模型。Bird（1963）基于英国河港发展过程的考察，提出了 Anyport 理论，用于说明典型港口的设施拓展，刻画港口发展的时空规律。Bird 将港口分为6个发展阶段。①原始发展阶段；②边际码头扩张阶段；③边际码头细部变化阶段；④港池式码头阶段；⑤专业化阶段。该模型揭示了港口设施建设、功能拓展和技术演进及港口与城市的关系。后来，学者们将该模型应用于澳大利亚、东非、加纳等地，并根据各港的特殊现象和细节对其进行修正，形成了各种变型（Hoyle，1967），但 Anyport 模型已成为港口的基础理论。

外观迥异的港口设施以不同的形态实现港口的基本功能，其变化反映了技术进步与功能演进，集装箱码头的发展进一步推进码头专业化的趋势，部分学者对Anyport 模型进行修正而纳入最新港口特征（Notteboom，2005）。典型变型是Hoyle（1989）提出的 Anyport-type 模型，不仅侧重基础设施的发展，并强调港口和城市的联系，重要方面是旧港区位的重新发展与功能转换。随后，该模型进行了多次修改，但集中在集装箱码头并表现为5方面。①关闭；②扩张；③增加；④巩固或合并；⑤重新发展。Charlier（1992）提出了港口生命周期概念继续对港口进行模型化。Notteboom（2005）认为港口设施的发展呈现3个阶段：①布局阶段；②拓展膨胀阶段；③专业化阶段。

Anyport 模型并非解释所有港口的发展，但为各区域的港口比较提供了简便方式或基础，对大型港口仍有很强的适用性（Bird，1980）。但该模式对港口的海陆向腹地和航运活动考虑较少，解释目前的港口发展仍较为欠缺，地中海和加勒比海中转型港口尤其岛港的发展就对该模型产生巨大挑战（Ridolfi，1999；Notteboom，2006）；同时，物流资源的整合也促使港口在全球物流链和价值链中的地位发生变化，港口的功能须重新定位（Notteboom and Winkelmans，2001；

Heaver et al., 2000; Robinson, 2002)。综上所述，港口发展理论是分析集装箱港口的基本点，探讨港口发展的一般规律与空间机制，有助于深入分析集装箱港口的网络体系，并对分析枢纽港的发展机制有重要意义；同时，考察港口发展的新环境与新因素，有助于完善港口通用理论模型。

三、集装箱港口体系演化理论

港口不是孤立的空间实体，须是一组港口，其等级、功能和空间关系形成港口体系，且随着时间推移而不断改变其形态、功能和地位。港口体系成为港口地理学的核心研究（Hoyle，1999），而集装箱港口体系的理论研究是港口体系的延伸与内涵提升。Wang（1998）认为港口体系研究分为两类，一类是港口体系如何发展，同腹地和集疏运系统如何作用；另一类是个案分析，强调港口与其他港口的枢纽竞争。20世纪70年代，Robinson（1970）针对空间范畴，将港口体系划分为港口内部、港口—陆向腹地、港口—海陆向腹地、区域和世界等5个层级。基于时间维度的港口连续分期成为港口地理学考察港口演化规律的主要途径，各分期的空间特征是重点描述内容。60年代，学者们开始分析港口体系的演化理论，Hilling（1977）、Taaffe和Morril（1963）、Ogundana（1970）、Gilbert和Stanley分别以加纳、尼日利亚、拉丁美洲为研究地区，提出了四阶段和六阶段等港口体系演化理论；Ashin以亚洲为案例把港口和腹地关系划分为3个阶段，Rimmer（1977）对马来西亚的港口体系进行研究，这些研究侧重于发展中国家如何建立枢纽港，强调港口的门户作用，港口体系的研究强调陆向联系。但最典型的是Taaffe模型，考察了海港发展的时空阶段：彼此孤立、干线连接、支线发展、相互联系、联系完善和运输线高度优先连接阶段，该理论深刻影响了港口体系研究，但侧重港口与腹地的联系，而忽视了海上联系。后来，Slack（1990）追加了第七阶段，因多式联运发展，交通走廊的运量继续集聚，而多余节点被淘汰，这在1970~1988年美国港口体系中得到体现。基于Taaffe模型，学者们深入分析港口体系的理论，Haggett将其简化为4个阶段。随后，Rimmer提出了四阶段理论，而Baker则对其修正，形成五阶段理论：孤立分散、集疏运深入、内陆连接与集中化、中心化和扩散化等阶段，该模型重视陆向联系的同时，关注港口海向联系。基于Taaffe模型和Barke模型，Hoyle（1999）提出了五阶段理论，但除内陆干港和港口产业园区的论点外，其他创新较少。

集装箱运输是技术革新，20世纪60年代中期以来，港口逐渐集装箱化，这为港口竞争、港口等级和腹地扩张提供了新的演化动力，其研究是港口体系理论的内涵提升。70年代，部分学者开始分析集装箱港口体系，Barid、Mayer和Slack等关注枢纽港和支线港的分化；80年代末，Hayuth（1988）从海向组织的角度，演绎出集装箱港口体系的演化模型，认为存在前集装箱化、采用、集中、枢纽港中心和边缘挑战5个阶段，该理论弥补了Taaffe模型仅注重陆向联系的不足，深刻影响了港口地理研究。随后，部分学者先后对该理论模型进行修正，以反映部分区域的特殊特征（Wang，1998）；部分学者的研究则证明了某些地区的港口体系日趋集中（Airriess，1989；Starr，1994；Hoyle and Charlier，1995），而部分港口体系则趋于均衡化（McCalla，1999a；Lago and Charlier，2001）。此外，部分学者从港口竞争、港口选择、航运网络和船舶大型化等角度进行了分析，考察影响港口体系集散时序过程的特殊因素（Cullinane et al.，1999；Huybrechts et al.，2002）。近期研究以Notteboom为代表，Notteboom（2005）基于Bird的Anyport模型，结合港口发展新现象，提出了六阶段理论：港口分散化、集疏运深入、内陆连接与集中化、中心化、分散化与离岸枢纽，以及区域化。其他研究主要是补充性或实证分析。同时，王成金和于良（2007）分析了全球集装箱港口体系的演化与发展机制。须指出的是，港口地理学的概念、理论和框架的研究较为缓慢，对港口体系动力机制的研究较少（Robinson，1976；Zalensik，1972），且港口发展路径随着区域环境而改变（Wang，1998）。

以上理论阐释了港口体系演化的基本规律，并在发达国家得到了验证，但随着环境变迁，以上理论渐显弊端。

（1）枢纽港研究尚未得出统一结论，争议较大：枢纽港是否无限制集聚与持续发展；是否有新港替代既有枢纽港，同一区域是否形成双枢纽；枢纽港近域能否形成干线港？

（2）港航市场的新生因素对港口体系的再组织有什么影响，如航运企业重组、国际码头企业扩张等。

（3）以上理论忽视了内河航运，部分枢纽港居江海联运区位，内河喂给对其发展具有深远影响，港口体系理论应考虑内河喂给体系。

（4）以上理论的前提是港口腹地为同一国家，对制度因素的关注较少，分析不同国家的枢纽港竞争时，以上理论缺乏效力（Charlier，1996）；如果存在区域或国家港口规划，尤其在计划体制国家，以上理论的适用性尚须检验，制度对港口体系的影响值得考察（Olivier and Brian，2006）。

（5）以上理论刻画了集装箱技术从最初试验到港口竞争的理想过程，但发达国家和发展中国家的集装箱化进程不一，且同一国家的集装箱化程度也有很大差异，各港口体系处于不同阶段，具有不同特征，以上理论对此未给予关注。

（6）空间尺度对港口体系理论有什么影响，不同尺度上，以上理论是否需要进行修正。

有鉴于此，基于既有港口体系理论，着眼于全球或区域尺度的新兴港航现象，充分考虑制度、集装箱化差异等因素，验证或修正既有港口理论，并依此预测发展趋势，对港口建设有重要指导意义，体现了理论研究的实践应用价值。

四、枢纽港的界定与空间识别

枢纽港是港口体系的核心节点，为港口地理学的重点研究对象。早期的枢纽港研究主要从属于港口体系的分析，这在 Taaffe 和 Morril（1963）、Rimmer（1977）、Hilling（1977）等学者的理论中都有明显体现。20 世纪 60 年代开始，港口研究融入集装箱化的理念，集装箱枢纽港成为核心；70 年代末，Baird 最早发现港口体系存在枢纽港和支线港的分化，而规模经济是其根本原因（Mayer，1978）；Hayuth（1988）根据 70 年代美国集装箱港口的发展提出五阶段理论，枢纽港是核心，尤其边缘挑战的论述主要针对枢纽港，该理论对枢纽港研究产生深远影响。随后，部分学者围绕 Hayuth 理论进行了系列研究，Notteboom（1997）指出集装箱运输促使部分港口规模扩大并形成"load centres"；Starr（1994）提出同质区域可并存双枢纽港；O'Mahony（1998）、Wang 和 Slack（2000）发现枢纽港和喂给港间可形成大型深水直挂港，Rimmer（1999）则认为航运联盟加速了港口的枢纽化进程；90 年代末，Baird（1997）通过研究欧洲集装箱港，建立了枢纽港的发展模式。Marti（1988）对枢纽港进行了等级分类，并指出航运企业分别在全球建立枢纽港或中转基地。而 Gilman（1980）认为超级大港不可能形成，因为大型船舶的规模经济难以超过喂给网络的成本；Suykens（1992）赞同该论点，指出任何港口都难以满足大型枢纽港的条件；部分学者认为多数航运企业经营不同市场，难以均挂靠某港口，促使单一区域难以形成超级枢纽港。Yap 等（2006）认为东亚枢纽港的数量不断扩充，并面临边缘港口的竞争，如香港—深圳、釜山—光阳、上海—宁波。Hayuth（1988）、Slack（1994）认为船舶大型化促使了挂靠系统和枢纽港的选择。Rimmer（1999）认为港口不仅是航运网络节点，而且是航空网络和电信网络的节点，这促使枢纽港的功能再造，融合海陆运输、航空运输和电信等多重网络的枢纽功能。

枢纽港的界定成为地理学者关注的重点问题。Notteboom（1997）和 Baird（2006）设计了枢纽港的界定指标，并对西北欧的枢纽港进行识别。Notteboom 认为枢纽港的界定须考虑集装箱环球航线服务（round-the-world service，RTW）和集装箱流的特征，指出甄选须符合：环球航线服务挂靠的稳定港口，较高的吞吐量和中转量，连续稳定增长；根据此标准，Notteboom 对欧洲枢纽港进行了识别，部分港口在集装箱化前就已存在并较早地采用了该技术，支持"先发优势"的论点，但部分以前不存在或规模较小的港口因强有力的投资、有利的区位和高效的运营效率而成为枢纽港，如阿尔赫拉西斯和马尔萨什洛克。同时，Notteboom（1997）曾界定小港和中等港口，但未能进行定量判别。通过案例地区的研究，Nobottom（1997）发现高规模运量并不一定具备枢纽港的地位，而中转枢纽港青睐于岛港和半岛港。Baird（2006）认为中转枢纽港的界定指标为：干线船舶的航行距离和成本；喂给船舶的航行距离与成本；干线的喂给港口的距离与成本；新旧枢纽港的成本比较；新增中转港的条件下，集装箱港口的市场份额；干线运营深水服务的成本节约。

综上所述，国际学者很早就关注到枢纽港的生成和发展，并对某区域的枢纽港体系或具体个案进行了研究，同时力图对枢纽港进行识别，这些研究丰富和深化了枢纽港的理论分析。但对枢纽港的界定，尚未形成统一概念，多数学者往往侧重于某方面，忽视了枢纽港全面内涵的考察，同时枢纽港的识别忽视了定量分析而侧重定性描述。有鉴于此，科学界定枢纽港的理论内涵，并通过数理模型对全球枢纽港进行空间识别和等级划分，深入揭示枢纽港生成、演化的宏观脉络与发展机制，可以丰富港口地理学的理论研究，并为港口建设提供理论指导。

五、航运网络与航运市场

航运网络强调航线的空间组织和船舶的港口挂靠系统，是企业微观行为的宏观表现，相关研究是港口海向腹地的延伸，但从宏观尺度分析港口发展，航运网络尤为重要。

早期阶段，班轮主要服务于特定贸易航线，重点是欧美两大航区的贸易服务，培育了欧美港口集群（Brooks，2000）。20 世纪 70 年代，长荣海运开始发展环球航线，对传统班轮组织形成挑战；班轮网络的制定决定于承运人和货主的权利平衡，Notteboom（2004）认为班轮网络从成本导向发展为顾客导向的多元化，大型船舶挂靠少数港口是成本导向的体现，但顾客的效率追求与班轮服务频率和柔性追求相互矛盾，这促使大型船舶仍采用多港口挂靠。Notteboom（2004）认为航线网络存在等级结构，东亚内部、太平洋和远东—欧洲等航线为一类航线，其他为二类航线。Slack and Fremont（2005）指出部分地区产生少量贸易，但因全球航线设置，集装箱航运服务仍需维持，支线网络如拉丁美洲等逐步提升到世界常规服务。Helmick（1994）认为枢纽港间的货流强度不断强化，港口运输集中性得到提高，而部分港口不断淘汰，网络连接度不断降低。

技术革新尤其船舶大型化对航运网络组织提出了挑战。McCalla（1999a）、Cullinane 和 Khanna（2000）指出大型船舶突破巴拿马运河的上限，改变了班轮航线和挂靠港口系统，促使美国东海岸港口通过两条路线连接远东，地中海成为战略区位。船舶大型化继续发展，并仅靠泊极少数枢纽港，这对港口和航运网络产生了重要影响。McCalla（1999b）认为港口挂靠系统取决于港口的区位和水深，并从传统多港挂靠向直接挂靠（直挂）系统发展，但 Cullinane 等（1999）认为因喂给船舶的成本要高于干线船舶，航运企业继续采用直挂系统。目前，集装箱船舶的挂靠系统向轴辐系统转变，航运企业通过轴辐网络组织集装箱运输（Hayuth and Fleming，1994；Baird，2006）。长期以来，航运企业和战略联盟构筑航运网络，在东西航线上采用往返式和钟摆服务，并向轴辐网络转变，新枢纽港在东西航线上不断涌现，并提供南北和区域服务。

综上所述，国际学者已对航线网络的组织模式以及船舶大型化对航线组织的影响机制进行了初步分析，并粗略地考察了航线网络结构变化对港口发展的影响，这拓展了港口地理学的研究内容。但以上分析尚未形成系统化研究，以定性分析为主而缺少定量分析，同时未能考察航线网络背后的影响机制与空间效应。基于全球主要航运企业的船期表和复杂网络理论，可以探讨航运组织的数理特征，并揭示航线网络对港口发展的影响机制和全球航运系统，进而考察各港口在全球航运网络中的地位。

六、航运企业重组的空间效应

港口发展存在外部和内部压力，航运企业属于外部压力（Slack，2001）。Cooke and Morgan（1993）将地理网络分为空间网络和合作网络，交通地理研究强调前者，但后者逐渐受到重视（Dicken et al.，2001；Yeung，2000a），并将分析框架放到航运企业（Hawkins and Gray，2000；Heaver，2002；Panayides and Cullinane，2002）。航运企业是航运活动的组织者，其挂靠行为直接影响了港口发展和航运网络构筑。20 世纪 60 年代中期以来，航运企业不断调整合作关系，进行了各种形式的联合与重组，对航运网络产生深远影响，这促使港口地理研究的焦点转移到航运企业（Brooks，2000）。

现代物流和供应链的发展促使航运资源进行战略整合（Bichou 和 Gray，2005），航运企业间构筑联盟，地理学者开始探讨其产生机制与影响。部分学者关注航运联盟的形成机制与优势，Slack（1999）、Notteboom（2002）指出航运网络全球化与船舶大型化促使航运联盟形成，以实现船舶共享、服务拓展和风险共担，航运联盟成为追求规模经济的重要途径；Ryoo 等（1999）、Slack 等（2002a）和 Alix 等（1999）分析了航运企业重组的经济机制与模式，Notteboom（2002）认为航运业的水平整合形成 3 种类型：贸易协议、运营协议、兼并。Slack 等（1996）、Ridolfi（1999）考察了航运企业重组对物流服务链的影响，指出航运企业开始成为集承运、船东和码头经营于一身的多式联运供应商；Graham（1998）、Midoro 等（2000）则认为航运联盟虽有众多优势，但因合作复杂而仍不能成为班轮运输的稳定因子。随后，Rimmer（1999）、Slack（1999）指出航运联盟仅是兼并的前奏，不会维持太久就进入兼并时期，企业重组的焦点转移到并购，航运企业重组日趋复杂。

部分学者关注航运企业重组的影响，McCalla（1999b）、Ryoo 和 Thanopoulu（1999）、Slack 等（2002）、王成金（2008a）考察了重组的运力调整，促使世界运力集中于航运联盟，尤其在三大航线占主导优势；Cullinane 和 Khanna（2000）对航运联盟的企业与运力构成进行了探讨，认为服务链开始拓展到陆上体系，航运联盟成为重塑全球航运业的重要力量。部分学者关注航运企业重组对港口和航线网络的影响，Slack（1999）认为这种行为促使集装箱航运网络全球化，开始覆盖拉非地区，地中海和加勒比海成为战略区位。航运企业关系对枢纽港的影响更为学者们所关注（Fleming 等，1994；Rimmer，1999；Robinson，1998），Robinson（1998）指出航运联盟加速了港口的枢纽化进程，形成更复杂的港口等级和航运模式；Rimmer（1999）、Cullinane 等（1999）、Notteboom（2002）考察了航运企业重组对部分港口和航线的影响，Ridolf（1999）认为航运企业开始在全球建立枢纽港或中转基地，如马士基、伟大联盟和长荣航运等，以至于部分学者认为港口将掌控权力交由航运企业，港口发展的不确定性增强（Brooks，2000；Tongzon，2002）。

以上研究说明，航运企业重组促使航运联盟掌控着全球的主要运力，并成为重塑全球航运业的重要力量。但以上研究以实证分析为主，理论分析较少；同时，地理学者主要关注企业重组的经济机制、运力调整、服务拓展等内容，并对港口和航线的影响进行了粗浅分析，尚未系统研究这种全球化企业行为的空间效应，未能考察航运联盟与全球主要港口网络的空间机制。基于航运联盟或航运企业，充分关注世界运力掌控者的空间行为，分析全球运力的重新配置和航线网络调整，考察对全球主要港口体系的影响，可以洞悉新时期新因素对集装箱港口发展的影响机制（王成金，2008c）。

七、码头企业扩张的空间效应

各个国家有不同的港口建设与经营模式，但码头企业往往是经营主体，传统研究很少关注企业经营对港口发展的影响机制。20世纪90年代以来，部分国家为了改善港口效率和减少财政负担，日渐实施港口私有化，私有资本开始大规模进入集装箱码头市场，少数国有码头企业也开始海外扩张，尤其发展中国家和东亚国家的港口成为投资焦点（Slack and Fremont，2005；Olivier and Brian，2006）。同时，港航企业向综合物流商过渡，进行全球扩张而力图建立世界港航网络，这对世界港口体系产生了深远影响，对枢纽港的发展、繁荣乃至衰弱产生重要意义。

码头经营吸引了两类企业：码头企业和航运企业（Olivier and Brian，2006），部分学者针对码头企业的全球扩张行为进行了研究。Notteboom（2002）认为多数港口是"地主"型，但发展动力快速变化，如技术革新、管制放松、物流整合等，码头市场日益不稳定，这促使港口机构将土地租给私营企业，并力图保护当地码头企业；但随着政策的透明化和公开的让步程序，本地码头企业的经营面临很大困难，码头市场产生快速变化和不确定的形势。Notteboom（2002）认为码头经营开始从"地主"型向私有化发展，本土和外来企业激烈竞争并逐步合作；Marcadon（1999）认为码头企业的扩张始于港口的私有化；Notteboom（2002）认为航运企业对港口提出更高的要求，且服务网络重构也使港口面临失去客户的威胁，码头企业面临新的竞争者，尤其航运企业。Musso等（2001）、Slack等（2004）等认为全球班轮运输的集聚促使部分码头追求规模经济，而港口私有化则加快了该进程。港口经营的行业属性决定了企业合作的理论需求，世界主要码头企业开始联合而发展全球经营网络，但现实中却最终发展成为兼并或收购，并且码头企业间的差距继续拉大（Notteboom，2002）。

码头企业的全球扩张行为产生了深远影响。Marcadon（1999）认为码头企业扩张导致港口的货源争夺和腹地重划，促使集装箱处理量集中在少数码头企业（Slack and Fremont，2005）。码头企业具有很强的本地化特征，但逐步淡化，国际乃至全球化港口网络逐步发展，码头市场的全球化控制开始产生；同时，码头企业扩张也促使港口产生本地化减弱的趋势，本地港口机构的控制权力逐步消退，并退出泊位的经营与控制（Slack and Fremont，2005）。全球航运资源的整合促使物流链进行重构，Airriess（2001a）、Notteboom（2002）指出包括码头企业和航运企业的跨国码头企业开始产生；在欧洲、亚洲和北美地区，通过参与主要港口的经营，航运企业开始涉足码头市场，Musso 等（2001）、Brennan（2002）、Slack 和 Frémont（2004）则对此进行了深入研究。港航企业的扩张行为导致码头经营出现分异，部分码头采用多客户共用模式（multiple user model），部分码头采用单客户专用模式（dedicated terminal model），这反映了港航企业的不同目标，前者为码头企业所坚持并深受港口管理机构青睐，后者为航运企业所推崇。码头企业的全球网络是产业横向扩张的产物，航运企业的码头网络则是产业纵向整合航运资源而将码头成本内部化的结果；这两种模式均基于契约而平行发展，却反映了不同经济过程的产物，未来可能形成冲突，但最终可能形成松散的合作或融合，混合模式将成为潜在趋势（Slack and Fremont，2005）。部分学者认为码头企业的研究应成为港口地理学的重点，尤其亚洲码头企业的崛起为该研究提供了基础，并有助于摆脱欧美基础的港口经典理论（Olivier and Slack，2006）。

以上综述表明，国际学者已关注到码头企业的扩张行为，并对港口的影响进行了粗略探讨，这些研究丰富了港口的地理研究，并逐渐形成了新的研究理念与范式。但以上研究强调了码头企业的扩张历程和个案分析，未能充分关注对全球港口体系的空间意义，忽视了对枢纽港发展的影响。基于时代背景，解析主要码头企业的全球扩张行为，考察对全球港口体系和枢纽港的空间影响机制，对丰富港口地理学具有重要意义；而且，探索港口和码头作为港口地理学研究单位的意义，可将港口的码头化合并成为两重方法论的转变，即从港口到码头和从港口作为经营单位到港口企业的转变。

八、中国集装箱航运体系的研究

目前，港口研究集中在发达国家，发展中国家相对较少，Airriess（1989）评价发展中国家的港口研究鲜见且过时，虽有偏颇，但反映了一种总体概况。但近期，亚洲港口崛起所引发的相关研究，展现出源于西方港口理论和实证的分离，并成为研究亮点（Yeung，1999；2000b；Yeung 等，2003）。中国集装箱港口的发展始于 20 世纪 70 年代初，90 年代以来迅速崛起，这吸引了学者们的关注。凌起（1998）探讨了福建集装箱运输的发展态势，马淑燕（1998）分析了上海航运中心建设的若干问题，曹有挥（1998）探讨了江苏长江集装箱港的特征，安筱鹏（1998）、韩增林等（2002）研究了中国集装箱港的布局；该时期，相关研究主要对区域集装箱航运和港口进行宏观特征描述。随后，理论研究成为焦点，曹有挥（1999）介绍了 Hayuth 理论，并对长江下游港口进行实证；安筱鹏等（2000）则探讨了集装箱运输的驱动，并对枢纽港进行分类；曹有挥等

（2003）、曹有挥等（2004）借鉴国外理念，提出了集装箱港的发展模式。集装箱运输是一个海陆体系，韩增林和安筱鹏（2001）、韩增林等（2002）从海陆网络出发构筑了由枢纽港、支线港、内陆中转站、运输通道组成的海陆运输网络。集装箱化的发展重塑了中国港口体系与发展路径，曹有挥等（2003）从竞争和合作的机制入手，提出了集装箱港口"低级均衡→非均衡相对集中→非均衡高度集中→高级均衡"的发展模式，勾勒出中国集装箱港口体系的演化过程，并利用数理方法对集装箱运输的空间集散进行分析；王成金和金凤君（2006）对集装箱航运网络进行了分析，引入了轴辐网络的概念。此外，部分学者对区域性集装箱港口体系的空间格局与竞争机制进行了论述（安筱鹏等，2000；韩增林等，2002；董洁霜和范炳全，2002）。以上研究成为该领域的亮点，并引领了中国港口地理学的发展，但理论提升有所欠缺。

中国港口的迅速崛起吸引了许多国际学者的关注，逐渐成为重点研究区域。

（1）部分学者介绍了中国港口体系（Comtois，1999）和港口发展（Wang and Slack，2004；Rimmer，1997），认为中国集装箱化进程不一，各区域属于不同枢纽港的腹地，这种趋势将日益明显。但 Comtois（1999）认为支线或喂给运输仍是中国海运的主流。

（2）部分学者关注中国集装箱港口的竞争格局，Wang 等（2000）认为香港面临其他省份港口的竞争，宏观层面受到其他省份主要港口的挑战，在华南地区面临深圳港的竞争，这主要源于香港码头企业的投资行为而不是其他省份港口的竞争行为；依据 Hayuth 理论，香港未经历港口竞争和集聚阶段，目前其他省份港口的竞争则是对第三阶段和港口体系不平衡的回补。Wang（1998）认为珠江三角洲港口体系的演进依赖于政府和香港码头企业的博弈，香港和深圳是孪生枢纽港，但后者的经营由前者掌控。

（3）许多学者则关注中国港口同东亚地区其他港口的竞争（Ducruet，2006；Rimmer，1999；Rimmer and Gomtois，2005），Yap 等（2006）认为尽管釜山和其他一些港口一直统治着东亚市场，但随着经济重心从日本向中国的转移，将产生新的中转港和枢纽港，日韩港口的挂靠开始衰退，而中国港口快速增长，但中转率较低。同时，部分学者关注中国多式联运的发展，认为中国部门权限分割，内河航道建设落后，难以在内陆建立轴辐系统以连接内陆枢纽与枢纽港，发展多式联运系统存在众多困难，目前仅处于萌芽状态（Comtois，1999）。

从以上文献综述来看，中国学者侧重于从枢纽港、海陆系统、演化过程和空间集散等角度对集装箱港进行分析。其中，枢纽港的研究基本处于概念描述阶段，未能通过数据支撑进行实证，忽视了枢纽港发展机制与驱动因素的系统分析；集装箱港演化和集散研究主要遵循"国外理论或方法→中国实证"的分析路径，尚未形成符合中国国情的研究框架。中国研究以解决实际问题为主，主要是介绍相关理论或方法，丰富了中国交通地理学的理论，并对中国港口建设提供了重要指导；国外学者则从国际环境考察中国集装箱港口，但分析较为浮浅且存在偏见。从国内环境和背景分析中国集装箱港口，以上学者早有论述，尚缺的是从外部因素和国际环境进行分析。中国是世界港口体系的组成部分，其研究应纳入世界背景中。基于中国国情，借鉴国际枢纽港的形成机理和发展模式，方可科学建设中国集装箱港口及制定发展战略，借以提升国家竞争优势。

第三节　研究内容及思路

一、研究目标

本书研究的总目标是从交通地理学和区域经济学的角度，从全球和中国两个空间尺度，从理论解析和实证研究两个方面，分析自开展海上集装箱运输以来，世界集装箱港口体系演化的时序规律与发展机理，以及全球集装箱航运网络的空间组织，并重点对枢纽港的量化甄别和形成机制进行解析，尤其对影响港口体系的新兴因素的作用机制进行深入分析。同时，基于全球背景，重点剖析中国集装箱港口体系演化的时序过程和集装箱航运网络组织，尤其剖析区域性港口体系的演化过程和特殊现象，以验证经典理论且对其进行合理修正或补充，并对世界港航企业重组和扩张背景下的中国集装箱港口体系进行考察，在此基础上，总结中国集装箱港口体系的发展模式，并提出未来的发展战略。

二、研究思路

本书研究的基本目标是分析集装箱港口的演化规律和发展机制，但具体分析坚持以下思路。

第一，研究地域形成空间层级体系，首先分为全球和中国两个空间尺度，而中国层面又分为全国和区域两个尺度，每个空间层面均遵循相似的分析路径，但侧重于不同的研究内容。

第二，理论研究与实证分析相结合；其中，集装箱港口的发展理论为重点研究内容，包括集装箱港演化规律与发展机理、航运网络组织、枢纽港识别方法与发展机制，而中国地域的集装箱港口研究主要是实证分析。

第三，具体研究内容形成内在逻辑关系，大致形成了"空间体系→机制分析→因素解析→案例实证→实践应用"的宏观分析路径，不同的研究模块则集中于理论研究或实证分析；其中，"空间体系"又形成了"过程描述→网络刻画→核心节点剖析"的细致分析路径。这是支撑该研究的基本路线。

第四，根据分析地域与内容关系，研究目的分为世界普遍性解析和中国问题考察，前者主要归纳演绎集装箱港口发展的一般性规律，后者则侧重于中国集装箱港口发展的特殊机制与发展策略。

第五，中国地域的相关研究，既是集装箱港口一般发展规律的实证分析，同时是考察集装箱港口特殊发展机制的重要途径；而且，集装箱港口的研究须具有应用价值，而中国港口的发展战略则是该研究的应用价值体现。

第六，该研究的最终成果包括两部分，包括集装箱港口的发展规律和中国集装箱港口的发展战略，前者为理论成果，后者为实践应用。

本研究主要遵循以下技术路线，如图 1-1 所示。

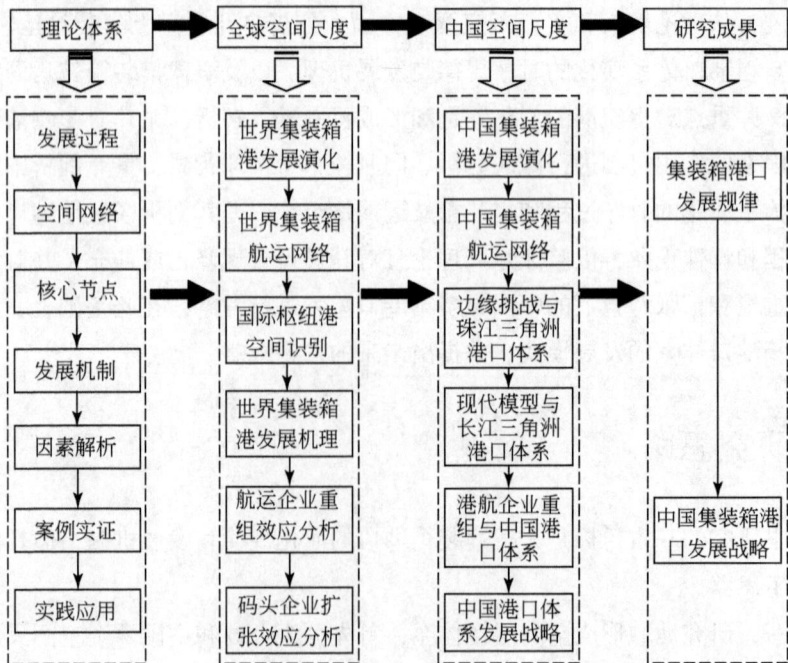

图 1-1　研究技术路线

集装箱港口网络形成演化与发展机制

三、研究内容

本书研究的具体内容大致分为以下 5 个部分。

1. 全球集装箱港口发展演化的时序过程

从时间和空间角度，深入解析 20 世纪 50 年代以来世界港口的集装箱化过程与发展阶段，重点解析集装箱港口生成、发展的时序过程，总结其演化规律，重点考察集装箱港口布局重心的演变轨迹；同时，通过数理模型或评价指标，分析全球集装箱航运的空间集散规律和发展趋势，考察集装箱港口网络演变和集散周期的时序耦合关系。

2. 全球集装箱航运网络和枢纽港的数理解析

基于航线组织基本模式和全球航线空间格局的分析，从航运企业的角度，依据拓扑网络和复杂网络理论，构筑运输组织空间分析模型，全面解析全球集装箱航运网络的空间特征，包括港口的航线数量、航班密度、通达性和联系规模等空间特征。同时，根据相关空间模型，对全球主要的集装箱枢纽港进行量化甄别，分析其空间特征；而且设计评价指标体系，探讨枢纽港的等级体系与空间关系。基于以上研究，全面分析全球集装箱航运网络的空间体系。

3. 集装箱港口和枢纽港的发展机制

集装箱港口的生成和发展演化具有内在机制。在分析集装箱港口生成、发展影响因素的基础上，深入解析各因素的时空作用机制，考察不同时段和空间尺度内的主导因素，尤其加强集装箱港口网络同国际贸易网络的耦合机制分析。在此基础上，重点解析国际集装箱枢纽港的发展机制，同时针对新兴因素（航运企业重组和码头企业扩张）进行深入解析，全面考察对全球集装箱港口体系的影响机制和空间效应。

4. 中国集装箱港口体系与航运网络分析

集装箱港口的理论分析须落到中国实证和实践应用的研究上。本研究全面解析了 20 世纪 70 年代以来，中国港口的集装箱化过程与时空演化规律，包括港口数量、空间格局和空间集聚等具体内容。而且，从航运企业的角度，全面分析中国集装箱航运网络，重点剖析组织系统和枢纽港的空间特征与区域差异；同时，对全球港航企业全球重组背景下中国集装箱港口体系的发展与空间特征进行分析。基于以上分析,归纳总结并演绎中国集装箱港口体系的发展模式。

5. 区域性集装箱港口体系的深入考察

基于前文论述,介绍国际集装箱港口体系的经典理论（Hayuth 和 Notteboom 模型）,并以珠江三角洲和长江三角洲为案例地区进行实证研究,全面分析中国区域性集装箱港口体系的空间特征、时序演化和发展差异及与经典理论的耦合关系,分析各区域港口体系的特殊发展机制,预测其未来发展趋势。

第二章

世界集装箱港口体系的发展演化

第一节　港口模型与港口体系

集装箱港口是港口的一种类型，集装箱化是港口发展过程中的一个阶段，探讨其特点就要回顾港口的发展规律与基本理论，这是后文研究的基础。

一、港口理论模型

港口是港口地理学的基本研究单位，单体港口的发展是重要研究内容，也是港口体系研究的基础。从历史角度来看，港口的空间拓展和功能发展具有其内在规律，并形成时序过程和历史分期，由此构成了港口发展模型。港口发展模型的相关研究最早要追溯到区位论，但系统理论的提出应是 Bird 的"港口通用模型"即 Anyport 模型。Bird（1963）基于英国主要内河港口的发展过程，提出了 Anyport 模型，描述港口基础设施发展和功能单元的时空演化规律。该理论模型中，Bird 将港口发展分为 6 个阶段。①原始发展阶段：港口设施为基本的储存和搬运设施；②边际码头扩张阶段：为了增加处理船舶数量和大小的空间，港口沿边界线（或顺岸）进行码头扩张建设；③边际码头细部变化阶段：边际码头防波堤的构建开始延伸进海，突堤和栈桥等港口设施开始建设，这与陆地的开凿相关；④船坞细部变化阶段：建造船坞、水闸和货栈设施；⑤港池式码头发展阶段：简单线性码头使用费；⑥专业化码头（如深水泊位）发展阶段：后两阶段从船舶的大小增加开始，最后一个阶段为载运矿物及其他货物专用船泊的靠泊。Bird（1980）指出 Anyport 模型不是用于解释所有港口的发展，但为不同区域的港口比较提供了一种简便方式或基础（表 2-1）。后来，地理学者们将该模型分别应用于澳大利亚、东非、西非的加纳等地，并根据各港的特殊现象和本地条件的具体细节对其进行修正（Hoyle，1967）。尽管各地区的港口发展存在部分差异，但相同特征足以说明该模型是刻画港口形态发展的有效理论，Anyport 模型具有全球普适性。

表 2-1 Anyport 的个别特征

原始 Anyport（Bird，1963）	澳大利亚（Solomon，1963）	东非（Hoyle，1968）	西非（Hilling，1977）
原始发展阶段	驳运	单桅三角帆船交通	海岸港口
边际码头扩张	边际驳运码头	驳运码头	驳运码头
边际码头建设	指状防波堤	边际码头扩张	深水停泊
船坞建设	边际停泊供应	简单线性码头使用费	
港池式码头发展阶段			
专用码头建设			

随着发展环境的变迁，部分学者在 Anyport 模型中不断追加最新的发展特征（Notteboom，2005），形成了修正模型或新的变型模型，如新型集装箱码头仍然继续码头设施专业化的趋势，并追求深水泊位。比较典型的变型是 Hoyle（1989）提出的 Anyport-type 模型，强调港口和城市联系的不断变化，重要方面是旧港口区位的重新发展并用于其他城市功能，如伦敦港和巴尔的摩港。①关闭：因区位有限或运营条件较差，港口设施被废弃；②扩张：这些地方的运营条件要求既有设施进行延伸或调整；③增加：这些地方因深水泊位或运营设施的要求，新的泊位不断建设；④巩固或合并：既有泊位不断合并以提供新的扩张设施或设备；⑤重新发展：对既有设施的功能进行评价，建设高级的码头设施，以此产生新的发展动力。

Notteboom（2005）指出港口设施经历了几个世纪的发展，大致呈现出 3 个发展阶段，如图 2-1 所示。

（1）布局阶段：港口布局最初严格受制于地理环境，同帆船航行的最远点相关，演化起点是渔港，且邻近城镇中心地区，并有贸易和造船业活动，建有少数码头；直到工业革命，港口设施都没有明显的进展或变化，相关活动限于仓储和批发业，并集中在港口区域及邻近地区。

（2）扩张阶段：工业革命刺激了港口的发展，运输不断增长，船舶尺寸不断大型化，码头设施开始扩张，防波堤开始建设；造船业成为重要的港口经济活动，并要求建设船坞或船台；港口码头同铁路线的衔接促使港口腹地扩大，海上贸易运输不断增长；相关工业活动开始发展。这种扩张主要面向下游地区和下游产业。

（3）专业化阶段：开始建设专业化码头，以处理集装箱、矿石、粮食、石油和煤炭等要求配备特殊或专用码头设施的大宗货物，仓储和货物堆场需求显著增加，大型船舶要求建设更长的防波堤以连接深水泊位，这使少数港口从原来区位迁出去，并增加码头装卸设施；原来港口区位开始被废弃，但因其分布在城市内部而再度发展其他设施用于滨水公园、房地产或商业等发展。该模型显然强调了港口和城市的空间关系。

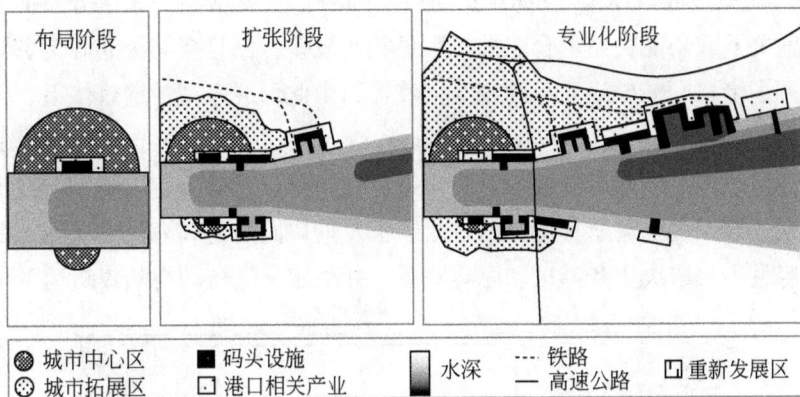

图 2-1　Notteboom 的港口通用模型

二、港口体系的空间尺度

空间尺度是界定空间系统边界与特征的重要因素或标尺，港口或港口体系的分析必须放到一定的空间尺度内。不同的空间尺度内，港口间的空间关系和功能关系及港口内部与海陆向腹地的空间关系就有所不同。Robinson（1970）从空间范畴的角度出发，提出了港口体系的空间尺度结构，如图 2-2 所示，将其大致分为 5 个层级。该理论形象地刻画了港口体系的空间拓展和海陆向腹地的空间关系。

（1）港口内部体系（intra-port system）：主要指港口内部各要素间的空间关系与功能关系，包括所有发生在边界内的活动①及组织②，该空间尺度强调了单体港口的独立发展。

（2）港口–腹地体系（port-hinterland system）：主要指单一港口与其腹地的

① 活动包括货物、装卸、储藏、结关（出入港许可）、船只的公共设施等。
② 组织包含船只拥有者、代理人、港口资方（管理部门）、码头工人、顾客、交通公司等。

空间关系和组织活动，考虑陆向腹地对港口发展的影响机制，该尺度强调单体港口同陆向腹地的联系。

（3）港口腹地–前沿腹地体系（port hinterland-foreland system）：主要指港口与陆向和海向腹地的空间关系与功能关系，并拓展到多个港口间。Robinson 在早期分析中曾认为该尺度的港口仅有两个。该层次强调不同海岸港口间的航运联系及港口与腹地的关系。

（4）区域性港口体系（regional port system）：主要指同一海岸分布的港口之间的空间关系或功能关系组合。港口数量相对较多，而且空间分布较为邻近。该层次强调了港口间的航运联系和相互依赖性，由此形成区域性港口体系。

（5）总体港口体系（total port system）或 N 港口体系（N-port system）：主要指所有港口或多数港口所形成的空间体系，具体分析可分为若干子系统或区域性港口体系。该层次强调所有港口的有效运营及港口同陆地和海洋的关系，其效率和承载容量不仅取决于各港口和海运联系，并决定于港口的内陆集疏运系统。

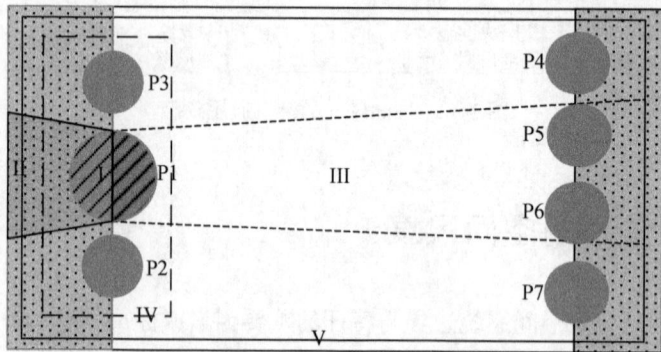

I 港口内部体系	IV区域性港口体系
II 港口-腹地体系	V总体港口体系
III 港口腹地-前沿腹地体系	

图 2-2　港口体系的空间尺度结构

三、港口基本功能

从世界范围内的港口发展历程来看，港口功能有着基本的发展规律。部分学者认为工业革命以来，港口发展经历了内海区域、外洋沿岸和经济全球化 3 个宏观阶段，但多数学者认为世界港口的发展应划分为 4 个历史阶段，每个阶段的特征与功能明显不同，具体如表 2-2 所示。

表 2-2 港口的基本发展阶段

类型	阶段 I	阶段 II	阶段 III	阶段 IV
时期	19 世纪中期前	19 世纪中期至 20 世纪中期	20 世纪中期至晚期	20 世纪末至 21 世纪初
发展理论	贸易开展	产业化	全球化	综合物流
港口主要功能	货物处理、仓储、贸易	货物处理、仓储、贸易、制造业	货物处理、仓储、贸易、制造业、集装箱配送	货物处理、仓储、贸易、制造业、集装箱配送、物流控制
主导货物	普通货物	大宗货物	集装箱	集装箱和信息流（供应链）
空间尺度	港口城市	港口地区	港口区域	港口网络
港口机构角色	航运服务	航运服务、土地与基础设施	航运服务、土地与基础设施、港口市场	航运服务、土地与基础设施、港口市场、网络管理

1. 阶段 I：19 世纪中期之前

19 世纪中叶之前，世界远洋贸易逐步发展，全球各区域开始纳入贸易网络中。该阶段，港口主要作为船舶装卸活动的场所，有部分仓储活动，并开展少量的贸易活动，其主要货物为普通货物。港口主要布局在城市内，城市依托港口而发展；港口管理主要由公共机构即政府管理机构负责，并提供基础设施建设和航运服务及相关的各类服务。须指出的是，在古代时期，港口主要是系靠船舶的处所，港口功能有限。

2. 阶段 II：19 世纪中期至 20 世纪中期

19 世纪中期开始，西方国家的工业革命开始发展，港口功能已扩展到贸易领域和转口功能，即港口不再仅限于船舶靠泊和货物装卸活动的场所，并成为贸易活动的领地。同时，港口工业开始迅速兴起，发达国家的早期工业多沿通航水道进行布局，重工业、出口加工工业等借助港口水运优势，在港区及邻近地区布局和发展，工业革命将港口与城市发展、工业布局有机地结合起来。港口成为大宗货物的集散地，港口范围不断扩大，并逐步现代化。

3. 阶段 III：20 世纪中期至晚期

20 世纪中期以来，全球化进程迅速推进，港口在全球贸易网络中的地位发生变化。其中，集装箱化的技术革命为港口发展提供了新的动力，港口不但成为传统货物的处理、仓储等活动的集聚地，而且成为贸易网络的核心节点，尤其成为全球集装箱货物配送的基地。港口货物开始集中在集装箱上，港口范围继续扩大，并成为腹地的进出门户，国内外贸易网络成为港口发展的重要影响因素。

4. 阶段 IV：20 世纪末至 21 世纪初

20 世纪末以来，现代综合物流不断发展，跨国公司开始将生产、加工和消费网络在全球范围内进行布局和配置，全球供应链逐步形成并网络化。基于该背景，港口成为综合物流网络的关键节点，并控制了全球供应链的运转。港口不仅集中发展集装箱货物，而且发展货物加工、包装、信息等高附加值的综合性物流服务。航运网络组织模式的变化也促使港口网络开始形成，相互间依赖性增强。同时，港口建设与经营开始商业化，政府直接干预与控制力逐步降低。港口城市开始成为航运中心、贸易中心和金融中心的综合体。

第二节 世界港口集装箱化历程

集装箱运输是指以集装箱这种大型容器为载体，将货物集合组装成集装单元，以便在现代流通领域内运用大型装卸机械和大型载运车辆与船舶进行装卸、搬运作业和完成运输任务。世界集装箱运输的发展始于 20 世纪 20 年代，50 年代从陆地运输系统推向海上运输系统。截至目前，世界港口的集装箱化历程大致分为 5 个阶段，在各阶段，世界集装箱化呈现出不同的技术特征与空间特征。

一、世界港口集装箱化历程

1. 第一阶段（1955~1965 年）

集装箱化的发展首先始于铁路系统。1928 年，欧洲各铁路公司签订了集装箱运输和变换的协定，成为国际标准集装箱的雏形。1930 年在日本和意大利的陆上运输中，也开展了集装箱运输业务。但在 1931~1939 年，由于公路运输的迅速发展，铁路运输的地位相对下降，出现了两种运输方式的激烈竞争，结果导致两种运输方式无法协调和合作，促使世界集装箱运输停滞不前。第二次世界大战期间，美国以"单元化"和"门到门"的服务方式，采用集装箱的联运方式以迅速输送各种装备，开始采用一种名为"Conex"的小型集装箱运输系统，开始了海上集装箱化的第一步。

大力推行集装箱运输是在 20 世纪 50 年代后期。美国人马尔康·马克林

（Malcom Mclean）建议集装箱运输应从陆地推向海上，并主张在一个公司控制下实现海陆联运。1955年马克林收购了泛大西洋轮船公司，开始策划集装箱的海陆联运。1956年，该公司将纽约至休斯敦航线的油船"马克斯通"号改装成集装箱船，开始了海陆集装箱联运试运。1958年美国麦托逊公司的集装箱船成功地从旧金山驶向夏威夷。1960年泛大西洋轮船公司更名为"海陆联运公司"。该时期为集装箱运输的开发、探索和试验阶段，是集装箱化的摇篮期；主要的集装箱化地区是北美和澳大利亚，集装箱航线以国内沿海航线为主，并以美国和澳大利亚的近海航运为代表，主要航运企业有海陆联运和马特森等企业。该期间，尚未制定集装箱的ISO标准（International Standard Organized，ISO），多使用17英尺（ft）（1ft＝3.048×10^{-1}m）、24ft和35ft等长度的集装箱，以铝质为主。集装箱船舶是小型船舶（积载能力800TEU），多由杂货船、油船改装为集装箱船，船上配置龙门吊等装卸设备，半集装箱船和滚装船开始出现。1958年马特森在火奴鲁鲁和阿拉梅达港配置了岸壁集装箱起重机，外伸距为27.85m，此后，岸壁起重机成为主流。集装箱主要由船上装卸设备操作，码头堆场采用叉车或拖挂车进行集装箱装卸搬运作业（龚月明，2006）。

2. 第二阶段（1966～1970年）

20世纪60年代中期以来，海上集装箱运输开始大规模开展。该时期是集装箱航运业的初级阶段，航线网络的覆盖范围不断扩大，但以跨越大洋的短程运输为主，集装箱化地区以北美、大洋洲和日本等国家和地区为主。1966年美国海陆公司把普通货船改装为全集装箱船，开设北美—欧洲航线，开启了集装箱运输的国际化时代。集装箱航线除澳大利亚—欧洲航线外，还开设环大西洋、太平洋两岸航线，海运业发达国家的传统班轮公司开始进行联营，海外集装箱公司（Overseas Container Line，OCL）、联合集装箱运输公司（Associated Container Transportation，ACT）、赫伯罗特（Hapag Lloyd，HLC）、渣华（Nedlloyd lines，NEDL）等航运企业在欧洲诞生，并利用箱位互租开展运输。集装箱船以新造为主，形成第一代集装箱船；国际集装箱标准大纲基本形成，开始采用20ft和40ft的集装箱；除改装的全集装箱船、半集装箱船外，新建滚装型专用集装箱船相继投入营运，箱位为700～1500TEU。主要港口建成了安装有岸边装卸桥的专用集装箱码头，1970年全球的岸边装卸桥总数为150台。码头堆场采用集装箱跨运车、轮胎式集装箱龙门起重机和集装箱叉车装卸工艺系统，出现了滚上滚下的底盘车（龚月明，2006）。

3. 第三阶段（1971～1983年）

该阶段是国际集装箱运输的发展时期，主要班轮航线均已实现了集装箱运输，发达国家的多数港口基本实现了集装箱化，并向东南亚和中东等发展中国家和地区进行扩散和普及。1971 年远东—欧洲集装箱运输开始发展，加上欧洲—美国西海岸航线，跨洋运输正式开始，航线网络实现了跨越多海洋长距离的空间组织。除了发达国家的航运企业外，东亚和中东等国家（地区）的航运企业开始参与集装箱航运业，三联（Trio Group）、冠航（Ace Group）和北欧（ScanDutch Group）① 等航运集团进行联营（consortium），长荣（Evergreen Marine Corp. Ltd.，EVG）、东方海皇（Neptune Orient Line Ltd.，NOL）、马来西亚国际（Malaysia International Shipping Corp.，MIS）等发展中国家（地区）的航运企业参与集装箱运输。集装箱船舶趋于大型化，20 世纪 70 年代前期第二代集装箱船投入使用，箱位为1000~2500TEU，宽度达巴拿马型最大限度的 2000TEU 船舶投入营运；70 年代后期，集装箱运输范围扩大，横跨西伯利亚、美国西岸/美国湾和美国东西岸的海铁联运即陆桥运输开始发展，促使集装箱船舶向大型化方向发展，"高体箱"的 40ft 集装箱为部分航运企业采用（表 2-3）。集装箱码头在发展中国家得到广泛兴建，除了专用码头外，公共和多用途码头增加。70 年代初，中国的集装箱运输开始兴起，天津、上海、黄埔、青岛等港口相继建设第二代集装箱泊位。

表 2-3　集装箱的主要规格与承载容量

规格		长/mm	宽/mm	高/mm	箱门开度尺寸		容积/m³	最大有效承载/t
					宽/mm	高/mm		
20ft 货柜	干货箱	5 897	2 348	2 385	2 337	2 272	33	28
	开顶箱	5 898	2 346	2 354	2 338	2 244	32	21.5
	框架箱	5 958	2 018	2 077	—	—	25	27
	冷藏箱	5 444	2 290	2 262	2 290	2 227	26	21
40ft 货柜	干货箱	12 301	2 348	2 385	2 337	2 272	67	26
	开顶箱	12 022	2 346	2 381	2 337	2 244	66	26.4
	框架箱	11 986	2 236	1 968	—	—	52	39
	冷藏箱	11 556	2 290	2 238	2 290	2 204	55	27.9
40ft 高柜	干货箱	12 031	2 348	2 690	2 337	2 577	76	26
	冷藏箱	11 583	2 290	2 538	2 290	2 508	63	27

注：表格通过相关资料整理而成

① 1969 年日本邮船、大阪商船、西德哈帕格·劳埃德、英国海外集装箱和边行共 3 国 5 公司联合组成了三联集团（Trio Group），在日本远东—欧洲航线上开展联营。1975 年 6 月，日本川崎、新加坡东方海皇、香港东方海外和比利时法比 4 家公司组成了冠航集团（Ace Group），在日本—欧洲航线上联营；同时，由瑞典东亚公司、丹麦宝隆洋行、挪威威廉臣航运、荷兰渣华 4 家船公司组成的北欧联合航运集团（ScanDutch Group），也在欧洲—远东航线开展联营。

4. 第四阶段（1984～1995 年）

1984 年美国班轮公司（US Lines）利用世界最大的巴拿马型船（4456TEU）开设东行环球航线，开启了集装箱化的第四阶段，并波及中国和中南美等地区（表2-4）。该阶段是环球国际集装箱运输的新时期，填补环球航线和东西干线的南北集装箱运输开始发展；同时，干线航线联营体制进行重组，中国、韩国的航运企业参与集装箱航运市场。该时期，集装箱船载箱量达 3000TEU 以上，大型船舶航行在环球干线上，只挂靠大型港口；船舶有两类，一类是巴拿马型船舶，尺度达巴拿马运河的极限宽度，即第三代集装箱船；另一类是早期超巴拿马型船，即第四代集装箱船。堆场装卸设备得到发展，欧洲以跨运车为主，亚洲则以轮胎式集装箱龙门起重机为主流；堆箱层数逐步提高，轮胎式龙门起重机成为主要装卸机械，1993 年鹿特丹港采用自动导向车和轨道式自动堆码起重机，开始出现自动化装卸搬运系统。该时期，集装箱尺寸增大，出现长45ft、48ft 和 53ft 的超长集装箱。

表 2-4　集装箱化发展的世代区分

项目	第一代	第二代	第三代	第四代	第五代
时代区分	1965 年前国内沿海运输时代	1966 年后横跨大洋国际运输时代	1971 年后多条横跨大洋远距离国际运输时代	1984 年后环球航线时代	1996 年以后全球联盟时代
代表性航线	美国、澳大利亚沿海航线	跨大西洋和太平洋航线	东亚/欧洲、欧洲/北美洲西岸等航线	环球航线、南北航线	北美洲、东亚、欧洲间的钟摆运输航线
集装箱化地区	北美洲、澳大利亚	美国、日本、澳大利亚和欧洲	东南亚和中东各国	中国和南美洲	全世界
代表性船公司与事件	海陆、麦逊等集装箱运输先驱者	海运发达国家传统船公司间的联营；OCL、ACT、赫伯罗特、渣华等船公司在欧洲诞生	三联（TRIO）、北欧联运集团（Scan Dutch）等的国际联营；长荣、东方海皇、马来西亚国际航运等发展中国家（地区）的船公司的参与	干线联营体制的调整；中国、韩国船公司的参与；美国班轮公司 USL 的破产（1986）	全球联盟的诞生、六大集团；东方海皇收购总统轮船（1997）；铁行与渣华合并（1997）；马士基收购海陆（1999）

注：表格通过相关资料整理而成

5. 第五阶段（1996年至今）

为了响应市场竞争和巨额投资，1996年商船三井（Mitsui O. S. K. Lines Ltd.，MOSK）、渣华、总统轮船（American Predsident lines Ltd.，APL）和东方海外（Orient Overseas Container Line，OOCL）组建"全球联盟"（Global Alliance），揭开了集装箱化的第五阶段。该阶段，大部分国家或地区已实现集装箱化，进入全球化和高级化的集装箱化时代。集装箱船舶大型化趋势继续发展，巴拿马型船（4400TEU）和超级巴拿马型船（6000TEU）不断发展，"苏伊士级"超巨型船（12 500TEU）开始出现，达到苏伊士运河的最大限度，即第五代集装箱船；环球航线和钟摆航线开始发展，连接欧洲、亚洲和北美洲，全球主干航线投入巨型船舶。装卸设备大型化更加突出，码头自动化得到发展，新加坡港配备了大型自动化装卸桥，堆场配置了全自动化控制的高架式起重机；欧洲、北美洲和亚洲许多港口的码头采用激光、雷达、全球定位系统和光学字符识别系统等。世界各港口均加快规划、新建或改造集装箱码头，扩大港口规模、浚深航道和港口水域，添置堆场装卸设备；2001年末，亚洲建成水深15m以上的集装箱泊位53个，新加坡、韩国建设水深18m的泊位，鹿特丹港的新玛斯河口新建泊位的前沿水深达20~21m；中国大港也建设17m以上的深水泊位。该时期，航运企业利用全球联盟相互协作，同时收购兼并活动持续推进，全球航运资源不断整合。

二、全球港口集装箱吞吐量

1. 港口集装箱吞吐量增长历程

自20世纪50年代，集装箱技术从陆地运输系统推向海上运输系统后，全球集装箱运输迅速发展，港口的集装箱化进程不断加快。在这种宏观背景下，全球港口的集装箱吞吐量开始迅速增长。如图2-3所示。世界港口的集装箱吞吐量增长大致呈现三个阶段。第一阶段为1970~1980年，该时期港口集装箱吞吐量增长虽快但规模较小，1970年全球港口的集装箱吞吐量仅为630万TEU，1980年也仅达3716万TEU。第二阶段为1981~1992年，该时期全球集装箱吞吐量的规模不断扩大，1992年已达1.03亿TEU。第三阶段是90年代中期至今，全球集装箱吞吐量日益扩大，2010年则提高到5.6亿TEU；尤其21世纪以来，全球集装箱吞吐量呈现快速增长的态势，除受金融危机影响比较明显的2008年外，基本保持年均10%以上的增速。全球集装箱运输的快速发展，显示出集装箱技术对传统航运和网络组织的巨大影响，世界港口体系产生了深刻变化。

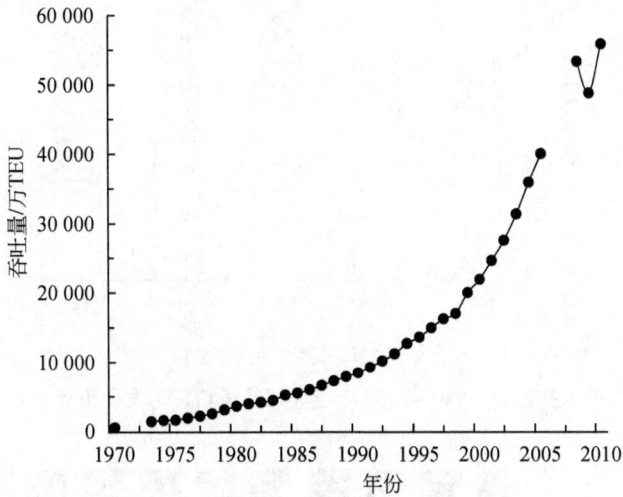

图 2-3　世界港口集装箱吞吐量发展历程

2. 世界适箱货物发展历程

集装箱运输作为一种技术革新，仅对部分货物即适箱货物发生作用，适箱货物的发展是世界集装箱吞吐量和全球集装箱港口体系发展的重要驱动。20 世纪80 年代以来，世界贸易适箱货物的运输规模不断增大，所占比例不断提高，如图 2-4 所示。1980 年世界贸易适箱货物的运输规模约为 1.2 亿 t，约占贸易货物总量的 22.8%，所占比例较低，而其他一般货物的比例很高。2000 年世界贸易的适箱货物运输规模提高到 5.43 亿 t，比重则进一步提高到 69.6%，目前比例则有进一步提高，而其他一般货物的比例则大幅下降。这种发展趋势反映了集装箱技术的重要影响，同时反映了世界贸易货物的构成变化。

从具体贸易货物的经济技术属性来看，适箱货物主要包括以下几类：①机械、设备、电器产品；②化工原料及制品；③有色金属产品；④轻工、医药产品；⑤农林牧渔业产品；⑥其他适箱货物。这些产品主要是制造业产品，如图 2-5 所示。1963～2004 年，世界出口商品的货物构成中，制造业产品的比例不断提高，目前已达到 73.8%；而农业产品的比例则有所下降，矿物产品的比例也有所下降（图 2-5）。

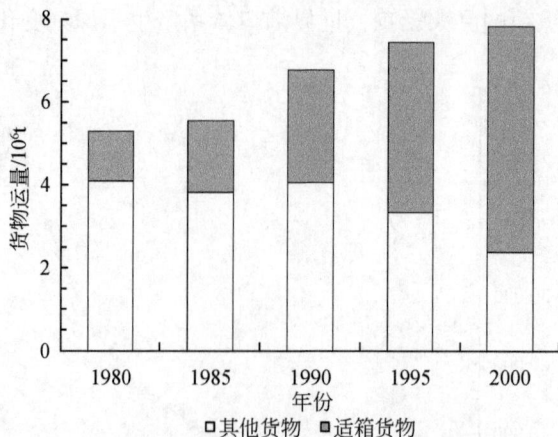

图 2-4　1980～2000 年世界贸易适箱货物发展历程

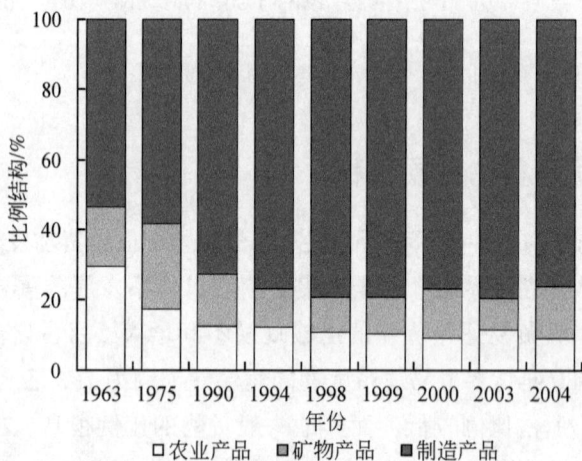

图 2-5　1963～2004 年全球出口商品的货物构成

第三节　世界集装箱港口的发展演化

　　世界集装箱运输的推动和集装箱技术的传播，对贸易网络的关键节点—港口产生了深远影响，港口的基础设施与空间功能组织均以集装箱技术和集装箱装卸及堆放为核心进行了重组或改造。将单体港口的集装箱化改造放大到全球尺度内，集装箱化就深刻影响既有或传统的全球港口体系的结构构成、等级结构和职能体系。因此，对全球集装箱港口发生、发展的阶段性规律进行研究，归纳其演化模式，有助于判断某国家或地区集装箱港口的发展阶段和演化趋势，从而制定相应对策促进持续发展（曹有挥，1999）。

一、分析样本与数据

1. 分析样本

为了深入剖析世界集装箱港口体系的发展过程和演化机制，本研究以全球主要的集装箱港口作为分析样本，主要采用《国际集装箱化（International Containerization）》每年发布的全球前100名集装箱港口作为研究样本。这些港口的集装箱吞吐量占了全球港口集装箱吞吐量的85%以上，覆盖了亚洲、欧洲、南北美洲、大洋洲和非洲等主要沿海国家的港口，基本上反映了全球集装箱港口体系的发展和演化过程。此外，为了细致考察全球集装箱港口的空间分布和发展过程，1992年采用全球382个港口样本。

2. 数据说明

海上集装箱运输的发展始于1956年，但截至1965年，一直处于试验期和初期发展阶段；全球范围内的迅速发展，主要始于20世纪60年代末和70年代初。为了剖析集装箱运输对全球港口的影响和集装箱港的完整发展过程，本研究选择1970年、1975年、1992年和2010等年份进行断层分析，个别指标统计采用1970～2005年系列年份数据；具体数据以《国际集装箱化》每年公布的港口集装箱吞吐量为标准。集装箱的数据单位采用标准箱，个别年份或港口因采用自然箱，根据相关标准折算成标准箱。对于具体研究，主要采用TransCad和Arinfo等GIS软件进行分析和模型构筑。

二、集装箱港口演化

1. 欧洲和北美洲形成两大港口集群

集装箱运输首先在欧美国家兴起，然后向世界普及。20世纪70年代，全球集装箱吞吐量以年均15%～18%的速度增长。50年代中期，美国首次将220TEU集装箱船航行于北美—欧洲的北大西洋航线；随后，其他航线也开展了集装箱运输，尤其是向欧洲及沿线地区进行辐射和传播，70年代西北欧及日本港口开始兴起集装箱运输。如图2-6所示，1970年世界集装箱港口的布局主要呈现以下4个特点。

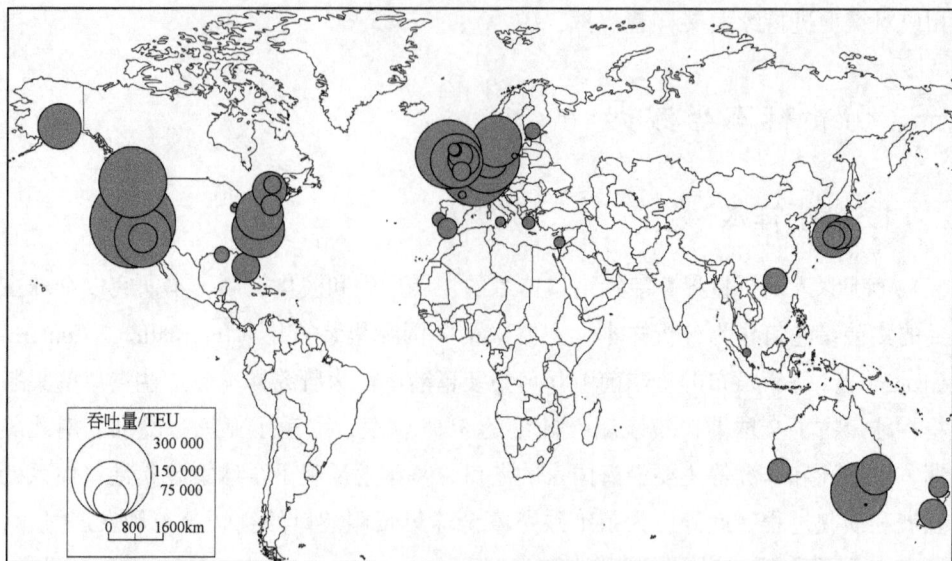

图 2-6　1970 年世界集装箱港口体系空间格局

（1）全球开展集装箱运输的港口数量较少，仅 74 个，这说明集装箱运输技术的传播限于少数区域，对世界港口体系的影响相对有限，从 50 年代中期至 60 年代末，全球海上集装箱运输主要处于技术传播和港口改造时期，市场规模较小（Rodrigue and Kenneth, 1997；Hayuth, 1981；Kuby and Reid, 1992）。同时，集装箱港口主要分布在发达国家，包括北美洲、西欧、北欧的一些国家和日本及澳大利亚、新西兰等，发展中国家极少。

（2）全球集装箱港口形成两大集群：北美洲和西北欧，这种港口集群主要围绕北大西洋而形成，其中北美包括东西海岸，这说明以上两区域即环北大西洋区域成为世界集装箱航运和港口布局的重心地区（Slack, 1999）。同时，反映了集装箱运输要求港口对接的技术特征，集装箱运输的试验和最早发展均发生于泛大西洋地区。而且，因为集装箱运输需要巨大的资本投资，其技术和吞吐量增长主要集中在当时的发达国家或地区。

（3）从生成机理来判断，集装箱港口类型单一，尚未形成分化。全球集装箱港口主要布局在发达国家，且主要为腹地型港口，这说明在集装箱航运初期，腹地经济是影响集装箱港口形成、布局及发展的主导因素。少数位于航线必经之地的港口开始从事集装箱运输，如希腊、西班牙等国家的港口，但数量较少，集装箱吞吐规模较小。

（4）全球形成了少数大型的集装箱港口。其中，奥克兰港（Oakland，美国）成为最大的集装箱港口，吞吐量为 33.6 万 TEU，其次是鹿特丹港（Rotterdam，荷兰）和西雅图港（Seattle，美国），大型集装箱港口略显围绕北大西洋布局的特征。同时，安特卫普（Antwerpen，比利时）、贝尔法斯特（Belfast，英国）、不来梅（Bremen，德国）、梯尔伯利（Tilbury，英国）、拉恩（Larne，英国）等欧洲港口和洛杉矶（Los Angeles，美国）、墨尔本（Melbourne，澳大利亚）等港口也形成较大的集装箱吞吐规模。1971年，纽约港和奥克兰港位居前两位，鹿特丹、利物浦（Liverpool，英国）、梯尔伯利等港口次之，大型集装箱港口围绕北大西洋两岸布局的空间特征更趋于明显。此外，横滨（Yokohama，日本）、弗吉尼亚（Virginia，美国）、长滩（Longbeach，美国）等港口也渐显重要。

2. 北美洲、欧洲和东亚集装箱港口集群"三足鼎立"

20世纪70年代中期，集装箱运输技术迅速向全球扩散，世界主要港口普遍进行了集装箱技术改造。经过5年左右的发展，1975年世界集装箱港口的布局发生明显变化，如图2-7所示，主要呈现以下4个特点。

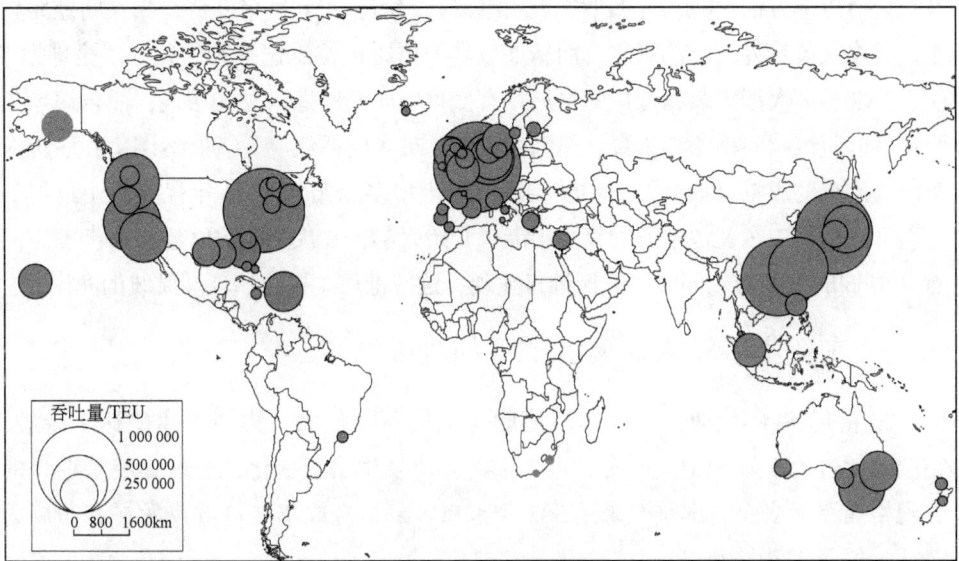

图 2-7　1975 年世界集装箱港口体系的空间格局

（1）集装箱港口迅速增多，尤其欧洲港口逐步增多，东亚集装箱港口也逐步发展，釜山（Pusan，韩国）、高雄、基隆和香港等港口迅速兴起。两大港口集群的格局被打破，全球集装箱港口体系呈"三足鼎立"，形成北美洲、欧洲和东亚三大集装箱港口集群。这表明世界集装箱航运在北大西洋继续扩张的基础上，向东亚地区普及，太平洋集装箱航运业逐步兴起（Rodrigue et al.，1997）。

（2）全球集装箱港口布局同世界经济格局基本吻合，进一步反映了腹地经济是集装箱港口生成和发展的主导因素,腹地型港口仍占主导。但是,港口类型开始分化,并趋于多元化,沿主要航线的集装箱港口开始发展,中转型港口逐渐兴起,并渐成规模,如新加坡、夏威夷等港口,尤其香港迅速提升到全球第四位。这反映了航运网络和区位对集装箱港口发展的作用,同时说明集装箱运输跨洋和跨洲的空间特征。

(3) 欧洲集装箱吞吐量倾向于集中在少数港口,鹿特丹不但成为欧洲主枢纽港和门户港,并成为全球集装箱航运的龙头。同时,鹿特丹、纽约、神户(Kobe,日本)和香港成为全球四大集装箱港口,分别成为欧洲、北美洲和东亚三足的角柱。

(4) 在集装箱港口逐渐兴起的东亚地区,神户和香港成为南北两大港口。其中,日本港口占据主导,并称雄东北亚,而新加坡港因区位优越而迅速崛起,并在东南亚地区"一枝独秀";同时,中国台湾地区的高雄港也逐渐崛起。

20世纪70年代末,全球集装箱港口的发展基本沿袭以上格局,但略有变化,并主要有以下方面。①东亚大型集装箱港口开始增多,但集聚度低,相互间差距较小。日本集装箱港口日趋衰落,而新加坡港的枢纽地位迅速提升,并位居全球第5位。②北美洲大型集装箱港口的格局略有变化,西海岸港口发展缓慢,而东海岸集装箱吞吐量继续向枢纽港集聚,纽约成为全球最大的枢纽港。③航运网络和区位对集装箱港口的影响日显重要,中转型港口逐渐增多,尤其是70年代苏伊士运河的重新开通促使中东及地中海的集装箱港口开始兴起,并成为西北欧连接亚洲的中间点(Ridolfi,1999);同时,非洲港口显现,这些港口主要位居环球航线的海岸。

3. 东亚集装箱港口集群"一枝独秀"

20世纪90年代初,全球集装箱航运队伍不断扩大,集装箱船舶达千余艘,箱位量超过150万TEU。同时,世界经济环境发生明显变化,全球集装箱港口的宏观格局逐渐演变。本研究采用382个港口,剖析全球集装箱港口发展和布局的特征,如图2-8所示。

(1) 北美洲和欧洲及大洋洲的集装箱港口发展陷于停顿或衰退,在世界航运网络中的地位日益下降,而东亚集装箱港口发展较为迅速,并形成规模。这导致全球集装箱港口由"三足鼎立"发展为"一枝独秀",东亚逐渐成为全球集装箱港口体系的主极。北大西洋集装箱运输在引领世界40年之后,开始失去世界主流的地位,亚太地区逐步成为国际贸易运输的核心地区,但北大西洋仍是重要的集装箱航运组织地区,太平洋航线和远东—欧洲航线的挂靠港口日益重要(Rodrigue et al.,1997;Ridolfi,1999)。

集装箱港口网络形成演化与发展机制

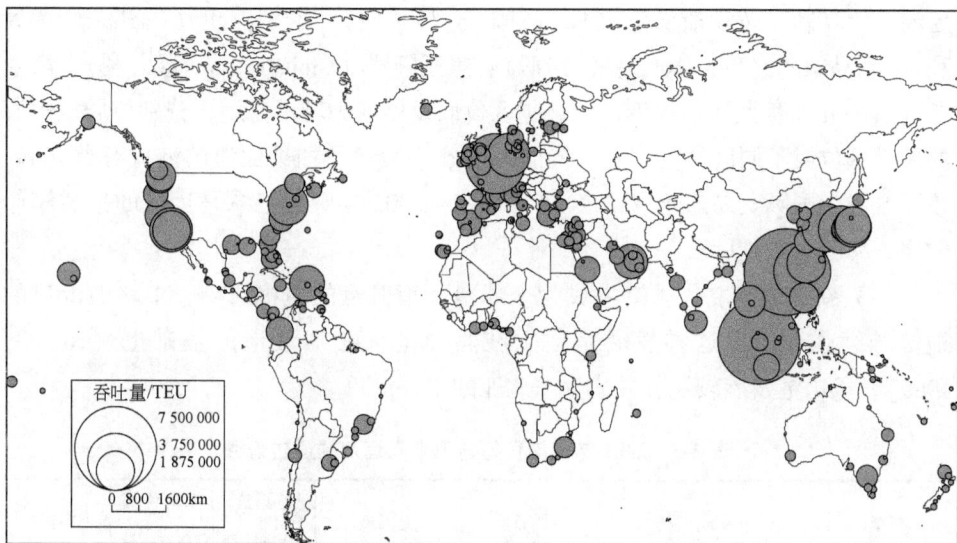

图 2-8　1992 年世界集装箱港口体系的空间格局

（2）大型集装箱港口生成和发展的主导因素逐渐发生变化，腹地经济的主导地位逐渐让位于区位，中转型港口开始在世界集装箱运输中占据重要地位，在全球沿主要航线渐成体系，同时成为全球的主枢纽港，尤其新加坡港发展较快。

（3）香港和新加坡两个港口开始占据世界集装箱航运的龙头，吞吐规模远高于其他港口，而高雄、釜山、神户、基隆和横滨等东亚港口也有重要地位；鹿特丹港仍位居全球第 3 位，成为欧洲集装箱运输的主枢纽，同时汉堡（Hamburg，德国）和安特卫普也较为重要；而纽约和长滩则成为北美东西两岸的大型港口，但枢纽地位已大为衰弱。

（4）中国的集装箱航运始于 20 世纪 70 年代末，改革开放则促使集装箱港口的兴起，1992 年上海、天津、青岛和大连等港口开始跻入世界百强，但其发展对全球集装箱港口体系的影响较低。

20 世纪 90 年代末，全球集装箱港口体系基本沿袭了以上格局，但略有变化。

（1）中国集装箱港口的发展继续强化，厦门、广州、深圳等港口也步入世界百强，但吞吐规模有限。

（2）在内外因素的共同作用下，亚洲—北美东海岸航线主要贸易量从巴拿马运河转到地中海航线，地中海成为欧亚海洋贸易必经之路，其港口有所强化，数量增多，但规模偏小（Ridolfi，1999；Slack，2001），90 年代初其吞吐量低于欧洲总量的 1/4，1997 年已占 1/3，这归功于地中海港口转运功能的发展和交通网络的全球化。首先是阿尔赫拉西斯（Algeciras，西班牙）的成功，其经验为其他港口所复制，马沙斯洛克（Marsaxlokk，马耳他）、卡利亚里（Cagliari，意大利）、利马索尔（Limassol，塞浦路斯）、焦亚陶罗（Gioia Tauro，意大利）、塔兰托（Taranto，意大利）等港口因优越区位而发展成为转运基地，分别位居地中海的关键区位或不同区域的门户。同时，巴拿马运河及加勒比海的港口开始兴起，该区域成为国际贸易通道（表2-5），1995~2002年穿越巴拿马运河的集装箱船舶增长率为6.4%。

（3）新加坡港取代香港港成为全球集装箱航运的主枢纽港，中转型港口的地位继续强化。但这种发展是建立在其他港口相对衰退的基础上（Ridolfi，1999）。釜山港发展较快，并成为东北亚的主要港口。

表 2-5　2001 年国际贸易与巴拿马运河的通过份额

类型	始发地	目的地	美国地区	贸易流 1000TEU	运河份额 1000TEU	比例/%
美国贸易流	东北亚	美国	美东	2 183	647	29.7
			墨西哥湾	807	24	3
			美西	2 942		
	东南亚	美国	美东	407	72	17.8
			墨西哥湾	151		
			美西	528		
	美国	大洋州	美东	134	134	100
			美西	36		
	美国	南美北、东海岸	美东	326		
			美西	87	44	50
	南美西海岸	美国	美东	192	192	100
			美西	51		
	欧洲	美国	美东	1 790		
			美西	476	476	100
非美国贸易	南美西海岸	加勒比海		6	6	100
	东北亚	南美东海岸		144		
	欧洲	南美西海岸		169	169	100
	南美北海岸、东海岸	南美西海岸		94	47	50
	亚洲	南美北海岸		42	42	100
	亚洲	南美西海岸		171	27	15.6
合计				10 736	1 880	36.5

注：源于 The Louis Berger Group, Inc., The Panama Canal Impact on the Liner Container Shipping Industry, Washington, D. C. October, 2003

美东=美国东海岸；美西=美国西海岸，余同

集装箱港口网络形成演化与发展机制

4. 中国集装箱港日渐称雄世界

进入 21 世纪，全球经济格局发生了很大变化，造船技术和通信技术发展迅速，这促使全球集装箱港口发展和布局的格局继续演变，如图 2-9 所示。

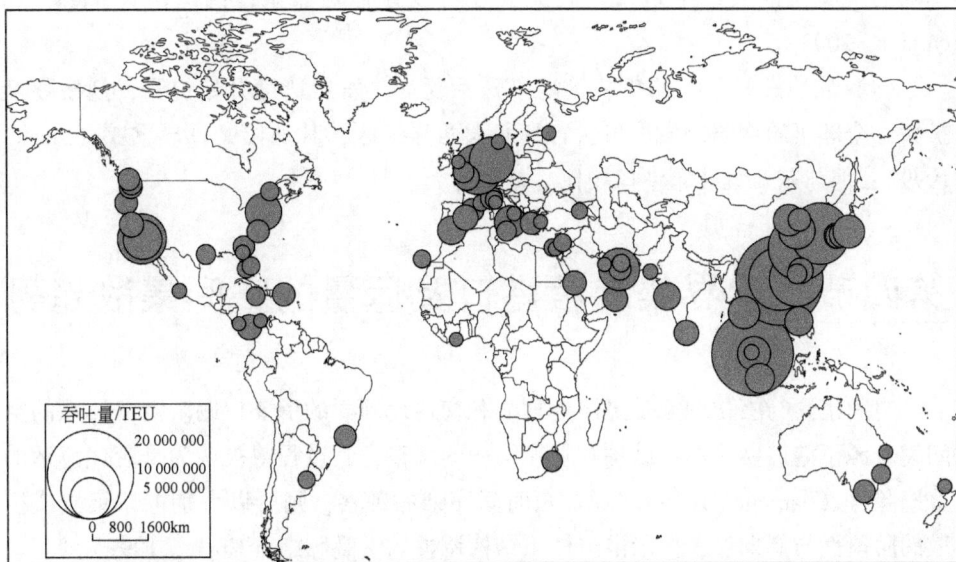

图 2-9　2010 年世界集装箱港口体系的空间格局

（1）随着东亚尤其中国集装箱运输的发展，世界集装箱运输的重心继续向东亚倾斜，"一枝独秀"得到加强，全球前 7 位港口均在东亚，但日本集装箱港口发展缓慢。中国集装箱港口迅速崛起，2010 年有 19 个港口名列世界百强，其中上海、香港和深圳分别居第 1 位、第 3 位和第 4 位，宁波、广州、青岛、天津、厦门、大连、连云港、营口、太仓、烟台、福州、南京、泉州、高雄、台中、基隆等也位居百强。中国港口在全球集装箱运输体系的核心地位开始形成，"中国时代"来临。

（2）上海成为全球的主枢纽港，新加坡和香港次之；香港和新加坡在 1986 ~ 2005 年一直是世界集装箱运输的"龙头"；2007 年，上海港的发展已超越香港，2010 年超过新加坡，其枢纽地位渐显重要。

（3）中转型港口仍占优势，全球沿主要航线或扼海峡要冲的中转港开始形成规模，形成"巴拿马海峡—加勒比海—地中海—红海—印度洋—马六甲海峡"布局轴线，破碎海洋地带的港口开始崛起，重点是加勒比海和地中海地区（Ridolfi，1999）。同时，中转型集装箱港口竞争形势开始激化，围绕优越区位或中转枢纽港产生边缘挑战，中小型中转型港口不断产生，对枢纽港产生挑战，少数区域发生枢纽港转置。腹地型港口开始复兴，主要体现为上海和深圳两港的崛起，这说明依托于腹地经济而提供充足箱源，始终是集装箱港口尤其枢纽港发展的基础，以腹地经济为支撑的新一轮集装箱港口发展和布局调整已悄然产生，上海港的发展就证实了本地市场的庞大性可以弥补自然条件的约束（Wang and Olivier，2003）。

（4）北美洲和欧洲的集装箱港口开始复兴，发展速度开始提升，规模逐渐扩大，全球班轮网络的发展再次青睐北大西洋地区，其地位又日显重要（Slack，1999）；但与东亚集装箱港口相比，差距甚大。

第四节　世界集装箱港口及运量的空间集散趋势

空间集聚与极化现象是经济地理学和交通地理学的重要议题。港口体系的空间集聚源于港口体系等级结构和功能结构的调整，其过程曾被认为是现代海运的普遍趋势（Sargent，1938）。通过长时间序列的考察，则可以识别港口集聚或扩散的阶段性与周期性，揭示港口体系结构调整的宏观脉络（Hoyle，1999）。

一、评价方法

从前文分析来看，世界集装箱港口和吞吐量的分布是不平衡的，这是促使集装箱港口体系不断演化的驱动力。但集装箱港口体系是趋于集聚还是趋于扩散，需要通过量化评价来说明。通过综述既有文献可发现，相关的评价指标有很多，如赫芬代尔系数（Herfindahl）、赫希曼–赫芬代尔系数（Hirschman-Herfindahl）、胡佛系数（Hoover）、信息熵、锡尔系数（Theil）、基尼系数（Gini）和区位基尼系数 等。其中，Hayuth（1988）、Kuby 和 Reid（1992）、Notteboom（1997；2006）、McCalla（1999b）、Lago 等（2001）、曹有挥（1998）等学者曾用基尼系数和洛伦兹曲线（Lorenz）分析港口吞吐量的空间集散趋势，Hayuth（1981）认为基尼系数和洛伦兹曲线是测量港口体系集散趋势的通用工具，但均存在一定缺陷，而 HH（Hirschman-Herfindah Index）指标比较适用于测量长时间幅度内集装箱港口体系的集中度和集散演化趋势，部分学者则通过 HH 指数进行分析，如 Notteboom（1997）、Xaovier（2000）。本研究旨在考察长时间序列下的港口体系内部集散趋势及规律，为此借用国际交通地理学的研究方法，采用 HH_j 指数进行分析。

$$HH_j = \sum_{i=1}^{n} T_{ij}^2 \bigg/ \left(\sum_{i=1}^{n} T_{ij} \right)^2 \qquad (2\text{-}1)$$

式中，T_{ij} 为某港口 j 年的集装箱吞吐量；$0 \leqslant HH_j \leqslant 1$，如果 HH_j 值趋向于 1，表明港口体系内集装箱吞吐量的分布趋向于集聚，少数港口的市场份额倾向于扩大，其地位更为突出和重要，全球集装箱港口的发展和布局呈现更大的空间差异，如果 HH_j 趋向于 0，则表明港口体系内的集装箱吞吐量分布趋于分散，港口开始倾向于均衡发展，部分大型港口或枢纽港的集装箱吞吐量比重开始降低，其枢纽地位受到削弱，港口的发展和布局空间差异趋向于缩小。在全球尺度上，港口集聚的现象通常通过前 10 位港口吞吐量的份额变化进行度量（Komadina et al.，2006），本研究通过全球前 100 位港口进行分析。

二、集装箱吞吐量的港口集散趋势

根据式（2-1）计算评价指标 HH_j，并将结果绘制成图 2-10。从图 2-10 可发现，1970～2010 年，世界集装箱吞吐量的空间集散主要呈现以下特征。

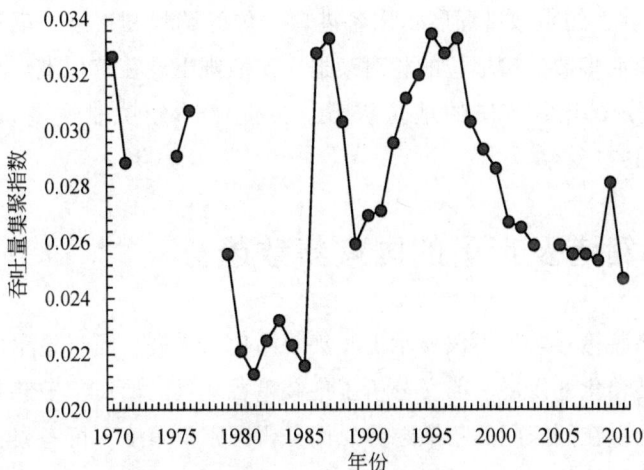

图 2-10　世界集装箱运输的空间集散周期

（1）世界 HH_j 指数呈现波动式发展，这说明全球集装箱吞吐量的空间集散呈现集聚和分散相间的发展趋势，并不存在一直倾向于集聚或倾向于分散的发展趋势。

（2）全球集装箱吞吐量的港口空间集聚和分散存在一定周期性，并且各时期的集散周期大小不一，但趋于增大是总体发展趋势。20 世纪 70 年代初，仅用 4～5 年就可实现集聚和分散两个过程，完成一个集散周期；80 年代中后期，集聚和分散过程须用 8 ~ 9 年才能完成；90 年代以来，集散周期进一步扩大为 13 ~ 15 年。

（3）全球集装箱吞吐量的集聚高峰主要发生在 1970 年、1976 年、1985 年和 1995 年等年份，而扩散低谷则集中在 1973 年、1981 年、1985 年和 1990 年及 2003 年。其中，1970 ~ 1973 年、1976 ~ 1985 年、1987 ~ 1989 年和 1997 ~ 2005 年，全球集装箱港口的运输或吞吐量趋向于分散，其他时间段趋于集聚。同时，空间集散周期和全球集装箱港口分布的格局演变存在一定耦合。1970 ~ 1976 年集散周期和欧美港群对立时期相耦合，1977 ~ 1985 年和 1987 ~ 1989 年集散周期和欧洲、北美洲、东亚港群"三足鼎立"时期相耦合，1990 ~ 1998 年集散周期和东亚港群"一枝独秀"时期相耦合，而 1999 ~ 2010 年分散时期和中国集装箱港口崛起时期相耦合。

（4）目前全球集装箱运输或吞吐量处于空间扩散趋势的末期，并可能将继续持续一段时间，但即将转入空间集聚趋势时期。这种发展趋势与转变主要是因为中国集装箱运输和集装箱港口的崛起，即将进入的集聚趋势主要表现为集装箱运输向中国的集聚，这说明中国港口将成为全球集装箱海上运输的主体。

（5）港口体系的吞吐量集散，源于其等级结构和功能结构的调整（Sargent，1938）。港口体系的集散过程展示出各港口地位的调整和兴衰，集聚往往导致少数港口的繁盛而多数港口地位的相对衰退，扩散则出现在首位港口衰退时，且导致新的或部分中小型港口的地位提升，并促使部分功能性港口数量的增长（Ogundana，1971）。

三、集装箱港及运量的国家集散趋势

港口的集装箱吞吐量不仅显示出其集装箱化的进展，而且显示出港口腹地或所在国家集装箱化的发展。前文分析了集装箱吞吐量的港口集散趋势，但未能考察港口及吞吐量在国家间的集散趋势。而分析国家集聚度，可考察各国在世界航运网络体系中的地位，为中国的全球定位提供依据。计算各国集装箱港口及吞吐量，见表 2-6。

表 2-6　主要国家集装箱港口数量及比重

国别	1970 年		1975 年		1980 年		1998 年		2010 年	
	数量/个	比例/%	数量/个	比例/%	数量/个	比例/%	数量/个	比例/%	数量/个	比例/%
美国	14	28.77	21	28.09	20	26.4	15	14.92	10	7.6
英国	17	26.13	14	9.25	9	8.92	6	3.46	2	1.1

国别	1970 年		1975 年		1980 年		1998 年		2010 年	
	数量/个	比例/%	数量/个	比例/%	数量/个	比例/%	数量/个	比例/%	数量/个	比例/%
澳大利亚	5	6.71	4	5.24	2	2.81	2	1.11	2	1.0
比利时	2	6.49	3	3.3	2	2.82	2	2.6	2	1.9
荷兰	2	6.16	2	7.57	1	6.08	1	3.87	1	2.5
德国	2	6.07	4	14.22	2	4.76	2	3.45	3	3.2
日本	6	5.35	7	12.71	6	8.44	5	5.77	5	3.4
瑞典	3	3.29	3	1.53	—		—		—	
法国	5	2.89	4	2.01	3	4.02	1	1.27	1	0.5
加拿大	3	2.15	5	2.33	4	2.38	3	1.41	2	0.9
西班牙	—		—		6	2.46	4	2.77	3	2.0
意大利	—		6	1.8	6	3.22	4	3.02	3	1.3
新加坡	—		1	1.31	1	2.93	1	9.73	1	6.5
中国		1		1.54		5.24	12	20.71	19	36.7
韩国	—		—		1	2.03	2	4.15	3	4.1
沙特	—		—		2	2.6	—		2	1.2
阿联酋	—		—		—		3	2.6	2	3.3
马来西亚	—		—		—		3	1.79	3	3.8
其他	10	2.25	22	6.12	26	10.33	24	9.8	36	19.0

注：①所列国家比例占 2% 以上；②香港的统计数据在 1997 年前与英国的数据一并计算，1997 年后与中国的数据一并计算

（1）从全球前百强港口判断，开展集装箱运输的国家逐渐增多，1970 年仅 21 个，2005 年已达 42 个，2010 年国家数量增长到 47 个。这反映了集装箱运输技术的空间扩散，同时说明国家开展海上运输，采用该技术是必然趋势。

（2）从分布等级来看，全球集装箱运输呈现"两极→一极多副→一极一副"的发展格局。1970 年，形成两极格局，分别为英国和美国。1975～1992 年，为"一极多副"，"一极"为美国，"多副"包括德、日和英等国。1998 年至今，为"一极一副"，"一极"为中国，"一副"为美国。

（3）从港口的国家分布来看，20 世纪 80 年代之前港口主要分布在英国、美国，其中英国的港口数量不断减少，美国持续增多，同时日本、澳大利亚和法国等也较多，意大利、加拿大及德国等国家开始增多。1980 年，美国的港口数量相对稳定，而西班牙开始增多，同时中东和中国港口开始显现，英国继续减少。90 年代开始，美国集装箱港口减少，英国进一步减少，而中国迅速增多，而中

东和东南亚继续增多。目前，中国的港口继续增多，达到 19 个港口，远超过美国，形成港口布局的世界主极，美国有 10 个港口，日本、意大利、马来西亚、西班牙等较多，其他国家数量较少。

（4）从集中度来看，1970～1997 年，美国一直是全球集装箱运输的中心，但集中度呈逐年下降趋势。1970 年，美国和英国构成世界集装箱运输的双中心，合计占全球 50% 以上，围绕北大西洋形成两极，这与前文结论相吻合。此后，英国集装箱运输的比重迅速下降，而德国和日本迅速崛起，但很快又迅速下降。20 世纪 80 年代开始，中国集装箱运量迅速崛起，1975 年仅占 1.5%，1998 年占 20.7%，居世界首位，2005 年提升到 31.2%，2010 年占 36.7%。其原因有二：①中国经济发展所带来的集装箱货源增加，②香港的归属统计问题。从以上分析看，集装箱运输从美英两国高度集中向多国逐渐发展，但最终向中国集中的宏观走势，中国是目前全球集装箱运输的中心（表 2-7）。

表 2-7 主要国家或地区集装箱吞吐量　　　　　（单位：万 TEU）

国家/地区	1983 年	1994 年	2010 年	国家/地区	1983 年	1994 年	2010 年
中国	19.2	387.8	12 568.6	印尼	21.9	191.2	774.5
美国	956	1 901.8	3 320.4	印度	23.5	125.7	691.9
新加坡	134	1 039.9	2 843.1	泰国	30.5	174.3	652.1
香港（中国）	183.7	1 150	2 353.2	意大利	136.9	256.5	589.5
韩国	99.8	321.3	1 811.7	沙特	118.7	118.3	516.4
马来西亚	37.6	173.1	1 650.6	英国	272.4	451.5	494
日本	411.4	1 009.1	1 487.8	埃及	18.6	117.2	453.5
阿联酋	50.3	320.3	1 462.3	澳大利亚	120.3	219.2	432
德国	175.9	426.1	1 395.2	加拿大	83.8	168.2	384.6
中国台湾	242.9	729.6	1 221.2	菲律宾	73.5	200.7	325.7
荷兰	241	463.7	1 114.6	南非	65.2	109.4	276.2
西班牙	107.5	284.7	896.3	法国	116.5	152.8	240
比利时	124	286.5	846.8	波多黎各	91.1	157.5	152.6

四、集装箱港及运量的区域集散趋势

基于以上分析，可考察港口和运量的区域分布，深入验证前文结论。根据海运传统划分及研究需要，本研究将全球分为 8 个航区，并依此分区进行集装箱港口数量和集装箱吞吐量的区域统计，具体结果见图 2-11 和表 2-8。

表 2-8 全球集装箱港口数量与集装箱吞吐量的区域集散趋势

年份	类型	北美洲	欧洲	东亚	地中海及中东	南亚	中美	南美洲	澳新[①]	非洲
1970	数量/个	17	37	8	6	—	—	—	7	—
	运量/%	30.9	50.1	6.3	1.3	—	—	—	8.4	—
1975	数量/个	26	34	14	14	—	3	1	6	2
	运量/%	30.4	30.7	26	4.7	—	2.1	0.2	5.7	0.3
1985	数量/个	21	22	18	25	3	3	1	3	4
	运量/%	26	25.7	25.8	13	1.2	2.8	0.8	2.7	1.9
1992	数量/个	20	18	23	23	3	2	3	5	3
	运量/%	16.4	18.6	42.6	15.9	1.6	0.5	1.2	2	1.1
2005	数量/个	17	13	35	18	4	4	4	1	1
	运量/%	12.83	14.25	55.18	10.08	2.31	1.97	1.51	1.26	0.59
2010	数量/个	13	10	37	19	7	7	4	2	2
	运量/%	8.77	10.31	59.37	12.44	3.10	2.46	1.68	0.98	0.88

①澳新指澳大利亚和新西兰

（1）集装箱运输的布局核心是北半球，无论是港口数量还是运量，均主要分布在北半球的东亚、东南亚、北美、欧洲和地中海及中东地区。这同世界经济格局基本相吻合。

（2）港口分布经历了"集聚→分散→集聚"的过程。1970 年集装箱港口分布有较高的集聚度，欧洲集中了全球近 50% 的港口，其次是北美，两地占绝对比重，而南美、中美、南亚及非洲等尚未开展集装箱运输。20 世纪 70 年代中期，集装箱港不断增加，港口区域集聚度开始降低。但 80 年代开始，港口区域集聚度进一步提高，北美和欧洲逐步减少，而东亚和地中海及中东却迅速增多，2010 年两地占百强港口总量的 56%。

（3）从大型港口来看，1970 年主要分布在欧美，如纽约、奥克兰、鹿特丹、西雅图、安特卫普等港口，这同该时期的经济格局和集装箱技术的地域局限相关。1975 年开始，欧美大型港口地位得到巩固的同时，东亚大型港口开始崛起，如神户、香港和基隆等港口。20 世纪 80 年代初，新加坡港的枢纽地位开始提升，80 年代中期开始，全球主要大型港口主要分布在东亚，香港和新加坡相互交替占据世界集装箱运输的龙头。目前，大型港口基本分布于东亚，前十五名中囊括 9 个，此外欧洲有 2 个，北美有 1 个，东南亚有 2 个，中东有 1 个。

（4）无论港口数量还是大型港口，东亚不但以数量夺冠，并以大港为主，太平洋航线成为世界集装箱航运的焦点，世界集装箱港口发展和布局的重心呈现由欧美地区向东亚地区转移的趋势。

（5）集装箱港口分布的差异决定了运量的不平衡，大致经历了"集聚→分散→集聚"，与港口集散趋势相吻合。从世界百强港口来看，1970 年欧洲集中了全球 50% 的运量，北美占 30.9%；1975 年北美和欧洲基本持衡，约占 30%，而东亚运量迅速提升到 26%，中美、南美及非洲等开始发展集装箱运输，同时欧洲比例持续下降。20 世纪 80 年代开始，北美比例持续下降，而东亚稳定在全球 1/4 的份额。90 年代开始，东亚运量迅速提升，目前已占全球 53.2%，其中相当比例来自中国大陆和部分中转运输（Comtois，1999）；而北美、欧洲和地中海及中东各占 10% 多，全球呈"一三五"的等级结构。目前，东亚地区呈现明显的集聚优势，占百强港口总量的 3/5，同时南亚、中美、南美、非洲、地中海等地区的份额继续扩大，而欧洲和北美的份额继续下降。从全球总运量看，北美、欧洲和东亚及其他地区呈现不同发展趋势，北美运量比例持续走低，1973 年比例达 37.1%，而 2005 年仅有 8.8%；欧洲运量在 90 年代中期前持续下降，1973 年比例达 33.7%，但从 90 年代开始又有提升，21 世纪初又开始降低，2005 年 31.1%；亚洲运量比例在 90 年代前呈现快速增长态势，1973 年仅有 17%，90 年代末期有所下降，21 世纪初以来又呈现稳步增长态势，2005 年达 38.6%；其他地区的运量比例在 80 年代前有所提高，但从 80 年代中期开始，呈现缓慢增长态势（图 2-11）。

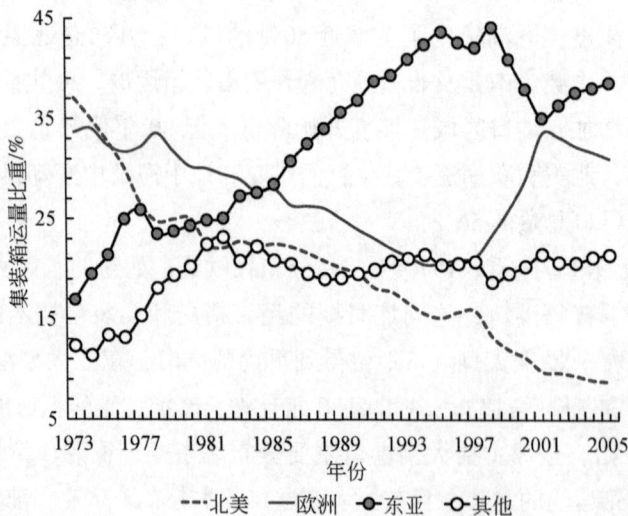

图 2-11　全球主要区域集装箱运量的份额变化

第三章

世界集装箱航运网络的空间组织

第一节　世界主要航线网络

一、集装箱航运模式

1. 班轮运输

航运网络是由港口、船舶和航线等资源要素组成的空间网络，而不同历史时期，在航线上运行的船舶运营设置及航线组织是有不同特点的。集装箱航运的重要组织形式是班轮运输（liner shipping）。班轮运输通常是指固定的船舶沿着固定的运输航线，并按预先规定和公开的船期表进行航行，沿途挂靠若干固定的港口，而且运输价格较为固定。班轮运输适合于货流稳定、货种多、批量小的杂货运输，对于沿途停靠的港口，不论货物数量多少，一般都可接受托运。在这种航运组织方式中，集装箱运输具有"五定"的基本特征：①固定的运输航线，即空间轨迹相同；②固定的船舶；③固定的始发时间和挂靠时间；④固定的挂靠港口；⑤固定的航运价格。因此，同一航线上的集装箱船舶船型相似并保持一定的航班密度，在不同港口间形成较为固定的运输联系。班轮运输和不定期运输的海运特征见表3-1。基于以上服务属性，班轮运输成为世界航运的基础组织模式。

表 3-1　不定期运输和班轮运输的基本特征

类型		不定期运输	班轮运输
交通需求	货主数量	较少	很多
	数量	大	小
	密度	高	低
	单位价值	低	高
	规则性	低	高

047

第三章　世界集装箱航运网络的空间组织

类型		不定期运输	班轮运输
交通供给	契约	船舶	货物
	船舶	液体和大宗货物船舶	普通货物船舶
	服务频率	低	高
内涵	货运	液体和主要大宗商品	少量大宗商品和普通货物（适箱货物）
	服务	供需调剂	供大于求
	货运弹性	较低	较低
	市场	发展中国家/发达国家	发达国家/发达国家
2000 年比例/%	货物重量	70	30
	货物价值	20	80

2. 班轮运输发展历史

早在 19 世纪中叶，由于航运技术及国际贸易的发展，使船舶经营人有条件地开展规则的班轮服务，在传统的杂货运输中已初步形成了班轮运输的方式。最早的班轮运输是 1818 年美国黑球轮船公司开辟的纽约—利物浦班轮航线，1924年英国开辟了汉堡—鹿特丹的班轮航线。此后，日本、德国、法国等国家的轮船公司均经营班轮运输，开辟横渡大西洋、太平洋的环球班轮运输航线。尽管在这个时期，散货的班轮运输已出现，但装卸效率低下，所以即使是实现了船舶的大型化，也不可能提高效率和降低成本。20 世纪 50 年代中期，集装箱运输从陆上推向海上之后，则改变了班轮运输的这种局面，班轮行业的技术革新显然为集装箱港口和航运企业带来新的发展动力（Mayer，1978）。班轮运输和集装箱运输的相互结合，充分利用和发挥了两者的优势，大大提高了班轮运输的效率，并使班轮运输成为集装箱运输的基本组织形式。在中国内地，班轮运输最早始于 19 世纪 70 年代沿海和长江的水运中，新中国成立后开辟了大连—上海港的货运班轮航线，但真正的集装箱班轮运输则始于中国远洋运输在中国建立的国际班轮运输。

二、航线组织模式

航运网络的空间组织取决多种或多个因素的影响，包括港口数量、目的地的分布与数量、贸易逆顺差、腹地箱源规模、港口体系间及各港口间距离、港口偏离主航线的距离以及运输能力，以上因素决定了航线网络的组织模式与运力配置及服务质量（如服务频率或覆盖范围），但最终考察标准是成本和利润的比较及航运企业和货主的目标权衡（Notteboom，2002）。其中，航线设计是航运网络组织的基础阶段，而国际贸易流的空间格局与流向及集散性是航运网络发展的根本机制。基于理论和实践，目前，航线组织主要有 4 类基本模式，如图 3-1 所示。

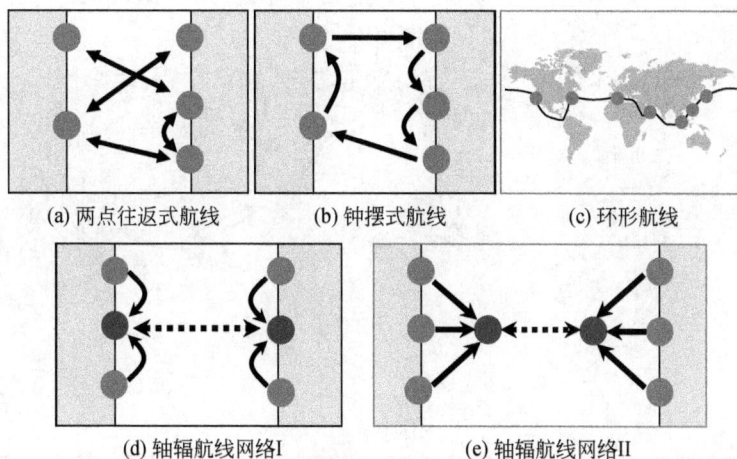

| (a) 两点往返式航线 | (b) 钟摆式航线 | (c) 环形航线 |
| (d) 轴辐航线网络I | (e) 轴辐航线网络II |

图 3-1　集装箱航线的空间组织模式

1. 两点往返式航线

两点往返式航线组织模式也称为港口至港口航线或点对点式航线。主要是指集装箱船舶在固定的两个港口间进行简单的航次运营，两港口分别为船舶航行的目的地和始发地，如太平洋航线和大西洋航线（Baird，2003），以及枢纽港与喂给港间的喂给航线。该类航线的组织模式最为简单，而且提供直接抵达服务，航行时间相对较短，但运营成本较高。

2. 钟摆式航线

钟摆式航线模式主要是指集装箱船舶在部分港口间做钟摆型航次运营，以枢纽港为衔接点连接两个方向的运输，即船舶从中间港群向东航行摆至东部港群进行装卸，再从东港群摆回至中间港群进行装卸，然后向西摆至西部港群进行装卸，再从西港群摆回至中间港群，即完成钟摆周期。钟摆式航线模式可以覆盖更多的腹地，扩充货箱来源并降低运营成本，但要求承运人具备相当的运力基础和揽货能力；这类航线模式在高容量的贸易航线如欧洲—远东—美西等航线比较盛行（Gilman，1999；Notteboom，2002），如马士基/海陆在欧洲和美国的航线服务（穿越巴拿马运河）（Baird，2003）。如图 3-2 所示，东方海外的 3 条钟摆式航线：大西洋快运、欧洲/地中海航线和华南快运。从港口挂靠的角度来看，钟摆式航线是多港挂靠系统的一种表现形式。

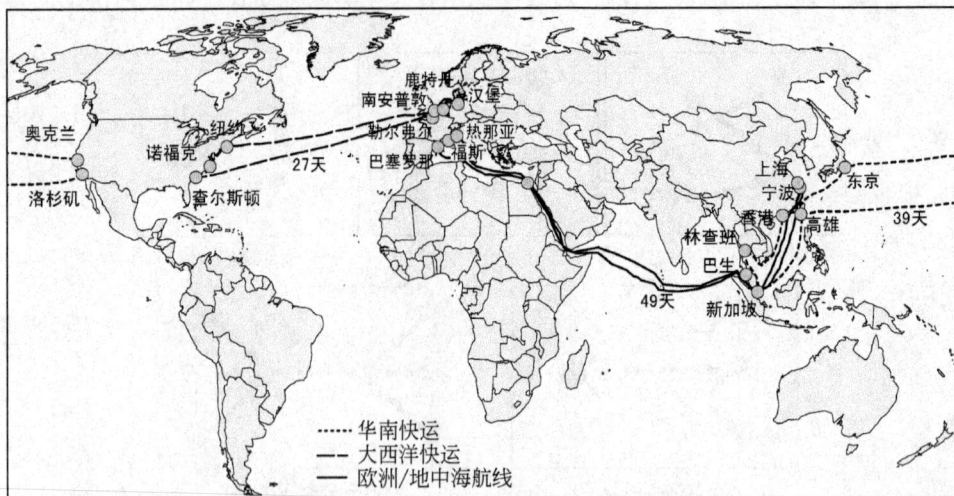

图 3-2　2006 年东方海外的主要钟摆航线

3. 环形航线

环形航线模式主要是指集装箱船舶在部分港口间的循环式运营，其中，以环球航线（round the world，RTW）尤为典型，沿着某方向围绕世界航行（Kuby and Reid，1992）。环型航线的优点为：即使港口待运货源不足，也可用大型船舶进行集散运输，具有较高的经济性，喂给港的货源需要向枢纽港进行喂给，有效地解决了枢纽港与喂给港之间的纷争问题。但这种航线模式也存在一定的缺陷，即航行周期长，挂靠港口数量过多，港口待运货源不足。高效率和低费用超大型船舶的环型服务比两点往返模式更具有优势，随着集装箱运量的急剧增加，环形航线将逐渐成为主流，但这种航线必须依赖于区域性喂给网络的构筑与发展。鉴于集装箱船舶的日益大型化，部分学者认为最有效的环球航线是赤道航线，依靠轴辐网络而提供东西向和南北向及区域性航运服务（Ashar，2002；Monie，1997）。从港口挂靠的角度来看，该模式也属于多港口挂靠系统的一种表现形式。

本研究选择了长荣海运作为论述案例。如图 3-3 所示，长荣海运的西向环球航线先后挂靠东亚港口，包括东京、大阪（Osaka，日本）、博多（Hakata，日本）、釜山、高雄、香港等港口，抵达东南亚的林查班港（Laem Chabang，泰国），并穿过马六甲海峡，途经科伦坡港（Colombo，斯里兰卡），再穿过红海、苏伊士运河和地中海，抵达欧洲的港口，包括勒尔弗尔（Le Havre，法国）、泽布吕赫（Zeebrugge，比利时）、鹿特丹、汉堡、泰晤士（Thames，英国）等港口，然后越过大西洋抵达北美东海岸港口，包括纽约、诺福克（Norfolk，美国）、查尔斯顿港（Charleston，美国），再穿过巴拿马运河并挂靠科隆港（Colon，巴拿马），后抵达北美西海岸的洛杉矶港，最终抵达东亚港口，由此完成环球航运。但是鉴于巴拿马运河对船舶尺度的影响，长荣航运等航运企业开始逐步抛弃环球航行的空间组织。

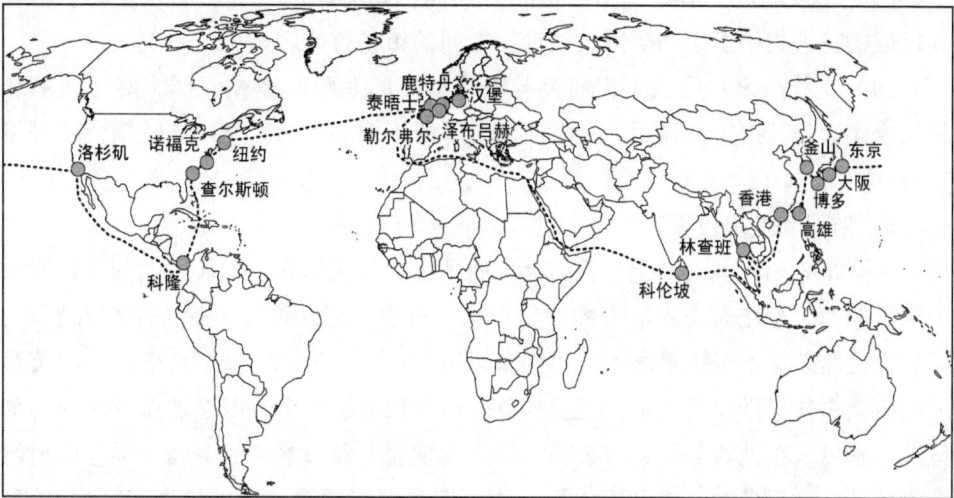

图 3-3 长荣海运的西向环球航线

4. 轴辐航线网络

轴辐航线网络（hub-and-spoke system）源于航空运输，但这种模式适用于所有"流"的空间组织（张怀明，2000）。轴辐侍服模式是一个含有"轴"和"辐"的空间集合，这些"轴"和"辐"间存在某种"流"，"流"在这一空间集合中产生、传播并终止，并通过设计不同的连接形式可使"流"的总成本最低。"轴"是网络中的特殊结点，用来加强与其他结点间的联系；"辐"是网络中的非中心结点，"辐"间的联系和作用通过"轴"来完成。这种模式之所以称为轴辐模式，是因为"轴"和"辐"形成具有密切联系的类似"自行车轮子"的空间交流体系（金凤君，2001）。

完整的集装箱运输包括海上和陆上两部分，本研究主要是针对海上部分进行论述。集装箱航运的轴辐网络主要包括以下4部分。

（1）枢纽港：可细分为国际性枢纽港和区域性枢纽港，是集装箱航运网络的核心节点。从全球枢纽港的发展经验来看，只有那些地处于航运干线，有充足箱源，港口自然条件优越，集疏运网络发达，依托城市的金融、保险、信息发达的港口才能成为国际性枢纽港；部分港口由于区位优势及优越的腹地条件也可以脱颖而出，成为区域性枢纽港。

（2）喂给港：中小型港口由于不能成为跨洋运输的大型集装箱船舶的挂靠港，其远洋货箱需要到邻近的枢纽港进行中转，由此成为喂给港。

（3）干线航班：形成于枢纽港相互之间，是航运网络的骨架，它满足了集装箱运输需求集中发生于少数大型港口之间的市场特征。

（4）支线航班：形成于枢纽港与喂给港之间及喂给港相互间，对干线航班的规模化运营起决定性作用，是枢纽港和干线运输的支撑，是建立轴辐侍辐网络的根本。

1）航线和航班设置

集装箱船舶日益大型化，目前已发展到第七代，第五、六代船舶开始普遍被采用。船舶大型化对挂靠港口的泊位深水、航道、装卸设施等提出了更高要求，同时也使船舶保本载重量增加，单船营运费用上升。为了提高经济效益，集装箱船舶要减少挂靠港口的数量，主要挂靠全球少数的枢纽港，以增加航行时间和降低港口费用。在此背景下，集装箱港口出现枢纽港和喂给港的空间分异。以枢纽港为核心向世界各枢纽港开辟航运干线，实现直接通航，安排较高密度的航班，采用大型船舶以集中箱量，形成干线航班。这使枢纽港成为全球或区域性的集装箱运输集散地，与国际或区外其他枢纽港形成便利的海上运输联系，这增加了集装箱船舶的挂靠频次，降低了运营成本。这种航线较少，但航班密度高，且较为固定，对于港口的发展至关重要。在枢纽港和远离主航道而设备较差的喂给港间以及在喂给港间设置航运支线，安排较低密度的航班，形成支线航班，这种航线数量多，增加了物流链上各结点的经济性。但喂给港因航线覆盖面小和航班少，吸引不到货源，班轮运输为不定期班轮，根据箱源的丰裕程度和箱量规模而进行不断调整，稳定性相对较差（图3-4）。

2）侍服机理

分析其侍服机理，就是分析"喂给"关系。"侍服"本身指一种喂给与被喂给的关系，是发生在枢纽节点与支线节点间的喂给关系。在轴辐网络中，喂给港通过支线航班对枢纽港和干线航班进行箱源喂给，同时以喂给港为目的地的箱源也要通过枢纽港进行疏散。"侍服"关系要求枢纽港作为中转站，其他港口为喂

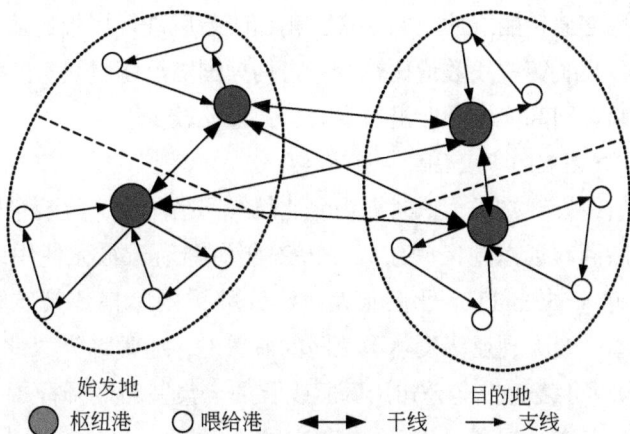

始发地　　　　　　　　　　目的地
● 枢纽港　○ 喂给港　　←→ 干线　　→ 支线

图 3-4　轴辐系统的空间模式

给港，箱源较少和吞吐量较小的喂给港间不构建直接通航，而采用中转运输把货箱运送到邻近的枢纽港进行集中；然后，由枢纽港对集装箱进行重新分配和组织，通过干线航班衔接枢纽港以及通过支线班轮在枢纽港与喂给港间进行中转。顺向上，内陆腹地的货箱首先在喂给港和枢纽港进行集中，其中喂给港的货箱再通过支线航班向枢纽港集中，并由枢纽港通过干线航班向其他枢纽港进行输送。逆向上，海上货箱首先通过干线航班在枢纽港进行集中，然后再由枢纽港通过支线航班向周边喂给港进行配送，两个方向结合起来就是一个完整的侍服过程。这样，枢纽港与周围港群便形成了喂给网络，枢纽港的箱量中有一大部分是中转箱量。通过这种喂给关系，集装箱在全球内实现了集聚与扩散。这种模式以枢纽港为核心，通过干支线形成严密的航班时刻衔接计划，从而形成了完善的集装箱航运网络，提高了其覆盖能力和通达性，刺激并集散干支线的集装箱流，提高航班频率，降低了运输成本。但因大型船舶的成本效率不能抵消喂给成本和集装箱转运成本，大型轴辐网络仍旧尚未形成（Notteboom，2002）。

三、航线网络拓展历程

1. 世界集装箱航线的发展历程

集装箱化过程的重要方面是班轮航线的集装箱化，根据世界集装箱化的历程，集装箱航线网络的构筑也可分成 4 个发展时期（蒋正雄和刘鼎铭，2002）。

1）航线网络萌芽时期：1966 年以前

20 世纪 50 年代~60 年代中期，是世界集装箱航线网络的萌芽阶段。该时期，主要是利用普通货船或油轮的甲板，稍加改装后进行捎带运输，每次的集装箱运量比较少。集装箱航线数量比较少，且均为国内沿海航线。开展集装箱航运的地区，主要为美国和澳大利亚沿岸港口，数量比较少。

2）北北航线拓展时期：1967～1970年

根据主要航线设置格局，该时期为北北航线网络阶段，集装箱航线主要是北半球的北美、欧洲和远东地区间航线。1966年海陆航运最先使用改装的全集装箱船"费尔兰德（fairland）"号在北大西洋开辟了国际集装箱航线，航行于北美、西欧、日本、澳大利亚等发达国家间的航线上，通常称为"北北航线"（莫道，1995）。1967年麦逊航运公司用两艘改装的全集装箱船开辟了日本—加利福尼亚航线，随后日本—加利福尼亚、日本—澳大利亚、日本—西雅图和温哥华、欧洲—澳大利亚4条集装箱航线相继开通，显然连接日本的航线成为重要的集装箱化路径。同时，北美—欧洲航线的集装箱运输开始正规化，部分美国航运企业利用半集装箱船在远东地区与北美太平洋间开展了集装箱运输。

3）北南航线拓展时期：1971～1983年

该时期尤其是20世纪70年代末、80年代初，先后开辟了许多发达国家与发展中国家间的集装箱航线，如北美、日本、西欧到东亚、东南亚、南亚、中东、南美、非洲、东欧等地区的航线，统称为"北南航线"，这些航线补充和丰富了世界集装箱航线网络（莫道，1995）。1971～1978年，世界集装箱航线发展很快，欧洲—北美的大西洋航线基本实现了集装箱化，远东—地中海航线也实现了集装箱化，随后日本—新西兰、欧洲—加勒比海和日本—西澳大利亚、欧洲—南非等航线先后开通，世界航线的集装箱化体制已初步形成。从北美、欧洲至远东、中东的集装箱航线到80年代初开通，非主要航线或发展中国家航线开始发展集装箱运输，并形成支线网络。

4）南南与环球航线拓展时期：1984年至今

该时期，主要开辟了发展中国家和地区间的集装箱航线，通常称为"南南"航线，并开拓发展环球集装箱运输航线。20世纪80年代，集装箱运输得到大发展后，各国新兴的航运企业相继进入集装箱航运市场，导致全球竞争激烈、经营困难，这促使全球集装箱航线进行调整。1984年长荣航运率先开辟了环球航线，从东亚地区形成东行和西行航线，其中东行线为"太平洋→巴拿马运河→大西洋→地中海→苏伊士运河→印度洋→太平洋"，西行航线则反向而行，每隔7天对开一班，航次时间为80天，这促使各航运企业相继开辟了环球航线（莫道，1995）。同时，环大西洋航线也得到拓展。该时期航线发展的另一特征是支线运输在世界范围内已网络化、系统化，而且支线船也开始日益大型化。近洋航线和沿海支线得到发展，集装箱支线运输已基本形成，且集装箱运量日益增加。

2. 世界集装箱航线的空间格局

世界集装箱航线是存在等级结构的空间体系。根据《集装箱应用全书》（张炳华，2000）的论述，全球集装箱航线网络形成主干航线和地区海域支线网络两个空间等级。

1）全球主干航线网络

全球主干航线网络主要是指远东—北美、远东—欧洲和欧洲—北美航线组成的航运网络。这些主干航线主要围绕北太平洋和北大西洋而形成，连接远东、北美和欧洲三大区域，其中，欧洲包括地中海地区。三大主干航线成为航运企业的主要经营市场，集中了全球主要的集装箱运力与运量。为了保持航运的周期性和稳定性，各航运企业需要在各航线上配置一定的集装箱运力。目前，太平洋航线在船舶规模为 2500TEU 时，需配置 6 艘船，航行周期为 42 天，而远东—欧洲航线须配置 9 艘船，航行周期为 63 天；当集装箱船舶规模提高到 4000～5000TEU 时，太平洋航线的航行周期缩短为 35 天，需要配置 5 艘船，而远东—欧洲航线的航行周期为 56 天，须配置 8 艘船，大西洋航线需配置 4～5 艘船（Notteboom，2002）。

2）地区海域支线网络

集装箱运输是一种资金密集型的运输系统，为了最大限度地发挥运输效率和经济获益，须积极促进主要集装箱航线的稳定，并进一步扩大支线运输网络。这些区域性支线网络主要覆盖远东地区、地中海、北海、北太平洋西海岸、加勒比海、非洲、南美洲、沿海和内河（如莱茵河、长江、珠江）等航运地区，具体航线包括远东—南非、远东—南美东西海岸、欧洲—南美、北美东海岸—南美东海岸、南非—澳大利亚、南美—澳大利亚、南非—南美等航线。

第二节　运输组织空间分析模型

一、数据与样本

1. 研究数据

研究集装箱航运网络有多种方法，但归纳起来主要两类：①利用运营时刻表，通过航运企业的组织行为即船舶运营的航线和航班，来分析集装箱运输的空间系统，该方法侧重于企业行为和运输组织的过程分析，体现了企业中心论的研究范式；②利用O-D交流表，通过因子分析或投入产出等方法，以不同港口间某时间段的双向集装箱流为研究对象，考察集装箱运输的组织系统。该方法侧重于运输终端—港口间的空间关系，强调最终结果和格局分析。以上两种方法的综合分析，可充分说明交通网络的承载容量和空间体系等信息，但这两类数据同时获得的难度很大，由此限制了研究进展。

本研究的分析，主要采用第一类分析方法，所选用的资料为全球主要航运企业的集装箱船舶运营时刻表，具体选取 2006 年 7 月 1~31 日的即时航线和月期航班作为分析数据。原始资料均源于各航运企业的门户网站。这种方法的应用主要基于图论理论和复杂网络理论，相关研究如 Garrison（1960）、Konings 等（1992）、Buckwalter（2001）对公路网络和多式联运网络的分析也证实了该方法的科学性。

2. 研究样本

研究样本的多少直接决定了研究效果。为了深入剖析世界集装箱航运网络，以全球 24 家集装箱班轮公司为分析样本，其中囊括了马士基/海陆（Mearsk/Sealan）、长荣海运（Evergreen Marine Corp. Ltd.，EVG）、韩进海运（Hanjin Shipping ltd.，HJS）、总统轮船（American Predsident lines Ltd.，APL）、澳大利亚航运（Australia Container Line，CAL）、德国胜利海运（Senator Line）、东方海外（Orient Overseas Container Line，OOCL）、汉堡南方（Hamburg-Sud，SUD）、阳明海运（Yangming Marine Transport Corp，YML）、南美轮船（Compagnia Sudamericana de Vapores，CSAV）、日本川崎（Kawasaki Kisen Kaisha Ltd.，KL）、瑞克麦斯（Rickmers Line，RC）、太平洋轮船（Pacific Steam Navigation Co.，PSN）、瑞士地中海（Mediterranean Shipping Company S. A，MSC）、沙特海运（National Shipping Co. of Saudi Arabia，NSCSA）、现代商船（HYUNDAI Merchant Marine Ltd.，HMM）、荣晟海运（Hatsu Marine）、意大利邮船（Lloyd Triesttino，LT）、中国远洋（COSCO Group）、远东轮船（Far Eastern Shipping Co.，FPL）、北欧亚航运（NORASIA，NOR）等位居国际排名的航运企业，这些企业分别属于法国、中国、美国、丹麦、德国、日本、韩国、澳大利亚、沙特阿拉伯、中国香港和中国台湾等 10 多个国家和地区。这些航运企业拥有全球 70% 以上的集装箱运力，其数据可充分反映全球集装箱航运网络的组织格局。关于港口，本文选取 520 个样本，港口样本覆盖五大洲。

集装箱港口网络形成演化与发展机制

二、研究方法

本研究的方法大致分为数据整理和模型构筑两个步骤。

1. 数据整理

随着对运输组织行为过程分析的增多，越来越多的学者开始采用运营时刻表研究相关问题，但对运营时刻表的应用，目前尚未形成较好的数学模型。本研究在相关研究的基础上，力图通过简单的数学模型进行深入分析和模拟。

时刻表主要用于轮船、汽车、火车和飞机等交通工具的运营，其中航空主要是"点—点"的对式运营，其他交通工具在航行途中要停靠众多节点，航线由不同结点串连而成。一般，原始运营时刻表属于文字资料，航线和航班不能直接用于数理分析，须转化为数据资料，然后根据模型再转换成矩阵等类型数据，方可应用。①整理选择：首先从原始时刻表中按一定运营周期进行选择，整理符合研究需求的航线和航班。由于集装箱主要是洲际远洋运输，航行周期长，本研究按月度运营表进行数据整理。②航区划分：根据海洋格局和海运惯例，本研究将全球分为西北欧、地中海、非洲西海岸（简称非西）和东海岸（非东）、北美东海岸（美东）和西海岸（美西）、东亚、南亚（含中东）、东南亚、南美西海岸（南美西）和南美东海岸（南美东）等12大航区，由此决定航线矢向组：78组。③归类计算：按航线的起始港和目的地港确定航线的宏观走向，将其归并为不同矢向组，计算各矢向组的航线数量和航班密度。④模型构筑：根据航线串连的不同港口，构筑矩阵模型，将航线和航班转化成矩阵，实现文字资料转换为数理数据。⑤应用分析：根据研究需要，进一步设计空间分析模型，深入研究全球集装箱运输的空间组织网络。

集装箱航运网络会使港口间产生不同的运输联系强度，而这种联系可反映港口在集装箱航运网络中的地位与通达水平。船期表是航运企业的运营计划表，一般属于文字资料，须转化为数据矩阵方可进行分析。以集装箱船舶为主线，将船期表按一定算法，换算成为样本港口的完全联系矩阵，实现数据转换。其中，设 P_i 为集装箱港口 i，Vessel m 为 m 集装箱船舶（指船舶名称）；T_{m-i} 为 m 集装箱船舶到达 i 港口的时刻。集装箱船舶运营表或船期表的一般制作模式见表3-2。船期表综合表现了某航运企业的航线组织模式和集装箱运力的时序配置。

表 3-2　集装箱船舶运营表模式

港口	P_1	P_2	P_3	P_4	...	P_n
Vessel a	T_{a-1}	T_{a-2}	T_{a-3}	T_{a-4}	$T_{a-\cdots}$	T_{a-n}
Vessel b	T_{b-1}	T_{b-2}	T_{b-3}	T_{b-4}	$T_{b-\cdots}$	T_{b-n}
Vessel c	T_{c-1}	T_{c-2}	T_{c-3}	T_{c-4}	$T_{c-\cdots}$	T_{c-n}
Vessel d	T_{d-1}	T_{d-2}	T_{d-3}	T_{d-4}	$T_{d-\cdots}$	T_{d-n}
...	...	...	...	...	...	...
Vessel m	T_{m-1}	T_{m-2}	T_{m-3}	T_{m-4}	$T_{m-\cdots}$	T_{m-n}

假设某集装箱航线为 "$P_1 \leftrightarrow P_2 \leftrightarrow P_3 \leftrightarrow P_4 \leftrightarrow \cdots \leftrightarrow P_n$"，则任何两港口间均存在运输联系。如果该航线存在 1 个航班，则对港口间的集装箱运输联系赋值为 1。通过实际分析则发现，航运企业往往在一定期限内如 1 个月设置多个航班（远洋运输多为周期航班，近海或近洋运输的航班密度取决于航行距离与货流规模），但是部分航班可能不挂靠其中的部分港口，这些港口间不存在运输联系，则赋值为 0，而其他港口存在运输联系而赋值为 1，由此形成一个完全联系矩阵 M'；见表 3-3。

表 3-3　集装箱航线的数据转换模式表

港口	P_1	P_2	P_3	P_4	...	P_n
P_1	0	1	1	1	1	1
P_2	1	0	1	1	1	1
P_3	1	1	0	1	1	1
P_4	1	1	1	0	1	1
...	1	1	1	1	0	1
P_n	1	1	1	1	1	0

然后按照表 3-3，对矩阵进行数据的二次转化，转化成 O-D（origination-destination）交流数据，并形成表 3-4 的数据格式。同时，按照这种方法，将所有集装箱航线和航班进行处理，然后转化成 O-D 数据，并将其进行整理、加和，形成单一的集装箱航线 O-D 数据表。

表 3-4　集装箱航线 O-D 数据模式

始发地	目的地	O-D 流
P_1	P_1	R'_{11}
P_1	P_2	R'_{12}
P_1	...	$R'_{1i}\cdots$
P_1	P_n	R'_{1n}

始发地	目的地	O-D 流
P_2	P_1	R'_{21}
P_2	P_2	R'_{22}
P_2	…	R'_{2i}…
P_2	P_n	R'_{2n}
…	…	R'_{ii}
P_n	P_n	R'_{nn}

最后，将最终的 O-D 数据表再转化为完全联系矩阵 **M**，形成最终的分析数据矩阵表，见表 3-5。该方法将集装箱航运网络转化为物理性网络，这种理念符合无标度网络即复杂网络的研究理论。

表 3-5　集装箱运输联系矩阵

港口	P_1	P_2	P_3	P_4	…	P_n
P_1	R_{11}	R_{12}	R_{13}	R_{14}	R_1…	R_{1n}
P_2	R_{21}	R_{22}	R_{23}	R_{24}	R_2…	R_{2n}
P_3	R_{31}	R_{32}	R_{33}	R_{34}	R_3…	R_{3n}
P_4	R_{41}	R_{42}	R_{43}	R_{44}	R_4…	R_{4n}
…	R…$_1$	R…$_2$	R…$_3$	R…$_4$	R……	R…$_n$
P_n	R_{n1}	R_{n2}	R_{n3}	R_{n4}	R_n…	R_{nn}

2. 模型构筑

基于以上转换数据，本研究的集装箱航线网络分析大致分为 3 个步骤，具体如下所示。

1）计算各港口或区域的航线数量

设 l_{ij} 为港口 i 和 j 之间的航线，l_i 为 i 港口的航线总量，则 L_{IJ} 为 "$I \longleftrightarrow J$" 方向的航线矢向集合，L 为不同矢向集的航线集合。则

$$l_i = \sum_{j=1}^{n-1} l_{ij} \tag{3-1}$$

$$L_{IJ} = \sum_{i=1}^{m-1} l_i \tag{3-2}$$

$$L = \sum_{I=1}^{k} L_{IJ} \tag{3-3}$$

2）计算各港口或区域的航班数量

设航线 l_{ij} 的航班次数是 n_{ij}，则 N_i 为港口 i 的集装箱班轮航班数量，N_{IJ} 是

"$I \longleftrightarrow J$"方向的航班总量，N为不同矢向航线集的总航班数量；D_{IJ}和D为"$I \longleftrightarrow J$"航线矢向组的航班密度和全球集装箱运输网络的平均航班密度。则

$$N_i = \sum_{j=1}^{n-1} n_{ij} \tag{3-4}$$

$$N_{IJ} = \sum_{i=1}^{m-1} n_i \tag{3-5}$$

$$N = \sum_{I=1}^{m} N_{IJ} \tag{3-6}$$

$$D_{IJ} = N_{IJ}/L_{IJ} \tag{3-7}$$

$$D = N/L \tag{3-8}$$

3）构筑集装箱运输联系矩阵

以上方法仅是对集装箱航线和航班作表面描述，未能揭示组织网络的深层次运作机制。集装箱运输组织会使港口间产生不同的联系强度，而这种联系可反映某港在集装箱网络中的地位。根据以上数据整理的方法，对所有班轮公司的船期表资料进行整理、数据转化和合并，可形成所有样本港口的完全联系矩阵 M，公式如（3-9）所示。

$$M = \left[R_{ij} \right] 520 \times 520 \tag{3-9}$$

根据 M 矩阵，将港口 i 到港口 j 的集装箱运输联系定义为 O_{ij}，港口 j 到港口 i 的集装箱运输联系为 D_{ji}，R_{ij} 为港口 i 和 j 两港集装箱运输联系的总和即 O_{ij} 和 D_{ji} 的合计值；则 O_i 为港口 i 发往到其他所有港口的集装箱联系，而 D_i 是港口接受来自其他所有港口的集装箱运输联系；H 是一个"0～1"的变量，当班轮在港口 j 挂靠时，则认为港口 i 和港口 j 之间存在空间联系，则设为 1，反之则设为 0。

$$R_i = O_i + D_i = \sum_{j=1}^{n-1} (R_{ij} + R_{ji}), \ i = 1, 2, \cdots, n; \ j = 1, 2, \cdots, (n-1) \tag{3-10}$$

$$H_i \in \{0, 1\} \tag{3-11}$$

第三节　全球集装箱航运网络的空间组织

一、集装箱航线的宏观格局

航线是船舶自始发港向目的港，沿途依次挂靠港口时所经过的海上航行路线。

某个方向的航线数量多少，可直接反映两个宏观区域或某方向的集装箱运输密度，进而判断经济联系。通过整理全球24家航运企业的航线组织，结果见表3-6。

表3-6　全球主要航区间的航线和航班组织

航区	航区	航线/条	航班/次	航区	航区	航线/条	航班/次
东南亚	东亚	145	1363	澳新	西北欧	27	179
东亚	东亚	97	1073	地中海	西北欧	26	163
东亚	美东	105	1038	西北欧	西北欧	22	163
东南亚	东南亚	53	971	地中海	东南亚	14	162
东亚	西北欧	129	872	非西	地中海	22	149
东亚	美西	100	671	东南亚	美西	24	142
澳新	东南亚	66	666	中东	中东	12	131
东南亚	西北欧	37	612	澳新	澳新	21	124
中东	东亚	81	595	中东	澳新	13	111
地中海	东亚	70	444	澳新	美东	13	110
南美东	美东	53	402	澳新	美西	15	107
中东	东南亚	30	393	南美西	美东	19	105
澳新	东亚	55	357	美东	美东	18	96
东南亚	美东	25	351	南美东	东亚	10	91
美东	西北欧	50	344	南美东	南美西	10	90
地中海	美东	48	269	南美东	地中海	15	85
南美东	西北欧	43	260	地中海	美西	9	85
地中海	地中海	39	234	中东	地中海	11	82
中东	西北欧	27	216	南美东	南美东	7	70
中东	美东	14	199	非东	中东	8	69

通过表3-6可发现，全球集装箱海运的航线和航班组织主要呈现以下4个特点。

（1）理论上，集装箱航线组织的区域为12个航区，航线和航班宏观矢向组为78组，但数据显示仅有67组，其中美东—美西、南美西—东南亚、南美西—澳新、南美西—中东、南美东—东南亚、非东—南美西、非西—美西、非西—东南亚、非西—澳新、非西—中东、非西—南美西等区域航线和航班均很少设置。

（2）全球集装箱海运航线主要集中在少数航区间，其中，东南亚—东亚、东亚—西北欧、东亚—美东、东亚—美西等宏观区域间的航线较多，尤其以东南亚—东亚航线最多，高达145条/月；其次，东亚—东亚、东亚—中东、东亚—地中海等航区间的航线也较多。

（3）航班组织呈现同航线组织的类似特征，东南亚—东亚、东亚—东亚、东亚—美东、东南亚—东南亚、东亚—西北欧等航区间的航班较多，尤其以东南亚—东亚航班最多，达 1363 次/月；其次，东亚—美西、澳新—东南亚、东南亚—西北欧、中东—东亚、地中海—东亚、南美东—美东等航区的航班也较多。

（4）部分地区成为全球集装箱海运网络的"冷区"，主要包括南美西和南美东、非西和非东等四个航区。以上航区不但相互之间航线和航班设置较少，而且同其他航区的航线和航班也较少。以上分析说明，全球集装箱海运网络组织的重点区域是北半球，南半球除澳新地区外，其他航区间的航线和航班组织较少。其中，北半球又以东亚和东南亚为重点区域，构筑同其他区域的组织网络，形成全球集装箱航运组织网络的核心区域。

二、集装箱港口的航线组织

集装箱航运网络中，港口是基本的网络节点。航线和航班组织的分析只有具体到港口才具有意义。拥有航线的多少可反映港口的集装箱航运组织能力，并说明港口在全球集装箱航运网络中的枢纽地位。通过对样本公司的航线整理，并根据前文模型进行数据计算，将结果绘制成图 3-5。

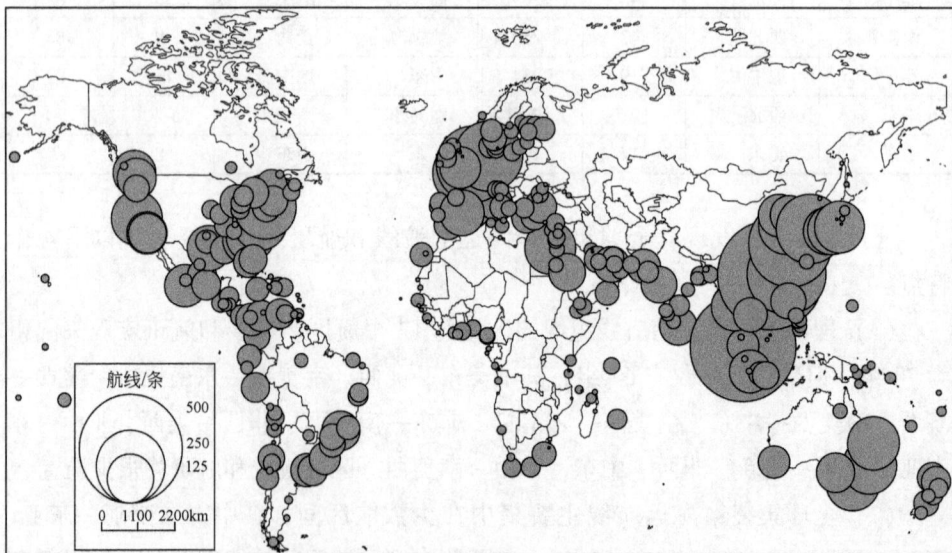

图 3-5　全球集装箱港口挂靠航线数量的空间格局

全球集装箱海运网络中，港口航线组织的规模主要呈现以下 5 个特点。

（1）全球港口航线组织呈现四大组团，分别为东亚、东南亚、西北欧和美东，这些地区的港口拥有较多的集装箱航线，是集装箱海运航线的主要集聚组织区位。此外，地中海、澳新和美东等地区的港口拥有较多的集装箱航线。这与前文的分析基本相吻合。

（2）从具体港口来看，香港和新加坡两港的集装箱航线最多，并相当，分别为503条和502条，同时香港和新加坡两港的航线规模同其他港口差距较大。在一定程度上，这说明香港和新加坡在全球集装箱海运网络中具有最高的枢纽地位。

（3）深圳、上海、高雄等中国港口拥有较多的航线规模，均处于300～380条，反映了3个港口具有较高的枢纽港地位。鹿特丹、安特卫普、汉堡、釜山、宁波、纽约等港口拥有航线均处于200～280条，反映了这些港口具有一定的枢纽港地位。

（4）此外，勒尔弗尔、巴生（Klang，马拉西亚）、青岛等24个港口航线规模处于100～200条，港口的枢纽港地位开始减弱。雅加达（Jakarta，印度尼西亚）、天津等52个港口的航线处于50～99条，这些港口的枢纽地位较低。其他港口的航线均低于50条，其中航线总量低于10条的港口有227个，约占港口总量的42.8%，这些港口基本不具有枢纽地位。

（5）从港口航线总量前20位来看，东亚港口较多，有7个，并均居于前10位；同时，欧洲港口有5个，澳新地区有4个，美东和东南亚分别有2个。以上分析说明，东亚港口的航线总量较多，在全球集装箱海运网络中的枢纽地位较高。

三、集装箱港的港口覆盖率

航线是通过船舶将不同的集装箱港口相串连，但一个港口联系其他港口（ACP，avigable container port）的数量仍未能得到反映，而该指标则说明了集装箱港口的空间组织范畴，是反映港口集装箱组织能力和空间通达性的重要指标。通过计算，全球主要港口的联系港口数量（ACP）见表3-7。

表3-7　全球主要集装箱港的ACP及覆盖率

港口名称	ACP/个	覆盖率/%	港口名称	ACP/个	覆盖率/%
香港	325	65.26	雅加达	264	53.01
新加坡	320	64.26	巴尔的摩	261	52.41
安特卫普	317	63.65	巴塞罗那	259	52.01

港口名称	ACP/个	覆盖率/%	港口名称	ACP/个	覆盖率/%
上海	312	62.65	诺福克	259	52.01
深圳	306	61.45	林查班	257	51.61
釜山	300	60.24	厦门	256	51.41
汉堡	292	58.63	热那亚	253	50.8
鹿特丹	291	58.43	神户	253	50.8
纽约	289	58.03	名古屋	252	50.6
查尔斯顿	285	57.23	东京	249	50
费力克斯托	276	55.42	福斯	245	49.2
休斯敦	276	55.42	胡志明	244	49
高雄	273	54.82	奥克兰（美）	244	49
勒尔佛尔	273	54.82	马尼拉	243	48.8
巴生	272	54.62	悉尼	242	48.59
宁波	272	54.62	墨尔本	241	48.39
青岛	270	54.22	布里斯班	240	48.19
瓦伦西亚	267	53.61	大连	238	47.79

通过表3-7，可发现主要呈现如下5个特点。

（1）全球范围内，所有集装箱港口的航运通达范围未能突破70%，均在66%以下，这说明了全球港口的集装箱组织能力仍相对有限。

（2）港口的ACP数量呈现一定层级结构，其中突破300的港口6个，约占样本港口的1.2%；处于200~299的港口有72个，约占样本港口的14.5%；处于100~199的港口有130个，约占样本港口的26.1%；ACP低于100的港口有290个，约占样本港口的52.3%，其中50~100的港口有74个，10~49的港口142个，低于10的港口74个，呈现逐步增加的规模结构。这反映了全球集装箱海运网络中，不同港口具有不同的通达性，而仅有少数港口具备较高的空间通达性。

（3）样本港口中，香港、新加坡、安特卫普、上海、深圳和釜山六个港口的ACP规模最高，均突破300个，其覆盖样本港口的比率达60%以上，在全球集装箱海运网络中具有很高的通达性，尤其以前两者为最高，这说明这些港口具有很高的枢纽地位。这些港口主要分布在东亚、东南亚和欧洲航区，这与前文港口分析基本吻合。

（4）汉堡、鹿特丹、纽约、查尔斯顿、费力克斯托（Felixstowe，英国）、休斯顿（Houston，美国）、高雄、勒尔佛尔、巴生、宁波、青岛等港口的 ACP 数量居于 200～300，港口覆盖率达 50%~60%，在全球集装箱海运网络中具有较高的通达性。这些港口主要分布在东亚、欧洲、北美东海岸、地中海和东南亚等航区，尤其集中在东亚地区，这说明以上港口具有较高的枢纽地位。

（5）此外，福斯（Fos，法国）、胡志明（HoChi Minh，越南）、奥克兰（美）、马尼拉（Manila，菲律宾）、悉尼（Sydney，澳大利亚）、墨尔本、布里斯班（Brisbane，澳大利亚）和大连等港口也具有很高的联系港口规模，在全球集装箱海运网络中具有一定的通达性，并主要分布在澳新地区，这些港口具有一定的枢纽地位。

四、集装箱港口的航班组织

航线可粗略地反映港口的集装箱组织能力，但不同航线间的组织能力仍未能得到体现。港口的 ACP 虽透视出不同港口的空间通达性，但仍不能反映出不同港口的联系频率。航班是船舶在某航线上的航行次数，其组织频率可反映港口在不同航线的组织能力，不同方向航线上的航班总和则可反映出港口的集装箱组织能力，进而考察在全球集装箱海运网络中的枢纽地位。

如图 3-6 所示，全球港口的航班组织频率主要呈现以下 5 个特征。

（1）全球港口的集装箱航班组织频率呈现四大组团的空间格局，分别为东亚、东南亚、西北欧和北美东海岸，这些地区的港口设置了较高的集装箱海运航班，是世界多数集装箱船舶的集中出发或挂靠区域。此外，地中海和澳新及美东地区具有较高的航班组织频率。这同世界港口航线组织的分析基本吻合。

（2）从航班频率的等级来看，高于 3000 次/月的港口有 2 个，介于 2000～3000 次/月的港口有 3 个，处于 1000~2000 次/月的港口有 22 个，处于 500～1000 次/月的港口有 44 个，介于 100～500 次/月的港口 159 个，组织频次低于 100 次/月的港口有 268 个。这说明全球范围内，仅有少数港口具有较高的船舶出发或挂靠频率，而多数港口的航班组织能力相对有限，这进一步证明了全球枢纽港仅能为少数港口的论点。

（3）从具体港口来看，新加坡具有最高的集装箱航班频率，达 4703 次/月，平均每天达 157 个航班；其次，香港具有很高的船舶航行频率，每月达 3787 个航班，平均每天达 126 个；并且，两者的航班频次远高于其他港口，这说明两者在全球的集装箱网络中具有绝对的枢纽地位。但对比分析，新加坡和香港的航班组织频率开始形成较大的差距，从中可看出香港的枢纽地位要弱于新加坡。

（4）同时，深圳、高雄和上海具有较高的航班规模，分别达 2826 次／月、2572 次／月和 2346 次／月，尽管与新加坡和香港形成较大的差距，但仍反映出三者具有较高的集装箱海运组织能力。进一步结合香港进行分析，可看出，中国的港口开始具备很强的集装箱组织能力，在全球集装箱海运网络中具有重要的地位。

（5）此外，欧洲主要港口的航班频次较高，包括鹿特丹、安特卫普、汉堡、勒尔弗尔；部分东亚港口包括中日韩港口的航班频次也较高，如宁波、釜山、巴生、林查班、东京、青岛、厦门、神户、名古屋（Nagoya，日本）、大阪等；北美港口包括纽约、诺福克、奥克兰（美）、查尔斯顿、休斯敦等具有较高的航班频次，并主要分布北美东海岸；澳大利亚的悉尼港和墨尔本港也具有较高的航班频次。

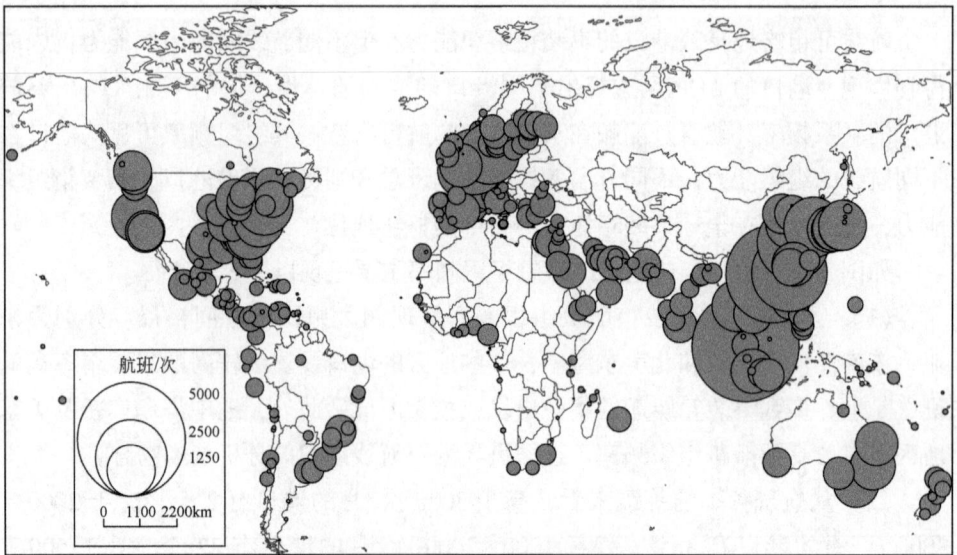

图 3-6　全球集装箱港口航班组织的空间格局

五、主要港口的航运联系格局

分析全球集装箱组织系统之前，应首先考察港口间集装箱组织联系的空间格局。港口间的联系是因国际贸易而产生的运输联系，由集装箱船挂靠不同港口而实现。分析港口间集装箱组织联系的空间格局，目的在于考察全球范围内集装箱的主要组织方向和区域；但由于港口联系对数量过多，难以逐一分析，本研究主要选择前 200 位港口联系对进行分析。

通过对样本港口间的集装箱运输联系，主要得出以下 4 个结论。

(1) 选取港口样本为 530 个，理论上港口间应形成 530×530 对矢量数据（即 T_{ij} 和 T_{ji}），经过整合处理后，港口联系（SF_{ij}）应为 140 185。但对样本企业的航线和航班进行整理后，有效港口联系对（SF_{ij}）为 48 399，实际联系覆盖率达 34.5%。这是由于港口距离过远或因经济联系较少而箱源较少，部分港口间不可能形成运输联系，反映了集装箱运输组织的有限性。

(2) 如图 3-7 所示，港口运输联系主要集中在少数港口间，全球港口间的集装箱组织联系规模结构呈现倒对数分布；其中，大于 1000~1999 的港口联系对为 11，介于 800~999 的港口联系对为 21，600~799 的港口联系对为 61，400~599 的港口联系对为 341，200~399 的港口联系对为 2184，100~199 的港口联系对为 2337，50~99 的港口联系对为 4357，1~49 的港口联系对为 38 852，约占港口联系对总量的 80.3%。这说明多数港口间的集装箱组织联系比较松散，仅有少数港口集装箱组织联系比较紧密。

(3) 如图 3-7 所示，前 200 位主要港口联系呈现明显的区域化特征，并呈现西欧、东南亚和东亚、美国东部和澳大利亚东海岸 4 个区域联系组团，这 4 个区域尤其前三者集中了前 200 位港口联系的主要数量；并且港口联系主要集中在不同区域内部，除东南亚和东亚两个航区港口间的联系紧密外，其他航区港口间的集装箱组织联系都比较弱。

图 3-7　全球前 200 位港口联系的空间格局

（4）从主要的港口联系对来看，规模较大的集装箱组织联系主要发生在香港、深圳、上海、高雄、宁波、新加坡、鹿特丹、汉堡、诺福科、纽约、巴生、釜山、槟城（Penang，马来西亚）、墨尔本、悉尼、安特卫普等港口间。但不是所有的港口对都存在大规模的集装箱组织联系，仅是部分港口联系对规模较大。其中，香港—深圳、上海—香港、香港—高雄、深圳—上海、宁波—上海、香港—新加坡、鹿特丹—汉堡、诺福科—纽约、香港—宁波、高雄—深圳、巴生—新加坡、宁波—深圳等港口联系对规模较大，均超过1000，尤其香港—深圳联系规模最大，高达2367。

第四章

集装箱枢纽港识别与空间体系

第一节　港口体系的职能结构

一、港口体系职能结构

1. 港口体系概念

港口体系是港口地理学的核心概念。严格地讲，港口体系属于地理要素的一种空间系统，反映了地理要素的空间分异现象和相互联系，其内涵范围同空间尺度密切相关。本研究认为，港口体系是指某一空间尺度内拥有紧密关系的港口组合，具体内涵包括港口间的地域空间结构、规模等级结构和职能组合结构，是港口间空间关系、职能关系、规模关系和运输联系的综合反映。港口是港口体系的基本地理要素，因其属性的空间分异，港口间形成了不同的功能类型，这是形成港口体系的基础，反映了港口内部的各种关系。

2. 港口职能类型

职能是港口的基本属性之一。按照港口的职能，即其本身的用途，可将港口分为商港、工业港、军港、避风港和渔港等 5 类。其中，商港主要指专门从事客货运输业务的港口，也称为公共港口，按照航运货物贸易性质又可分为内贸港和外贸港。工业港主要指为临近江、河、湖、海的大型工矿企业直接运输原料、燃料和产品的港口。按照主导运输货物的种类，港口可分为综合性港口和专业化港口，其中综合性港口主要指装卸多种货物的港口，而专业化港口主要指专门或主要从事某种货物装卸作业的港口，并对该种货物具有专用的、比较先进的装卸设施，因此又分为煤炭港、油港和集装箱港等类型，这种划分体现了港口的专业化职能，本研究显然属于该范畴。以上港口类型基于货物和功能的不同，形成了不同的经济技术特征，这也体现了集装箱技术对传统港口的改造和影响。

随着全球集装箱化进程的推进和航运网络模式的转变，从集装箱流的流向与集散角度考察港口的类型更具有意义。因此，部分学者对港口的职能类型进行探讨。Komadina 等（2006）认为港口形成枢纽港、喂给港和小型港口的分化，而 Wang 等（2004a）按照港口在航运网络系统的功能和区域角色，将港口分为枢纽港、非枢纽港和喂给港；Komadina 等（2006）认为完整的航运网络中，港口可分为枢纽港（hub）、直挂港（direct call ports）和喂给港（feeder ports）。综合分析，尽管部分学者对港口职能类型的划分存在不同的论点，形成了不同的划分方案，但枢纽港和喂给港两类港口的基本划分已为多数学者所认可，其争议在于其他类型港口。从各类型港口的定义来看，非枢纽港主要指干线港、支线港等类型的港口，而直挂港口在全球尺度内多指干线港（Wang，2004a）。综上所述，港口体系一般包括枢纽港、干线港、支线港和喂给港等基本类型的港口。其中，喂给港、干线港和支线港的概念如下所述。

（1）喂给港。主要指没有直接海外远距离航线的港口，通过近海或内河运输连接枢纽港，其远距离的客货运输需要通过临近的枢纽港进行中转，相互间一般不开展直达运输，其港口规模一般较小。作为水路运输的采集节点，喂给港多沿近海岸线或内河岸线布局。在港口体系内，这类港口的数量比较多。

（2）干线港。主要指大型港口，部分远洋国际班轮稳定挂靠这些港口，众多沿海和近洋班轮稳定挂靠，国际集装箱航线较多且远洋航线数量多，航班密度较高，泊位数量较多，设备先进，装卸效率较高，对集装箱的吸引力很强，港口吞吐量较大，在国际集装箱运输中占有重要地位。2001～2004 年宁波港 85% 的集装箱是通过国际航线直接进出宁波港的，只有 5% 左右的集装箱通过内支线转运，同时，世界排名前 20 的船公司既挂靠上海又挂靠宁波。在港口体系内，这类港口的数量比较少。

（3）支线港。国际干线班轮一般不挂靠该类港口，只有近洋航线和近海航线、航班、船舶在此挂靠，具有相对较高的吞吐量；港口货物多是腹地所生产和消费的，转运量很少；与干线港、枢纽港间有定期的支线航班运输，与其他港口一般没有固定的航线。在港口体系内，这类港口的数量相对较多。

二、枢纽港界定

1. 枢纽港概念

枢纽港是港口体系的核心节点，在港口体系中有着特殊的数理现象和空间特征，一直是港口地理研究的焦点（Notteboom，2002）。关于枢纽港概念的界定，学术界有不同的论点，其英文也有不同的译法，有"load port"、"dominant container port"、"load center"、"pivot port"、"assembly port"、"mainport"等译法。这些英文表述强调了枢纽港的某些方面，但主要强调了枢纽港的转运功能，如 Wang（2004a）认为枢纽港主要指转运中心，而且指海陆交界面的门户且其腹地拥有大量的货箱。以上论述反映了目前枢纽港的界定尚未形成统一的概念。

枢纽港的概念界定涉及很多因素的影响，本研究认为应基于网络和图论等基础理论，着眼于运输行为的基本空间形态——航运网络，从港口内在属性和外部因素两方面进行枢纽港的界定，是更为科学的。有鉴于此，本研究认为枢纽港应界定为：集装箱航运网络的关键节点或瓶颈性节点，拥有较多的航线数量和较高的航班密度，可衔接不同远洋航线或近海航线，拥有广阔的陆向腹地或海向腹地，有着充足的箱源，是全球或区域集装箱流的集散基地，拥有较高的吞吐量并在全球或区域内占有较高比重，掌控着集装箱航运网络的空间组织，深刻影响着航运市场的运营，并主导着全球或区域性港口体系的空间关系（王成金，2008b）。

2. 枢纽港类型

因内在属性和外在特征的不同，枢纽港之间也形成了不同的基础类型，由此形成空间分异和职能分工，这反映了枢纽港形成机制的不同。关于枢纽港的类型，不同的学者有着不同见解。从形成机制的角度进行判断，尤其强调港口的集装箱生成源地和空间流向时，枢纽港大致可分为腹地型、中转型和复合型三种基本类型。这种划分已为多数学者所共识。

（1）腹地型枢纽港。该类型的枢纽港具有广阔的陆向腹地，其内陆腹地的货箱足以支持港口发展成为枢纽港，而不需支线网络的喂给与支持。例如，纽约、洛杉矶、鹿特丹、汉堡、上海等港口依赖于强大的腹地经济和完善、高效的内陆运输网络，有着充足货源，成为典型的腹地型枢纽港，保持着较大规模的货物吞吐量，也是目前全球主要的大型集装箱港口。

（2）中转型枢纽港。该类型的枢纽港没有明显的陆向腹地，直接的陆向货箱喂给不足以支撑枢纽港的形成和发展，须依靠支线港或喂给港的货物喂给才能形成枢纽港。但这种枢纽港往往具有明显的区位优势，尤其是布局在全球性航运网络的瓶颈区位或交通要冲，具有强大的海向腹地和喂给网络。其中，新加坡是典型的中转型枢纽港，其集装箱中转量约占吞吐总量的80%（Baird，1999），此外，在地中海和加勒比海也有大量的中转型集装箱港口。

（3）复合型枢纽港。该类型的枢纽港具有中转型和腹地型的共同特征，其早期发展具有明显的腹地型特征，陆向腹地的货箱喂给是港口发展的基础动力；但随着枢纽港地位的形成与发展，开始逐步发展中转型运输，陆向腹地和海向腹地即喂给港的货箱喂给共同发展；尤其近年来在全球信息化、航运国际化的条件下，原以陆向腹地货源为支撑的航运中心积极争取中转运输，如鹿特丹的中转比例已达43.7%。

3. 枢纽港等级层次

关于枢纽港的等级层次，显然和研究的空间尺度直接相关。在以往的研究中，部分学者曾根据不同指标或研究目的对枢纽港进行了划分。Marti（1988）将 load centres 分为3种类型：第一类指大型国际枢纽港，第二、三类指区域性中等枢纽港；Notteboom（1997）将其分为大型国际枢纽港和中等枢纽港。以上划分显然强调了国际与区域性的空间内涵，但未能明确指出尺度规模。近期，Komadina 等（2006）学者将枢纽港划分为3个层面，第一层面，为超大型或全球性的枢纽港（mega or global hubs），各洲间的流通枢纽，多数国家的贸易货物汇集于此，港口吞吐量巨大；第二层面，区域性枢纽港（regional hubs），主要指某一国际区域（不同国家间）内发挥枢纽作用的港口，具有一定规模的吞吐量；第三层面，为次区域性枢纽港（sub-regional hubs），主要指国内或更小区域的枢纽港，辐射与影响的范围有限，吞吐量较低，挂靠船舶较小，集散周边地区的集装箱；该划分方法进一步强调了空间尺度内涵，强调了枢纽港的功能强度和空间尺度的融合界定。以上论述，显然说明枢纽港的等级划分虽未形成统一的标准，但全球性和区域性的空间等级是为多数学者所认同的。

第二节　枢纽港识别模型

鉴于枢纽港的概念界定尚未统一，且以定性分析为主，基于模型构筑的量化识别就有助于进一步科学判别枢纽港，这对解析枢纽港和港口体系的空间特征与发展机理具有积极意义。

一、研究样本

港口样本的选取是枢纽港量化判别的基础，而且样本的多少直接决定了研究效果，尽量选取多的样本非常关键。目前，全球有 600 多个集装箱港口，拥有约 3.8 亿 TEU 的集装箱处理能力（Drewry 等，2001），为了揭示全球集装箱港口的空间格局，考察枢纽港的空间体系和枢纽港形成规律，本研究选取 520 个港口样本，覆盖亚洲、北美洲、欧洲、南美洲、非洲和大洋洲五大洲及部分太平洋港口。样本港口的具体区域分布，见表 4-1 所示。其中，欧洲、亚洲及北美的港口样本数量相对较多，这是由目前的集装箱航运格局所决定的。

表 4-1　样本港口的区域分布和班轮企业的国家（地区）分布

港口样本		企业样本			
航区	数量/个	企业名称	国家（地区）	企业名称	国家（地区）
西北欧	57	马士基航运	丹麦	太平洋航运	加拿大
地中海	64	海陆海运	美国	瑞士地中海	瑞士
东亚	78	长荣海运	中国台湾	铁行渣华	英国
东南亚	45	韩进海运	韩国	现代商船	韩国
南亚中东	41	总统轮船	美国	荣晟海运	英国
澳新航区	32	澳大利亚航运	澳大利亚	意大利航运	意大利
北美东海岸	64	德国胜利	德国	中国远洋	中国
北美西海岸	29	东海海外	韩国	赫伯罗特	德国
南美东海岸	36	汉堡南方	德国	南美航运	巴西
南美西海岸	16	阳明海运	中国台湾	阿拉伯航运	沙特阿拉伯
非洲东海岸	23	日本川崎	日本	中海集团	中国
非洲西海岸	35	瑞克麦斯	德国	达飞轮船	法国

二、研究数据

本研究所采用的数据分为两部分。

（1）航运企业的船期表。本研究选取全球 24 家主要的集装箱航运企业的船期表为原始数据资料，具体包括马士基/海陆、长荣海运、韩进航运、总统轮船、澳大利亚航运、德国胜利、东方海外、汉堡南方、阳明海运、南美航运、日本川崎、瑞克麦斯、太平洋航运、瑞士地中海、沙特航运、现代商船、荣晟航运、意大利航运、中国远洋、远东轮船、北欧亚航运等居国际排名前列的航运企业。航运企业拥有全球 70% 以上的海上集装箱运力，其船期表可充分反映全球集装箱航运网络的组织格局。本研究选取 2006 年 7 月 1~31 日的即时航线和月期航班为分析数据资料，原始数据均源于各航运企业网站；本研究之所以选择月度船期表，是因为集装箱船多为洲际远洋运输，航行周期约为 1 个月的时间，以一周为周期的数据采选可能忽略了许多航运信息。

（2）港口集装箱吞吐量。本研究选取 20 世纪 70 年代以来全球各港历年的集装箱吞吐量为分析数据，其中吞吐量单位为标准箱（TEU），部分港口或个别年份的集装箱吞吐量单位为自然箱，通过相关标准折算成为标准箱。

三、识别模型

关于枢纽港的界定，国外学者早有论述。Hayuth（1981）曾以吞吐量规模为标准进行界定，但指出该方法存在主观性，并建议采用港口的吞吐量比重进行划分。实际上，港口吞吐量规模与吞吐量比重作为界定枢纽港的标准均存在主观性，并忽视了其他因素。后来，Notteboom（1997）认为在 RTW 服务的基础上，考虑集装箱流的特征，须符合四个标准：RTW 挂靠的稳定港口，集装箱运量规模较大，中转运量较高，且连续 20 年的运量稳定增长，该界定标准显然不系统。而 Baird（2006）则对中转型枢纽港设计了界定指标：干线船舶的航行距离和成本、喂给船舶的航行距离与成本、干线喂给港的距离与成本、新旧枢纽港区位的成本比较、新增中转港、港口市场份额的变化、干线运营者的深水服务的成本节约。中国学者韩增林等（2006）认为枢纽港的界定标准有很多，如港口吞吐量、中转量、中转比例等，但最重要的是航线布局与等级，并从区位、经济腹地与集疏运网络进行解析，但未能对枢纽港进行数理界定。Nobottom（1997）曾用吞吐量（40 万 TEU）界定小型港口和中等港口。此外，其他学者对枢纽港的界定也设计了相关评价指标。

如何界定枢纽港，目前学术界内尚未形成理想的数理模型。以上学者主要采用指标体系的方法，但界定指标忽视了数据的可获得性，尤其中转运量更难获得。Notteboom（1997）曾指出，中转运量很难从港口运量中剥离出来，数据获得性是界定枢纽港的关键。为了避免该难题，本研究采用航运企业的船期表和港口集装箱吞吐量进行分析（王成金等，2006；王成金，2008b）。采用船期表，原因有二。①集装箱航运船期表可有效回避中转运量很难从港口总吞吐量剥离出来的难题，中转运输是通过集装箱船舶的挂靠来实现的，腹地货箱运输与中转运输就合并为集装箱船的挂靠与组织行为。②随着全球集装箱船挂靠系统的改变和全球运力向航运联盟的集中，班轮公司的航运网络组织成为影响港口发展演变的重要因子，采用船期表进行分析可充分考虑航运企业的影响，这可深入体现企业中心论的研究范式（Cullinane and Khanna，2000）。部分国外学者也认同这种方法，如 Veenstra 等（2005）、Notteboom（2004）、Cullinane and Khanna（2000）。

关于空间网络和枢纽节点的研究，目前存在较多的数学模型，包括因子分析法、直接聚类法、图论法、功能距离法和首位联系法等方法，但尚未形成较为理想的方法。须指出的是，对于不同的研究样本数量，以上各种方法有着不同的适用性，其中因子分析、直接聚类、图论法和功能距离法等模型在处理较少的数据样本时有较强的适用性；而本研究因选取的样本数量较多，许多软件无法处理 520×520 的联系矩阵，所以选择合理的数学模型，对继续本研究非常关键。有鉴于此，本研究选取首位联系法（L_{ik}），因为该方法可从大数据量中提取最关键的信息，并刻画大型航运网络的主要空间结构，对处理大样本的联系矩阵有着较好的适用性，可将复杂问题简单化，充分揭示集装箱网络中各港口间的归属系统与核心节点。首位联系度的计算公式为

$$L_{ik} = \max\left[\frac{R_{ij} + R_{ji}}{R_i}\right] = \max\left[\frac{R_{ij} + R_{ji}}{O_i + D_i}\right], \ (j = 1, 2, 3, \cdots, n-1), \ k \in n$$

(4-1)

式中，L_{ik} 为 i 港的首位联系度；k 为 i 港的首位联系港。

但该方法存在一定的问题，如果某港口 i 的首位联系 L_{ik} 与次联系 L_{ik-1} 的差异较小时，因研究数据的不充分性或其他原因，就很难反映出实际的联系系统。为此，本研究设计了修正原则；鉴于同一区域的港口往往有着类似的空间联系趋向，根据港口 i 周边港口的首位联系港 k'，比较该港的首位联系港 k 和次位联系港 $k-1$，如果 k 和 k' 相同则港口 i 的首位联系港为 k，如果 $k-1$ 和 k' 相同则港口 i 的首位联系港为 $k-1$。

第三节　集装箱枢纽港的空间识别

一、枢纽港甄选

本研究力图在复杂网络与图论的基础上，根据前文设计的数理模型，将全球 24 家航运企业的航线网络转化为 520×520 的完全联系矩阵，并按以上公式进行计算，对全球的主要集装箱枢纽港进行空间识别，并将结果绘制成图 4-1 和整理成表 4-2。

表 4-2 世界主要集装箱枢纽港的空间分布

航区/个	枢纽港	国家	航区/个	枢纽港	国家
西北欧（3）	安特卫普	比利时	中东（2）	迪拜	阿联酋
	鹿特丹	荷兰		吉达	沙特
	奥斯陆	挪威	非洲东海岸（2）	德班	南非
地中海（7）	瓦伦西亚	西班牙		路易斯	毛里求斯
	巴塞罗那	西班牙	非洲西海岸（2）	达喀尔	塞内加尔
	比雷艾夫斯	希腊		拉各斯	尼日利亚
	伊兹密尔	土耳其	澳新地区（3）	墨尔本	澳大利亚
	阿什德	以色列		悉尼	澳大利亚
	伊斯坦布尔	土耳其		莱城	巴布亚新几内亚
	阿尔赫西拉斯	西班牙	北美东海岸（5）	芝加哥	美国
南亚（2）	科伦坡	斯里兰卡		纽约	美国
	德里	印度		查尔斯顿	美国
东南亚（2）	新加坡	新加坡		科特斯尔	洪都拉斯
	雅加达	马来西亚		利蒙	哥斯达黎加
东亚（8）	香港	中国	北美西海岸（3）	温哥华	加拿大
	深圳	中国		奥克兰	美国
	高雄	中国		曼萨尼亚	墨西哥
	东京	日本	南美东海岸（3）	卡塔赫纳	哥伦比亚
	上海	中国		桑托斯	巴西
	釜山	韩国		蒙得维的亚	乌拉圭
	天津	中国	南美西海岸（2）	卡亚俄	秘鲁
	青岛	中国		圣安东尼奥	智利

注：括号内数字为该区域内枢纽港的数量

从表 4-2 可以看出，全球各航区都已形成了区域性的集装箱枢纽港。根据本研究的模型分析，目前，全球主要有 44 个集装箱枢纽港，分别为安特卫普、鹿特丹、奥斯陆（Oslo，挪威）、瓦伦西亚（Valencia，西班牙）、巴塞罗那（Barcelona，西班牙）、比雷艾夫斯（Piraeus，希腊）、伊兹密尔（Izmir，土耳其）、阿什德（Ashdod，以色列）、伊斯坦布尔（Istanbul，土耳其）、阿尔赫西拉斯（Algeciras，西班牙）、迪拜（Dubai，阿拉伯联合酋长国）、吉达（Jeddah，沙特阿拉伯）、科伦坡（Colombo，斯里兰卡）、德里（Delhi，印度）、新加坡、雅加达（Jakarta，印度尼西亚）、香港、深圳、高雄、东京、釜山、上海、天津、青岛、德班（Durban，南非）、路易斯（Louis，毛里求斯）、达喀尔（Dakar，塞内加尔)、拉各斯(Lagos,尼日利亚)、墨尔本、悉尼、莱城(Lae,巴布亚新几内亚)、芝加哥、纽约、查尔斯顿(Charleston,美国)、科特斯尔(Cortes,洪都拉斯)、利蒙(Limon,哥斯达黎加)、温哥华、奥克兰(美)、曼萨尼亚(Manzanilla,墨西哥)、卡塔赫纳(Cartagena,哥伦比亚)、桑托斯(Santos,巴西)、蒙得维的亚(Montevideo,乌拉圭)、卡亚俄(Callao,秘鲁)和圣安东尼奥(San Antonio,智利)等港口。从数量上来看,集装箱枢纽港很少,占样本港口总量的8.1%,这符合港口体系内枢纽港仅为极少数港口的论点。

二、枢纽港特征

如图4-1所示,全球主要集装箱枢纽港的分布呈现以下格局与空间特征。

1. 枢纽港的区域化

枢纽港有着比较明显的区域化特征(McCalla,1999a),同一区域往往形成两个或多个枢纽港,表4-2中,西北欧地区有3个枢纽港,地中海有7个枢纽港,南亚和中东分别有2个,东南亚有2个,东亚有8个,东非有2个,西非有2个,澳新地区有3个,北美东海岸有5个,北美西海岸有3个,南美东海岸有3个,南美西海岸有2个。以上枢纽港中,尤其以东亚、北美和地中海地区的枢纽港数量为多。这种格局从全球层面验证了Gilman(1980)、Suykens(1992)、Notteboom(1997)等认为单一区域不可能存在单一超级枢纽的论点,区域集装箱吞吐量在一个港口的集聚极为不可能,因为大型深水船舶的规模经济难以超过喂给支线网络的成本,且任何港口都不能满足大型枢纽港的所有条件,同时区域航运市场往往由多家航运企业共同经营,并服务于不同的枢纽港,这也支持了超级枢纽港难以形成的论点(Notteboom,1997),进而体现了集装箱航运市场的空间竞争机制。

2. 枢纽港的南北对称性

自然本底具有塑造枢纽港空间格局的基础作用。受海陆格局的影响,多数海岸线基本呈现南北纵向延伸,这是自然本底的作用,但决定了航线和航班空间设置的纵向性,这促使同一海岸线往往形成南北两个枢纽港相对称布局的区域特征。例如,西非的达喀尔港和拉各斯港、北美东海岸的纽约港和查尔斯顿港、南美东海岸的桑托斯港和蒙得维的亚港、南美西海岸的卡亚俄港和圣安东尼奥港,这些港口对均呈现相对称分布的空间特征。

3. 枢纽港的近邻性

枢纽港的近邻性布局比较明显，或区域性集装箱航运网络组织的双枢纽港现象突出，这在各航区都有体现。西北欧的鹿特丹港和安特卫普港、东南亚的新加坡港和雅加达港、地中海的巴塞罗那港和瓦伦西亚港、东亚的香港港和深圳港等港口均形成了近邻性分布。这种特征的形成既有共同自然条件、腹地条件的影响，但更多的是港口利益主体不同的影响，尤其是受国家政治体制约束下的利益驱动，两个枢纽港往往归属于两个国家或政权体系。同时，这种空间格局实际上反映了边缘挑战的空间竞争现象和枢纽港生命周期的高级阶段特征。

4. 枢纽港的多元化格局

部分地区的枢纽港呈现多元化的空间格局，各枢纽港分别拥有自己的服务范围或腹地，尚未形成服务于完整地区的超级枢纽港，这主要体现在地中海和东亚及中美与加勒比海航区。东亚地区形成香港、深圳、上海、高雄、东京、釜山、青岛、天津等 8 个枢纽港并存的空间格局，尤其多数枢纽港沿着中国海岸线南北分布，这反映了中国港口在全球集装箱航运网络的重要地位。地中海地区存在瓦伦西亚和巴塞罗那两个主要枢纽港，同时形成伊斯坦布尔、比雷艾夫斯、伊兹密尔、阿尔赫西拉斯和海法等枢纽港，形成 7 个枢纽港并存的空间格局，不同的枢纽港服务于地中海的不同区域或国家，是多枢纽港并存特征最为明显的地区。中美加勒比海地区形成了卡塔赫纳、利蒙和科斯特尔等枢纽港，多枢纽港的并存特征也较为明显。这种特征的形成有其内在的空间机制。Ridolfi（1999）认为海洋破碎地带的航运市场较为零散，而且政权体制也较为分散，港口利益主体多元化，这形成了众多的小型航运市场，从而孕育了部分枢纽港，地中海和中美加勒比海地区的分析则证明了这种论点。同时，地中海和加勒比海航区的分析表明，作为世界航运网络的瓶颈地区或战略区位，往往形成了许多中转型枢纽港。

5. 枢纽港的类型差异

对枢纽港类型的分析，其主要依据是中转量和区位。枢纽港存在中转型和腹地引致型两种基本类型，并在此基础上形成一种复合型枢纽港，具有腹地引致和中转双重特征，或在枢纽港的不同发展阶段，具有不同特征。本研究的分析融合了中转运输的考察，如果从以上枢纽港的区位条件来看，全球枢纽港以腹地引致型为多（如，欧洲、美洲、澳大利亚以及东亚地区的枢纽港），中转型枢纽港相对较少（如，地中海和加勒比海地区的枢纽港），但越来越多的港口开始成为复合型的枢纽港（如釜山港）。这表明腹地经济依然是枢纽港形成的根本，但是否位居集装箱航运网络的瓶颈区位或战略区位对其发展具有重大意义。

第四节 集装箱枢纽港的空间体系

一、评价指标体系

枢纽港的甄选是本研究的关键内容。但是，前文的分析显然没有回答不同枢纽港的规模与等级，而全球航运市场存在明显的空间差异，不同层次的枢纽港对全球集装箱航运网络的控制作用不同，对区域经济乃至全球经济发展的意义就不同。如果忽视枢纽港的空间等级体系，则降低了本研究的意义。通过设计相关评价指标，并赋予一定的权重，可对集装箱枢纽港的等级结构进行划分。枢纽港等级的划分，国内外学者尚未形成理想的数理方法，但集装箱吞吐量、航线航班数量是衡量港口枢纽地位的主要指标，这已为多数学者所共识（Notteboom，1997）。

本研究所采用的评价指标，具体包括：集装箱吞吐量、航运航线、航班频次（按月计）、通达港口数量、运输联系规模和首位港口数量。其中，集装箱吞吐量主要反映港口运输的生产规模，航线和航班数量主要反映枢纽港的集装箱航运组织能力，通达港口数量和集装箱运输联系规模主要反映港口在全球集装箱航运网络中的通达性，而首位联系的数量主要反映枢纽港对其他港口的辐射和吸引能力。以上评价指标从不同角度刻画了集装箱枢纽港的不同空间属性（表4-3）。

表4-3 枢纽港等级评价指标

指标项	评价指标	权重 G_i	注释
生产能力	集装箱吞吐量	0.30	反映港口集装箱运输的生产规模
组织能力	航运航线数量	0.20	反映港口的集装箱船舶组织能力
	班轮航班数量	0.16	反映港口靠泊集装箱船舶的频次
网络通达性	通达港口数量	0.12	反映港口在全球航运网络中的通达性
	运输联系规模	0.08	反映港口在全球航运网络中的通达性
辐射能力	首位联系数量	0.14	反映对其他港口的辐射和吸引能力

以上数据均为原始数据，各指标相互间存在量纲上的不同，所以在计算之前须先消除量纲差异的影响，而将数据标准化。本研究根据相关方法对原始数据进

行标准化，具体计算方法如式（4-2）所示。

$$x_{ij}^* = \frac{x_{ij} - \min(x_i)}{\max(x_i) - \min(x_i)} (i = 1, 2, 3, \cdots, n; j = 1, 2, 3, \cdots, m)$$

$$(4-2)$$

式中，x_{ij} 为 i 港口 j 指标的原始数据；x_{ij}^* 为 i 港口 j 指标的标准化数据。

将原始数据进行标准化处理后，根据各指标的权重可将其加权求和，从而求得各港口的枢纽度。其计算方法如式（4-3）所示。

$$H_i = \sum_{i=1, j=1}^{n, m} x_{ij}^* \times G_j (i = 1, 2, 3, \cdots, n; j = 1, 2, 3, \cdots, m) \quad (4-3)$$

式中，G_j 为 j 指标的权重；H_i 为 i 港口的枢纽度。

二、枢纽港全球体系

根据以上各指标的权重和公式进行计算，全球集装箱枢纽港的枢纽度得分如图 4-1 所示。从图 4-1 可看出，各港口间的枢纽度形成了一定的重要性分异，尤其是高等级的枢纽港间形成比较明显的差距，等级结构基本形成。这为枢纽港的空间体系识别提供了基本判断依据。

集装箱港口网络形成演化与发展机制

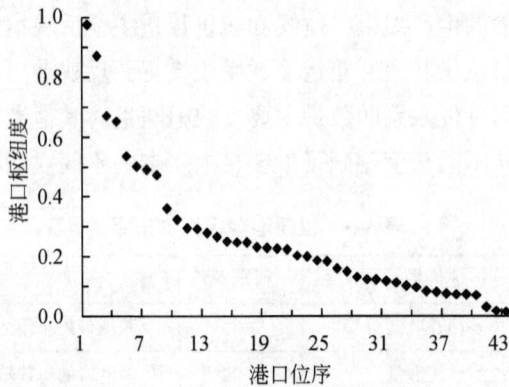

图 4-1 港口枢纽度得分的位序结构

根据图 4-1 所显示的枢纽度位序结构，可以制定枢纽港等级划分的标准，本研究将其分为五个等级，具体见表 4-4 所示。

表 4-4　全球主要枢纽港的等级结构

等级	得分区段	港口数量	港口名称（分值）
1	$1 \geqslant H_i \geqslant 0.8$	2	新加坡（0.975）、香港（0.87）
2	$0.8 > H_i \geqslant 0.6$	2	上海（0.671）、深圳（0.652）
3	$0.6 > H_i \geqslant 0.4$	4	安特卫普（0.537）、釜山（0.501）、高雄（0.491）、鹿特丹（0.473）
4	$0.4 > H_i \geqslant 0.2$	14	纽约（0.359）、青岛（0.322）、东京（0.293）、查尔斯顿（0.292）、迪拜（0.278）、雅加达（0.265）、瓦伦西亚（0.25）、奥克兰（美）（0.248）、墨尔本（0.246）、芝加哥（0.23）、巴塞罗那（0.228）、天津（0.225）、悉尼（0.223）、温哥华（0.203）
5	$0.2 > H_i \geqslant 0$	21	桑托斯（0.199）、吉达（0.187）、科伦坡（0.183）、曼萨尼亚（0.159）、伊斯坦布尔（0.15）、奥斯陆（0.132）、卡塔赫纳（0.124）、阿尔赫拉西斯（0.122）、卡亚俄（0.117）、比雷艾夫斯（0.113）、蒙得维的亚（0.102）、路易斯（0.098）、利蒙（0.082）、德班（0.080）、圣安东尼奥（0.076）、科斯特尔（0.074）、德里（0.072）、伊兹密尔（0.072）、拉各斯（0.031）、阿什德（0.019）、达喀尔（0.016）

　　作为集装箱航运网络的核心与关键节点，枢纽港对全球集装箱运输的畅通运营具有控制性作用。如图 4-2 所示，通过枢纽港全球空间体系的格局分布，可以解读出以下值得关注的特征与规律。

　　（1）高层级的枢纽港仅为少数港口，多数枢纽港的层级比较低。根据枢纽度指标，全球集装箱枢纽港可划分为 5 个层级，由此形成等级体系。其中，第一层级的枢纽港有 2 个，第二层级的枢纽港有 2 个，第三层级的枢纽港有 4 个，这三类枢纽港共计 8 个，约占枢纽港总量的 18.6%，由此可判断高层级的枢纽港数量较少。多数枢纽港属于第四层级和第五层级，其中前者有 14 个港口，后者有 21 个港口，合计占枢纽港总量的 81.4%。枢纽港的等级结构基本符合地理要素的位序规律。如果按照 Marti（1988）的划分原则，进一步强调不同层级枢纽港的空间意义，第一层级和第二层级是具有全球意义的枢纽港，而其他层级的枢纽港主要是国际性枢纽港或区域性枢纽港。但这种论点同 Comtois 和 Rimmer（1996）认为香港是区域性枢纽港的论点不同。

　　（2）高层级的枢纽港中，东亚港口不但在数量上占有绝对地位，而且在层级上形成绝对优势，形成高层级枢纽港集中分布的地区。香港、上海、深圳 3 个

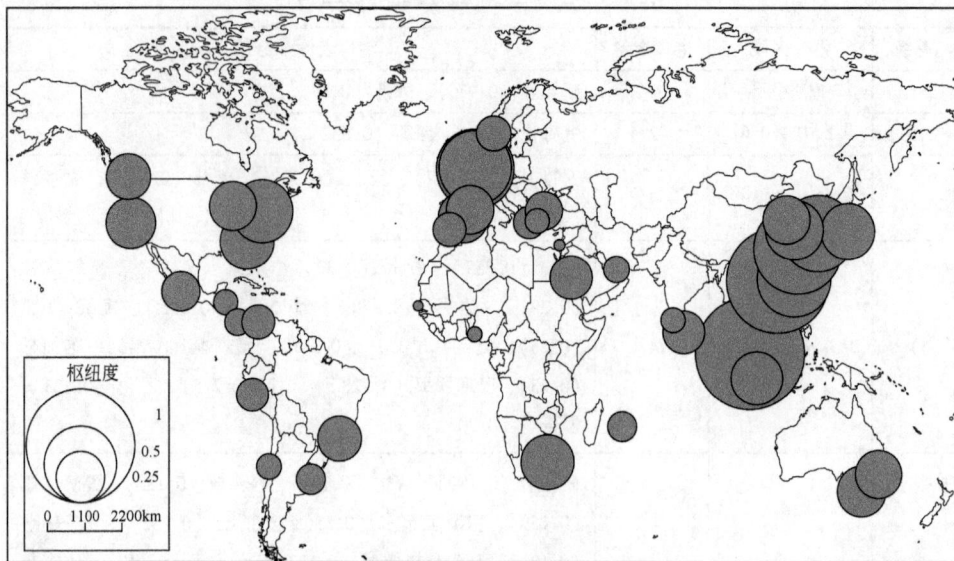

图 4-2　世界集装箱枢纽港的空间等级体系

港口分别位居第 2 位、第 3 位和第 4 位，釜山、高雄两个港口则分别居第 6 位和第 7 位，前 3 个级别的 8 个枢纽港中，东亚地区有 5 个，而亚太地区有 6 个，具有较高的地域集聚性；韩国学者如 Yap 等（2003）认为香港、上海、深圳、釜山、高雄等港口已成为东亚 "load centres"，并且光阳、青岛、宁波、厦门和北九州等港口也将跻入该行列。北美和欧洲地区的高层级枢纽港相对较少，仅有安特卫普和鹿特丹两个港口。高层级的枢纽港主要沿着东西向贸易航线进行布局，这种分布格局主要是受钟摆航线的空间组织影响而形成（Notteboom，2002）。

（3）其他地区的枢纽港层级比较低，北美地区的枢纽港均为第四层级。关于西北欧的枢纽港，Notteboom 曾采用 Shift-Share 模型进行量化分析，指出鹿特丹港不可能成为欧洲港口体系的主要增长极，鹿特丹港的枢纽地位不断下降，而安特卫普港的枢纽地位则持续提升。本研究的分析则证实了这种论点，而且认为后者的枢纽地位已超过了前者。中东和澳新地区的枢纽港主要位居第四层级，而地中海、中南美、非洲等地区的枢纽港层级很低，尤其是第五层级的枢纽港数量比较多，这种空间体系的形成显然与其他货源市场或腹地经济直接相关，部分港口与其区位相关。Notteboom（2002）认为亚洲、拉美、中东和地中海等以前远离直接腹地的地区逐步形成新的枢纽港，其区位服务于陆地和贸易航线交叉点的喂给中转运输，依靠分散腹地的相互作用和港口区位及间接性，本研究显然同该论点相吻合。

（4）从主要的枢纽港来看，新加坡港具有最高的枢纽度，达 0.975，这与其"十字路口"和马六甲海峡的瓶颈性区位直接相关，并成为全球性集装箱航运体系的咽喉。香港具有很高的枢纽度，为 0.87，位居全球第二，这与中国华南门户的地位有主要关系，但与新加坡港已具有较大差距，这种差距的形成既有新加坡港努力的结果，同时是因为中国其他省份的港口对香港的竞争（Song，2002）。上海（0.671）和深圳港（0.652）的枢纽度虽分别位居全球第三位和第四位，但与新加坡和香港相比相差甚远，尤其与前者的差距很大。而釜山和高雄曾作为全球重要的枢纽港，近些年来随着中国港口的崛起，其货箱中转量开始不断减少（Fleming，1997），其枢纽港的地位受到严峻挑战，并不断下降，为上海和深圳两个港口所赶超。

（5）中国的枢纽港的数量比较多，主要有上海、深圳、青岛、天津 4 个港口，前两者具有很高的层级，后两者的层级相对较低，这说明中国大陆在全球枢纽港体系中开始具备重要的地位。如果进一步考虑中国香港和台湾地区，中国各层级的枢纽港都已形成，共计 6 个枢纽港，而且以高层级的枢纽港为主，这说明具有国际化或全球化的枢纽港体系在中国逐步形成，反映了中国作为全球集装箱航运体系的核心区域开始逐步形成。

（6）枢纽港的概念界定突破了传统概念，融入了多层内涵，更强调枢纽港为航运网络核心节点的论点。枢纽港不一定是大型港口，但枢纽港的等级体系又同吞吐量规模结构基本一致（图 4-3）。Nobottom（1997）曾指出大型运量并不一定说明港口具备枢纽港的地位，本研究进一步证实了这种论点。以上枢纽港中，部分港口的集装箱吞吐量比较低，尤其是中南美、非洲和地中海的港口，这说明枢纽港与大型港口是两个概念，两者存在分异。但枢纽港的等级体系和吞吐量规模又基本一致，这表现为两点。第一，各枢纽港虽然在全球范围内不具有较高的吞吐量，但在各所居区域具有很高的吞吐量，基本上为主要的大型港口（各区域）。第二，在以上枢纽港内部，高层级的港口往往是大型港口，而小型港口多是枢纽层级较低的港口。

同时，从吞吐规模和集装箱网络对枢纽港的影响来看，两者具有不同的影响能力。图 4-3 刻画了航线网络和集装箱吞吐量对港口枢纽度的影响水平差异。从图 4-3 可以解读出两个基本结论：①多数枢纽港的吞吐规模的贡献率较低，并低于航运网络的贡献率，这可以充分说明航运网络对港口枢纽地位的影响程度。②高层级枢纽港的集装箱吞吐规模的贡献率较高，而航运网络的贡献率相对较低，但多数中小型枢纽港的航运网络的贡献率较高，而集装箱吞吐规模的贡献率相对较低，这种现象的形成主要是因为港口吞吐结构的差异较大。

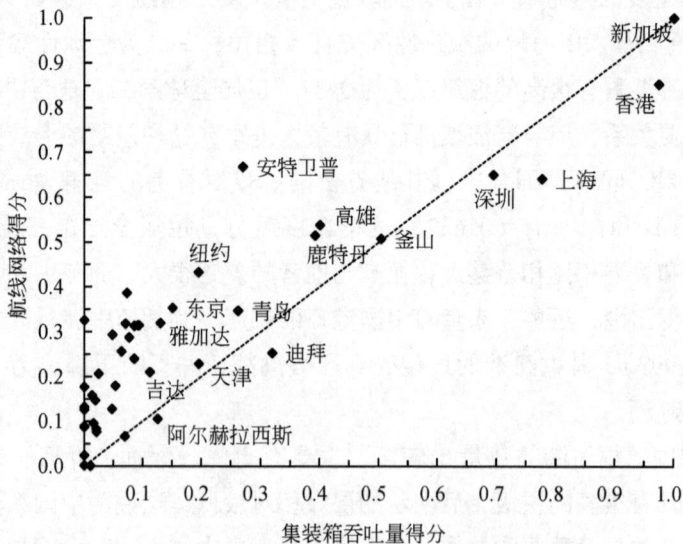

图 4-3　吞吐规模与航线网络对枢纽港的影响度

第五节　全球集装箱航运网络的空间系统

全球集装箱航运网络是由各空间组织系统所构成的，各区域的集装箱港口往往围绕着临近的枢纽港形成了一定的组织系统，考察集装箱组织系统对解析和重构区域性港口体系具有重要意义。

一、集装箱网络的空间系统

由图 4-4 可发现，目前，海上集装箱运输网络总体呈现如下基本特征。这些宏观特征基本上刻画了全球集装箱航运网络的空间格局。

（1）全球范围内，集装箱航运组织尚未形成全球性或大规模的空间系统。这说明，尽管集装箱航运是一种长距离的远洋或洲际运输，但相对完整的单一空间组织系统仍难以覆盖全球范围，单一航运企业的运力或多个航运企业的集装箱组织网络的叠加仍未能实现大规模的空间系统。全球性航运系统未能形成，往往意味着超级大型枢纽港也未能形成。这种分析显然同前文的枢纽港识别结论相吻合。

（2）世界集装箱航运组织的区域化特征比较明显，多数集装箱航运系统主

集装箱港口网络形成演化与发展机制

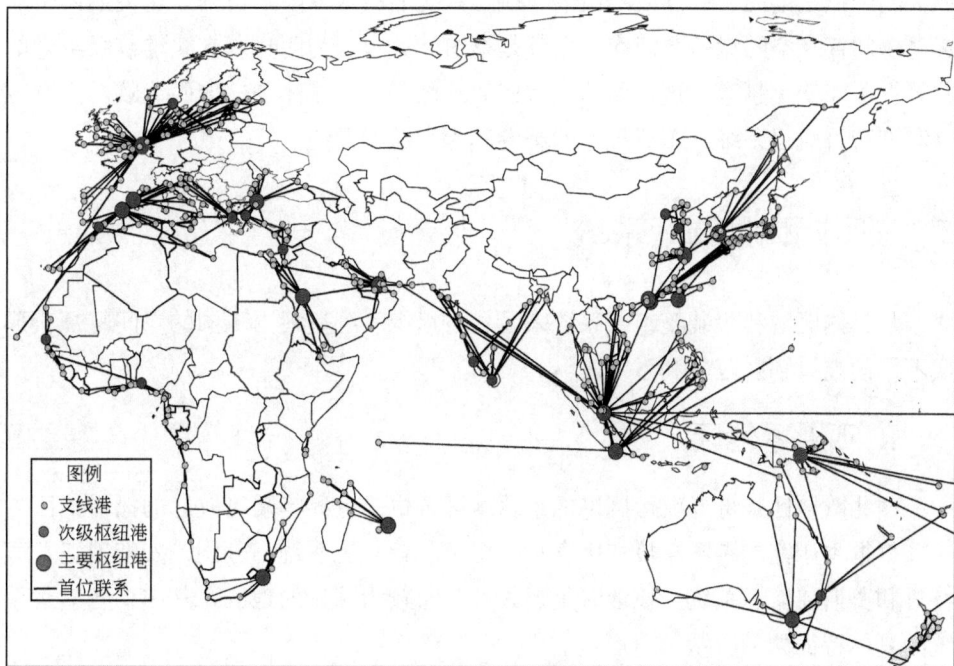

图 4-4　亚非欧澳洲集装箱组织的空间系统

要覆盖或服务于不同区域。根据本研究的测算，目前，全球形成了 43 个集装箱航运系统。其中，西北欧有 3 个航运系统，地中海有 7 个航运系统，南亚与中东有 4 个航运系统，东南亚有 2 个航运系统，东亚有 8 个航运系统，东非和西非分别有 2 个航运系统，澳新航区有 3 个航运系统，美国内陆有 1 个航运系统，北美东海岸和西海岸分别有 3 个航运系统，南美东海岸和西海岸分别有 3 个和 2 个航运系统。但是，规模比较大的集装箱组织系统主要是西北欧、东南亚、东亚、北美东海岸、北美西海岸和南美东海岸等组织系统。

（3）海洋破碎地带容易形成多元化的航运系统，这同枢纽港的空间格局相对应。尤其是地中海和东亚地区，集装箱组织呈现多系统的空间格局。这种多元化的空间系统同破碎的海陆格局和政治体制隔离直接相关。

（4）集装箱航运系统对称性分布的空间特征较为明显。如同枢纽港的布局，集装箱航运系统往往沿海岸线南北向对称性分布，不同的支线港或喂给港往往依次归属于南北枢纽港，形成不重复或交叉的覆盖范围或服务腹地。这在非洲、南美洲等地区都有明显的体现。

（5）集装箱航运系统的近邻性分布特征明显。不同于对称性分布，近邻性分布充分体现了两个航运系统的覆盖范围的交叉性。同一区域的不同港口，同时成为两个枢纽港的支线港或喂给港，航运系统的腹地界限不清晰。这说明两个航运系统间存在空间竞争与博弈，尤其是枢纽港竞争更为明显，支线港或喂给港的归属性可能变化频繁。这在西北欧和东亚地区都有明显体现，如西北欧的安特卫普和鹿特丹航运系统、东亚地区的香港和深圳航运系统。

二、亚非欧澳航运系统

从具体区域和集装箱组织系统来看，各组织系统呈现出不同的空间特征，形成不同的港口辐射范围和系统规模。

1. 西北欧地区

西北欧地区是世界航运网络的重要地区，也是世界集装箱航运的摇篮地区之一。根据本研究的测算，该地区存在 3 个集装箱航运系统，分别是安特卫普、鹿特丹和奥斯陆航运系统，该地区是近邻性分布较为明显的地区。其中，各航运系统的具体特征如下所示。

（1）安特卫普航运系统。主要辐射西北欧港口及少数西南欧地区的港口，其规模最大，覆盖空间范围最广，辐射港口数量最多，在全球航运网络中也占有重要的地位。辐射的港口包括挪威的卑尔根（Bergen）、奥勒松（Alesund）、克里斯蒂安桑（Kristiansand）、拉尔维克（Larvik）、摩斯（Moss），瑞典的乌德瓦拉（Uddevalla）、哥德堡（Goteborg）、耶夫勒（Gävle）、诺尔雪平（Norrkoping），芬兰的曼蒂卢奥托（Mantyluoto）、劳马（Rauma）、图尔库（Turku）、科特卡（Kotka），爱沙尼亚的塔林（Tallinn），俄国的圣彼得堡（Saint Petersburg），拉脱维亚的里加（Riga），丹麦的奥胡斯（Aarhus），德国的不来梅，英国的阿伯丁（Aberdeen）、格兰杰默斯（Grangemouth）、提兹（Tees）、米德尔斯布勒（Middlesbrough）、伦敦、南安普顿（Southampton）、布里斯托尔（Bristol）、波特布雷（Portbury），爱尔兰的都柏林（Dublin），法国的鲁昂（Rouen），西班牙的维哥（Vigo），葡萄牙的莱克索斯（Leixoes）、里斯本（Lisbon）、锡尼什（Sines）等。

（2）鹿特丹航运系统：主要辐射少数西北欧的港口，并紧邻安特卫普航运系统。20 世纪 90 年代中期之前，鹿特丹航运系统是本地区最大的航运系统，但随着近邻安特卫普港的崛起与赶超，该航运系统的地位不断弱化。辐射的港口包括英国的赫尔（Hull）、贝尔法斯特（Belfast）、费利克斯托（Felixstowe）、泰晤士港、梯尔伯利（Tilbury），爱尔兰的科克（Cork），法国的敦刻尔克

（Dunkerque）、勒阿弗尔，比利时的泽布吕赫（Zeebrugge），西班牙的毕尔巴鄂（Bilbao）和德国的汉堡等集装箱港口。

（3）奥斯陆航运系统：主要辐射北欧地区的港口，覆盖范围有限，联系港口数量较少，主要包括挪威的斯塔万格（Stavanger）、丹麦的哥本哈根、瑞典的赫尔辛堡（Helsingborg）、波兰的格丁尼亚（Gdynia）和格坦斯克（Gdansk）等港口。

2. 地中海地区

随着世界航运网络的调整，地中海地区开始成为全球集装箱航运组织的战略性地区。该地区的航运系统比较多，是多元化空间系统最为明显的地区，拥有瓦伦西亚、巴塞罗那、伊斯坦布尔、比雷艾夫斯、伊兹密尔、阿尔赫西拉斯、阿什德等 7 个航运系统。须指出的是，尽管航运系统较多，而且覆盖不同的空间范围或存在部分的腹地重叠，但相互间的规模差异仍较为明显。其中，各航运系统的具体特征如下所示。

（1）瓦伦西亚航运系统：该航运系统的规模最大，主要辐射地中海的欧洲、北非集装箱港口，覆盖较为广阔的空间范围，是该地区最为重要的航运系统之一。所辐射港口包括西班牙的加的斯（Cadiz）、阿尔赫西拉斯、巴塞罗那，葡萄牙的锡尼什，摩洛哥的卡萨布兰卡（Casablanca），阿尔及利亚的奥兰（Oran）、阿尔及尔（Algeria）和斯基可达（Skikda），利比亚的贝贾亚（Bejaia），突尼斯的突尼斯（Tunisia），意大利的焦亚陶罗、利佛诺（Livorno）、里耶卡（Rijeka）、科佩尔（Koper）等。

（2）巴塞罗那航运系统：主要辐射地中海地区的欧洲港口，规模相对较大，覆盖范围相对较广，包括法国的福斯、马赛（Marseille），意大利的热那亚（Genoa）、拉斯佩齐亚（La Spezia）、那不勒斯（Naples）、波扎洛（Pozzallo），西班牙的特内里费（Teneriffe）和帕尔玛（Palma）等。

（3）伊斯坦布尔航运系统：主要辐射南欧和亚洲交界地区的黑海和爱琴海港口，规模相对较大，包括土耳其的盖姆利克（Gemlik）、伊兹密尔（Izmir）、安塔尼亚（Cetinkaya），希腊的伊拉克利翁（Heraclion）和塞萨洛尼基（Thessaloniki），保加利亚的布尔加斯（Bulgaria）和瓦尔纳（Varna），罗马尼亚的康斯坦察（Constantza），乌克兰的敖德萨（Odessa）和伊利乔夫斯克（Ilichevsk），俄罗斯的新罗西斯克（Novorossiysk）和波蒂（Poti）等港口。

（4）比雷艾夫斯航运系统：主要辐射亚得里亚海港口和少数北非港口，包括意大利的的里雅斯特（Trieste）、威尼斯、拉文纳（Ravenna）、巴勒莫（Palermo）以及利比亚的胡姆斯（Khomsor）等港口。

（5）伊兹密尔航运系统：主要辐射爱琴海和中东西海岸港口，覆盖范围和规模都比较小，包括叙利亚的拉塔基亚（Lattakia）、黎巴嫩的贝鲁特（Beirut）和希腊的沃洛斯（Volos）等港口。

（6）阿尔赫西拉斯系统：主要辐射少数的北方港口，覆盖范围和规模都比较小，包括西班牙的马拉加（Malaga）、利比亚的米苏拉塔（Misurata）和佛得角的明德洛（Mindelo）等港口。

（7）阿什德航运系统：主要覆盖地中海地区的中东港口，覆盖范围和规模都比较小，包括土耳其的梅尔辛（Mersin）、塞浦路斯的利马索尔（Limassol）和以色列的海法（Haifa）等港口。

在地中海地区，存在大量的专业喂给港，而枢纽港也多为中转型港口，集装箱中转运输繁盛；在该地区，区位和自然深水条件对枢纽港和航运系统的发展至关重要。

3. 澳新地区

澳新地区是世界集装箱航运网络的最早起源地区之一，是相对独立的航区，相应形成了相对独立的航运系统。根据本研究的计算，该地区形成了 3 个航运系统，分别为墨尔本、悉尼和莱城航运系统，但其规模都相对较小。其中，各航运系统的具体特征如下。

（1）墨尔本航运系统：主要辐射大洋洲（包括澳大利亚和新西兰）的集装箱港口，规模较大，覆盖范围较广，是该地区最为重要的航运系统。辐射港口包括澳大利亚的汤斯维尔（Townsville）、阿德莱德（Adelaide）、弗里曼特尔（Fremantle）、伯尼（Burnie）、肯伯拉（Kembla）、纽卡斯尔（Newcastle）、悉尼以及新西兰的查默摩斯（Chalmers）等。

（2）悉尼航运系统：系统规模比较小，主要辐射周边区域和太平洋港口，覆盖范围较小，包括澳大利亚的霍巴特（Hobart）、布里斯班和新喀里多尼亚岛的努美阿（Noumea）、斐济的苏瓦（Suva）。

（3）莱城航运系统：主要辐射太平洋港口，规模相对较大。主要辐射巴布新几内亚的马当（Madang）、腊包尔（Rabaul）、金贝（Kimbe）、阿洛陶（Alotau），西萨摩亚的阿皮亚（Apia）、美属东萨摩亚的帕果帕果（Pago Pago）以及汤加的努库阿洛法（Nuku'alofa）等港口。

4. 东亚地区

随着东亚地区在全球贸易网络和经济体系中的地位提升，东亚开始成为世界集装箱航运组织的核心地区，对全球集装箱航运业具有主导作用，并由此影响了全球集装箱航运网络的空间组织和空间格局。目前，该地区形成了 8 个航运系统，分别是香港、深圳、上海、釜山、东京、天津、青岛和高雄等航运系统，是航运系统多元化格局的典型地区。

（1）香港航运系统：主要辐射中国大陆沿海、中国台湾、韩国和日本的集装箱港口，规模最大，覆盖范围最广，是该地区最为重要的航运系统。香港航运系统辐射的港口包括中国的深圳、澳门、佛山、江门、高雄、厦门、泉州、天津、上海，韩国的仁川（Incheon），日本的高知（Kochi）、松山（Matsuyama）、博多（Fukuoka）、门司（Moji）、岩国（Iwakuni）、小仓（Kokura）、北九州（Kitakyushu）等。

（2）深圳航运系统：该航运系统邻近香港，主要辐射中国华南和日本南部港口，其规模相对较小，但其影响开始日益重要。所覆盖的港口主要有中国的湛江、海口、广州、汕头，日本的那霸（Naha）、细岛（Hososhima）、水岛（Mizushima）、大分（Oita）等。

（3）上海航运系统：主要辐射长江流域、华东沿海和北部沿海港口，规模相对较大，覆盖范围相对较广，是该地区最具发展潜力的航运系统。上海航运系统覆盖的港口主要包括锦州、秦皇岛、大连、青岛、南通、张家港、南京、扬州、镇江、芜湖、武汉、重庆、宁波、安庆等。

（4）釜山航运系统：主要辐射韩国南部和俄罗斯远东及日本港口，规模相对较大，主要包括韩国的丽水（Yosu）、光阳（Kwangyang）、蔚山（Ulsan）、马山（Mashan），日本的下关（Shimonoseki）、新潟（Niigata）、直江津（Naoetsu），俄罗斯远东的符拉迪沃斯托克（Vladivostok）、科萨科夫（Korsakov）、霍尔姆斯克（Kholmsk）、瓦尼诺（Vanino）、东方港（Vosochny）、马加丹（Magadan）。但是，随着近邻枢纽港的崛起，该航运系统开始不断萎缩。

（5）东京航运系统：主要辐射日本北部和中部港口，规模相对较小，主要包括志布志（Shibushi）、日立（Hitachi）、千叶（Chiba）、川崎（Kawasaki）、横滨、清水（Shimizu）、名古屋、四日、神户、大阪等港口。

（6）天津航运系统：主要辐射环渤海地区的少数港口，重点包括营口、烟台等港口。

（7）青岛航运系统：主要辐射山东沿海及苏北地区的港口，包括日照、连云港和威海等港口。

（8）高雄航运系统：辐射台湾港口和福建港口，主要包括福州、基隆、石垣（Ishigaki，日本）等港口。

5. 东南亚地区

东南亚地区是世界航运系统的重要地区。该地区形成了两个航运系统，其具体特征如下所述。

（1）新加坡航运系统：该航运系统最大，可与安特卫普系统媲美，主要辐射东南亚港口和印度洋、波斯湾的少数港口及太平洋港口，也是国际化程度最高的航运系统。辐射港口主要包括中国的香港，越南的蔡兰（Cai Lan）、海防（Haiphong）、岘港（Da Nang）、归仁（Qui Nhon）、胡志明、西贡（Saigon），澳大利亚的拖雷斯（Torres），柬埔寨的金边（Phnum Penh）和西哈努克城（Sihanouk Ville），泰国的林查班、宋卡（Songkhla），缅甸的仰光（Yangon），马来西亚的槟城、关丹（Kuantan）、克朗（Klang）、民都鲁（Bintulu）、巴西古当（Pasir Gudang）、丹绒帕勒帕斯（Tanjung palpaz），印度尼西亚的勿拉湾（Belawan）、巨港（Palembang）、雅加达、三宝垄（Semarang）、默拉克（Merak），文莱的麻拉（Muara），菲律宾的达沃（Davao），印度的那瓦夏瓦（Nhava Shava）和孟买（Mumbai），巴基斯坦的卡拉奇（Karachi）和伊朗的亚兹德（Yazd）。

（2）雅加达航运系统：主要辐射菲律宾和印度尼西亚的少数港口，覆盖范围较小，包括菲律宾的桑托斯将军城（General Santons）、博歌、卡加延德奥罗（Cagayan de Oro）、宿务（Cebu）和苏比克（Subic）以及印度尼西亚的泗水（Surabaya），美国的关岛（Guam）。

6. 中东及南亚地区

中东和南亚是近年来新兴起的重要航运地区。目前，形成了 4 个航运系统，中东两个航运系统分别具有相对独立的范围或腹地，而南亚的 2 个航运系统的腹地有所重叠。具体特征如下所述。

（1）迪拜航运系统：主要辐射波斯湾港口，其规模较大，覆盖范围较广，主要包括阿曼的塞拉莱（Salalah）、马斯喀特（Muscat）、苏哈尔（Sohar），巴基斯坦的卡希姆（Qasim），沙特的吉达（Jeddah）、达曼（Dammam），埃及的阿代比耶（Adabiya），科威特的舒艾拜（Shuaibah）、科威特、舒韦赫（Shuwaikh），卡塔尔的多哈（Doha）、拉斯拉凡（Ras Laffan），巴林的巴林（Bahrain），阿拉伯的阿布扎比（Abu Dhabi）、富查伊拉（Fujairah）、沙迦（Sharjah）、豪尔费坎（Khor Fakkan），伊朗的阿巴斯（Bandar Abbas）等港口。

（2）吉达航运系统：主要辐射红海港口，但规模较小，包括也门的亚丁（Aden）、吉布提的吉布提（Djibouti），沙特的亚巴喀（Aqaba）和埃及的索科纳

（Sokhna）、塞得（Said）、亚历山大（Alexandria）等港口。

（3）科伦坡航运系统：覆盖南亚港口，规模较大，支线港相对比较多，包括孟加拉的吉大（Chittagong）、达卡（Dhaka）和印度的加尔各答（Calcutta）、马德拉斯（Madras）、贾瓦哈拉尔尼赫鲁（Jawaharlal Nehru）等港口。

（4）德里航运系统：覆盖印度港口，支线港的数量比较少，包括霍尔迪亚（Haldia）、杜蒂戈林（Tuticorin）、科钦（Cochin）、皮帕瓦沃（Pipavav）等。

7. 非洲地区

非洲分为东海岸和西海岸两个地区，分别形成了两个航运系统。具体特征如下所述。

（1）德班航运系统：主要辐射东非南部港口，规模相对比较小，包括莫桑比克的那卡拉（Nacala）、贝拉（Beira）、马普托（Maputo）和南非的理查德湾（Richards Bay）、伊丽莎白（Elizabeth）、好望角（Cape of Good Hope）、加莱角（Pointe des Galets）等。

（2）路易斯航运系统：主要辐射东非海岛港口，规模相对较小，包括马达加斯加的迭戈苏亚雷斯（Diego Suarez）、塔马塔夫（Toamasina）、马任加（Majunga）、图阿马西纳（Toamasina），科摩罗的木察木杜（Mutsamudu）和隆弋尼（Longoni），留尼旺岛的留尼旺（Reunion）等港口。

（3）达喀尔航运系统：主要辐射西非的北部港口，规模相对较小，包括毛里塔尼亚的努瓦迪布（Nouadhibou）、努瓦克肖特（Nouakchott）和冈比的班珠尔（Banjul）、几内亚的科纳克里（Conakry）、塞莱斯昂的弗里敦（Freetown）等港口。

（4）拉各斯航运系统：主要辐射西非中部海港，规模相对较小，包括几内亚比绍的比绍（Bissau）、科特迪瓦的阿比让（Abidjan）、加纳的塔科拉迪（Takoradi）和特马（Tema）、贝宁的科托努（Cotonou）、尼日利亚的哈克斯（Hakes）和卡拉巴尔（Calabar）、喀麦隆的杜阿拉（Douala）等港口。

三、南北美洲航运系统

1. 北美地区

北美地区是世界集装箱航运业的发源地。目前，北美是全球集装箱航运网络的重点地区，形成了8个集装箱航运系统（图4-5）；其中，东海岸有4个，内陆地区有 1 个，西海岸有 3 个。各航运系统的特征如下所示。

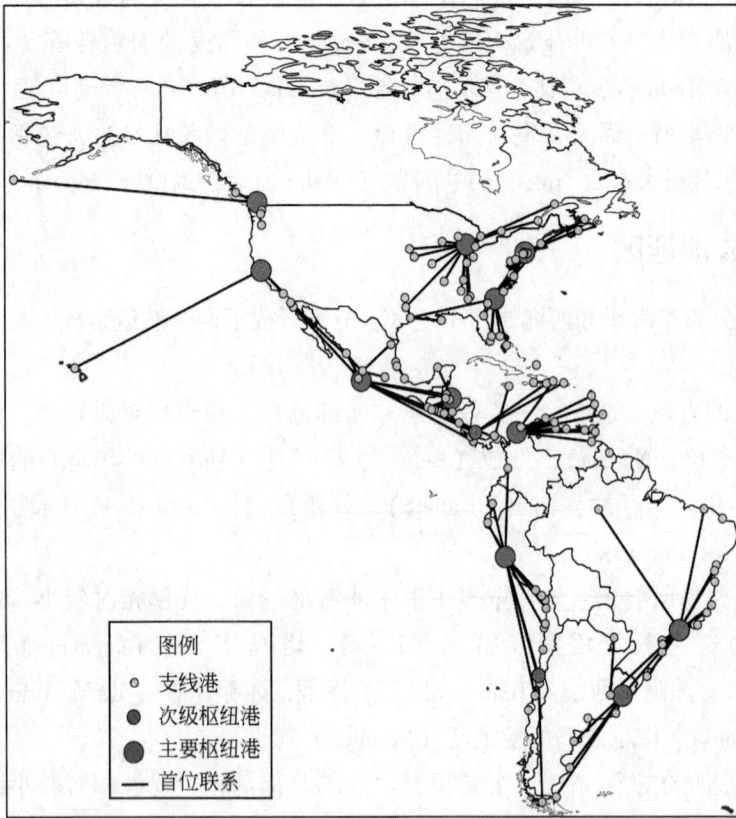

图 4-5　美洲集装箱组织的空间系统

（1）查尔斯顿航运系统：主要辐射美国东海岸及少数加勒比海港口，规模较大，覆盖范围较广，包括纽约、波士顿（Boston）、汉普顿（Hampton）、威尔明顿（Wilmington）、费城（Philadelphia）、卡姆登（Camden）、纽瓦克（Newark）、弗里波特（Freeport）、杰克逊威尔（Jacksonville）、埃弗格莱兹（Everglades）和迈阿密（Miami），以及巴哈马的自由港（Freeport）和拿骚（Nassau）等港口。

（2）纽约航运系统：主要辐射周边地区的少数港口，规模相对较小，包括哈利法克斯（Halifax）、巴尔得摩（Baltimore）、诺福科（Norfolk）、查尔斯顿、萨瓦那（Savanna）等港口。

（3）科尔特斯航运系统：主要辐射中美东西海岸港口，包括墨西哥的普罗格利索（Progreso）、洪都拉斯的特古西加尔巴（Tegucigalpa）和圣佩德罗苏拉（San Pedro Sula）、萨尔瓦多的圣萨尔瓦多（San Salvador）和阿卡胡特拉

（Acajutla）、危地马拉的圣托马斯日卡斯蒂利亚（S. Tomas de Castilla）。

（4）利蒙航运系统：主要辐射中美洲东海岸和加勒比海的港口，包括尼加拉瓜的马那瓜（Managua）、多米尼加的里约海纳（Rio Haina）和波多黎各的圣胡安（San Juan）等港口。

（5）曼萨尼亚航运系统：主要辐射中美东西海岸港口，包括墨西哥的马萨特兰（Mazatlan）、恩塞纳达（Ensenada）、圣樊尚（Lazaro Cardenas），伯利兹的伯利兹（Belize）、巴拿马的巴尔博亚（Balboa）、哥斯达黎加的卡尔德拉（Puerto Caldera）等港口。

（6）芝加哥航运系统：为内陆河湖航运系统，主要辐射密西西比河和五大湖的港口，形成庞大的内河集装箱航运网络，包括密尔沃基（Milwaukee）、明尼阿波利斯（Minneapolis）、底特律（Detroit）、克利夫兰（Cleveland）、辛辛那提（Cincinnati）、奥马哈（Omaha）、圣路易斯（Saint Louis）、路易斯维尔（Louisville）、达拉斯（Dallas）、多伦多（Toronto）和蒙特利尔（Montreal）、艾德蒙顿（Edmonton）等港口。

（7）奥克兰航运系统：主要辐射美国西海岸少数港口，规模比较小，包括旧金山（San Francisco）、长滩、洛杉矶及火鲁努努（Honolulu）等港口。

（8）温哥华航运系统：主要辐射美国和加拿大两国交界处的港口，规模比较小，包括加拿大的卡尔加里（Calgary）、美国的西雅图、波特兰（Portland）、塔科马（Tacoma）和荷兰港（Dutch Harbor）。

2. 南美地区

该地区是近年来逐步发展的集装箱航运区域。目前，形成了 5 个航运系统，其中东海岸有 3 个，西海岸有 2 个（图4-5）。具体特征如下所述。

（1）卡塔赫纳航运系统：分布在南美的北部地区，主要辐射加勒比海和南美北部港口，规模相对较大，包括哥伦比亚的巴兰基利亚（Barranquilla），委内瑞拉的关塔（Guanta）和卡贝略（Puerto Cabello），特立尼达的西班牙港（Port of Spain）和波因特利萨斯（PointLisas），瓜德罗普岛的皮特尔角（Pointe-a-pitre），马提尼岛的法兰西堡（Fort-de-France）和巴巴多斯的布里奇顿（Bridgetown）等港口。

（2）桑托斯航运系统：分布在南美洲东海岸的中部地区，主要辐射巴西和阿根廷港口，规模较大，包括巴西的里奥格兰德（Rio Grande）、伊塔雅伊（Itajai）、巴拉那瓜（Paranagua）、里约热内卢（Rio de Janeiro）、萨尔瓦多（Salvador）、马瑙斯（Manaus），阿根廷的蒙得维的亚（Montevideo）和布宜诺斯艾利斯（Buenos Aires）等港口。

（3）蒙得维的亚航运系统：分布在南美洲东海岸的南部地区，主要辐射阿根廷港口，规模较小，包括马德普拉塔（Mardel Plata）、乌斯怀亚（Ushuaia）、德塞阿（Puerto Deseado）、马德林（Madryn）、布兰卡（Bahia Blanca）等港口。

（4）卡亚俄航运系统：分布在南美洲西海岸的中北部，主要辐射南美西海岸中北部的港口，规模较大，包括哥伦比亚的布韦那文图拉（Buenaventura），厄瓜多尔的瓜亚基尔（Guayaquil），秘鲁的派塔（Paita）、马塔腊尼（Matarani）、伊洛（Ilo），智利的阿里卡（Arica）、伊基尔（Iquique）、安托法加斯塔（Antofagasta）、瓦尔帕莱索（Valparaíso）等港口。

（5）圣安东尼奥航运系统：分布在南美洲西海岸的南部地区，主要辐射智利南部少数港口，规模较小，如圣维森特（Saint Vincent）、蓬塔阿雷纳斯（Punta Arenas）等港口。

第五章

集装箱港口的发展演化机理

第一节　集装箱港发展的驱动因素

探求集装箱港口体系及单体港口和枢纽港的形成机制，不能以单一港口为样本进行分析，须对集装箱港口体系和枢纽港的产生、发展及演化的驱动因素进行分析，归纳其一般性的发展机制，考察全球港口发展驱动的宏观脉络。

一、驱动因素构成

集装箱港口的形成和发展具有内在机理，并由系列因素所作用并综合驱动。对此，学者们从不同角度均有所考察，部分学者如安筱鹏等（2000）认为班轮组织、港口发展、内陆运输网络和综合物流等是影响集装箱港口发展的关键因素。而部分学者如曹有挥等（2003）认为竞争和协作是港口体系演化的驱动机制。

本研究认为，集装箱港口产生、发展演化的驱动要素是一个不断充实和丰富的集合，并相互促进和制约，共同推进集装箱港口体系的形成与发展。这些因素对集装箱港口的影响存在一定的时空规律：不同空间尺度和时间期限内，各因子的影响程度不同，并存在主导因子。在集装箱港口体系内，各港口的特征或功能会随着影响因素的变化而改变，这促进了港口体系的功能结构、规模结构和空间格局的改变，由此形成时空演化过程（Hoyle，1999）。

经过本研究的分析与筛选，认为影响集装箱港口发展演化的因素主要有海陆格局、经济格局、政治格局、腹地经济、政府角色、航线网络、贸易网络、集疏运系统、自然条件、劳动力资源、港口区位、港航企业、港口设施、技术条件、环境保护、土地资源和港口管理等因素（Palmer，1999）。这些因素在海陆向属性、空间尺度等方面形成了一定的逻辑关系，具体如图 5-1 所示。

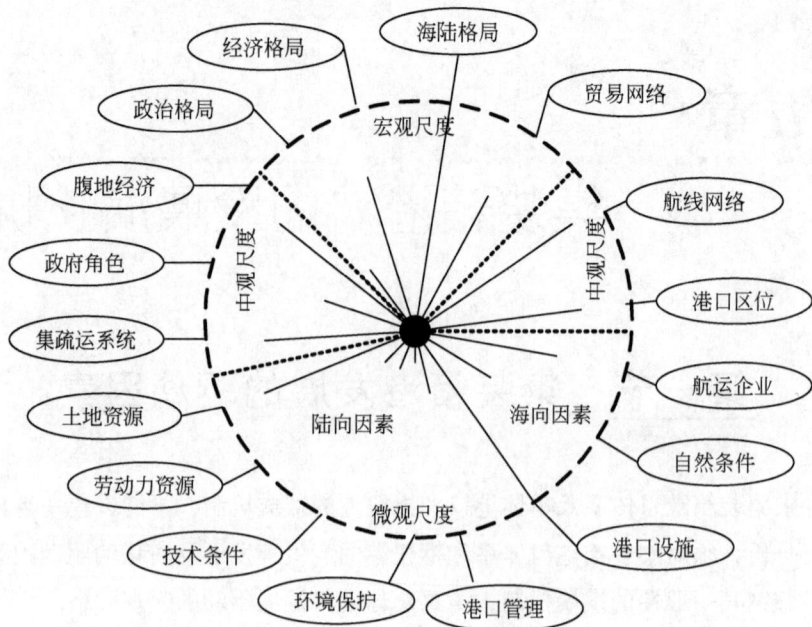

图 5-1　枢纽港的驱动因素框架

资料源于 Seaport System and Spatial Change：technology, industry, and development strategies，进行一定修改

二、驱动因素分类

1. 空间属性

港口是一种介于海洋（或河流）和陆地交界面上的空间实体，其空间范围本身就包括海洋（河流）和陆地两部分。因此，从该角度而言，港口的基本分割是向陆地和向海洋。作者借鉴 Hoyle 和 Hilling（1970）的研究理念，将集装箱港口的发展因素分为海向因素和陆向因素两大部分。

（1）陆向因素：主要包括经济格局、政治格局、腹地经济、政府角色、集疏运系统、土地资源、劳动力资源、技术条件、环境保护、港口管理和港口设施等因素。

（2）海向因素：主要包括海陆格局、贸易网络、航线网络、港口区位、航运企业、自然条件（水文、洋流、气候、航道、泊位等）等因素。

海向因素与陆向因素的相互作用，决定了集装箱港口尤其枢纽港的生成概率和发展潜力。但在不同的历史时期，或对于不同的港口或港口发展的不同阶段，

集装箱港口网络形成演化与发展机制

海向因素与陆向因素对港口发展的影响程度可能不同，某种因素往往占据主导性的影响地位。

2. 尺度结构

前文已指出，空间尺度是界定地理要素空间系统边界的重要标尺，同时也是分析地理要素或地理系统深入程度或提取要素水平的重要标尺。在不同空间尺度上，影响集装箱港口生成概率和发展水平的主导因素有所不同。结合前文分析，根据各因素影响程度的空间范畴，本研究将其分为 3 个尺度。具体如图 5-1 所示。

（1）宏观尺度：主要包括海陆格局、经济格局、政治格局和贸易网络等主要影响因素。其中，前三者是原生性因素，而贸易网络是以上 3 个因素所决定的次生性因素。此外，政治形势或地缘格局的影响仅发生在某些特殊国家或区域，不属于普适性的影响因素。这些影响因素在宏观尺度即全球层面或大洲层面上对集装箱港口的发展演化发挥作用，影响了集装箱港口体系的宏观格局及各港口的总体发展潜力。

（2）中观尺度：主要包括腹地经济、航线网络、港口区位、政府角色和集疏运系统等。其中，区位是受腹地和航线网络等因素共同作用而集自然环境和社会经济内涵于一体的综合性因子。这些因素主要在中观尺度即国家层面或区域层面，对港口的发展规划及职能定位产生影响。

（3）微观尺度：主要指在具体港口空间范畴内发生作用的影响因素，主要包括航运企业、自然条件、技术、劳动力、土地资源、装卸设备、管理等因子。其中，自然条件包括航道、泊位水深、洋流、气候、水文等各种自然因子。这些因素在具体港口的发展方面，往往在某特定发展阶段或发展环境中，形成关键性或门槛性的作用机制。

第二节　主要影响因素解析

根据前文的分析，对以上影响因素进行筛选，确定不同时段和空间尺度上的主导因素，并进行重点的理论分析，细致剖析对集装箱港口尤其是枢纽港形成和发展的驱动机制和作用机理。

一、经济因素

从宏观尺度和中观尺度来看，经济因素主要包括经济格局、腹地经济和贸易网络等，是一个海向和陆向因素的集成体。

1. 经济格局

1）经济格局与集装箱港口

运输经济学认为交通运输活动是其他社会经济行为的衍生物或派生活动，交通运输的发展须由其他社会经济行为所决定，这是运输经济学长期以来的主流观点。从全球范畴来看，经济格局是产生海运贸易的根本原因，只有各国经济发展水平和规模不一，全球经济存在空间差异和职能互补，才能产生国际贸易往来，由此形成海洋运输和港口体系。世界经济格局的存在直接决定了全球港口体系的基本格局，而经济格局的变迁则会促使世界航运特别是港口体系格局或宏观布局发生巨大变化，改变各集装箱港口的生成和发展机遇及情景。通过计算，世界港口的集装箱吞吐量和GDP的相关系数为0.952，两者之间具有高度的关联性，这表明经济是集装箱航运业发展的根本原因。如图5-2所示，全球集装箱吞吐量和GDP的增长呈现大致类似的趋势和轨迹。尤其是，全球集装箱航运"龙头"的历史更替同世界经济中心转化的路径相吻合，验证了经济格局对集装箱港口尤其枢纽港发展和演化的作用。

集装箱港口网络形成演化与发展机制

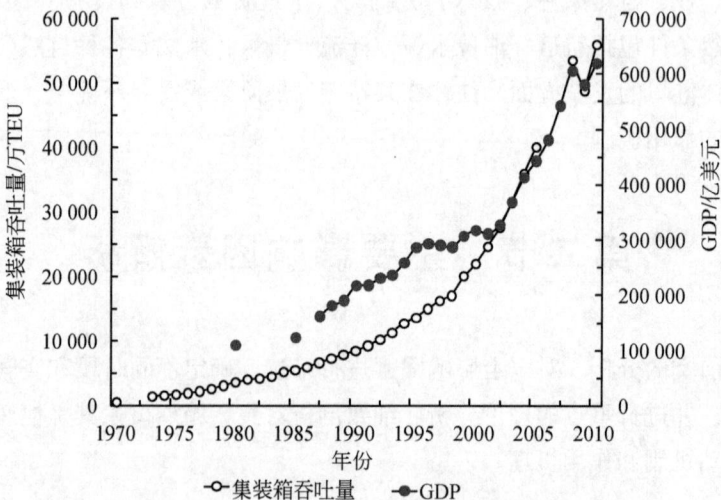

图 5-2 世界集装箱吞吐量与 GDP 增长关系

2) 全球经济格局演化

经济格局不是固定静态的，而是不断变化并形成演化过程的。从全球经济格局来看，第二次世界大战之后到 20 世纪 60 年代末的时期内，美国称霸世界经济体系，并与欧洲形成世界经济体系的两极，由此围绕北大西洋航区而形成两大集装箱港群的空间体系。70 年代后，世界经济格局开始由两极体系向多极化方向发展，美国、日本和欧洲"三足鼎立"的格局得以形成，而 70~80 年代亚洲所形成的"日本时代"开始向亚洲"四小龙"时代过渡，东亚经济逐步兴起，这造就了釜山、高雄、基隆、香港等港口，东亚集装箱港口集群开始崛起，这促使美国、欧洲和东亚港群形成"三足鼎立"，并占全球集装箱吞吐量的 80%~90%。随后，东盟经济崛起，而欧洲经济处于相对衰退的阶段，日本经济发展陷入低迷，美国经济发展缓慢，这促使东亚集装箱港群"一枝独秀"。80 年代开始启动的改革开放，促使中国的社会经济迅速发展，并成为全球制造业的中心或基地，在全球经济体系中的地位日益突出，这促使中国集装箱港口异军突起，全球集装箱航运的重心向中国进行转移。近年来，欧美、日本经济有所复兴，这促使全球集装箱港口的发展又略有新的变化，但总体格局没有变化，仅是局部范围内的规模调整。

3) 全球经济板块

目前，经济全球化的同时，世界范围内也呈现出经济组织区域化的现象，大量的经济实体成为影响全球经济组织和空间格局的重要因素，如图 5-3 所示。从经济发展水平来看，世界各国大致形成了发达国家、发展中国家、新兴工业化国家、未发展国家及石油输出国家等类型。其中，发达国家或地区主要集中在北美、欧洲、澳大利亚和日本，新兴工业化国家则主要分布在东亚和拉丁美洲地区。目前，世界形成了众多经济合作组织，多达 140 多个，但在世界经济发展中发挥决定性作用并占有较高市场份额的是欧洲联盟、北美自由贸易区和东亚自由贸易区。其中，欧洲联盟（欧盟）（European Union，EU）成为一体化程度最高的区域经济组织，拥有 27 个成员[①]，人口 5 亿，GDP 超过 16.1 万亿美元，占世界GDP 总量的 30%。北美自由贸易区（North American Free Trade Area，NAFTA）于1994 年正式成立，包括美国、加拿大、墨西哥，人口近 4 亿，GDP 达 11 万亿美元，是世界最大的自由贸易区，目前积极向南美洲地区进行扩张。以双边为基础的东亚

---

① 欧盟：1993 年 11 月，欧盟正式诞生。截至 2012 年，主要成员国有英国、法国、德国、意大利、荷兰、比利时、卢森堡、丹麦、爱尔兰、希腊、葡萄牙、西班牙、奥地利、瑞典、芬兰、马耳他、塞浦路斯、波兰、匈牙利、捷克、斯洛伐克、斯洛文尼亚、爱沙尼亚、拉脱维亚、立陶宛、罗马尼亚、保加利亚。

自由贸易区正在逐步形成，拥有世界 1/3 的人口，GDP 达到 7 万亿美元，是全球最具发展潜力的市场。目前，这三大经济板块决定了全球经济的基本格局，并影响了世界经济的兴衰起落，而发生在三大经济板块之间的经济互补则形成了全球贸易网络的骨架。

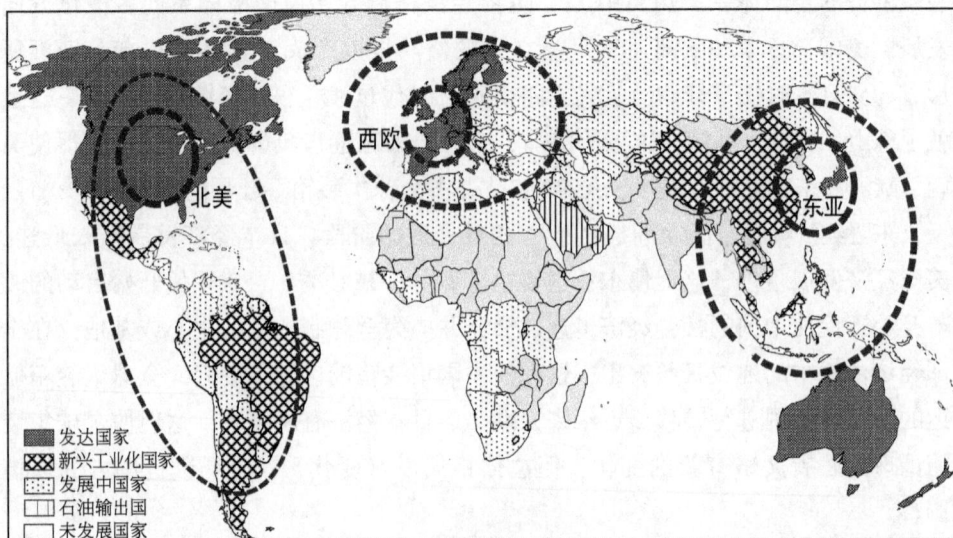

图 5-3　世界主要经济格局

2. 腹地经济

1）港口–腹地关系

港口是海运的起讫节点，货物是港口发展的源泉。货物生成能力取决于腹地经济，因此腹地是决定集装箱港口生成和发展的主要驱动，其发展水平和规模总量直接决定了集装箱港口的发展规模，这已为学者们所共识。世界集装箱吞吐量呈现出指数模式的增长趋势，1970 年为 630 万 TEU，2010 年达 5.6 亿 TEU，为 1970 年的 88.8 倍。这主要由全球经济发展水平和规模所决定。通过计算，全球主要国家的集装箱吞吐量同经济规模间存在直接相关，美国的相关系数为 0.9656，英国为 0.97，德国为 0.937，日本为 0.992，意大利为 0.992，加拿大为 0.986，荷兰为 0.995，韩国为 0.999。腹地型枢纽港和复合型枢纽港的发展依赖于腹地经济的发展和国际贸易的剧增，亚洲“四小龙”就先后培育了神户、釜山、高雄和香港等枢纽港。安特卫普和鹿特丹港的腹地不仅包括荷兰、比利时，还包括莱茵–马斯河流域及欧洲中西部地区。全球发展经验表明：经济发达且范围广阔的腹地不仅能够培育一个枢纽港，而且可能会形成多个枢纽港，如鹿特丹和安特卫普就服务于共同的经济腹地，两个港口相距仅60km。

2）港口-腹地模式

不同的海陆格局与腹地经济格局及宏观运输网络，促使各地区形成了不同的"港口-腹地"模式，由此影响了集装箱港口体系格局尤其是枢纽港的发展潜力与规模。从全球来看，北美、西欧和东亚或南亚地区分别具有一定的代表性，如图5-4所示。

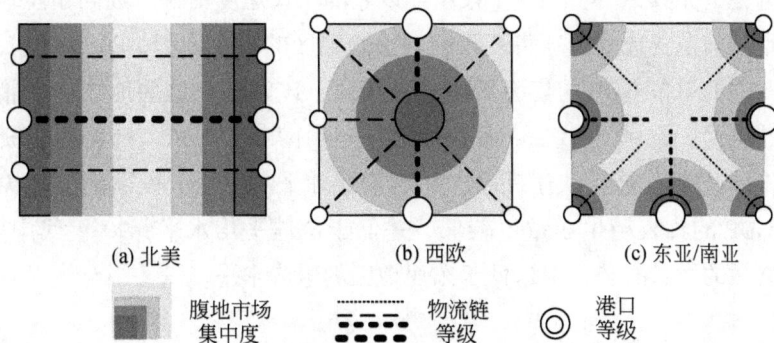

(a) 北美　　　　　　(b) 西欧　　　　　　(c) 东亚/南亚

腹地市场集中度　　物流链等级　　港口等级

图5-4　世界主要区域的"港口-腹地"模式图

资料来源：Lee，Song（2008）

第一，在北美地区，经济布局主要集中在沿海地区，并从东西海岸向内陆依次递减，内陆中心地带成为北美经济最为薄弱的地区，北美大陆为东西海岸港口提供货箱并成为其腹地，东西海岸港口的重叠腹地较少，港口通过陆桥而连接，相互间存在微弱竞争，有陆桥连接的港口往往成为枢纽港。这种港口-腹地关系大致形成了对称模式。

第二，在西欧地区，经济布局主要集中在内陆地区，并从沿海向内陆依次递增，沿海地带是货箱市场的薄弱地区，港口成为内陆地区的门户。西欧港口的腹地单一，而且区域整合程度高，港口间存在很多重叠腹地，并将整个欧洲联盟作为陆向腹地，相互间竞争激烈，与内陆经济中心形成便捷交通的港口往往成为枢纽港或区域性门户港，安特卫普、鹿特丹和汉堡等集装箱港口就成为欧洲的门户。

第三，在亚洲、澳大利亚、非洲或南美等发展中国家或地区，港口-腹地关系具有类似的特征，并形成相同的空间模式。沿海地区是经济布局的核心，并成为港口货箱的主要生成腹地，港口同内陆深远地区的交通联系比较薄弱，港口服务内陆地区的范围较小。区域整合程度较低，各港口分别集中在本国的货箱市场，并发展成为区域性枢纽港（Ducruet，2006）。中国的集装箱港口则具有明显的这种空间特征。

3）腹地经济增长与集装箱运输增长

腹地经济虽然是决定集装箱港口发展的重要因素，但由于各种区域性条件存在差异，不同的地区，腹地经济和集装箱吞吐量的关系也略有差异。如图5-5所示，从单位GDP的集装箱生成量来看，全球各地区呈现出不同特点。其中，亚洲地区的单位GDP的集装箱生成量最高，期间虽然有所波动，但总体呈现不断增长的态势，尤其20世纪90年代中期以来的增长速度更快，远高于全球平均水平，这是目前东亚成为全球集装箱航运重心地区的根本原因。80年代前，日本、北美和欧洲的单位GDP的集装箱生成量较高，该时期是这些地区集装箱运输快速发展的时代。但90年代后，其他地区（包括南亚、中东、拉美和非洲）的单位GDP的集装箱生成量快速提高，并高于全球平均水平。而欧洲、北美和日本的单位GDP的集装箱生成量比较低，并低于全球平均水平，90年代中期以来，虽呈现略微的增长态势，但远低于东亚地区的生成水平。

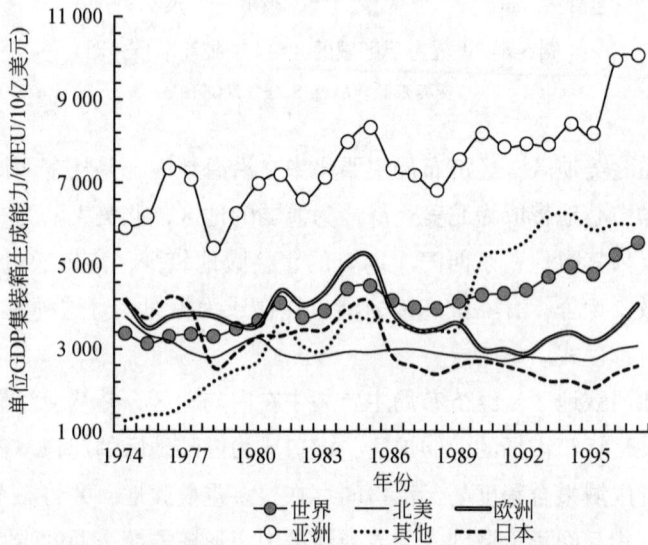

图5-5 全球主要地区单位GDP的集装箱生成量

如图5-6所示，全球各地区的GDP增长率和集装箱吞吐量增长率有着不同的促进关系。从贡献率来看，部分地区包括中东、南亚、拉美和非洲等地区的GDP增长率虽然很低，但对集装箱增长率的贡献率最高，尤其是其近些年来发展很快，成为世界集装箱航运的活跃地区。其次是东亚地区，GDP增长率对集装箱增长率的贡献度很高，不但有着很高的GDP增长率，而且集装箱吞吐量的增长率也很高，该地区已成为世界集装箱航运的重心地区。虽然日本的GDP增长率很

集装箱港口网络形成演化与发展机制

高，但集装箱增长率很低。而欧洲和北美的 GDP 增长率和集装箱增长率都很低，GDP 增长对集装箱增长的贡献率很低，显示出集装箱航运业增长的低迷性，但仍然是世界集装箱航运的重要地区。

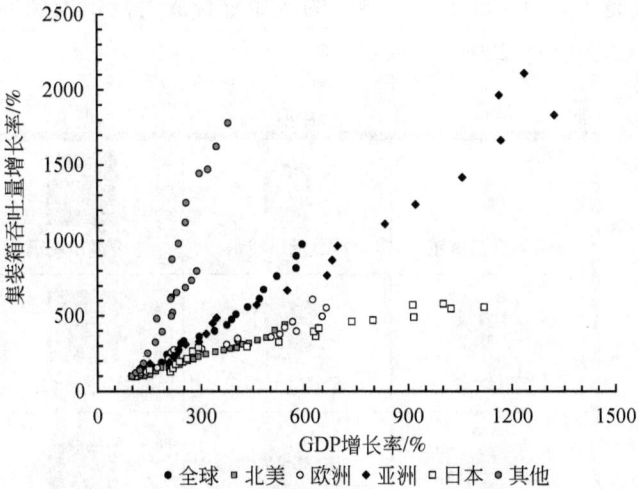

图 5-6　各地区集装箱吞吐量增长率与 GDP 增长率关系

4）港口−城市关系

港口城市是港口的基本依托，将港口腹地浓缩于城市，两者的空间关系则呈现不同特征。根据两者的空间特征，借用 Ducruet 等学者的研究成果，作者对其进行分类并绘制成图 5-7。以上类型在全球范围内均存在，其中"沿海港口城镇（coastal port town）"、"区域港口城市（regional port city）"和"世界港口城市（world port city）"是两者关系耦合较好的空间模式，这种空间模式往往发生在港口−城市关系的中间阶段。而"沿海大都市（coastal metropolis）"、"港口大都市（port metropolis）"和"区域城市（regional city）"显示出港口对城市发展支撑能力的不足，城市发展并不完全依赖于港口，港口运输仅是城市的一部分功能，这种空间模式往往出现在港口−城市关系的高级阶段。"区域港口城镇（regional port town）"、"主要港口城镇（major port down）"和"主要港口城市（major port city）"则显示出城市发展对港口建设的支撑不足，这是因为该港口是所在区域的货物集散地，而周边的相关产业或经济活动仍尚未形成规模发展，城市未能完善发展，这种空间模式往往发生在港口−城市关系的初始阶段。传统的港口地理学已证实，港口和城市间存在一定的生命周期现象，以上特征在港口城市的不同发展阶段均有所体现。20 世纪 60 年代以来，快速发展的集装箱化和多式联运对港口和城市的内在关系产生了重要影响，逐步弱化两者的联系（Hoyle and Hilling，1984），如集装箱化导致雇佣工人和工作时间的减少，降低了对港口城市的带动作用（Slack，2001）。同时，超大港口或区域性港口集群开始产生，如香港—深圳、上海—宁波、东京—大阪、洛杉矶—长滩、纽约—新泽西，港口组织形态已超越了城市空间形态，城市的区域整合成为港口发展的基础（Olivier and Brian，2006；Lee，2001）。

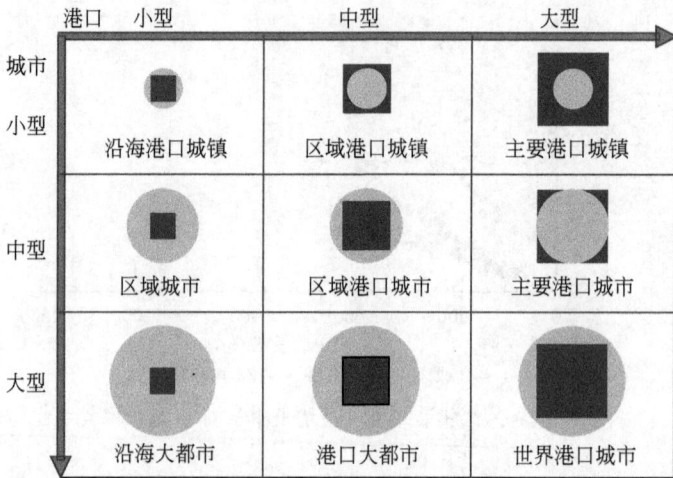

图 5-7 港口与依托城市的空间关系

资料来源：（Ducruet，2004）

　　枢纽港或航运中心与城镇密集区（如城市群、都市圈、都市区、都市连绵区等各种空间形式）之间是相互促进、良性互动、共同繁荣的关系，是港口-城市关系的演变和深化。枢纽港和城镇密集区的关系十分密切，尤其在经济全球化的推动下，港口-城市关系突破了两者的简单互动，而实现了枢纽港与城镇密集区的互动，枢纽港开始成为城镇密集区的门户，而城镇密集区成为枢纽港的箱源腹地和基本支撑。从目前世界最重要的航运中心来看，枢纽港和城镇密集区之间存在一定的对应关系，英国伯明翰—利物浦城市群对应着伦敦航运中心，美国东北部大西洋沿岸城市群培育了纽约航运中心，日本太平洋沿岸城市群则支撑着东京和横滨航运中心的发展，而欧洲西北部城市群则孕育了鹿特丹和安特卫普两大枢纽港和航运中心，五大湖城市群则发展了芝加哥和多伦多两个航运中心。在中国地区，这种空间现象也较为明显，如珠江三角洲城市群对应着香港—深圳航运中心，长江三角洲城市群对应着上海国际航运中心，山东半岛城市群对应着青岛枢纽港，京津冀都市圈则对应着天津枢纽港。

　　从港口城市的人口规模与吞吐量规模的关系来看，欧洲和亚洲地区有着明显的不同特征，如图 5-8 所示。欧洲各种规模的城市对港口发展都有重要的影响，人口介于 100 万～249 万的中等城市对港口规模的影响比较大，2005 年比重达 34%，而人口少于 20 万的城市对港口规模的影响显著，但人口超过 250 万的大城市对港口规模的影响比较低。在亚洲地区，超特大城市对港口规模的影响尤其显著，人口规模高于 500 万的城市对港口规模的影响最高，并远高于其他人口规模的城市；其次，是 250 万～499 万人口规模的城市对港口规模的影响较高。这种差异是因为欧洲和亚洲在经济和人口分布方面有着明显的差异，前文已指出，欧洲的经济和人口分布呈现出由沿海向内陆地区逐渐递增的趋势，而亚洲的人口和产业则主要集聚在沿海地区，并向内陆地区逐渐递减，由此形成不同的空间模式。

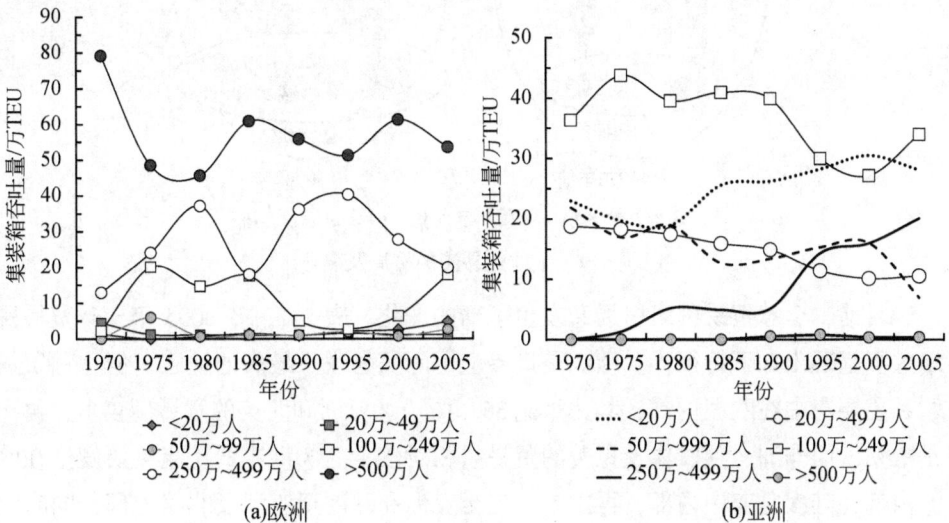

图 5-8　欧亚港口城市的人口和集装箱吞吐量规模关系演变

3. 贸易网络

因经济格局所产生的国际贸易网络是世界集装箱航运业发展的根本原因。该因素的作用范围为宏观尺度，世界贸易网络的空间格局往往直接决定了全球航运网络。全球航运网络发展的历史悠久，20 世纪 50 年代开始，世界贸易网络对全球集装箱航运网络的生成和发展逐步发生作用，并由此决定了集装箱港口网络的空间格局与各港口的发展机遇。其中，贸易网络的核心地区则往往成为世界集装箱化的发源地区，其港口成为枢纽港的发源地。

如图 5-9 所示，20 世纪 70 年代之前，世界经济增长极主要有北半球的北美、欧洲和日本等发达地区或国家，世界贸易流主要发生在这些经济组团之间，而发达国家与发展中国家间的贸易流相对较少，而且发展中国家的贸易流也较少。70年代开始，发达国家在强化内部贸易往来的基础上，加强了同发展中国家的贸易联系，而且发展中国家内部的贸易联系也日益增多。这深刻影响了全球贸易网络的发展和演化。

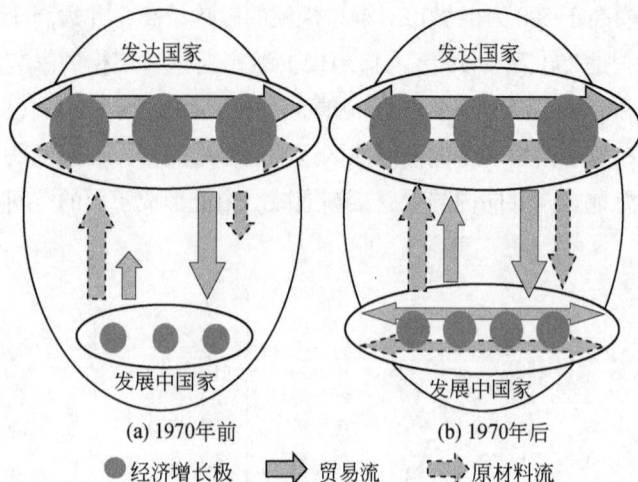

(a) 1970年前　　　　　　　　(b) 1970年后

● 经济增长极　　⇨ 贸易流　　⇨ 原材料流

图 5-9　全球贸易流的格局及变化

目前，全球贸易网络格局又发生了新的变化。表 5-1 中，2005 年全球贸易网络主要呈现出如下特征：①欧洲是世界上国际贸易联系最多的地区，但这种贸易联系主要集中在欧洲内部，其比重达 36.5%。②亚洲和北美的贸易额较多，再次是中东，而非洲、独联体及拉美的贸易量相对较少。③世界贸易流主要发生在欧洲内部，其次是亚洲内部，再次是北美至亚洲和欧洲至亚洲及北美内部，同时北美至欧洲的贸易流也较高，其他地区的贸易流较低。世界贸易网络深刻影响了全球集装箱港口体系的空间格局。

表 5-1　2005 年全球贸易商品的 O-D 交流表　（单位：10^9 美元）

始发国	目的国							
	北美	拉美	欧洲	独联体国家	非洲	中东	亚洲	全球
北美	824	87	238	7	18	34	270	1478
拉美	118	86	68	6	10	6	48	355
欧洲	398	58	3201	109	112	122	332	4372
独联体国家	19	7	178	62	5	11	40	340
非洲	60	8	128	1	26	5	49	298
中东	66	3	87	3	15	54	281	538
亚洲	608	51	498	37	54	89	1424	2779
全球	2093	301	4398	224	240	321	2443	10159

集装箱港口网络形成演化与发展机制

二、航线网络和区位

1. 航线网络

航线是船舶航行时沿途依次挂靠港口的运行轨迹，各种航线的连接和融合就形成了航线网络，对全球集装箱港口的分布格局有决定性的影响。海上贸易网络和海洋自然条件决定了航线网络，并成为影响集装箱港口发展机遇和发展规模的重要因素。集装箱航线网络经过40多年的发展，从少数航线起步并逐步扩张，目前已形成联结各集装箱港口并覆盖全球的近远洋航线网络，如图5-10所示。世界集装箱港口主要沿航线进行布局和发展，但港口能否成为枢纽港，关键是否邻近或位于主干航线或位居不同航线的联结或交汇处，为航运企业提供服务，成为其靠泊港，如鹿特丹、新加坡和香港等港口。随着全球经济格局和国际贸易网络的演变，集装箱班轮航线网络也会发生调整，全球集装箱港口的发展机遇和布局格局也相应发生变化。

根据前文的分析，全球集装箱航线网络具有空间等级结构，并形成主干航线和地区海域支线网络。第二次世界大战之后，由于东亚尤其是日本和其他新兴工业化国家的发展和崛起，形成欧洲、北美和东亚等经济板块，并由于资源禀赋和市场交易，三大经济板块间形成了远东—北美、远东—欧洲、北美—欧洲三大航运干线，集中了全球主要的集装箱运力与吞吐量。这种全球航线网络的形成直接影响了集装箱港口体系的全球空间格局（Notteboom，2002），位居这些航运干线的集装箱港口往往有着较高的发展机遇与潜力，尤其是直接培育了大量的全球性枢纽港。区域性支线网络包括远东—南非、远东—南美东西海岸、欧洲—南美东西海岸、北美东海岸—南美东海岸、南非—澳大利亚、南美—澳大利亚、南非—南美等航线，位居这些支线网络的集装箱港口具有较低的发展机遇与潜力。

2. 区位

1）全球战略区位

区位是从航线网络延伸出的因素，强调对单一港口的影响，其显著影响发生在集装箱港口分化而中转型港口崛起的时期。随着集装箱技术的普及和航线网络的完善，港口能否成为集装箱港口尤其是枢纽港，关键是否位于洲际或环球航线，成为集装箱班轮的定期挂靠港口，或成为全球性或区域性集装箱航运的集散

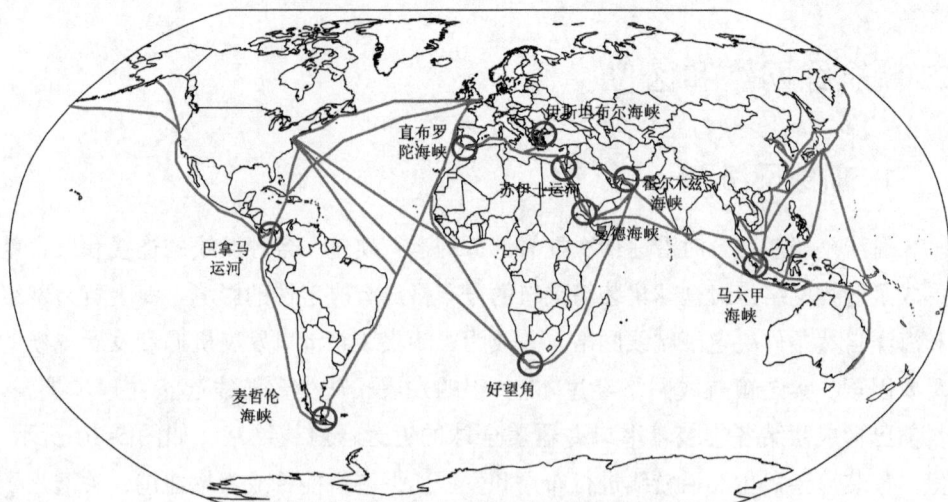

图 5-10　全球主要航线网络与战略区位

和中转中心。主要的海峡要冲或运河地区成为航运网络的战略区位，深刻影响了全球航运网络的构成和布局，并进一步决定了集装箱港口体系的格局及各港口的发展机遇。如图 5-10 所示，海峡要冲或通洋运河充分发挥了瓶颈性或咽喉性的作用机制。巴拿马运河、苏伊士运河、马六甲海峡、曼德海峡、霍尔木兹海峡、博斯普鲁斯海峡（伊斯坦布尔海峡）、达达尼尔海峡、直布罗陀海峡、好望角和麦哲伦海峡等要冲成为全球航运网络的战略性区位，尤其巴拿马运河、苏伊士运河、马六甲海峡的战略意义尤为突出。这些战略区位的通过能力直接决定了全球航线网络的格局，巴拿马运河、苏伊士运河和马六甲海峡的主要通过能力见表5-2。随着集装箱船舶的大型化，这些战略区位的航运意义进一步体现。1995～2002 年穿越巴拿马运河的集装箱船舶增长率为 6.4%，而集装箱容量的增长率为12.9%。目前，巴拿马运河的战略意义已显现，超过 4000TEU 的船舶不能穿越该运河，远东至北美东海岸航线被迫改为穿越马六甲海峡和苏伊士运河，或通过北美大陆的水陆联运（海运—陆桥运输—海运）。显然，位居这些要冲地区的港口则往往成为重要的枢纽港或大型集装箱港口。

集装箱港口网络形成演化与发展机制

表 5-2　主要战略通道的通过容量

通道	通过容量/载重吨位	航道水深/m	集装箱船舶规模/TEU
巴拿马运河	65 000	12	4 000
苏伊士运河	120 000	16	12 000
马六甲海峡	300 000	21	18 000

2) 中转型港口的崛起

表 5-3 中，20 世纪 90 年代开始，区位对集装箱港口生成和发展的影响日益显著，中转型港口的数量日益增多，集装箱吞吐量曾一度逼近全球的 50%。部分发展中国家和地区，由于港口具有优越区位，开始成为主要航线的集装箱港口甚至枢纽港；三大航线上大量"岛港"的崛起和中转港布局轴线的形成便是最好说明。

表 5-3　全球主要集装箱港口的类型演化

年份	腹地型港口		中转型港口	
	港口数量/个	集装箱吞吐量/%	港口数量/个	集装箱吞吐量/%
1970	68	95.7	7	4.3
1975	84	81.8	16	18.2
1980	75	73.5	25	26.5
1985	75	77.9	25	22.1
1992	67	52.4	33	47.6
2003	63	58.7	37	41.3

典型案例是新加坡港。新加坡港素称"东方十字路口"，扼马六甲海峡要冲，连接印度洋与太平洋航线，为东南亚的集装箱航运及班轮提供服务，成为世界最繁忙的主枢纽港。地中海的阿尔赫西拉斯港和焦亚陶罗港、中东的迪拜港、印度洋的科伦坡港及加勒比海的圣胡安港等港口，皆因地处或邻近主航线而为集装箱运输提供中转服务，由此成为该航区的大型中转港。如图 5-11 所示，根据 Drewry 公司的统计，1980 年世界集装箱运量中直达运量为 34.5×10^6 TEU，而中转运输仅为 4.3×10^6 TEU，中转率达 11.08%，2005 年世界集装箱运量的中转运量达 1.13×10^8 TEU，中转比率提高到 28.59%。

从具体港口来看，中转比例较高的港口有自由港、丹戎帕勒帕斯港、焦亚陶罗港、萨拉拉港（Salalah，阿曼）、新加坡港、塞的港、卡利亚里港（Cagliari，意大利）、马耳他港（Malta，马耳他）等港口，其中转比例均高于 90% 以上。达米埃塔港（Damietta，埃及）、金斯敦港（Kingston，牙买加）、塔兰托港、阿尔赫拉西斯港、巴拿马港、科伦坡港、沙迦港等港口的中转比例均超过 70% 以上。从中转运量的规模来看，新加坡港的规模最高，达 17.65×10^6 TEU，其次是丹戎帕勒帕斯、焦亚陶罗、高雄、阿尔赫拉西斯、萨拉拉等港口，但中转规模已低于 4×10^6 TEU，其他港口的中转运量规模较低。具体如图 5-12 所示。

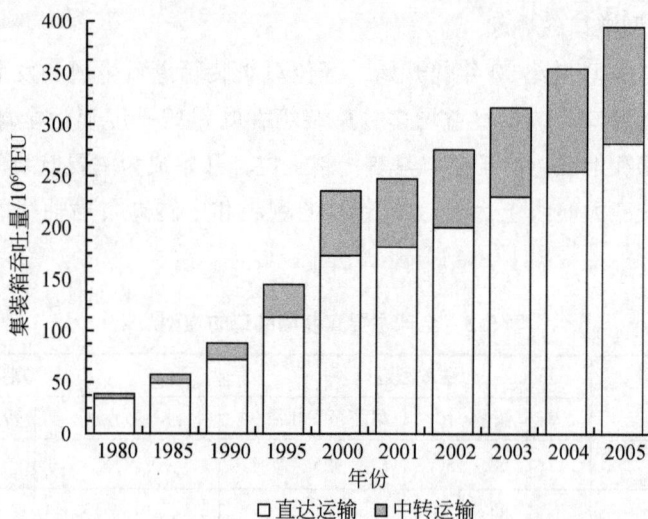

图 5-11　1980~2005 年世界集装箱直达与中转运量构成

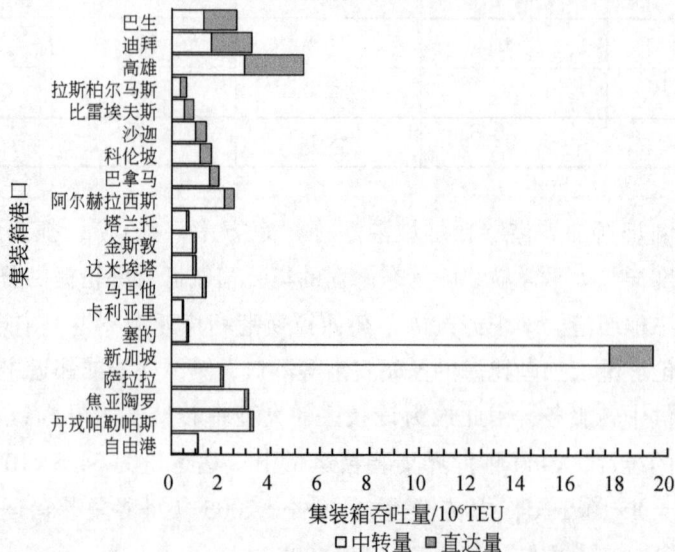

图 5-12　2004 年世界主要港口的运输规模和中转规模

3）区位与枢纽港

主干航线的交汇处是枢纽港的首选区位。全球南北向和东西向主干线航形成的中心辐射系统决定了主枢纽港只能是少数。安特卫普港、鹿特丹港地处大西洋和欧亚航线的北海要道，新加坡港扼印度洋与太平洋航线的马六甲海峡，香港、深圳港和上海港地处南北向和东西向的航线交汇点，优越的区位促使以上港口成为全球性的主枢纽港。其他港口如釜山、纽约、高雄、青岛、东京、迪拜、雅加达等也具备优越的航线区位。目前，太平洋航线渐现重要，在全球海运的比重从 20 世纪 90 年代 8% 升到 2005 年的 13%，其中 50% 的运量与中国大陆地区相关。

三、船舶大型化与泊位水深

技术是影响集装箱港口生成和发展的重要因素，而集装箱运输本身就是一场技术革命。随着造船技术的快速提高，技术开始越加明显地影响集装箱港口的发展概率与潜力，并重点表现为船舶大型化和泊位水深两个方面。

1. 船舶大型化趋势

1）船舶大型化成本关系

集装箱船舶的规模决定于很多因素，如贸易距离、装卸设施、航运网络等，但归根到底是成本与利润的比较。不同吨级的船舶具有不同的运输成本，船舶的吨级规模越高，其单位成本越低。为了获取规模经济，航运企业开始追求集装箱船舶的大型化（Notteboom，2002）。如图 5-13 所示，集装箱运量的单位成本随着船舶规模的降低而不断降低，尤其是船舶规模处于 500～4000TEU 时单位成本降低的空间很大，但当船舶规模达到 4000～5000TEU 时单位成本降低的空间越来越低。同时，在不同航线上同一规模船舶的单位成本也不同，其中，欧洲—远东航线的单位成本最高，大西洋航线次之，而大西洋航线的单位成本最低。这种单位成本的差异主要受航线距离的影响，据粗略测算，大西洋航线距离为 8000 海里（1 海里 = 1852m），太平洋航线距离为 17 000 海里，欧洲—远东航线距离为 24 000 海里。

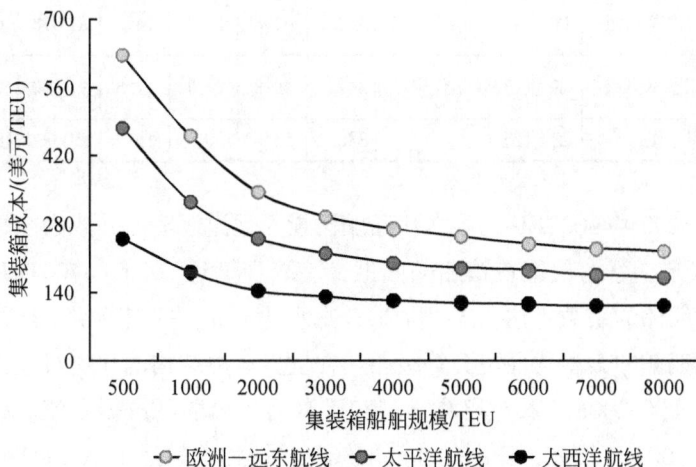

图 5-13　不同航线不同吨级船舶的单位成本

2）船舶大型化历程

集装箱船舶的发展始于20世纪60年代。表5-4中，60年代中期，第一代集装箱船舶问世，其装载量仅为700~1500TEU，吃水深度达10m左右。70年代时，第二代和第三代集装箱船舶先后产生，装载容量达1800~2500TEU，吃水深度分别达11.5m和13.2m，并逼近巴拿马运河的通航上限。80年代时，第四代集装箱船舶问世，装载容量提高到4400TEU，但吃水深度没有变化。90年代中期前，因巴拿马运河的影响，集装箱船舶的长度呈现不成比例的拓展，而船舶宽度在10年内未有变化。90年代初开始，集装箱船舶大型化快速推进，综合比较船舶规模经济与巴拿马运河的通过成本，部分航运企业定购了大型船舶，其规模超过了巴拿马运河的通过能力，随后现代商船、马士基、商船三井、东方海外和铁行渣华等陆续定购了超巴拿马船（Cullinance et al.，2000）。

表5-4　集装箱船舶的主要技术参数

代别	级别	开发时间	总长/m	型宽/m	型深/m	吃水/m	总吨位/t	装载量TEU
第一代	支线船	20世纪60年代末	200	26	15.5	10.5	16 240	700~1 500
第二代	轻便型	20世纪70年代	280	32.2	19.6	11.5	37 799	1 800~2 300
第三代	亚巴拿马级	20世纪70年代末	258.5	32.2	24.1	13.2	52 615	2 000~2 500
第四代	巴拿马级	20世纪80年代末	294	32.25	21.24	13.5	53 800	2 500~4 400
第五代	超巴拿马级	20世纪90年代初	275.2	39.4	23.6	12.5	61 900	4 300~5 400
第六代	特超巴拿马级	20世纪90年代中期	318.2	42.8	24.1	14	81 488	6 000~6 670
第七代	特超巴拿马级	20世纪90年代末	347	42.8	24.1	14.5	91 560	7 000~8 700
第八代	苏伊士级	21世纪初	380	55	30	15	150 000	10 000~13 000

目前，6000~7000TEU的第六代船舶已投入远洋运输，并成为全球航运的主流。90年代末，第七代集装箱船舶问世，装载容量达7000~8700TEU。21世纪初，集装箱船舶的装载量达1.3万TEU，吃水达15m，并向苏伊士运河的低限逼近。集装箱船舶的大型化促使高等级船舶在世界运力结构的比例日益提高，如图5-14所示，截至2006年，超巴拿马型和巴拿马型船舶已占据主流。超级超巴拿马型船也在2003年投放，亚洲—欧洲航线班轮平均单航运力从2003年4816TEU扩大到2010年11月份的7594TEU，该类船舶数量增量加速。截至2010年11月

底，全球共有 289 艘，其中 197 艘投放到亚洲—欧洲航线，31 艘投放到欧洲—亚洲—美国西海岸钟摆航线，其他船舶多投放泛太平洋航线。截至 2011 年 6 月 25 日，超级超巴拿马型集装箱船在亚洲—欧洲航线班轮运力中占到 62%，在亚洲—美国西海岸航线班轮运力中占到 25%。

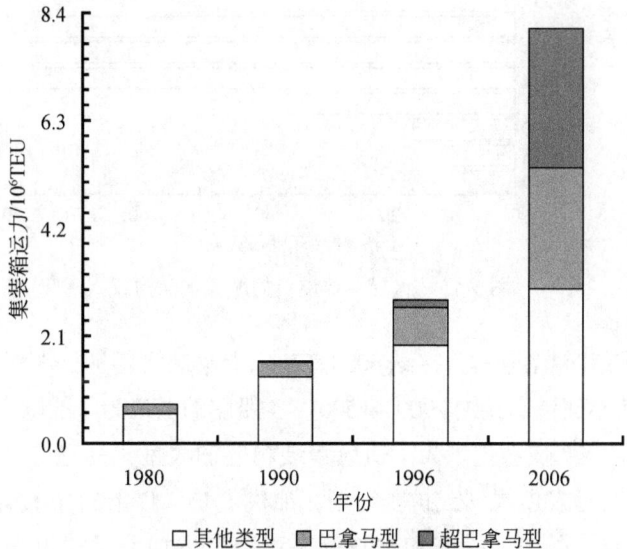

图 5-14　1980～2006 年世界集装箱船舶运力结构

2. 船舶大型化对集装箱港口的影响

1）船舶大型化与泊位水深

集装箱船舶的规模越大，满载吃水就越深，对航道和码头水域的深度要求就越高。目前，2000TEU 船舶满载时吃水深度达到 12m，8000TEU 船舶满载时吃水深度达到 14.5m，航道和码头水域深度为 15m，还需要宽阔的专供船舶和超长悬铃浮吊调转船头的水域（Komadina 等，2006）。船舶装载容量达到 18 000TEU 的"马六甲型"的吃水深度达到 21m，但现有造船工艺和设计水平仅能满载吃水达 18m。目前，全球范围内，多数港口的航道水深比较浅，如图 5-15 所示。在全球范围内，航道水深低于 12m 的港口数量大约有 294 个，约占样本港口数量的 70.2%，而航道水深大于 15m 的港口数量仅占 15% 左右。世界多数港口仅能满足第五代以下的集装箱船舶，满足第六代以上大型船舶挂靠的港口仅为少数，这表明未来仅有少数港口能满足大型船舶挂靠并成为枢纽港。

航道水深/m

76以上
71~75
66~70
61~65
56~60
51~55
46~50
41~45
36~40
31~35
26~30
21~25
16~20
11~15
6~10

0 10 20 30 40 50 60 70 80

集装箱港口数量/个

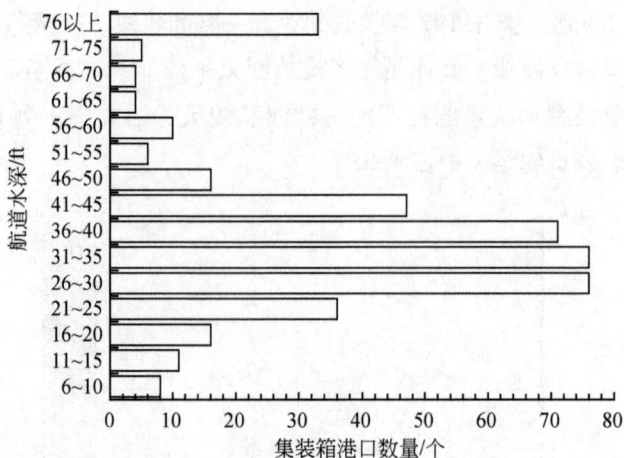

图 5-15　世界主要港口的航道水深构成

　　从泊位水深和船型来看，接纳 6000TEU 以上集装箱船舶，水深需要达到 15 ~ 17m，才能成为枢纽港，接纳 2900 ~ 4500TEU 船舶的港口为干线港，接纳 1000TEU 船舶的港口仅能成为支线港。为了适应集装箱船舶大型化的趋势，欧美国家的港口纷纷制定了长远发展规划或扩张计划，加快了 15m 以上的深水泊位建设。新加坡、香港、高雄、釜山、横滨和神户等东亚港口也加快了建设深水泊位，见表 5-5，其目的均在于竞争或巩固枢纽港的长期地位。受益于船舶大型化的典型案例是科伦坡港，拥有深水泊位，大型船舶在此挂靠，致使运量持续增长，由此成为地中海地区的重要港口。但是任何技术的发展或改善都是有极限的，目前船舶规模的发展已逼近极限，经济性能和技术性能将面临规模不经济，港口大型化和深水化的趋势在未来一段时间可能将趋于滞缓。

表 5-5　世界主要枢纽港的航道、泊位水深及规划目标

港口	现状		规划	港口	现状		规划
	航道水深/m	泊位水深/m	水深/m（泊位数量）		航道水深/m	泊位水深/m	水深/m（泊位数量）
鹿特丹	25	12.2 ~ 15		神户	12 ~ 14.2	10 ~ 13	15（5）
阿姆斯特丹			15	横滨	12	11 ~ 13	15（2）
西雅图	20	12.2 ~ 15.2		东京	12	10 ~ 12	15（1）
洛杉矶	13.7	10.4 ~ 13.7	15	北九州			15（2）
长滩	18.3	11.2 ~ 15.2					15 ~ 16（6）
塔科马	15.2	12.2 ~ 15.2		名古屋			15（1）

集装箱港口网络形成演化与发展机制

港口	现状		规划	港口	现状		规划
	航道 水深/m	泊位 水深/m	水深/m (泊位数量)		航道 水深/m	泊位 水深/m	水深/m (泊位数量)
纽约	12.2	9.7~11.1		清水			15（1）
		11.3~12.8		阿尔赫西拉斯	11	12~14	
基隆	15	11.5~12		汉堡	11.6	10~14.5	15（4）
高雄	14	10.5~14	15（3）	勒阿佛尔			15
香港	20	12.2~15	14（3）	釜山	13.4	12.5	15（4）
上海	7	9.4~12		费力克斯托	12.5	11.5~13.4	
新加坡	13.1	10~13	15（4）	泽布吕赫			16
		13.6~15	15（8）	安特卫普	11	12	

注：①数据截至 2000 年 1 月 1 日；②括号内为泊位数量

2）船舶大型化与港区外迁

船舶大型化是长期的发展趋势，20 世纪 60 年代以来集装箱船舶的大型化则加快了该进程。纵观港口的历史发展轨迹，船舶的大型化导致港口港区的外迁，世界主要港口的集装箱码头从沿河沿江向出海口或沿海或外海进行外移，以寻找更理想的深水泊位，这成为近年来大型枢纽港的发展趋势与普遍规律。港区外迁主要表现为两个方面：①港区在原有区位的基础上，继续向外海迁移，以提高航道和泊位的水深，容纳大型集装箱船舶。②港区迁离原区位，并在临近的深水海岸建立新港区，以容纳大型集装箱船舶。相关案例如下所示。

（1）19 世纪，伦敦港分别为 –9.3m 的"印度与密尔沃基"和 –10.8m 的"皇家"港池群。20 世纪 60 年代两港池均被关闭，分别在泰晤士河中下游、离伦敦大约 110km、30km 和 56km 处，兴建了 –12.5m 的集装箱港口费力克斯托、–12.9m 的提尔伯利港和 –13.5m 的泰晤士港。

（2）20 世纪 80 年代起，鹿特丹港在玛斯河口建造集装箱码头。目前，重心地区已从市区转移到 30km 以外、位于河口的 Delta 码头。如果结合集装箱革命之前的发展过程，则形成了自 15 世纪 40 年代以来的明显外迁历程，如图 5-16 所示。

（3）汉堡港原本位于易北河的下游地区，水深 –11.6m，但目前在离汉堡市区百公里之外的易北河口 Alterwerder 建水深 –15m 码头。

（4）19 世纪初，不来梅在离市区大约 60km 的威瑟尔河口建设了不来梅哈芬港，但 1997 年又建设低潮水深 –14m 的外港。

（5）温哥华港在郊外 Roberts Bank（离大陆 5km 的岛屿）新建 Deltaport

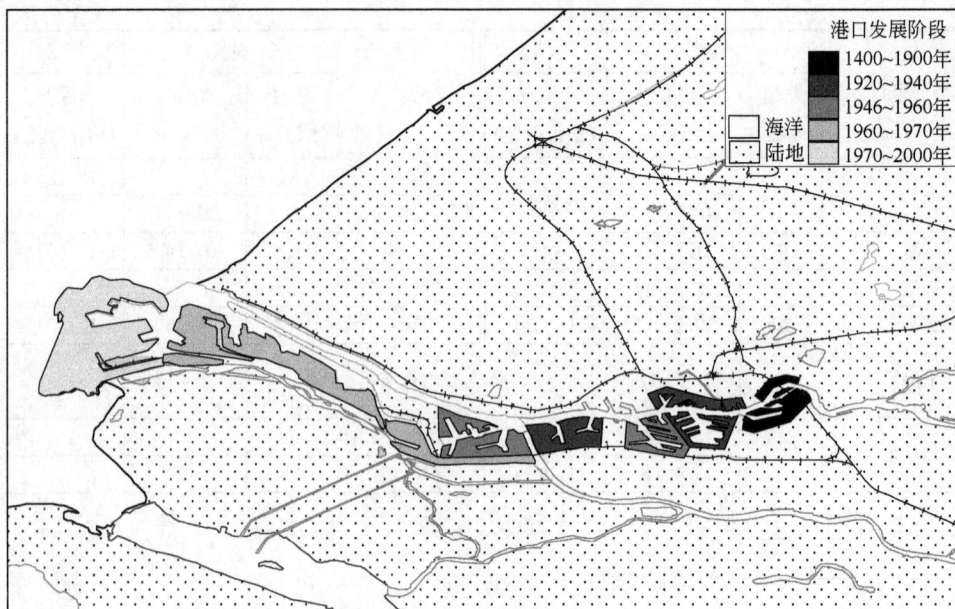

图 5-16 鹿特丹港区的外迁历程

码头。

（6）孟买港因水深不足-10m，1989 年在港口以南 70km 处兴建了水深-12～-14m 的外港——尼赫鲁港。

（7）曼谷港因航道水深仅-6.3m，由此在距离 120km 的林查班建航道水深为-16m 和码头水深-14m 的外港——林查班港。

港区外迁的现象在中国也有体现。大连港区从市中心区迁移到郊区的大窑湾，天津港建设塘沽新港，广州港建设黄埔港区，宁波港建设北仑港区，这些港区离市区原有区位均有数十公里，而上海洋山港形成的离岸枢纽同样可验证该论点。港口港区进行外迁，虽在一定程度上导致陆上运费的提高或其他集疏运成本的增加，但增加部分远远低于船舶大型化所带来的成本降低，以及船舶进港的时间节约和由此带来的货物资金利息的节约。

3）船舶大型化与码头设施

集装箱船舶的大型化对港口设施的配置也提出了更高要求。其中，装卸桥的发展是最为典型的案例。9000 TEU 集装箱船舶的宽度达 45.6m，该宽度可并排装载 18 个集装箱，这要求港口配置外伸距更长的、能装卸 18 个集装箱宽的大型装卸桥与之相匹配。船舶装载容量超过 10 000TEU 时，码头则需配备更大型的装卸桥。迄今为止，世界集装箱装卸桥已形成了 5 个代层的发展过程，外伸距从最初的 28m 扩展到 63m，相关技术参数见表 5-6。目前，世界集装箱装卸桥主要分布在东亚，其次是欧洲，再次是北美地区。同时，大型集装箱船舶对桥梁和高架电线的净空高度有一定的要求，对进出口航道设施有其特殊的安全操作技术上的要求。

表5-6　集装箱装卸桥的发展历程

装卸桥等级	型别	巴拿马型			超巴拿马型	
	代层	第一代	第二代	第三代	第四代	第五代
额定起重量/t		25	30.5	30.5~40.5	40.5~50	50~60
外伸距/m		28	32~35	35~40	40~50	50~63
轨距/m		10	16~30	22~30.5	30.5~35	30.5~35
速度/(m/min)	重载起升	30	36	40	90	90
	小车横移	125	130~160	150~180	180~240	244
装卸效率/(TEU/h)		20~30			40~60	

　　同时，船舶大型化对其他码头设备的效率提出了更高要求。为了发挥营运成本优势，缩短在港时间，加快船舶周转，要求挂靠港口提供高效的船舶装卸作业。7000TEU 或更多箱位的超大型集装箱船舶，就要求码头作业机械至少每小时吊运 300 只集装箱，这是目前多数码头装卸调运集装箱速度的两倍。如果港口装卸效率低，船舶在港时间增加，航运成本上升，就会产生规模不经济。码头装卸作业的效率很大程度上依赖于堆场作业系统的效率以及岸边起重机作业效率，港口堆场的容量与储存能力也深受船舶大型化的影响。面对船舶大型化带来的日益增长的吞吐量，港口必须进一步改善装卸工艺，提高运作效率，加快货物周转。

　　4）船舶大型化与集疏运系统

　　船舶的大型化不但对港口岸前的水工和岸沿的码头设施产生了很大影响，并对港口后方的集疏运建设提出了新的要求。如果港口成为大型集装箱船舶的挂靠港，集装箱处理量会日趋增大，货箱运输日益集聚，这对集疏运系统产生巨大的压力。集疏运车辆往往不断增多，并造成港区附近的交通拥挤，且内陆运输体系越来越拥挤，严重干扰了社会交通环境。以太平洋航线为例，一艘 9000TEU 的集装箱船舶约有 4000 个 40ft 货箱靠港卸运，需要 4 天时间，其中 50% 通过铁路联运运到目的地，而 1 列火车最多装载 240 个 40ft 的货箱，因此共需 10 列双层列车才能将该船舶卸下的集装箱运往内陆。公路和集装箱码头的入口处经常排队等候着大量的集装箱卡车，造成了交通堵塞，严重干扰了整个交通系统，对港口城市产生了重大影响。

5）船舶大型化与港口挂靠

鉴于集装箱船舶大型化的技术特征和对各种港口设施的影响，航运企业的挂靠网络发生了变化。船舶大型化要求港口处于更优越的区位，以满足航运企业对航行时间、技术特征和货箱规模的要求。第一，为了获得货箱运载的规模经济效应，航运企业需要减少集装箱船舶挂靠港口的数量，仅挂靠少数的大型枢纽港，以减少船舶在港时间，增加船舶的航行时间。第二，船舶大型化对港口的泊位水深、码头设施、装卸桥、管理技术、港口服务等方面提出了新的要求，集装箱船舶只能挂靠具有相应技术特征的港口，这对港口的选择和挂靠更为挑剔。第三，船舶大型化要求集装箱船舶拥有更高的实载率，挂靠港口要有充足的货箱，这促使航运企业只能挂靠腹地广阔且经济发达的港口或中转量很高的大型港口尤其是枢纽港。

船舶大型化促使航运企业充分考虑港口技术特征、航行时间和箱源规模等各种因素，组织最佳的航线路线和港口挂靠网络（Ridolfi，1999）。鉴于这种需求，航运企业开始减少集装箱船舶挂靠港口的数量，促使港口形成枢纽港和喂给港的分异，少数枢纽港的地位得到了加强，而多数港口的地位有所下降并沦为喂给港或支线港，由此改变了全球航线网络结构和港口体系。在全球层面，船舶大型化促使集装箱船舶超越了巴拿马运河的通过上限，促使亚洲—北美东海岸航线从途经巴拿马运河转到地中海地区，并挂靠焦亚陶罗、阿尔赫拉西斯等中转型港口和腹地型港口如里窝那（Livorno，意大利）和马赛等港口（Slack，2001）。部分专家指出，未来10~20年港口网络将形成由赤道环球航线中心港组成的世界航运体系的核心层，中心枢纽港将仅保留5~10个左右。在区域层面，马士基/海陆原靠泊汉堡港而现已转靠不来梅，长荣海运则由安特卫普港转靠泽布吕赫港（Baird，1999）。

四、航运企业的空间行为

随着港航市场的不断变化，港口发展的掌控能力逐步由港口本身转交给航运企业（shipping company 或 carrier）和码头经营企业（termial operators），世界港航市场开始由港航企业所主导，企业行为的重要性日渐凸显，并由此而形成了企业中心论的研究范式。集装箱航运是市场行为，运营主体是航运企业。航运企业不但决定了全球航运网络的组织，并控制着全球的集装箱运力资源即船舶的空间配置，深刻影响着港口的发展及港口体系的演变。这表现为两方面。

第一，各集装箱港口除了提供优惠服务和开放政策外，积极吸引航运企业的挂靠成为重要的港口战略，力争纳入各航运企业尤其是航运联盟的主干航线网络，以提高港口在全球航运网络中的地位。目前，越来越多的港口机构或码头企业，开始选择航运企业作为集装箱码头的合资经营者。表5-7中，港口和航运企业在码头经营的利益基础上，形成了相对稳定的船舶挂靠关系，由此实现了港口对航运企业的引驻和港口纳入全球主干网络。全球主要的航运企业基本上成为各主要集装箱港口的挂靠企业，从中可看出这些企业的全球航运意义。例如，伟大联盟（Grand Alliance）和法国达飞（Companie Maritime D'Affetment'Companie General Maritime，CMA CGM）是马耳他港的重要客户，地中海航运（Mediterranean Shipping Company，MSC）和铁行渣华（P&O Nedlloyd）是拉斯佩齐亚港的重要客户，马士基/海陆、中国远洋、长荣海运是热那亚港的主要客户。航运企业的稳定挂靠显然提高了港口设施的利用效率和集装箱吞吐量，提高了港口在全球航运体系中的地位。

表5-7　部分港口的主要挂靠班轮公司

港口名称	主要客户航运企业
巴塞罗那	渣华（Royal Nedlloyd）、以星轮船（ZIM Israel Navigation Co.，Ltd.，ZIM）、康世海运（Contship Container Lines，CONTSHIP）、中远（COSCO Group）、海陆（Sealand）、倪维尔拉（Daffodil Naviera S. A）
釜山	现代商船（Hyundai Merchant Marine Ltd.，HMM）、海陆、朝阳海运（Cho Yang Shipping Ltd.，CYL）、韩进海运（Hanjin Shipping Ltd.，HJS）、日本邮船（Nippon Yusen Kaisha Line Ltd.，NYK）、胜利轮运（Senator Line，SEN）、川崎汽船（Kawasaki Kisen Kaisha，Ltd.，"K"Line）、北欧亚航运（Norasia，NOR）、马士基（Maersk Shipping Co.，Ltd.，MSK）、东方海皇（Neptune Orient Line Ltd.，NOL）、阿拉伯联合国家轮船（United Arab Shipping Co.，UASC）、环球船务（Uni-World Shipping Ltd.，UNI）、商船三井（Mitsui O. S. K. Lines Ltd.，MOSK）、渣华、东方海外（Orient Overseas Container Line，OOCL）、正利（Cheng Lie Navigation Co.，Ltd，CNL）、法国达飞（Compagnie Maritime Daffertemet，CMA）、总统轮船（American Predsident lines Ltd.，APL）、阳明（Yangming Marine Transport Corp，YML）
高雄	万海航运（Wan Hai Lines Co.，LTD.，WHL）、马士基海运、总统轮船、阳明海运、长荣海运（Evergreen Marine Corp. Ltd.，EVG）、川崎汽船、海陆、日本邮船、东方海外
香港	总统轮船、中国远洋、法国达飞、长荣海运、川崎汽船、地中海航运、商船三井、渣华、东方海外、阳明、日本邮船/东方海皇、海陆
墨尔本	澳大利亚远东航运公会（ANZESC）、马士基、地中海航运、东方海外、铁行、澳大利亚航运（Australia Container Line，CAU）、中国远洋

港口名称	主要客户航运企业
纽约	长荣海运、商船三井、波兰远洋（Polish Ocean Lines，POL）、阳明海运、以星轮船、智利南美轮船（Compagnia Sudamericana de Vapores，CSAV）、东方航运（Orient Steam Navigation Co.，Ltd，OL）、日本邮船、巴基斯坦国家航运（National Shipping Corporation of Pakistan，NSCP）、阿拉伯联合国家轮船、韩进海运、意大利航运、马士基、渣华、东方海外、海陆、印度国家航运（Shipping Corporation of India，Ltd.，SCI）
奥克兰	海陆、马士基、铁行
青岛	中远、中海（China Shipping Co.，Ltd.，CSC）、海丰、烟台海运、马士基、日本邮船、川崎汽船、阳明、长荣、以星轮船、意大利邮船（Lloyd Triesttino，LT）、韩进、现代、万海、达飞、地中海航运、深圳太平洋、明华、澳大利亚航运、商船三井、高丽海运（Korea Marine Transport Co.，Ltd.，KMT）、京汉、北欧亚、总统轮船、长锦、新东、东方海外、赫伯洛特（Hapag Lloyd，HLC）、瑞克麦斯（Rickmers Line，RC）、罗斯托克航运（Deufracht Seereederei Rostock，DSR）、东南亚海运（Dongnama Shipping Co.，Ltd，DNA）
鹿特丹	冠航集团、大西洋航运（Atlantic Contaier Line，ACL）、韩进、马士基、铁行、渣华、地中海航运、海陆
东京	川崎汽船、东方海外、东方海皇、商船三井、海陆、赫伯罗特、铁行、日本邮船、东京船舶航运（Tokyo Senpaku Kaisha，Ltd）、长荣海运、环球船务、太平洋航运（Pacific Steam Navigation Co.，PSN）、韩进、地中海航运、运达航运、朝阳海运、高丽海运、泛洋商船（Pan Ocean Shipping，PO）

第二，经济全球化、综合物流整合等重新塑造了全球航运业。目前，航运市场呈现"货量减、运价跌"的疲软趋势，航运企业承运的利润降至10%以下，而码头经营利润超过15%，同时码头费用占船舶运输成本的50%，这促使航运企业延伸产业链和价值链，介入码头经营，"港船合一"成为全球航运市场的重要发展趋势（Notteboom，2004）。目前，著名的大型航运企业如马士基/海陆和东方海外等都相继投资集装箱码头经营业。东方海外拥有5个集装箱码头，分别分布在纽约港、温哥华港和长滩港。中国海运先后在大连、上海、湛江、天津等港口自建集装箱码头。如果航运企业选定某港作为枢纽港，就会集中资源建设航运网络，并调整航线组织，将承运货箱在此重新组织，促使港口集装箱吞吐量的迅速成倍增长，港口在短期内发生突变并成为枢纽港。表5-8中，航运企业投资集装箱码头的建设与经营，已成为全球港航市场的普遍现象。以上说明，航运企业投资码头建设，对港口发展产生了重要的影响，尤其对枢纽港的影响更为重大，并促使区域港口竞争格局发生了变化。

表 5-8　重点航运企业的港口网络

航运企业	挂靠港口
马士基/海陆	鹿特丹、阿尔赫西拉斯、长滩、新奥尔良、纽约、奥克兰、塔科马、阿德莱得（Adelaide，澳大利亚）、香港、神户、那霸、东京、横滨、高雄、不来梅、焦亚陶罗、奥胡斯、康斯坦察、萨拉拉、丹戎佩莱帕斯、青岛、上海、卡希姆、皮帕瓦沃（Pipa Vava，印度）
铁行渣华	天津、深圳、马尼拉、伊里安加亚、卡西姆、科伦坡、安特卫普、伊丽莎白、鹿特丹、阿比让（Abidjan，科特迪瓦）
韩进海运	天津、大连、青岛、上海、釜山、光阳、东京、大阪、高雄、奥克兰、长滩、巴生、曼谷、汉堡、西雅图
中国远洋	营口、广州、深圳、香港、青岛、上海、张家港、扬州、南京、宁波、大连、天津、安特卫普、苏伊士、镇江、泉州
商船三井	大阪、东京、神户、横滨、高雄、洛杉矶、奥克兰、西雅图、曼谷、香港、新加坡、悉尼、惠灵顿（Wellington，新西兰）

　　两方面的融合与综合作用，往往导致航运企业对枢纽港的发展产生深远影响。2000 年，新加坡港最大的客户马士基/海陆撤离该港口，将马来西亚的丹戎帕拉帕斯（Tanjung Pelepas，PTP）作为其枢纽港，并拥有该港口 30% 的股份，这导致新加坡港口的集装箱吞吐量连续两年减少 100 万 TEU。2002 年长荣海运也撤离了新加坡港，而将丹戎帕拉帕斯作为枢纽港。基于这种发展环境，1999 年秋天开港的丹戎帕拉帕斯，2000 年其集装箱吞吐量仅 41.8 万 TEU，2002 年迅速提升到 266 万 TEU，其中 80% 为中转货箱，全球排名由第 108 位而飙升至第 26 位。地中海航运将北美东海岸的枢纽港，从迈阿密港转移到 1997 年开港的大巴马哈港，随后海陆和马士基也挂靠大巴马哈港，这直接冲击了美国伊夫葛拉迪斯港和迈阿密港的发展。2001 年长荣海运将地中海的枢纽港从焦亚陶罗港转移到塔兰托港并控股该港，这种转移给焦亚陶罗港造成了巨大的损失，而塔兰托港的集装箱吞吐量则迅速大增。

五、规模经济和成本

　　严格地讲，航运网络中的规模经济发生在各个方面，船舶、港口、装卸设施、堆场、航线等方面均存在规模经济的作用机制。关于船舶的规模经济，在前文中已有所论述，本部分重点考察枢纽港的规模经济。

　　从微观的角度来看，任何港口依其各类条件，都存在一个合理的规模，这种规模上限的存在就影响了与相邻港口间的关系。最早的港口体系的经典模型中，已经开始注意到港口发展的规模边界问题。按 Hayuth 的港口理论，枢纽港发展到边界规模后，土地匮乏、劳动力成本高、码头费用昂贵及环境恶化和交通拥挤等问题将逐渐突出，其运营成本不断增加，航运企业的码头支出上涨，港口竞争力持续削弱，此时，枢纽港面临邻近港口的挑战。目前，全球航运业薄利经营，成本高，港口服务价格成为影响航运企业和货箱流向的关键。航运企业开始转移航线和航班，运量向成本低的周边港口进行扩散；同时，码头运营企业也被迫降低收费而保持港口竞争力，又促使投资商选择成本低的近邻港口进行投资。枢纽港周边收费低的港口开始具有边缘挑战的能力，部分航运企业开辟边缘港口作为枢纽港，形成枢纽港分散发展的趋势，深圳港、迪拜港和马六甲海峡港口的崛起就印证了这种发展趋势：一旦边缘港口具有替代能力，枢纽港随之转移。新加坡港为全球的主枢纽港，80%的集装箱吞吐量来自周边地区或邻近中小型港口。20世纪90年代后，马来西亚全力建设距新加坡港仅40分钟车程的丹戎帕拉帕斯（PTP），以阻止货物中转新加坡港。PTP抓住新加坡港收费高、竞争力减弱的时机，运用价格机制，吸引马士基/海陆和长荣海运，并成为其东南亚的转运枢纽，这带走了新加坡港1/6的吞吐量，如图5-17所示。同时，印度尼西亚也力图将巴丹港建成集装箱转运中心，以减少对新加坡港的中转运输依赖。目前，巴生、PTP、马尼拉、丹戎不碌、林查班等五港对新加坡港形成包围之势，这些港口具备了大型港口的实力，由喂给港逐步发展成为有力的竞争者，这使新加坡的枢纽港地位备受冲击。2005年新加坡港被迫调低船舶的海港税，减幅达20%～50%。此外，香港也面临珠三角港口群的挑战，重点是深圳港，鹿特丹港也受到安特卫普港的影响。

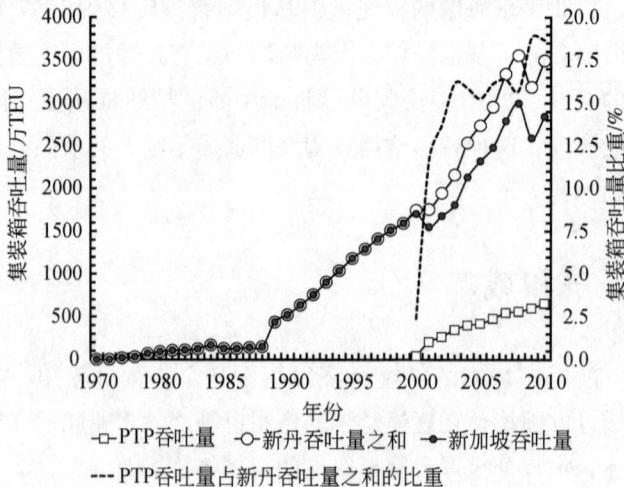

图 5-17　PTP 港与新加坡港的集装箱吞吐量关系

第三节 集装箱港口网络同贸易网络的耦合机理

一、集装箱吞吐量与国际贸易的关系

如前文分析,国际贸易是集装箱航运业发展的根本驱动。国际贸易的空间网络则往往决定了集装箱航运网络,由此而形成了世界集装箱港口体系。从全球商品贸易额和集装箱吞吐量的增长来看,1970~2010 年,两者基本上呈现出相同的增长轨迹,如图 5-18 所示,由此就可以判断两者间存在互动的增长机制。通过计算,全球商品贸易额和集装箱吞吐量的相关系数为 0.979,这说明两者之间存在紧密的内在关系,充分说明了国际贸易对全球集装箱运输的拉动作用。1970 年全球商品贸易额为 3001 亿美元,集装箱吞吐量为 630 万 TEU;从 1970 年开始,全球集装箱吞吐量和国际商品贸易额均呈现快速发展的态势,2010 年全球商品贸易额达 15.05 万亿美元,期间增长了 50.2 倍,而全球集装箱吞吐量达 5.6 亿 TEU,期间增长了 88.9 倍。1970~2010 年,全球集装箱吞吐量的增长速度要

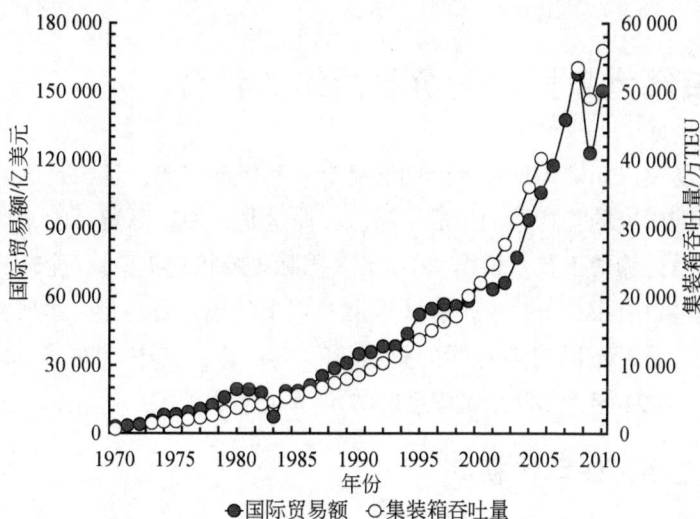

图 5-18 世界集装箱吞吐量同贸易额的关系

比国际贸易额的增长速度更高，这体现国际贸易对集装箱运输的促进作用。

商品贸易是集装箱航运发展的根本驱动。如图 5-19 所示，全球商品贸易额和集装箱吞吐量间呈现高度相关的内在关系，商品贸易对集装箱吞吐量增长的贡献率不断增长，尤其近些年来贡献率呈现快速提高的态势。1970 年，万美元商品贸易额的集装箱吞吐量生成量仅为 0.21TEU，驱动力相对较低。2010 年万美元商品贸易额的集装箱吞吐量生成量提高到 0.372TEU，2002 年曾达到0.418TEU。这从中可以看出国际贸易增长对集装箱吞吐量增长的重要性。

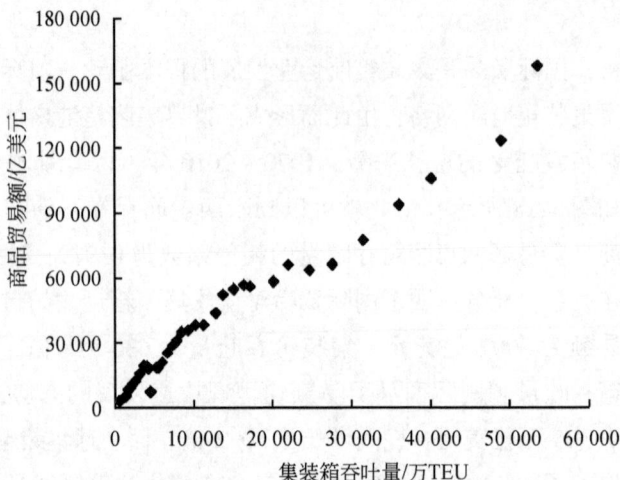

图 5-19　1970～2010 年全球商品贸易和集装箱吞吐量的关系

二、集装箱港口网络同贸易网络的耦合

国际贸易是以国家为地理单元的商品交易和经济交流，货物是国际贸易的物质实体，不同国家的货物移动形成贸易流，海运是开展国际贸易的主要支撑，集装箱则是贸易运输的工具。根据 2010 年《国际集装箱化年鉴》，全球具有国际统计的集装箱港口有 350 个，承担着世界 85% 以上的国际贸易量。本研究将国家作为统计单元，分析不同时期各国的贸易量和 O-D 流；其中 1970 年和 1975 年为163 个国家，1992 年为 189 个国家，2007 年为 157 个国家。

1. 20 世纪 70 年代初期

全球贸易的开展已有悠久的历史，但国际贸易同集装箱运输的结合则始于20 世纪 60 年代中期。如图 5-20 所示，第二次世界大战之后，欧洲和北美成为世界两大经济板块，两区域间的贸易流占据世界主导（Slack et al.，2005）。20 世纪 60～70 年代初，全球贸易额主要集中在欧美地区，其中，北美贸易额占全球总量的 19.3%，而西欧贸易额占 40% 以上，这些国家和地区集中了世界主要的贸易量，同集装箱吞吐量的国家分布相吻合。全球贸易 O-D 流也主要发生在欧美间及内部各国家之间，西欧各国间的贸易流占全球的 29.8%，西欧—北美贸易流占 10.4%，美加贸易流占 6.8%，大西洋地区成为世界贸易的轴心，这直接促进了大西洋集装箱航运和欧美两大集装箱港群的形成和发展。须指出的是，西欧内部和美加贸易流由于距离较近，部分国际贸易货物可由陆上运输系统完成。同时，日本的国际贸易额也较高，约占全球贸易总量的 6.1%，北美和日本之间存在一定规模的贸易流，约占全球贸易流的 4.3%，这培育了日本集装箱港口的发展。此外，澳新地区的国际贸易额占全球总量的 2.1%，这也促进了该地区集装箱港口的发展。其他地区的贸易量及相互间的贸易流都较少，这降低了这些地区集装箱港口的发展机遇与潜力。以上分析可发现，全球贸易量主要集聚在欧洲和北美及相互间，这种主要围绕北大西洋开展经济联系的国际贸易网络，促使集装箱港口围绕北大西洋形成欧美两大集群的空间格局。

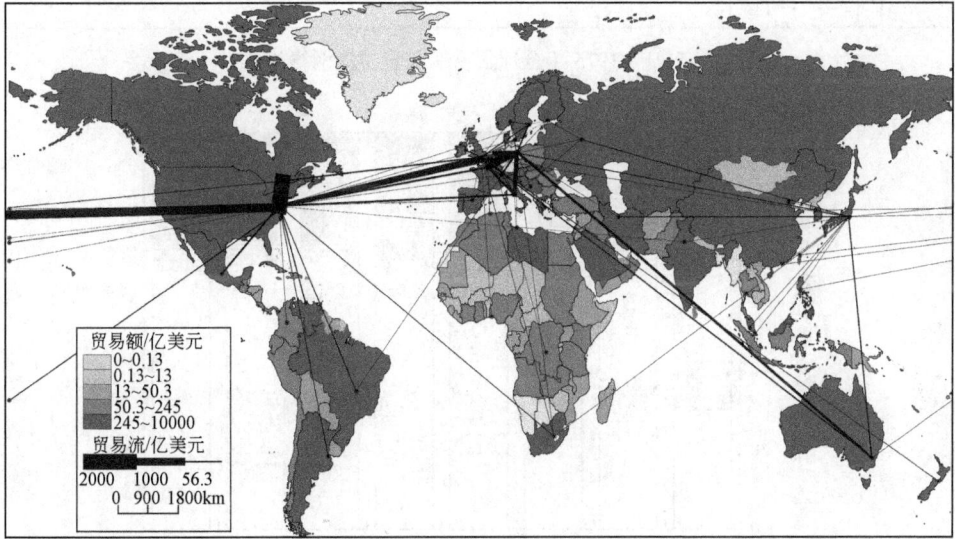

图 5-20 1970 年全球贸易额和贸易流网络格局

2. 20 世纪 70 年代中期

20 世纪 70 年代，发达国家的港口开始普及集装箱技术，集装箱化进程不断推进。70 年代中期，日本的国际贸易规模有所扩大，同时亚洲"四小龙"崛起。这带动了亚洲贸易的发展，北美、西欧和日本是世界生产和消费的主要中心，全球形成西欧、美国和东亚三极的贸易格局，三大区域占据了全球的主要贸易量，分别为42.3%、12.6%和12.8%（图5-21、图5-22所示），这直接促使全球三大集装箱港口集群的形成和发展。

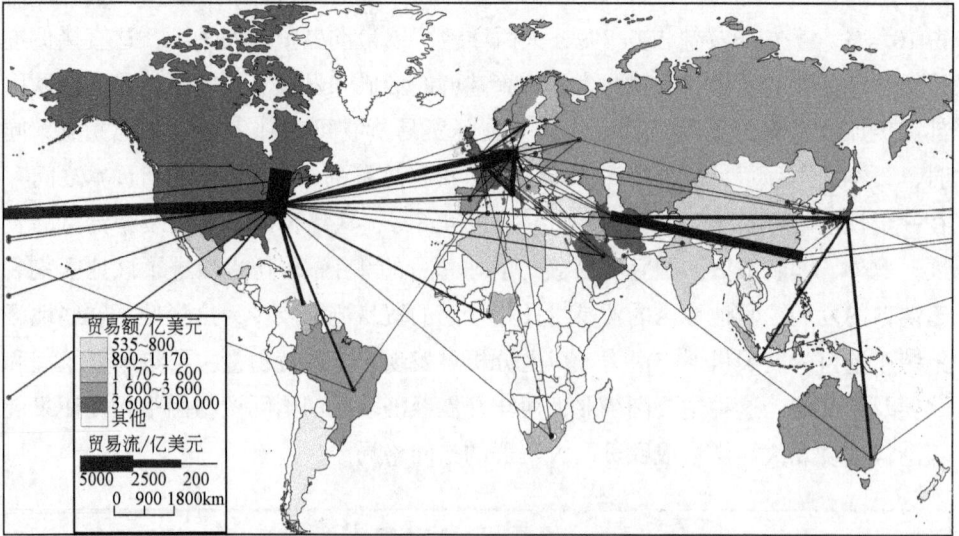

图5-21　1975年全球贸易额和贸易流网络格局

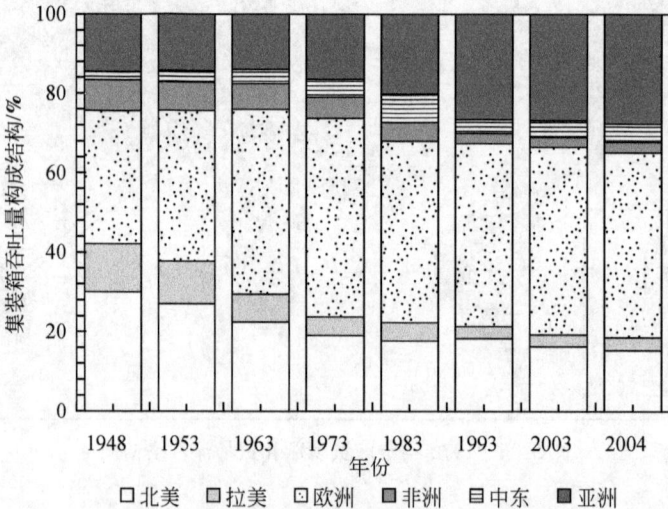

图5-22　1948～2004年全球各区域出口商品份额

同时，全球贸易流主要发生在三大经济板块之间，其中西欧内部贸易流占全球贸易流的26.5%，北美—西欧贸易流占7.8%，北美和西欧至东亚贸易流占9.9%，东亚内部贸易流占3.8%，其他地区的贸易量及贸易流均较少。以上分析说明，全球贸易量主要集聚在北美、西欧和亚洲及相互之间，这种主要围绕北大西洋和北太平洋开展经济联系的贸易网络，促使全球集装箱港口网络由"两大集群"向"三足鼎立"演化。

3. 20世纪90年代

进入20世纪90年代，全球贸易网络发生很大变化。突出表现是亚洲因东盟的崛起而贸易量的急剧增长，占全球的22.6%，此外，西欧占36.3%，北美占16.6%，如图5-23所示。这是因为东亚劳动地域分工的发展，而且东亚都市圈的人口集聚和相互间的贸易流促使门户的发展，包括中国沿海地区、东京湾都市圈、中国台湾以及韩国，贸易流的增长同人口和都市圈分布相关，由此形成了多贸易中心和航运中心的格局，东亚贸易的繁荣促使了东亚集装箱港群的崛起。同时，北美—东亚的贸易流快速增长，约占全球贸易流的10.7%，西欧—东亚的贸易流提高到8.1%，东亚内部贸易流提升到10.6%，以东亚为中心、面向欧美的贸易流格局形成，北大西洋集装箱运输在引领世界40年后失去了世界主流的地位，而太平洋航运贸易的核心地区逐步形成，这直接培育了东亚集装箱港群的崛起。北美—西欧的贸易流有所下降，约占6.5%，而西欧内部贸易流降为30%左右，这影响了对欧美集装箱港的货源补充，并促使东亚集装箱港群在全球形成"一枝独秀"。

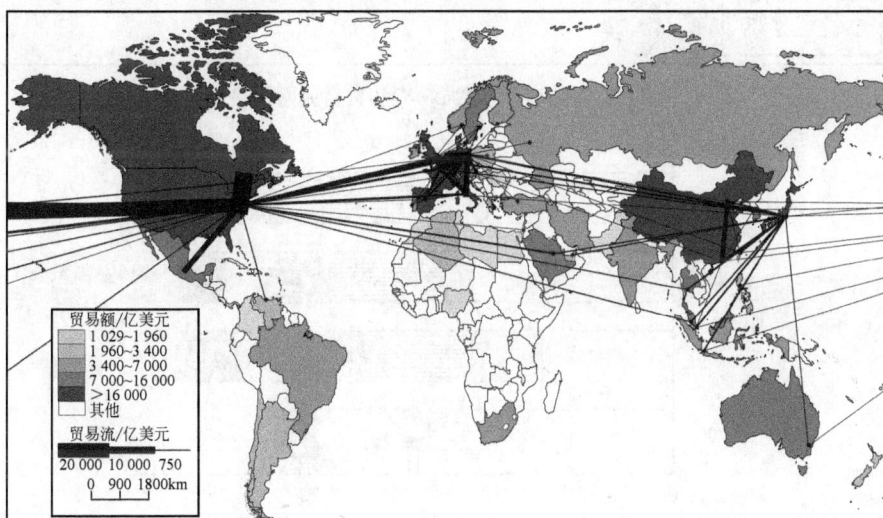

图5-23　1992年全球贸易额和贸易流网络格局

4. 2007年

20世纪90年代中期以来，全球贸易网络进一步演变，最大的特点是中国贸易的迅速发展。改革开放加快了中国经济的发展，以及同全球尤其欧美的贸易往来，中国开始成为东亚开展国际贸易的龙头，在全球贸易网络的地位日渐重要（图5-24、图5-25）。目前，中国贸易量占全球贸易总量的5.6%，如果合计中国台湾、中国香港和中国澳门，则达到10.4%，这给中国集装箱运输注入了新的活力，促使中国沿海港口的迅速崛起，并和高雄、基隆、香港等港口联合形成庞大的集装箱港口集群。

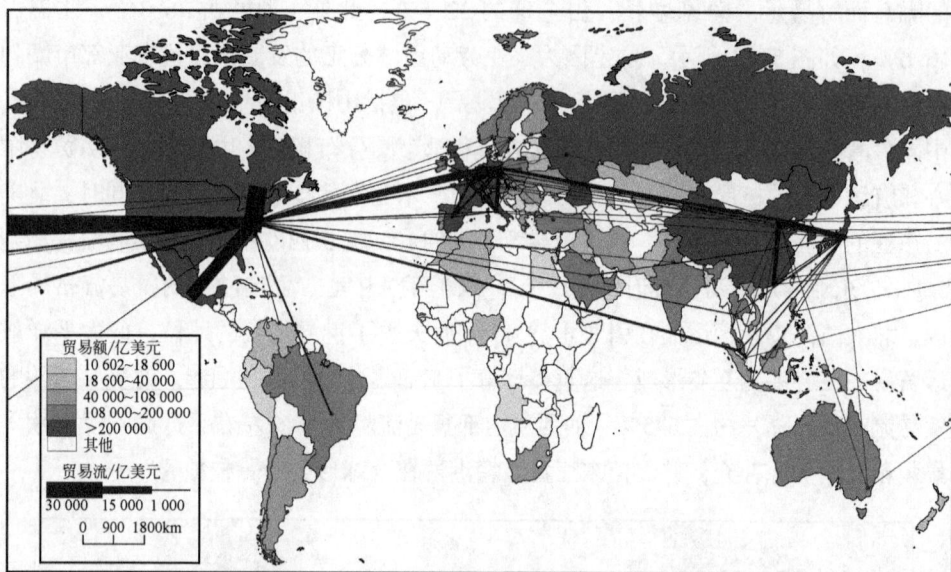

图5-24　2007年全球贸易额和贸易流网络格局

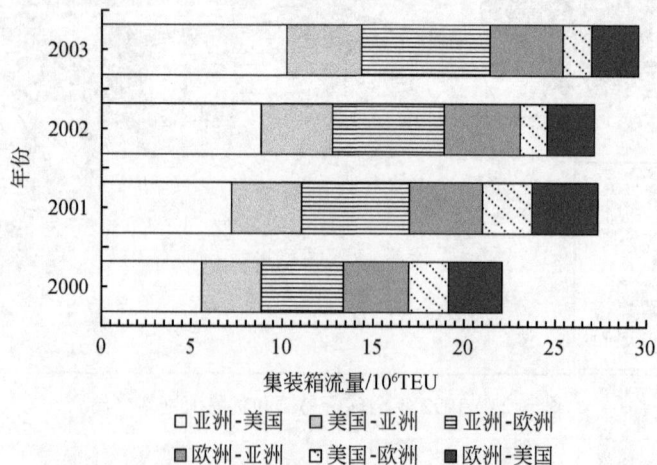

图5-25　2000~2003年主要贸易航线的集装箱流

集装箱港口网络形成演化与发展机制

同时，东亚贸易流开始急剧增多，北美和西欧至东亚的贸易流占全球贸易流的17.4%，而东亚内部贸易流占全球总量的13.07%，这促使东亚集装箱港群规模的进一步扩大。而西欧内部贸易流进一步降低到25.4%，欧洲—北美的贸易流仍保持在6.8%左右，这是近年来北美和西欧集装箱港发展缓慢的重要原因。

以上论述可发现，国际贸易网络和全球集装箱港口网络存在一定的耦合机理。①国际贸易规模较大的国家往往形成较高的集装箱吞吐量，生成较多的集装箱港口和枢纽港；②主要国际贸易组团间往往形成较强的贸易流，而集装箱流量主要发生在这些贸易组团间；③国际贸易是集装箱运输的主要驱动，而集装箱运输是国际贸易的主要支撑，集装箱港是区域或国家的"门户"，是国际贸易的起讫点。

第四节　国际枢纽港的发展演化机制

枢纽港是集装箱港口体系的核心节点，其发展具有特殊的内在机制。探讨国际枢纽港的发展机制，对优化区域性港口体系和强化国家门户建设具有战略意义。

一、集装箱枢纽港发展图式

从全球的视角进行分析可发现，不同的国际枢纽港具有类似的发展机制，如图5-26所示。作者力图在总结各枢纽港发展因素的基础上，归纳演绎出其一般性的发展机制。作者将枢纽港的发展机制大致分为驱动机制、支撑机制、发展模式、近域竞争机制、本地约束机制、发展趋势等5个生命阶段。

1. 驱动机制

作为港口，枢纽港的产生与发展有基本的驱动需求，这是经济格局、贸易网络、航线网络、区位、腹地经济等海陆向因素综合作用的结果，并形成内部驱动和外部驱动两种类型。其中，内部驱动主要源于地理区位，深入考察，这种区位则主要受社会人文条件和自然条件综合作用而形成，优越的区位是枢纽港形成的基本要求。外部驱动源于经济格局、海陆格局、贸易和航线、腹地等因素，这决定了枢纽港产生和发展的可能性。世界经济的空间差异所形成的经济格局和市场供需格局，决定了贸易网络的发展，进而形成了全球性或区域性航线网络，同时和自然条件的结合则形成了地理区位，而腹地经济和地理区位的结合则决定了枢

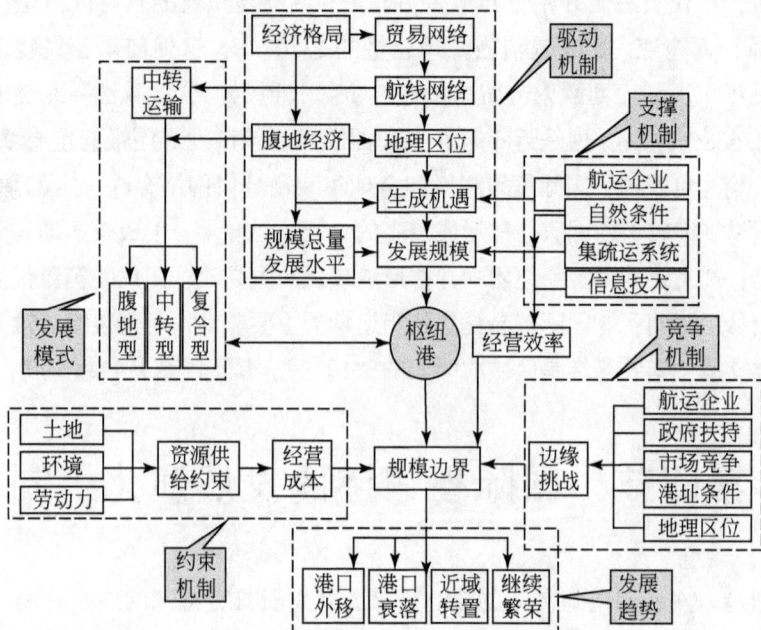

图 5-26　集装箱枢纽港形成发展机制

纽港的生成机遇。以上形成了枢纽港发展的基本驱动。

2. 支撑机制

以上仅是港口产生和发展的驱动需求，但能否成为枢纽港仍依赖于腹地经济和港口建设条件。一般而言，港口自然条件（包括航道、风力、水文、气象）决定了该区位能否成为港口，这是自然本底的支撑基础。港口尤其枢纽港作为区域的门户，与腹地经济有着紧密的关系，腹地经济的发展水平和规模往往决定了港口的发展规模和枢纽港的发展机遇。而腹地与港口的连通，则须借助集疏运系统来实现，同时，集疏运系统是否完善影响了枢纽港的运营效率，其覆盖范围、通达水平和通行容量直接决定了枢纽港的发展规模。技术条件是港口建设和管理的基本支撑，包括港口建设技术、航运信息管理技术、船舶定位技术等技术支撑。航运企业是集装箱运力的控制者和航线网络的组织者以及集装箱运输的承担者，决定了船舶挂靠港口的机遇与频率，能否吸引航运企业入驻决定了该港口能否成为主干航线网络的挂靠港。以上因素构成了港口尤其枢纽港发展的支撑环境。

3. 发展模式

驱动需求机制与支撑机制的综合作用，则促使港口的产生和发展。港口依赖于腹地经济的支撑或航线网络的优越区位，开展不同组织模式的集装箱运输，吞吐腹地或周边喂给港口的集装箱。根据腹地货箱生成量和中转运输量的比例关系，枢纽港形成了腹地引致型、中转运输型和复合型三类基本模式，分别在航线网络的不同区位发挥了枢纽作用。其中，中转型枢纽港主要地处航线网络的优越区位或瓶颈性区位，成为区域性或全球性集装箱流通的咽喉，其货箱主要是中转运输，而腹地为海向腹地或其他港口，如新加坡港。腹地型枢纽港则往往有着经济发达且范围较广的腹地，箱源充足，其腹地为陆地经济区，如深圳港；而复合型枢纽港则融合以上两种模式，其货箱既有来自其他港口的中转运输，同时有来自周边腹地的货箱，如釜山港。

4. 近域竞争机制

港口间的竞争是港口体系和枢纽港演化的核心动力。一般而言，竞争机制往往发生在相互邻近的港口间，但枢纽港的空间竞争范围则可能放到区域。空间竞争机制的形成主要受航运企业、政府扶持、市场竞争、港址条件和地理区位等因素的综合作用。部分枢纽港的邻近地域具有与其类似的建港条件，由于国家体制、行政隶属及经济需求，主权政府立足于国家利益的角度，积极扶持枢纽港近域港址资源的开发与发展，新的港口开始形成或周边的港口开始崛起。此过程中，航运企业、政府扶持、市场价格、港址条件和区位等因子开始形成竞争机制。政府为了扶持近邻港口的发展，制定了系列优惠政策和特殊政策。而廉价的土地资源和优惠条件及港口经营的股权，促使国际码头经营企业甚至航运企业参与新港口的开发。同时，近域港口的优惠政策和低廉市场价格的吸引，促使航运企业的挂靠从枢纽港转移到近域港口，并不断分流枢纽港的货箱，形成边缘挑战与近域竞争。

5. 本地约束机制

随着枢纽港的持续快速发展，在微观层面即枢纽港的具体地域，部分因子对其规模的扩大和空间的扩展开始产生约束，规模边界效应显现，形成本地约束机制。这种本地约束机制的形成主要是土地资源、劳动力、环境、集疏运系统、装卸设备等因素综合作用的结果。港口规模的日益扩大，促使港区土地资源的短缺，港口空间的进一步扩张受到土地资源的约束。枢纽港的长期发展促使劳动力组织（如劳动公会）不断形成，且工人的地位和工资水平以及福利等利益要求不断提高，这导致劳动力的成本持续增加，造成劳动力资源短缺的同时，其支付成本增加。这两类资源价格的上涨促使枢纽港的经营成本增加，进而推动港口的收费上涨，削弱了港口的竞争力。而码头装卸设备的过度使用和船舶候泊时间的延长，则降低了枢纽港的运营效率与能力。同时，鉴于日益重视的环境保护，本地人对枢纽港进一步扩张的反对也产生了重要作用。经营成本和运营能力及运营效率就凸显了港口的规模边界，开始制约枢纽港的进一步扩张。

6. 发展趋势

在以上机制的综合作用下，枢纽港的未来发展将呈现出 4 种可能的趋势，进而体现了枢纽港的生命周期特征。

（1）趋势 I：枢纽港在克服本地约束的基础上，加强同腹地内陆干港尤其是近邻地区之间进行物流网络的合理组织，形成能力充分的港口物流区域，港口功能向近邻区域蔓延但没有扩散到其他港口。由此，进一步加强国际市场竞争能力，仍在国际市场或区域市场保持统领的地位，枢纽港持续发展并保持繁荣，如上海港。

（2）趋势 II：枢纽港未能缓解本地约束，并在近邻港口的竞争下处于不利地位，由此而日益衰落，并沦落为干线港或支线港甚至喂给港。目前，该趋势的案例鲜见，但开始萌芽且在未来可能涌现。

（3）趋势 III：港口的枢纽功能发生近域转置或扩散，原枢纽港相对衰落，但仍具有很强的枢纽功能，在邻近的同质区域形成双枢纽港或多枢纽港。例如，香港与深圳港、鹿特丹港与安特卫普港，目前这种趋势在全球较为普遍。

（4）趋势 IV：港口的枢纽地位虽未发生改变，但核心港区发生明显外移，以寻找更理想的深水港区或泊位，以适应不断变化的技术要求，这在许多大型港口都有明显体现，且可能成为世界港口发展的普遍趋势。

二、枢纽港的驱动因素演变

通过前文的分析可发现，枢纽港的发展机制存在以下规律。

（1）驱动因子分为原生因子和次生因子，两种因子的作用机制不同。其中，原生因素的作用难以改变或在短时期内难以改变，枢纽港的发展只能遵循其影响范畴和作用规律。而次生因素的影响，通过合理途径则可改变或适度改变。次生因子是国家在枢纽港建设中可支配和调控的因子，主要包括航运企业、集疏运、管理、装卸设备、技术及部分自然条件。

（2）不同空间尺度内，影响枢纽港的主导因子不同。宏观层面，经济格局和航线网络是主导因子，决定全球枢纽港的格局。中观层面，腹地经济和区位是主导因子，决定枢纽港的发展机遇和潜力。微观层面，港航企业和泊位水深是主导因子，决定枢纽港的发展规模和持续性。

（3）从时间序列来看，各阶段存在不同的主导因子，且发生时间点不同。经济格局、航线网络、区位、集疏运等对枢纽港持续作用，但基于航线网络的中转区位却从 20 世纪 80 年代开始产生作用。政府扶持的明显效应主要始于 90 年代中期。腹地经济的作用始于 50 年代，但 80 年代中期后略有削弱，近些年来又开始提升。泊位水深、土地、劳动力、装卸设备和管理等因素的作用主要始于 20 世纪末，并成为未来一段时间内枢纽港持续发展的关键因素。目前，航运企业和码头经营企业成为枢纽港发展的最新影响因素，其作用日益重要。

（4）从各因子的综合作用看，枢纽港的发展逐渐从依赖于自然条件和腹地向依靠软环境的方向推进。传统自然条件的影响开始下降，而体制构建、政策推动、企业行为等因素的作用明显上升，港口硬条件的缺陷通过或借助体制、政策和市场体系等软环境的推动可实现弥补，并且这种趋势越加明显和重要。

第六章

航运企业重组对集装箱港口网络的影响

航运企业的重组和全球扩张，是近年来对全球港口体系产生重要影响的新生因素，深刻影响了集装箱港口尤其枢纽港的发展。目前，国际学者逐步关注这种因素的影响机制。地理学的网络研究分为空间网络和合作网络，其中，交通地理学侧重于空间网络的分析，而对合作网络的研究关注较少（Cooke and Morgan，1993）。目前，航运企业成为合作网络实证研究的平台，以衔接经济地理的企业研究和交通地理的网络分析。本研究认为对航运企业的重组行为进行解析，可考察航运企业的空间网络与合作网络及空间效应。

第一节　全球航运企业重组模式与演进

一、全球航运资源重组模式

航运企业合作是航运市场中的长期行为。早在港口集装箱化之初，航运企业就开始了合作。20 世纪 80 年代以后，国际班轮运输经营组织方式经历了巨大变革，对集装箱班轮市场结构和发展趋势产生巨大影响。班轮公司开始从协议费率和协议运力到舱位租赁和联合配船，在广泛的领域内参与合作。随着班轮运输的不断发展，班轮公司的合作模式不断变化。90 年代中期之后，世界航运资源进行战略整合，大致分为贸易协议、运营协议和兼并收购 3 类（Notteboom，2002），其中，运营协议又分为联营体、航线稳定化协议等合作模式（Bichou and Gray，2005）。

其中，航运企业的主要合作模式如下所示。

（1）**班轮公会**：又称水脚公会，主要指同一航线的航运企业为了保护和协调彼此间的权益而组成的超国家的联合组织，采取运价协定、货载分配协定和共同分配、控制竞争等对内措施和回扣制度、联运协定等对外措施消除竞争，控制货源并排挤会外航运企业，垄断航线上的班轮市场。该模式最早始于 1875 年由 7

家英国航运企业组成的联合王国—加尔各答班轮公会，1998 年以后迅速衰弱。目前，全球已有 360 多个班轮公会，遍布主要班轮航线，但由海运发达国家航运企业控制。1974 年，联合国通过《班轮公会行动守则公约》，规定了货载分配原则、入会条件和公会提高运价的期限，限制了发达国家对班轮航运的垄断。班轮公会又分为开放式公会和关闭式公会两种，开放式公会多见于美国港口航线，并为美国政府所调节；关闭式公会的入会条件是要求入会者经全体会员通过。大多数班轮公会为关闭式公会。在传统件杂货运输时代和集装箱运输初期，班轮公司的合作形式以班轮公会为主（表 6-1）。

表 6-1 主要世界班轮协会的企业成员

班轮协会名称	企业构成
泛太平洋运价稳定协议组织	总统轮船、中远、长荣海运、韩进海运、赫伯罗德海运、现代商船、川崎汽船、商船三井、日本邮船、东方海外、阳明海运、中海集运、达飞轮船、以星航运、地中海航运
亚洲区内讨论协议组织	Anchor Transport Corporation、APM 西贡船务、总统轮船、正利航业、达飞轮船、中远、北欧亚航运、东南亚海运、长荣海运、Gemartrans Co.、金星轮船、汉堡南美航运、韩进海运、赫伯罗德海运、兴亚海运、现代商船、Interasia Line、川崎船、高丽海运、马士基航运、商船三井、马来西亚国际船务、日本邮船、东方海外、太平船务、宏海箱运、萨姆达拉船务、海丰船务、长锦商船、德翔航运、东京船舶、阿拉伯联合国有轮船、万海航运、阳明海运
西行泛太平洋运价稳定协议组织	总统轮船、中海集运、中远集运、长荣海运、韩进海运、赫伯罗德航运、现代商船、川崎汽船、日本邮船、东方海外、阳明海运
亚洲/澳大利亚运价协议组织	澳大利亚国家航运、汉堡南美航运、中海集运、中远集运、俄罗斯远东海洋轮船、韩进海运、现代商船、川崎汽船、地中海航运、马士基航运、商船三井、日本邮船、东方海外、金星轮船（Gold Star Line, ZIM）
非正式运价协议组织	总统轮船、达飞轮船、中远集运、北欧亚航运、长荣海运、伊朗国家航业（Iran Shipping Line）、赫伯罗德海运、现代商船、马士基航运、商船三井、日本邮船、东方海外、太平船务（Pacific international Lines）、德国胜利、东京船舶（Tokyo Senpaku Kaisha Line）、阿拉伯联合国有轮船（United Arab Shipping Co., UASC）、万海航运、阳明海运
欧洲地中海运价协定	法国达飞、川崎汽船、马士基/海陆、地中海航运、铁行渣华、南非海运、以星航运

班轮协会名称	企业构成
泛大西洋运价协定	马士基/海陆、哈—劳箱运、地中海航运、日本油船、东方海外、铁行渣华和大西洋集运
印度/巴基斯坦/孟加拉/斯里兰卡班轮公会	达飞、长荣、哈—劳箱运、川崎汽船、马士基海陆、地中海航运、铁行渣华、南非海运、阿拉伯联合航运、阳明海运、以星航运
欧洲中东运费协定组织	达飞轮船、赫伯罗特、马士基/海陆、铁行渣华、南非航运
远东班轮公会	澳大利亚国家航运、总统轮船、法国达飞、南美邮船、埃及国际轮船（Egyptian International Shipping，EIL）、赫伯罗特、现代商船、川崎汽船、马士基/海陆、马来西亚国际航运、商船三井、日本邮船、东方海外、比利时南航集装箱班轮（Safmarine Container Lines N. V.）、阳明海运、阿拉伯航运、北欧航运、铁行渣华、阳明海运

（2）超级公会：20 世纪 80 年代初期，世界航运运力开始日益过剩，班轮公司经营微利甚至亏损，这促使太平洋西行公会等超级公会产生，并成为当时重要的合作模式。但是，超级公会难以控制航运市场，会员有"独立行动权"，而且在 90 年代中期，部分超级公会被欧盟宣布违法。

（3）联营体：主要指多家航运企业临时组织的松散合作形式。以具体航线为单位签订协议，按约定投入运力，以舱位互租、共同派船等形式进行航运联营。这种航运模式发展于 20 世纪 70 年代末，但组织松懈，协议期短，因此这种模式长期陷入困境。

（4）航线稳定化协议：20 世纪 80 年代，全球运力严重过剩，航线稳定化协议形成。但欧美认为航线稳定化协议违反美国航运法和欧盟反垄断法，而终止限制运力计划。

（5）战略联盟：20 世纪 90 年代中期后，航运企业对主要航线就船期、运力配置、港口挂靠等签订协议，实现船舶和码头共享，进行风险共担，因此形成战略联盟，并成为重塑全球航运业的重要力量。

（6）兼并收购：指兼并和收购两种模式，兼并指两家或者更多航运企业合并组成一家企业，收购指一家航运企业用现金或有价证券购买另一家航运企业的股票或资产，以获得对该企业的全部资产或某项资产的所有权或控制权。该方式可实现资源一体化，建立单一管理层，削减成本，使生产要素向优势企业集中，实现资源重新配置。

从航运资源整合历程来看，主要呈现以下特点。

（1）整合模式的不同，在于资产拥有权的变化，大致形成"班轮公会→超级公会→联营体→航线稳定化协议→战略联盟→兼并收购"的发展轨迹。

（2）世界集装箱运力快速增长和运量缓慢增长所形成的市场供需矛盾，是航运资源重组的根本原因。20世纪80年代初，世界航运运力日益过剩，1985年剩余运力占全球运力总量的51%，航运企业为了提高船舶利用率而进行航线运力的协议配置。

（3）全球贸易发展和航运企业规模扩大及航海技术提高，促使航运网络进行全球化。同时，集装箱船舶日益大型化，为了实现规模经济、降低成本和提高利润，航运企业采用更高级的资源整合模式，以掌控航运网络与市场份额（表6-2）。

表6-2　国际航运组织的发展新趋势

组织形式		年代	产生目的	新趋势
班轮公会		1875年	调节运力、稳定运价	准入条件与管理机制日趋弹性化；密切关注市场动向，交流市场信息；对会员约束力变小，更多以协商形式表现；考虑同其他组织和会外成员的关系协调
协商协议		20世纪80年代末期	引进保证收入稳定性的机制	核心政策—限制运力计划已中止；寻求在法律框架下发展与壮大，真正与托运人协商解决问题，稳定化协议未来才能发展
运营协议组织	联营体	20世纪70年代	减少投资风险，降低经营成本	联营对象由公会成员向会外公司发展；联营范围由区域向全球发展；联营时间由短期向长期发展；联营合作内容不断深入
	战略联盟	1996年初	适应货主全球运输需求，合理利用现有资产及新投资	针对市场需求，不断提高服务水平；运力供给一元化管理；兼并、合并是联盟深化合作的重要方向
兼并收购		20世纪90年代	就运价等制定政策；消除内部竞争；实现资源最大利用	合并、兼并后的企业重组与联盟

二、航运合作联盟发展历程

随着集装箱技术的全球性传播与普遍采用，集装箱航运企业越来越多。目前，全球共有600多家，其中规模以上的有300多家企业。全球集装箱运力的快速增长和集装箱运量的缓慢增长，促使航运企业关注企业运力的高效使用和利润，进行各种形式的合作与重组。

（1）从主要航运联盟来看，20世纪60年代末以来，先后经历了"北美航线联邦船社"→"三联、新三联"→"冠航、北欧联运、地中海俱乐部"→"五大联合三大公司"→"五大联盟两大公司"→"四大联盟两大公司"的发展过程，如图6-1所示。集装箱班轮运输公司的不断重组、兼并，强烈反映了航运联盟的不稳定性。90年代后期以来，虽然航运联盟的变化继续进行，但开始进入相对的稳定整合时期，尤其2005年以来趋于稳定。目前，集约为四大联盟加两大公司。其中，四大联盟指伟大联盟（Grand Alliance）、新世界联盟（New World Alliance）、联合联盟、CKYH[①]联盟，两大公司指马士基/海陆和长荣海运。

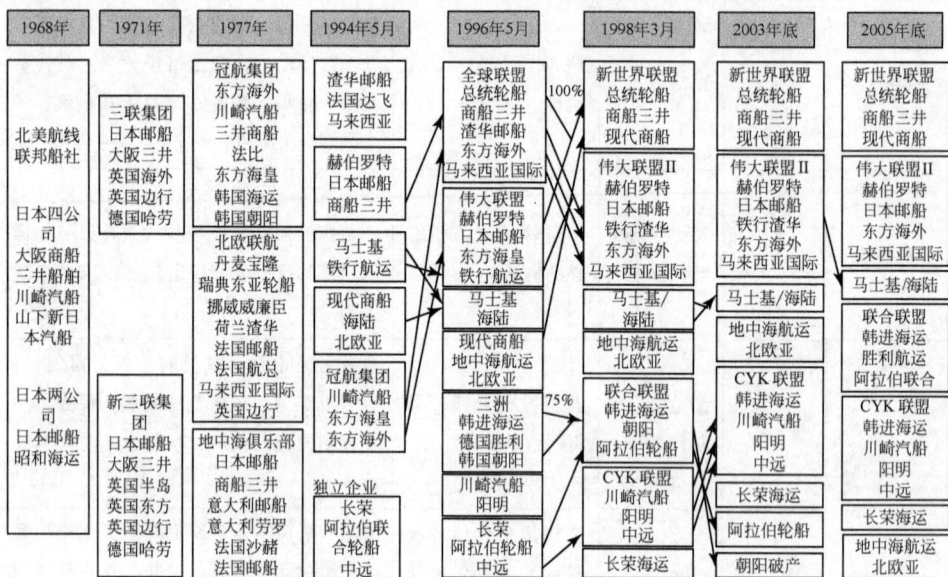

1968年	1971年	1977年	1994年5月	1996年5月	1998年3月	2003年底	2005年底
北美航线联邦船社 日本四公司 大阪商船 三井船舶 川崎汽船 山下新日本汽船 日本两公司 日本邮船 昭和海运	三联集团 日本邮船 大阪三井 英国海外 英国边行 德国哈劳 新三联集团 日本邮船 大阪三井 英国东方 英国边行 德国哈劳	冠航集团 东方海外 川崎汽船 三井商船 法比 东方海皇 韩国海运 韩国朝阳 北欧联航 丹麦宝隆 瑞典东亚轮船 挪威威廉臣 荷兰渣华 法国邮船 法国航总 马来西亚国际 英国边行 地中海俱乐部 日本邮船 大阪三井 意大利邮船 意大利劳罗 法国沙赭 法国邮船	渣华邮船 法国达飞 马来西亚 赫伯罗特 日本邮船 商船三井 马士基 铁行航运 现代商船 海陆 北欧亚 冠航集团 川崎汽船 东方海皇 东方海外 独立企业 长荣 阿拉伯联合轮船 中远	全球联盟 总统轮船 商船三井 渣华邮船 东方海外 马来西亚国际 （100%） 伟大联盟 赫伯罗特 日本邮船 东方海皇 铁行航运 马士基 海陆 现代商船 地中海航运 北欧亚 三洲 韩国海运 德国胜利 韩国朝阳 川崎汽船 阳明 长荣 阿拉伯轮船 中远 （75%）	新世界联盟 总统轮船 商船三井 现代商船 伟大联盟II 赫伯罗特 日本邮船 铁行渣华 东方海外 马来西亚国际 马士基/ 地中海航运 北欧亚 联合联盟 韩进海运 朝阳 阿拉伯轮船 CYK联盟 川崎汽船 阳明 中远 长荣海运	新世界联盟 总统轮船 商船三井 现代商船 伟大联盟II 赫伯罗特 日本邮船 铁行渣华 东方海外 马来西亚国际 马士基/海陆 地中海航运 北欧亚 CYK联盟 韩进海运 川崎汽船 阳明 中远 长荣海运 阿拉伯轮船 朝阳破产	新世界联盟 总统轮船 商船三井 现代商船 伟大联盟II 赫伯罗特 日本邮船 东方海外 马来西亚国际 马士基/海陆 联合联盟 韩进海运 胜利航运 阿拉伯联合 CYK联盟 韩进海运 川崎汽船 阳明 中远 长荣海运 地中海航运 北欧亚

图6-1 世界主要企业的战略联盟演化

（2）航运合作联盟大体经历了联营体和战略联盟两个阶段，并以1995年为时间界限。多数航运联营体在1991年前后形成，并在1995年全面解体。该时期，航运企业合作主要是规模大小不等的企业进行合作。随着跨国集团的迅速崛起，多数航运联营体开始迅速衰亡，而全球战略联盟开始形成。航运联盟成为航运市场的主旋律，先后进行了多轮的联盟重组。该时期，企业合作主要是全球大型航运企业相互间的合作和资源整合。

---

① CKYH：分别源于COSCO，K′LINE，YML，HANJIN的第一个字母。

（3）从资源整合的内容来看，最初仅是航线的运价协议，强调从单个航线联合变成多航线联合。然后，资源整合逐步发展到以箱位互租等主要内容的运营协议，合作范围扩大到设备共享。进而，发展到以兼并与收购为主的资产重组，实现航运一体化和多式联运一体化。航运联盟已不同于传统的企业组织形式（Notteboom，2002）。

（4）从地域来看，最初是国内航运企业相互间的联营与兼并，随后逐步发展到跨国乃至跨洲的企业联合与兼并，进而扩张到全球，在全球范围内进行航运资源的整合。

（5）航运企业的战略联盟或合作主要是在全球主干航线上进行，从早期的单条航线合作，逐步发展到全球性、战略性的广泛区域合作，尤其是在北美—远东、远东—欧洲和欧洲—北美三大主干航线上进行战略合作，控制着全球东西干线上80%以上的箱源，而其他航线上的合作规模较小。

（6）在联营体和战略联盟的发展过程中，伴随着持续不断的合并和兼并现象，而且往往成为航运战略联盟不断重组和演变的催化剂。1997年年底，原伟大联盟成员铁行箱运与原全球联盟皇家渣华轮船合并成"铁行渣华"。原联合联盟的韩进海运，收购了本联盟成员德国胜利80%的股权。伟大联盟的东方海皇收购环球联盟的总统轮船，进行跨航运联盟的合并和收购，这直接对刚成立不久的航运联盟产生冲击而进行重组，形成了新世界联盟，伟大联盟成员结构也发生重大变化。1999年7月，马士基收购海陆，这促使四联盟加两公司的航运联盟体制在1998年以后进入了相对稳定的时期。21世纪以来，航运联盟体制出现了探索重组的动向，CKY联盟与韩进海运以及持有80%股份的胜利航运（2000年由德国胜利更名而来）开始合作，形成了CKHY联盟。2009年5月，伟大联盟成员马来西亚航运撤出联盟欧洲（含地中海）与远东间的所有航线，并未参加伟大联盟跨太平洋运输。

三、航运企业兼并历程

20世纪90年代中期以来，航运联盟不断发展的同时，逐步产生并购趋势并进入兼并时期（Rimmer，1999），航运企业相互间的竞争和合作关系进入了新的发展阶段。综合分析，全球航运资源的并购行为主要呈现出以下特点。

（1）在经济全球化背景下，争夺市场份额成为各企业的战略目标。大型航运企业进行兼并和收购，主要源于3个目的：一是提高并集中运力，二是获取目标者的航运网络而构筑全球性航运网络，三是获得目标者的客户资源，但最终目标是提高市场份额。1997年韩进海运收购德国胜利就是为了获取后者的欧洲航运网络和客户资源，1999年马士基收购海陆也是为了强化航运网络。

（2）不同时期，航运企业并购行为呈现出不同的特征。20世纪90年代之前以强弱间的航运企业兼并为主，90年代以后企业兼并却以强强联合为主流，航运超级航母成为发展目标。2005年前并购行为多因被并购方经营不佳，被迫出售资产行为。2005年后并购事件集中发生在海运业繁荣期，收购方经营较好，被收购方主动出售优质资产。同时，并购行为从航运联盟内部逐步扩展到跨航运联盟间，竞争对手成为兼并目标，如1997年东方海皇跨航运联盟收购总统轮船。

（3）航运企业兼并和收购行为的影响和意义深远，成为航运企业向巨型化和国际化经营的有效途径。每次并购活动都促使全球集装箱航运业的势力分布发生显著的变化，并购方迅速提高了企业规模，扩大了航运网络，减少了竞争对手，提高了对航运市场的垄断能力。1996年，英国铁行和荷兰渣华合并形成新的铁行渣华，跃居为全球第3位。1997年，东方海皇收购总统轮船，促使东方海皇的集装箱船舶达76艘，箱位达20万TEU，全球排名由第15位跃至第5位。

（4）航运企业并购的地域范围逐步扩大。早期并购主要是国内航运企业的集约经营，后期并购是跨国公司的洲际扩张战略。这促使航运企业的市场从相对狭小的本国范围扩张到全球地域。

（5）如图6-2所示，全球航运企业并购行为主要始于20世纪80年代中后期，到90年代中后期，并购活动进入高度活跃时期，但并购的规模仍然相对较小。2005年全球航运资源兼并与收购进入高潮阶段，无论是资金流量还是公司规模均超过以往的资源整合行为。2005年一年就发生了6起企业并购事件，其中马士基/海陆收购铁行渣华为航运市场中规模最大、波及面最广和影响最为深远的并购活动，马士基/海陆通过收购使其年运量达1600万TEU，在北美—欧洲和南北航线的市场份额超过了14%和30%。

（6）从时间角度来看，航运企业的并购行为是复杂而复合的过程。部分航运企业并购其他航运企业的同时，也很快成为其他航运企业的并购对象。最为典型的是铁行渣华与马士基/海陆两个团体的并购活动，铁行渣华从20世纪90年代中期先后并购了蓝星、塔斯曼航运、法雷尔航运和哈里森航运等航运企业，2005年又成为马士基/海陆的收购对象。这在反映航运市场变化繁杂的同时，反映了并购特征的变化。

（7）纵观兼并和收购的过程，马士基/海陆、赫伯罗特、东方海皇、汉堡南方、法国达飞、南美航运、日本邮船、长荣海运、韩进海运等大型航运企业是兼并收购行为的核心，这些企业也是最主要的驱动者和最终的受益者，尤其马士基/海陆是最大的受益者。目前，这些航运企业均位居全球前20位。

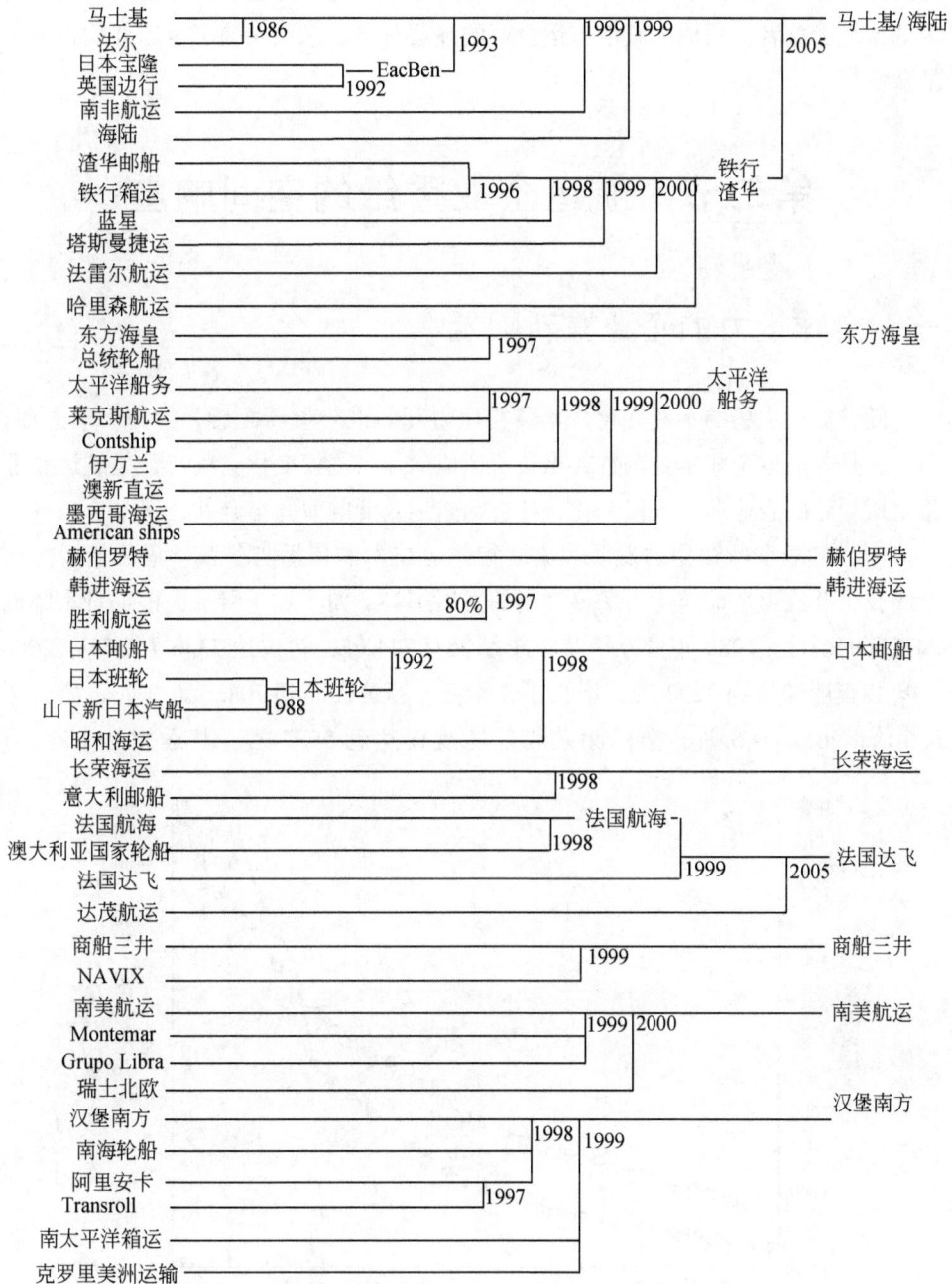

图6-2 世界主要航运企业兼并时间图

（8）航运企业并购行为的受益者与驱动者存在一定的分异，作为最初发动者的铁行渣华、法国航海、日本班轮、太平洋船务等航运企业，未能成为并购行为的最终受益者，而成为其他航运企业的并购对象。这也反映了全球并购行为的复杂特征。

第二节　航运企业重组的空间响应

一、全球运力的企业重新配置

随着航运市场的不断变化，集装箱运力开始进行重新配置，并源于两方面。第一，是各航运企业本身购置或租让所造成的运力规模变化；第二，是航运企业重组所导致的企业运力规模变化，这包括航运企业的兼并与合并。

（1）随着全球贸易的发展和集装箱航运技术的传播与普及，集装箱运力持续增长，并成为全球航运市场最突出的发展趋势。如图 6-3 所示，根据日本邮船调查部的统计，1980 年世界集装箱船舶仅有 744 艘，箱位达 73.6 万 TEU，2004年集装箱船舶增到 3292 艘，增长了 3.4 倍，箱位提高到 708.6 万 TEU，增长了8.6 倍；2011 年 6 月，全球集装箱船队规模达到 5987 艘，其运力达 1548 万

集装箱港口网络形成演化与发展机制

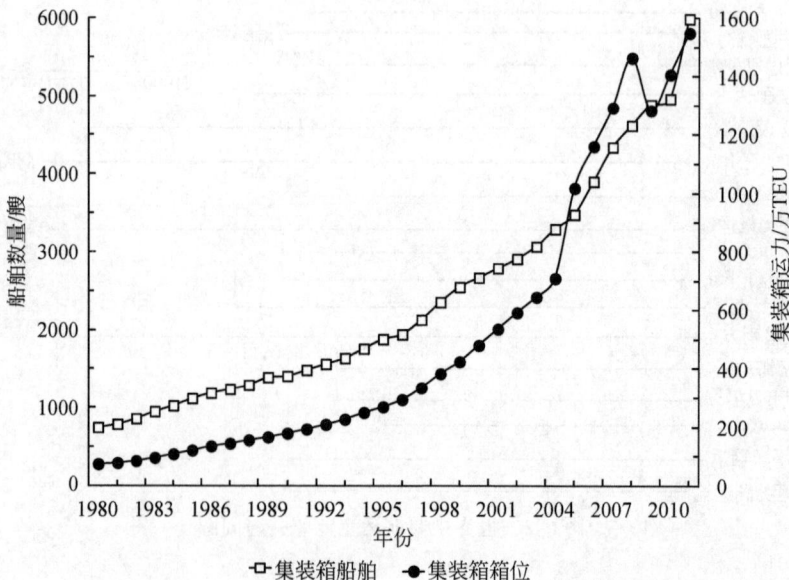

图 6-3　1980～2011 年世界集装箱运力增长趋势

TEU，包括运力总和为 1496 万 TEU 的全集装箱船 4905 艘。

（2）世界集装箱运力呈现向少数企业持续集中的趋势，并使其成为全球航运网络的掌控者，形成垄断之势。目前，全球有 600 多家航运企业，前 100 名企业的集装箱船舶占全球总量的 42%，箱位占全球总量的 77.3%，如图 6-4 所示。前 20 家企业占据了全球的主要运力，且比重越来越高。据《国际集装箱化》统计，1980 年前 20 位企业的运力约占世界总量的 26%，1990 年达 33%，2005 年提高到 76.7%（Ryoo and Thanopoulou，1999；Slack et al.，2002），2011 年全球前 20 位企业的运力约占世界总量的 87.2%。这种趋势的形成主要受益于近年来的兼并收购和航运企业自身扩张，及入围前 20 位企业的增多。这种变化尤其以马士基/海陆和法国达飞为代表，马士基/海陆通过收购铁行渣华使其运力比重升至 18%，由此形成超级航母，法国达飞则通过收购法国达茂而跻入全球前三甲。

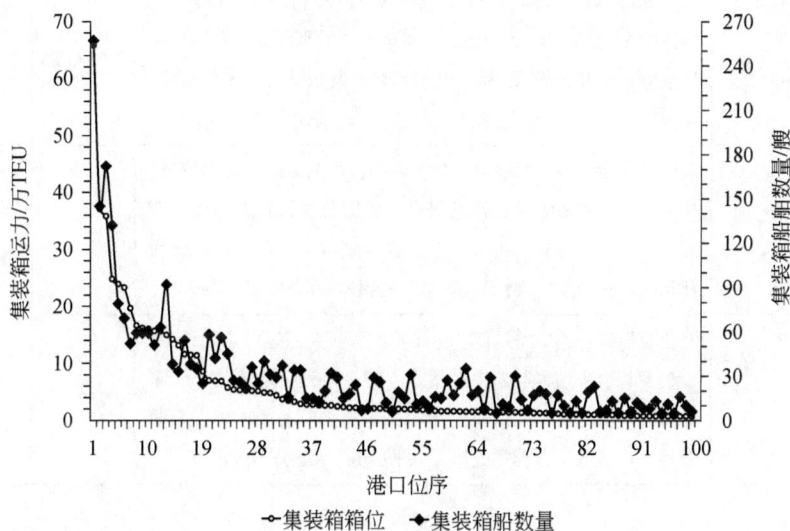

图 6-4　全球 100 名的世界运力累计比重

（3）全球主要航运企业的分布呈现出相对集中的空间特征，前 20 位企业的组成调整和运力分布可充分说明该论点（表 6-3）。1980～2010 年东亚地区的航运企业由 7 家增加到 11 家，集装箱运力由 12.8 万 TEU 提高到 346.6 万 TEU，比重由 29.4% 提高到 36.04%，这说明世界主要的航运企业和运力日益向东亚地区进行集聚。而北美地区的航运企业由 6 家减至 1 家，集装箱运力由 16.2 万 TEU 提高到 58.8 万 TEU，但比重由 37.1% 降至 4.8%；欧洲航运企业保持 5 家，集装箱运力由 11.3 万 TEU 增至 614 万 TEU，比重由 26% 升至 50.2%；其他地区由 2 家增加到 3 航运企业，集装箱运力由 3.2 万 TEU 增至 110.9 万 TEU，比例由

7.4%提高至 9.05%。

表 6-3　全球前 20 位航运企业的集装箱运力配置

时间	航运企业	箱位/TEU	比重/%
1980 年 1 月	海陆、赫伯罗特、英国海外、马士基、日本邮船、长荣海运、东方海外、以星海运、美国直线通海、总统轮船、商船三井、法雷尔航运、东方海皇、铁运轮船、达飞海运、阳明海运、渣华轮船、Columbas line、南非国家航运、香港边行	435 000	26%
1995 年 9 月	海陆、马士基、长荣、中远、日本邮船、渣华轮船、商船三井、铁行航运、韩进航运、地中海航运、总统轮船、以星航运、川崎汽船、胜利航运、赫伯罗特、东方海皇、阳明海运、现代商船、东方海外、法国达飞	2 056 063	69.1%
2000 年 1 月	马士基/海陆、长荣、铁行渣华、韩进/胜利、地中海航运、东方海皇/总统轮船、中远、日本邮船、太平洋航运、以星航运、商船三井、法国达飞、川崎汽船、赫伯罗特、现代商船、东方海外、阳明海运、中海、阿拉伯联合航运、万海航运	3 538 083	71.2%
2006 年 11 月	马士基航运、地中海航运、达飞轮船、长荣海运、赫伯罗特、中远集运、中海集运、韩进海运、美国总统、日本邮船、商船三井、东方海外、川崎汽船、智利航运、以星航运、阳明海运、汉堡航运、现代商船、太平船务、万海航运	8 345 568	80.5%
2010 年 12 月	马士基航运、地中海航运、达飞轮船、长荣海运、总统轮船、赫伯罗特、中远集运、中海集运、韩进海运、南美轮船、东方海外、商船三井、川崎汽船、日本邮船、汉堡南美、阳明海运、以星航运、现代商船、太平船务、阿拉伯轮船	12 257 050	87.2%

随着全球战略联盟的不断分化与调整，航运联盟开始成为主宰世界集装箱航运市场的主体。从航运联盟的角度，分析世界集装箱航运市场的空间格局，更具有意义。

（1）1995~1996 年，世界航运联盟开始集约为"五集团一公司"，经营世界远洋集装箱运输，控制着东西干线上 80% 以上的货箱，航运联盟成员基本上囊括了全球前 20 位的航运企业。

（2）据《集装箱化》的统计，1999 年主要航运联盟的成员企业控制着全球 1/3 的集装箱运力，四大联盟控制着三大干线近 50% 的运力（McCalla，1999b），成为世界集装箱航运市场的主宰者。

（3）随着航运联盟的不断重组，集装箱运力也呈现出日益集中的趋势。1998

年四大联盟和马士基/海陆共拥有 1127 艘船舶，占全球集装箱船舶总量的 47.9%，箱位达 253.6 亿 TEU，占全球箱位总量的 66.3%。2002 年始，五大联盟整合为四大联盟，其运力分布和市场格局发生了重大变化，CKYH 联盟、伟大联盟、马士基/海陆、新世界联盟的集装箱运力约占世界总量的 42%，占全球前 20 位企业运力总量的 71%，从事三大干线的班轮运输，几乎形成垄断之势。2006 年，"三大联盟一大公司"的格局基本形成，三大联盟为新世界联盟、伟大联盟、CKYH 联盟，一大公司为马士基/海陆，其集装箱运力约占全球的 41.8%（表6-4）。

表6-4 20 世纪 90 年代中期以来的战略联盟演变

1995 年			1998 年			2006 年		
名称	船数/艘	运力/TEU	名称	船数/艘	运力/TEU	名称	船数/艘	运力/TEU
马士基/海陆	105	224 689	马士基/海陆	282	620 324	马士基/海陆	564	1 767 220
环球联盟	201	410 242	新世界联盟	169	446 381	新世界联盟	238	789 186
伟大联盟	192	397 593	伟大联盟	322	692 551	伟大联盟	327	1 049 346
联合联盟	143	283 218	联合联盟	153	371 555	CKYH 联盟	389	1 243 273
现代/阳明/川崎联盟	106	265 600	中远/阳明/川崎联盟	201	405 073			
小计	747	1 581 342	小计	1127	2 535 884	小计	1 518	4 849 025

从具体企业来看，集装箱运力日益向少数大型航运企业进行集中，2002 年年底马士基/海陆的运力占全球总量的 11.9%，2006 年则提高到 17.2%，具有很高的市场份额，具备了航运市场的垄断能力，2011 年其运力比重略降为 15.2%。2011 年 6 月，地中海航运的市场份额达 12.9%，而法国达飞轮船的集装箱运力占 8.3%，其次是长荣海运（4%）、中远集运（3.9%）、赫伯罗特航运（3.9%）、总统轮船（3.8%）、南美轮船（3.5%）、韩进海运（3.3%）、中海集运（3.2%）等航运企业占有相对较高的市场份额，均超过 3%（表6-5）。

表6-5 2011 年 6 月全球前 20 位航运企业的运力与份额

全球排名	航运企业	集装箱箱位/TEU	集装箱船舶/艘	份额/%
1	丹麦马士基/海陆	2 352 890	623	15.2
2	瑞士地中海航运	2 002 058	471	12.9
3	法国达飞集团	1 281 605	388	8.3
4	中国台湾长荣	617 514	169	4.0

全球排名	航运企业	集装箱箱位/TEU	集装箱船舶/艘	份额/%
5	中国远洋	608 472	143	3.9
6	德国哈劳	604 959	138	3.9
7	新加坡美国总统轮船	584 427	147	3.8
8	智利南美轮船	543 781	138	3.5
9	韩国韩进航运	511 014	107	3.3
10	中国海运	492 577	139	3.2
11	日本商船三井	417 402	98	2.7
12	中国香港东方海外	413 556	89	2.7
13	日本邮船	398 376	102	2.6
14	汉堡南方	381 383	114	2.5
15	中国台湾阳明	348 428	85	2.3
16	以色列以星轮船	333 889	99	2.2
17	日本川崎汽船	332 249	78	2.1
18	韩国现代商船	315 305	64	2.0
19	新加坡太平船务	267 164	140	1.7
20	阿拉伯联合航运	238 094	59	1.5

二、主干航线的运力配置及演进

航运资源的整合对世界航运网络产生深远影响，其中，对航线运力的重新配置产生重要意义。

（1）集装箱运力配置直接体现了各航运企业的市场份额。班轮公司积极寻求进入全球市场的途径，加强航线和运力的配置，这使航线更加密集。而航运联盟的形成与发展则进一步对全球航运网络的运力配置产生了重要影响，航运联盟的合作协议在提高各成员企业服务网络覆盖范围的同时，促使成员间航线网络差别逐渐弱化，但不同航运联盟间的差异日渐增大，其竞争趋于激烈。

（2）全球航运联盟和并购活动对世界主干航线的影响较大，对其他航线的影响较小。航运联盟占据了主干航线的主要运力，但对第二东西航线如中东—南亚和地中海航线的影响较小，因为这些航线的运量较小，其运量可由主干航线船舶挂靠或由各船舶共享协定来经营。此外，航运联盟对南北航线的影响较小，但联盟成员多与已确立稳定地位的航运企业签订合作协议，更多的南北航线航运企业与东西航线的主要承运人签订了联营协议是发展趋势。第二东西航线和南北航线将逐步步东西主干线的后尘。

（3）目前，全球的集装箱航线主要有远东—北美航线、远东—欧洲/地中海航线、北美—欧洲/地中海航线、澳大利亚航线、中东航线、中南美航线、非洲航线、印度航线。其中，远东—北美、远东—欧洲/地中海、北美—欧洲/地中海航线是全球集装箱航运网络的骨架，占据着世界主要的集装箱市场，其运力配置基本上反映了全球集装箱运力的空间格局。如表6-6所示，2006年，远东—北美航线的集装箱船舶达549艘，箱位达235.3万TEU，而远东—欧洲/地中海航线，船舶数量比远东—北美航线少，但箱位数略高，这两条航线是全球最为重要的航线，且均与远东连接，这反映了世界集装箱运力主要服务于远东地区。北美—欧洲/地中海航线比前两条都低，主要是连接发达国家，这反映了发达国家的货箱相对比发展中国家略少。

表6-6　全球主干航线的运力配置及变化

主干航线	集装箱运力	1989年	2000年	2006年
远东–北美	集装箱船舶/艘	225	356	549
	箱位/万TEU	58.7	163.4	235.3
远东–欧洲/地中海	集装箱船舶/艘	182	372	451
	箱位/万TEU	43.1	145.8	267
北美–欧洲/地中海	集装箱船舶/艘	185	302	317
	箱位/万TEU	34.5	91.5	102.5

（4）如表6-6所示，从时间角度来看，20世纪90年代后期以来，三大主干航线的运力配置均呈现出持续增长的态势，尤其以远东—欧洲/地中海航线的运量增长为迅速。1989~2006年，该航线的集装箱船舶增加了1.44倍，箱位数量增加5.2倍。远东—北美航线的集装箱船舶增加了1.48倍，箱位数量增加了3倍。但北美—欧洲/地中海航线增加相对较低，其中船舶增加了0.7倍，而箱位数量仅增加了1.97倍。这与众航运联盟重点加强连接远东地区的航线运力配置直接相关，进一步反映了远东地区在全球集装箱航运市场中的重要地位。

（5）北美航线存在东西海岸，根据Tespianker & Soanehlc的统计，远东—北美航线的运力主要集中在北美西海岸，1989年有16家航运企业参与远东—北美航线的运营，其中远东—北美西海岸航线船舶达225艘，箱位达52万TEU，而远东—北美东海岸航线的船舶为114艘，箱位达27万TEU，仅为前者的50%。20世纪90年代末，中海、达飞、莱克斯、地中海航运、北欧亚等航运企业先后进入该航线，运力得到强化。远东—欧洲/地中海航线分为欧洲和地中海目的地，集装箱运力相对集中在欧洲，其中 1989 年远东—欧洲航线的集装箱船舶达 182 艘，箱位达 43.1 万 TEU，而远东—地中海航线的集装箱船舶有 123 艘，箱位达 19.4 万 TEU；90 年代末，中海集团等企业加入了该航线的运营，使其运力配置得到强化。

（6）从全球详细的航线网络来看，如图 6-5 所示，2011 年远东—欧洲航线的集装箱运力最高，集装箱船舶占世界总量的 8.07%，箱位占世界总量的 16.4%，而远东—北美西海岸航线则略低，其船舶占世界总量的 7.72%，而箱位占 11.6%。其次是远东—地中海、远东—中东等航线的集装箱运力比重较高；再次，远东—北美东海岸、远东—南亚、东亚—东北亚、南亚—中东、中美加勒比海—北美东海岸、中美加勒比海—远东、欧洲—南亚、地中海—中东等航线有一定规模的集装箱运力。

集装箱港口网络形成演化与发展机制

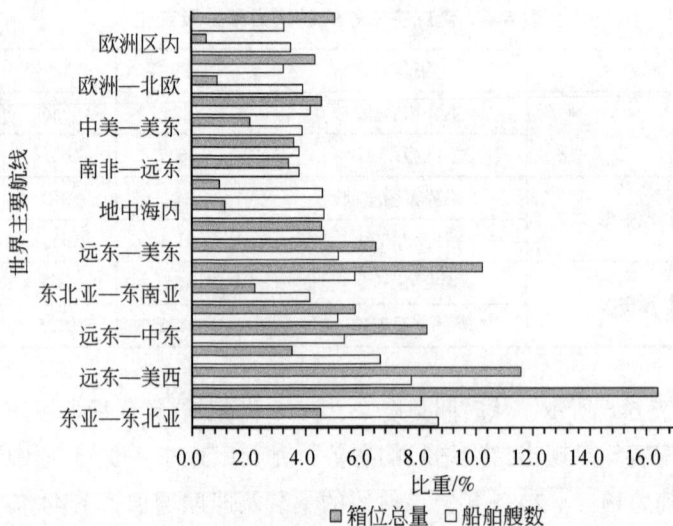

图 6-5　全球主要航线的集装箱运力配置

（7）从时间序列来看，全球航运网络的集装箱运力配置逐步发生变化。2002 年，远东—北美西海岸和欧洲—远东航线是主要航线，其运力比重均高于 15% 以上，其次是东亚—东南亚航线，再次是欧洲—地中海、东亚—东北亚和远东—地中海等航线具有一定规模。从表 6-7 中可以看出，集装箱运力配置主要集中在远东连接欧洲和北美的航线上。但目前世界集装箱运力显然强化了远东地区内部的配置，尤其加强了东亚至东北亚、东南亚两条航线的运力配置，两条航线的运力增加了两倍多，这深刻反映了远东地区已成为全球集装箱航运市场的核心地区。

表 6-7 全球详细航线的集装箱运力配置及变化

航线名称	2002 年 4 月 1 日		2007 年 3 月 1 日	
	集装箱船舶/艘	箱位总量/TEU	集装箱船舶/艘	箱位总量/TEU
东亚—东北亚	383	715 894	762	2 278 649
东亚—东南亚	284	1 191 752	715	2 354 071
远东—北美西海岸	389	1 471 778	376	1 699 280
中美加勒比海—北美东海岸	240	446 632	307	790 047
欧洲—地中海	283	767 179	266	941 680
东北亚—东南亚			260	757 310
欧洲—远东	313	1 404 374	250	1 617 995
南亚次大陆—东南亚	222	611 182		
远东—地中海	286	557 729	214	1 154 844
远东—中东			215	831 035
欧洲区内	355	136 639		
地中海区内支线	310	259 855		
东亚区内	237	455 272		
中美加勒比海—远东			208	732 620

三、航运企业市场份额的格局演变

航运企业是航运市场的主体,也是全球航运资源重组的执行者,深入分析航运企业的市场份额及变化,更有助于考察航运企业重组的空间效应。在全球主要航线的运营上,航运企业的市场份额发生了巨大变化,这主要表现为各企业集装箱运力的份额结构发生了变化。

(1)在全球三大主干航线的经营上,参与的航运企业及组合形式不断变化。1994 年,航运企业的组织形式主要是班轮公会和航运联盟的参与,主要的航运联盟有冠航集团(Ace Group,ACGR)、新三联、三洲等,而班轮公会有大西洋集装箱、吨位共享协定等,同时有大量的其他航运企业参与。1998 年开始,全球三大航线主要是航运联盟的参与,而个体航运企业的地位明显下降。2002 年开始,除了航运联盟的参与外,个体企业间的相互合作开始增强,尤其是不同航运联盟成员企业间的合作明显增多(表 6-8)。

表 6-8 　1994 年 9 月三大航线主要航运集团及市场份额

航线	集团/公司名称	箱位/TEU	比重/%
欧亚航线	1. 航运公会		
	冠航集团（川崎/东方海皇/东方海外）	703 000	16.49
	马士基/P&Q	1 310 000	30.72
	新三联集团（哈帕格．劳埃德/商船三井/日本邮船）	818 000	19.18
	吨位共享协定（法国航海/马来西亚国际/渣华）	381 000	8.94
	2. 非航运公会		
	亚洲快运航线（现代/北亚/海陆）	296 000	6.94
	亚洲中东欧洲航线（北亚/海陆）	195 000	4.57
	联合海外航线（达飞/波兰远洋）	275 000	6.45
	三洲航线（朝阳/罗斯托克—胜利）	286 000	6.71
欧洲/北美航线	1. 航运公会		
	大西洋集装箱/哈帕格．劳埃德/地中海航运/波兰远洋	303 000	11.30
	大西洋集装箱/地中海航运/波兰远洋	218 000	8.13
	大西洋集装箱/哈帕格．劳埃德/东方海皇/日本邮船	279 000	10.40
	马士基航运	416 000	15.51
	地中海航运/波兰（美国南大西洋/海湾沿岸）	180 000	6.71
	三洲航线（朝阳/罗斯托克—胜利）	286 000	10.66
	VSAO（渣华/P&Q/海陆、东方海外）	718 000	26.77
	2. 非航运公会		
	莱克斯/Deppe	282 000	10.51
北美/亚洲航线	1. 航运公会		
	美国总统/东方海外	1 537 000	23.16
	哈帕格．劳埃德/东方海皇/日本邮船	1 529 000	23.04
	川崎汽船/商船三井	1 415 000	21.32
	马士基/海陆	1 537 000	23.16
	2. 非航运公会		
	韩进/阳明	332 000	5.00
	三洲航线（朝阳/罗斯托克–胜利）	286 000	4.31

集装箱港口网络形成演化与发展机制

（2）从各航线经营的市场集中度来看，不同时期有着不同的集散趋势。1994年，亚洲—欧洲、欧洲—北美航线的市场份额有着较高的集中度，而北美—亚洲航线的市场份额在航运公会间呈现相对均衡的分布。1998年，三大航线市场份额的集中度在呈现高度集中的同时，主要航运联盟内部的集中度呈现明显的下降趋势，这在亚洲—北美航线和亚洲—欧洲航线都有明显体现，但北美—欧洲航线的市场份额则呈现出相反的发展趋势，市场集中度有明显的提升。经过航运资源的进一步整合后，全球航运市场在继续向主要航运联盟集中的同时，主要航运联盟内部却趋于均衡，亚洲—北美市场的各航运企业份额多未能突破20%。在亚洲—欧洲航线的市场经营上，虽然伟大联盟的份额达到了25.19%，但主要航运联盟内部趋于均衡的格局非常明显。而北美—欧洲航线虽存在一定差异，略呈现一定的集中度（表6-9）。

表6-9　1998年年底主干航线各航运联盟的船船运力

类型	亚洲—北美航线		亚洲—欧洲航线		北美—欧洲航线		合计	
	箱位/TEU	份额/%	箱位/TEU	份额/%	箱位/TEU	份额/%	箱位/TEU	份额/%
伟大联盟	942 402	14.55	1 353 899	25.19	145 911	8.22	2 442 212	17.92
新世界联盟	1 730 404	26.72	832 783	15.5	264 266	14.89	2 827 453	20.75
联合联盟	1 205 939	18.62	932 521	17.35	286 030	16.12	2 424 490	17.79
马士基/海陆	855 256	13.2	932 561	17.35	635 909	35.84	2 423 726	17.79
CKY 集团	1 003 841	15.5	570 553	10.62	229 417	12.93	1 803 811	13.24
长荣	738 652	11.4	518 983	9.66	213 000	12	1 470 635	10.79
合计	6 476 494	100	5 141 300	100	1 774 533	100	13 392 327	100

（3）从主要航运联盟或航运企业的市场份额来看，主要呈现如下特点。1994年，在亚洲—北美航线上，总统轮船/东方海外、哈帕格·劳埃德/东方海皇/日本邮船、川崎汽船/商船三井、马士基/海陆各自持有近1/4的市场份额。在亚洲—欧洲航线上，马士基/铁行有着较高的市场份额，达30.72%，此外是新三联和冠航集团。在北美—欧洲航线上，铁行、渣华、海陆和东方海外所组成的航运联盟有较高份额，此外大西洋集装箱航线和马士基航运有较高的份额。1998年，这种格局有所变化，在亚洲—北美航线上，新世界联盟占有较高份额，其次是联合联盟和CKY集团有较高份额。亚洲—欧洲航线上，伟大联盟有较高的市场份额，其次是联合联盟和马士基/海陆。北美—欧洲航线上，马士基/海陆有很高的份额，其次是联合联盟。2002年，在亚洲—北美航线上，新世界联盟的市场份额明显下降，降至19.6%，此外，联合联盟和CKY集团的市场份额也有所下降，而伟大联盟、马士基/海陆及长荣海运有所提高。在亚洲—欧洲航线上，马士基/海陆、新世界联盟、CKY集团和长荣的市场份额都有所提高，而伟大联盟和联合联盟则有所下降。在北美—欧洲航线上，马士基/海陆的市场份额迅速下降，而伟大联盟的份额则迅速提升，新世界联盟则退出该航线，中远/川崎/阳明、联

合联盟及长荣海运等都有一定幅度的下降（表6-10）。

表6-10　2002年年初各航运联盟运输能力

企业名称	亚洲—北美航线		亚洲—欧洲航线		北美—欧洲航线		总运输能力	
	箱位/TEU	份额/%	箱位/TEU	份额/%	箱位/TEU	份额/%	箱位/TEU	份额/%
马士基海陆	1 286 340	14.17	1 299 708	18.68	759 460	17.58	3 345 508	16.44
伟大联盟	1 561 519	17.21	1 691 004	24.30	925 731	21.42	4 178 254	20.53
新世界联盟	1 776 944	19.58	1 157 871	16.64		0.00	2 934 815	14.42
CKY集团	1 662 358	18.32	819 805	11.78	396 205	9.17	2 878 368	14.14
联合联盟	1 386 808	15.28	1 118 742	16.08	292 777	6.78	2 798 327	13.75
长荣	1 367 426	15.07	871 652	12.53	428 264	9.91	2 667 342	13.10
超越集团的合作等								
马士基海陆/铁行渣华					113 262	2.62	113 262	0.56
马士基海陆/赫伯罗特					466 571	10.80	466 571	2.29
马士基海陆/新世界联盟					623 786	14.44	623 786	3.06
中远/长荣/马来西亚国际					126 786	2.93	126 786	0.62
赫伯罗特/铁行渣华/以星					76 071	1.76	76 071	0.37
法雷尔					111 944	2.59	111 944	0.55
日本邮船/南美轮船	34 458	0.38					34 458	0.17

（4）如果忽略各航线运力重复计算的细微出入，从三大航线总运力的市场份额来看，各航运联盟呈现不同的特征。其中，伟大联盟、中远/川崎/阳明、长荣海运的市场份额有所提高，而新世界联盟、马士基/海陆、联合联盟的市场份额则呈现出减少的趋势，尤其新世界联盟和联合联盟的市场份额下降幅度较大。以上分析进一步反映了各航运企业和航运联盟在全球的市场地位是不断变化的，这主要是航运资源不断重组和优化的结果。

四、全球集装箱吞吐量的区域分布

随着全球航运资源的不断整合，部分航线的集装箱运力得到了加强，部分企业的航运网络得到了扩大，并不断专业化乃至形成垄断。这在一定程度上影响了集装箱运量的分布与交流体系。

1. 集装箱运量的区域分布

（1）全球集装箱运量的分布呈现明显的区域差异。远东地区是世界运量的主要集中地域，占全球运量的37.7%，集中了全球1/3多的运输市场。其次，是西欧（包括北欧和南欧）和东南亚两个区域，其中西欧占全球集装箱运量的16.6%，而东南亚占全球的13.9%，是全球重要的集装箱运输市场。部分地区的集装箱运量较少，如东欧地区，此外，南亚、澳大利亚、南美等地区也较少（表6-11）。

表6-11　全球各区域的集装箱运量分布

地区	1990 年		2009 年		1990 ~ 2009 年
	运量/TEU	比重/%	运量/TEU	比重/%	比重增减
北美	16 659	18. 95	39 768	8. 41	−10. 54
加勒比中美	3 292	3. 75	15 352	3. 25	−0. 50
南美	1 754	2. 00	16 750	3. 54	1. 54
北欧	15 983	18. 18	47 162	9. 97	−8. 21
南欧	6 556	7. 46	31 505	6. 66	−0. 80
东欧	612	0. 70	5 116	1. 08	0. 38
澳大利亚	2 333	2. 65	8 842	1. 87	−0. 78
非洲	2 670	3. 04	20 324	4. 3	1. 26
东南亚	9 679	11. 01	65 493	13. 85	2. 84
中东	3 583	4. 08	30 403	6. 43	2. 35
南亚	1 780	2. 03	14 054	2. 97	0. 94
远东	23 001	26. 17	178 200	37. 68	11. 51
全球	87 901	100	472 969	100	

资料来源：Drewry, 2009 年 12 月

（2）1990 ~ 2009 年，各地区的集装箱运输在绝对规模上都呈现出较快的发展，但全球的运量比重却有不同的发展特征。其中，远东运量比重持续提高，期间增加了近11.5 个百分点。其次，东南亚和中东的集装箱运量比重有较高的增长幅度，分别提高了2.84 个和2.35 个百分点。此外，南美、非洲、南亚、南欧、东欧等地区均有一定的提升。而北美、北欧、澳大利亚、加勒比海中美等地区的比重有所降低，尤其是北美的比重下降较为明显，下降了近10.54 个百分点，北欧下降了8.2 个百分点。除了加勒比海中美地区外，其他 3 个地区主要是发达国家。

（3）从更为宏观的区域来看，集装箱运量主要集中在西北欧、东亚和北美三大区域，但三大区域的集中度逐年下降。1990 年，西北欧、东亚和北美 3 个区域的集装箱运量占全球总量的70.8%，2005 年运量比重略有下降，占全球总量的65.4%，而到2009 年，该比重继续下降到62.7%。

2. 集装箱运量的航线分布

从各航线间的集装箱流量来看，全球也呈现出不同的特征。具体见表 6-12。

表 6-12　全球三大航线集装箱运量及变化

航线方向		2000 年/万 TEU	2008 年/万 TEU	增长率/%
太平洋航线	东行	720.8	1548.9	114.9
	西行	377.5	635.9	68.5
远东—欧洲航线	东行	267.7	469.7	75.5
	西行	407.5	1054.0	158.7
大西洋航线	东行	151.6	215.2	41.9
	西行	210.1	229.3	9.1

资料来源：Drewry，2008 年 12 月

（1）从主要区域的航线运量看，世界集装箱运量主要集中在太平洋、大西洋及远东—欧洲航线。2000 年，三大航线的集装箱运量为 2135.2 万 TEU，占全球集装箱运量的 19.4%，即为 1/5 左右；2008 年三大航线的集装箱运量提高到 4153 万 TEU，期间增长了近 1 倍，但比重下降到 15.5%，即约为 1/6。这说明全球贸易量主要集中在北美、欧洲、东亚三大区域间。

（2）从各航线来看，太平洋航线和欧洲—远东航线的运量较高。其中，在太平洋航线上，东行运量较高，这说明东亚箱源规模远高于北美箱源，两者之间的箱源规模关系逐步从 2000 年的 1.9 倍扩大到 2008 年的 2.4 倍。在远东—欧洲上，西行运量较高，即东亚箱源规模高于欧洲箱源，两者的关系也从 2000 年的 1.5 倍扩大到 2008 年的 2.24 倍。在大西洋航线上，欧洲箱源规模高于北美箱源，但差距比较小。这从中可以看出世界航运重心地区的转移和远东地位的日益增长。

（3）从 2000 年和 2008 年的对比来看，各航线的发展呈现出明显的差异。远东—欧洲航线的增长最为明显，期间增长了 126.3%，其中，东行运量增长了 75.5%，而西行运量增长了 158.7%。太平洋航线的运量增长也很明显，期间增长了 98.9%，其中，东行运量增长了 114.9%，而西行运量增长了 68.5%。大西洋航线的运量略有增长，期间增长了 22.9%，其中，东行运量增长了 41.9%，而西行运量增长了 9.1%。

第三节 基于航运联盟的全球港口体系

航运联盟的形成和发展对全球集装箱航运网络产生了重要影响，其港口网络是全球港口网络的核心部分。能否纳入航运联盟的全球航运网络，直接影响了港口的发展潜力，这在一定程度上强化了港口发展的不确定性，降低了港口自我掌控的能力（Slack，2001）。本研究采用第三章的数学模型，对基于航运联盟的全球集装箱港口体系进行解析，考察航运企业重组的全球空间效应。

一、集装箱港口数量

经济全球化促使航运企业的港口选择标准发生了改变（Slack，2001），航运联盟对港口的选择反映了对整个经济和物流链环境的综合考虑，对全球航运网络的空间组织具有决定性的影响与意义，能否纳入航运联盟的主干航线网络是影响港口发展的关键性机制（王成金，2008a）。

集装箱化是逐步推进的过程，集装箱港口在数量增长的同时，逐步纳入主要航运企业的挂靠网络。航运联盟及其成员企业为了扩大服务网络，开设许多新航线并投入更多的运力，挂靠港口的数量也相应增加。1989～1999年，航运企业挂靠港口的数量增加到了470个，增加了36%，航运企业挂靠港口的平均数量从70个增加到106个。同时，航运联盟促使航运企业每周挂靠港口的数量显著增加，1989年每周平均挂靠18个港口，1999年提高到78个港口。其中，1994年马士基每周挂靠港口的数量从1994年的47个增加到1999年的174个，而朝阳航运从12个港口增加到67个港口，总统轮船从12个港口增加到78个港口。

目前，全球约有600多个港口开展了集装箱运输。从航运联盟的挂靠港口来看，全球有85个港口进入三大主干航线网络，港口的数量比较少，其比例约为14.2%。这反映了港口挂靠选择的权力和机会已从港口转移给航运企业，而其他学者的研究也证实了该论点，这增加了港口发展的不确定性，对其自身命运的控制能力不断降低（Brooks，2000；Tongzon，2002）。

从地域分布来看，航运联盟挂靠的港口主要集中在远东、北美东海岸、地中海和欧洲四大区域，具有较高的集中性，这同目前的集装箱航运市场基本吻合。其中，远东地区有21个港口，数量最多，如果合计东南亚，则达26个港口，占样本港口总量的31%，这充分反映了远东地区在世界港口体系中的重要地位。

其次，北美东海岸有 13 个港口，地中海有 12 个港口，西北欧有 10 个港口，三个地区在全球集装箱港口体系中有着相当的地位。从具体区位来看，航运联盟挂靠港口主要分布在三大航线的始发地和目的地两个端点区域，共有 71 个，占样本港口总量的 83.5%，这反映了腹地型港口在全球集装箱港口体系中的重要地位。主干航线中间地区的港口为 14 个，比重相对较低，主要是南亚、中东、加勒比海及北太平洋地区的少数港口，这些港口的区位往往具有战略意义。

二、集装箱港口挂靠航线

根据全球航运联盟的主干网络，从港口的挂靠航线数量进行分析（船舶挂靠港口不同则为一条航线），主要呈现出以下空间特征。如图 6-6 所示。

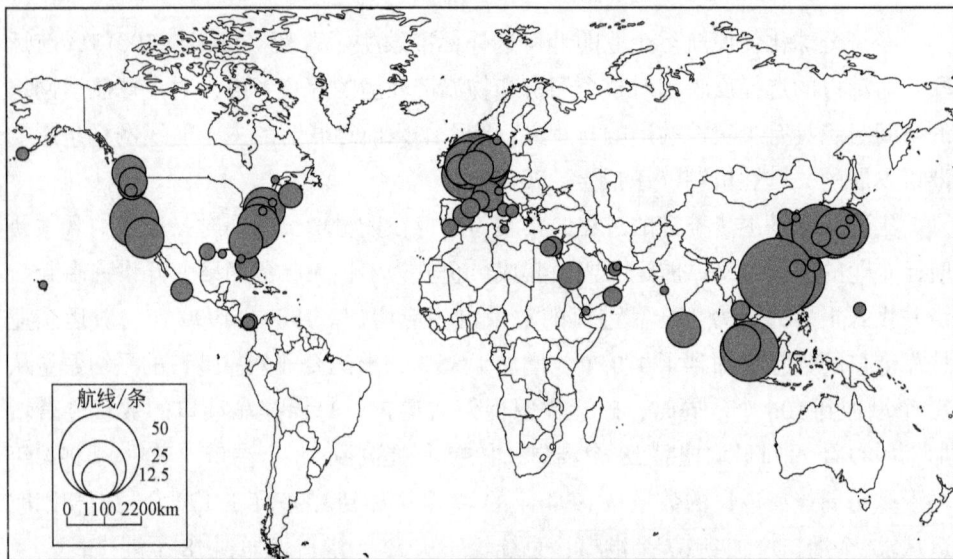

图 6-6　集装箱港口挂靠航线数量的分布格局

（1）香港是全球挂靠航线数量最多的港口，约有 45 条，这反映了香港的全球性枢纽地位，并同目前香港集装箱吞吐量的全球地位基本相吻合。

（2）鹿特丹、高雄、新加坡和深圳等港口的挂靠航线数量较多，均高于 25 条。其中，前两者均高于 30 条，这反映了以上港口在全球集装箱港口体系中具有重要地位。

（3）釜山、奥克兰、神户、费力克斯托、勒阿弗尔、上海、不来梅、名古屋等港口具有一定数量的航线，均多于 17 条，在全球集装箱港口体系中具有一

集装箱港口网络形成演化与发展机制

定的地位。

（4）东京、纽约、诺福克、洛杉矶、汉堡、长滩、横滨、巴生、温哥华、安特卫普、科伦坡、萨瓦那、查尔斯顿等港口的挂靠航线相对较多，均高于10条，其他港口的挂靠航线较少，在全球集装箱港口体系中的地位相对较低。

（5）挂靠航线较多的港口主要分布在远东地区，如香港、高雄、深圳、上海、釜山、神户等港口，具有较高的地域集聚性。这充分说明了远东港口在全球集装箱港口体系中有重要的地位。

三、集装箱港口航班密度

航班是集装箱船舶的航行频次，港口的航班数量则是航线与船舶船期表的复合指标，更能反映港口的集装箱组织能力和在港口体系中的地位。根据本研究的不完全统计，从航班数量来看，港口体系主要呈现出如下特征。如图6-7所示。第一，香港是全球集装箱航班密度最高的港口，大约为381班/周，这进一步反映了香港在全球集装箱航运网络的枢纽地位。鹿特丹港次之，大约为319班/周，在全球港口体系中具有很高的枢纽地位。第二，高雄、新加坡、深圳等港口拥有较高的航班密度，均高于200班/周，说明这些港口在全球港口体系内有重要地位。以上港口均分布在亚洲尤其中国地区，从中可看出亚洲在全球港口体系中的

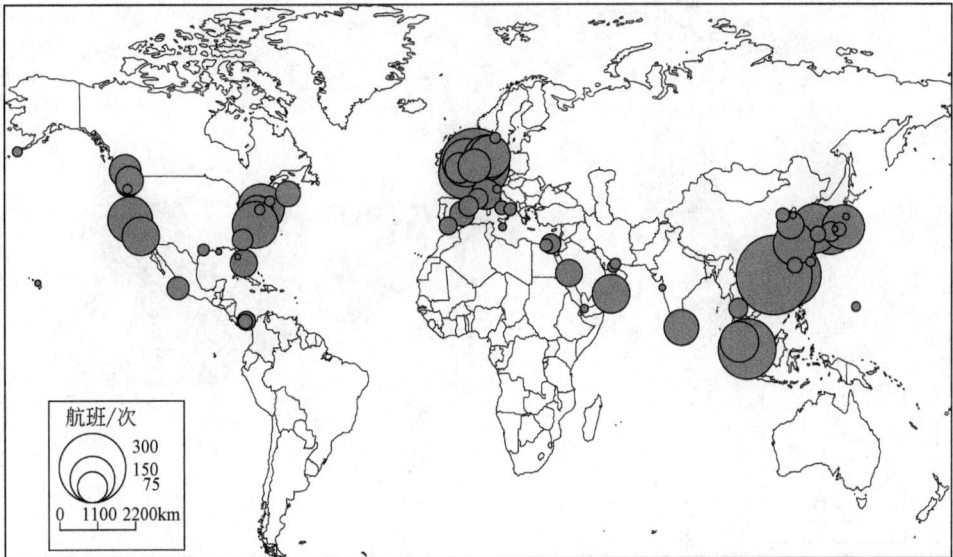

图6-7　集装箱港口航班数量的分布格局

重要地位。第三，勒阿弗尔、釜山、神户、费力克斯托、纽约、诺福克、奥克兰、不来梅、东京、上海、汉堡、巴生、长滩、萨瓦那、萨拉拉、横滨等港口具有一定规模的航班密度，均高于100班/周，在全球具有一定的地位。第四，从航班密度较高的港口来看，主要分布在东亚和东南亚地区，占有很高比重，此外欧洲和北美及中东有少数港口。这进一步反映了东亚和东南亚在全球集装箱港口体系中的地位。

四、集装箱港口的通达性

一个港口所联系的其他港口数量，可反映该港口的服务范围和在全球航运网络中的通达水平。从该指标来看，全球港口体系主要呈现如下特征（图6-8）：①香港的联系港口数量最多，为73个，其覆盖率（联系港口占港口样本总量的比值）为87%，由此可以判断香港集装箱航运的服务范围最广，在全球航运网络中具有最高的通达水平，是全球性的枢纽港。其他港口能否和香港形成航线连接，对其发展至关重要。②高雄、鹿特丹、新加坡3个港口有着较多的联系港口数量，均高于60个，具有较高的通达性，有着较广的服务范围，这证实了以上港口在全球有重要地位。③深圳、诺福克、神户、不来梅、费力克斯托、釜山、名古屋、纽约、奥克兰、勒阿弗尔、东京、横滨等港口具有较高的通达水平，

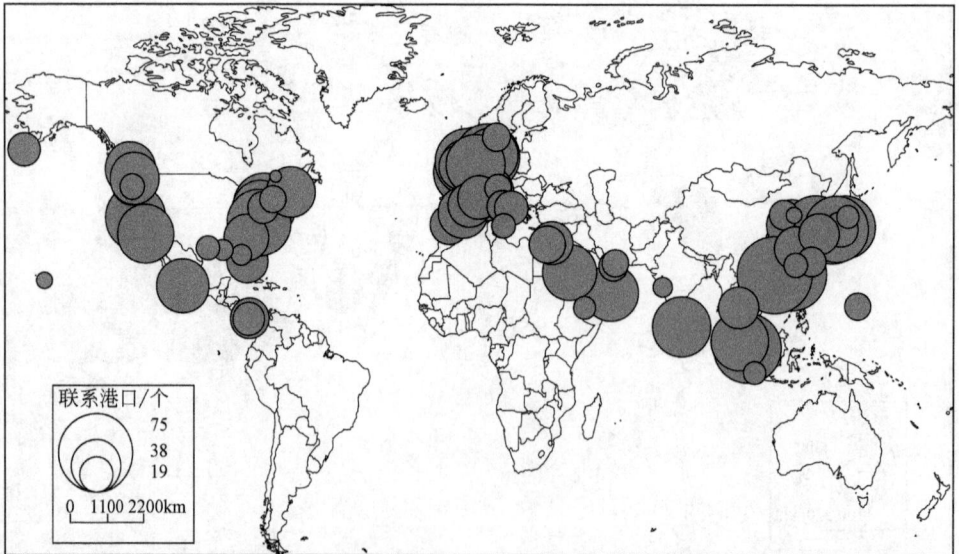

图6-8 集装箱港口的全球通达水平格局

集装箱运输的服务范围相对较广，联系港口的数量均超过了50个。④上海、安特卫普、查尔斯顿、科伦坡、巴生、长滩、洛杉矶等港口的联系港口相对较高，其数量规模均超过了42个，其覆盖率超过了50%，但通达水平已相对较低。⑤部分港口的航线与航班尽管较低，但联系港口的数量较多，并主要分布在中东、南亚和加勒比海等地区，位居远东—欧洲/地中海航线的中间区位，这反映了这些港口在全球航运网络的地位与作用。⑥联系港口数量较高的港口中，东亚和东南亚港口占有较高比重，其重要性进一步得到体现。

五、集装箱港口的联系格局

根据前文的数理模型，港口间的运输联系是综合性的网络指标，可有效地反映各港口在全球航运网络中的地位与通达水平（图6-9）：①香港具有最高的集装箱运输联系规模，为4116，远高于其他港口，由此判断香港在全球主干网络中具有最高的枢纽地位和网络通达性，该结论同前文的分析相一致。②鹿特丹港具有很高的联系规模，为3194，也远高于其他港口，但远低于香港，这说明鹿特丹港具有很高的枢纽地位和网络通达性，但要低于香港。③高雄、深圳、新加坡、勒阿弗尔四个港口具有较高的联系规模，均高于2000，在全球主干网络中具有较高的枢纽地位和通达性。④诺福克、费力克斯托、名古屋、神户、不来梅、纽约、

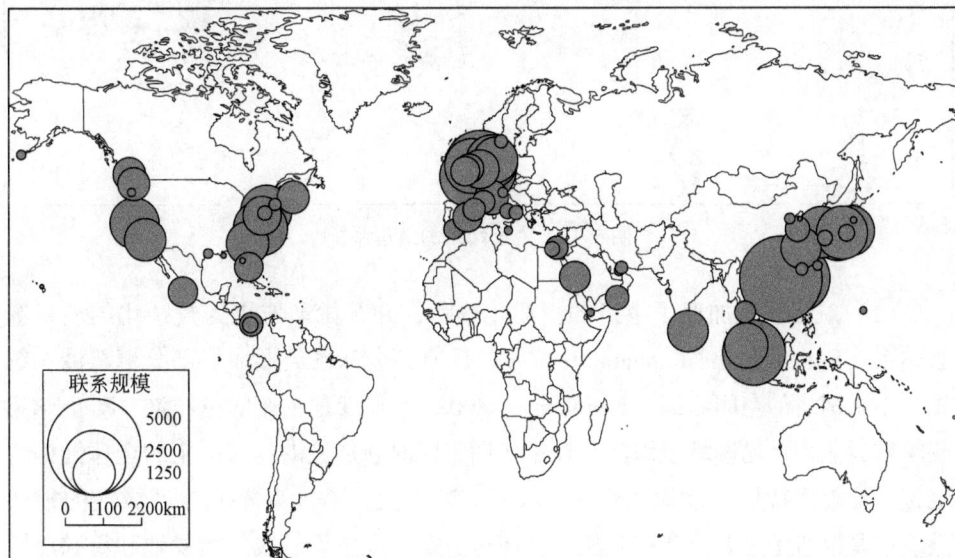

图6-9　集装箱港口的联系规模格局

釜山、奥克兰、东京等港口具有一定的联系规模，均高于1500，此外汉堡、巴生、萨瓦那、长滩、上海、科伦坡、横滨、查尔斯顿、安特卫普等港口具有较低的联系规模，这些港口在全球集装箱航运网络中具有相对较高的地位和通达水平。综合分析，尽管东亚和东南亚港口仍保持重要的地位，但与单要素指标进行比较，其重要性略有下降，尤其中国港口的重要程度有所下降。

六、集装箱港口的空间系统

主干网络是全球集装箱航运网络的骨架和基本部分，可以称为基本网，分析主干网络的空间系统对考察全球港口体系有着战略意义。按前文的数理模型进行计算、评价和分析，可发现全球主干网络主要呈现出如下特点（图6-10）。

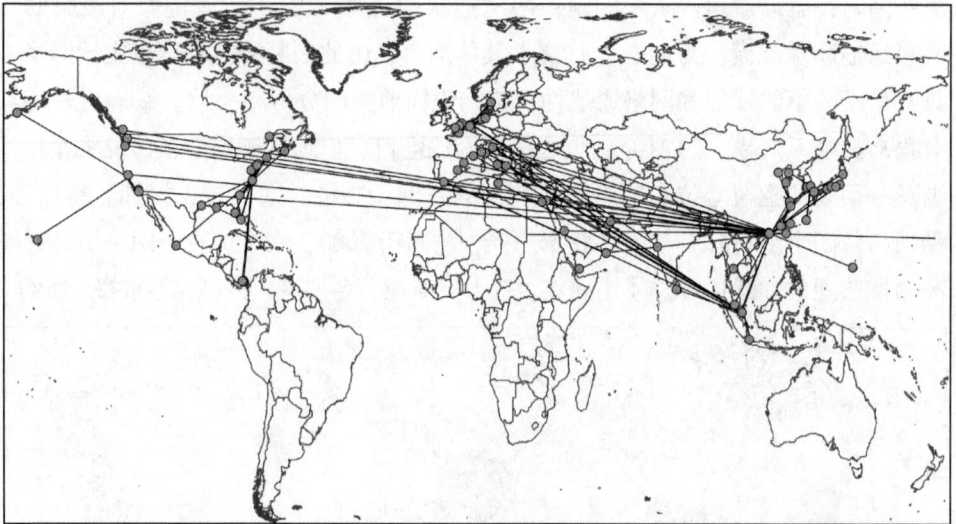

图6-10　主干网络的航运系统

（1）航运联盟加速了港口的枢纽化进程，并开始形成更为复杂化的港口等级体系（Robinson and Kenneth，1997）。目前，全球已经形成了部分枢纽港，统领着主干网络的空间组织（Notteboom，2002）。香港是主要的枢纽港，对全球集装箱航运业和运输网络组织具有控制作用，同时新加坡港具有一定的全球性枢纽地位，此外鹿特丹、上海、釜山、东京、奥克兰、诺福克等成为区域性的枢纽港。这些枢纽港主要分布在东亚，这同东亚是两大主干航线的始发地和箱源规模直接相关，而且枢纽港以腹地型为主，中转型枢纽港相对较少，仅新加坡港较为典型，这充分说明了经济腹地对全球性枢纽港的战略意义。从具体企业的角度来看，马士基/海陆将鹿特丹作为枢纽港，而地中海航运将安特卫普作为北欧枢纽港（Notteboom，2002），其他企业也同样在全球各地选择自己的枢纽港，航运企业的这种选择行为加快了港口的枢纽化进程。

（2）形成由枢纽港和支线港所组成的集装箱航运系统，并分化为全球和区域性两个空间层级。全球层级指以香港为枢纽的航运系统，主要辐射西北欧、地中海、中东、东南亚和北美西海岸及东亚等地区的各主要港口，规模庞大，具有覆盖全球航运市场的一定能力。同时，以新加坡为枢纽港的航运系统颇具规模，辐射地中海和中东等部分港口。区域性航运系统指服务范围局限于一个国际区域，未能覆盖全球范围。其中，以上海为枢纽港的航运系统主要辐射中国的港口，以鹿特丹为枢纽港的航运系统主要辐射西北欧港口，而以诺福克为枢纽港的航运系统主要辐射北美东海岸的多数港口，3个航运系统的规模都比较大。此外，以釜山为枢纽港的航运系统主要辐射东北亚的少数港口，以东京为枢纽港的航运系统主要辐射日本的部分港口，以奥克兰为枢纽港的航运系统主要辐射北美西海岸的少数港口，3个航运系统的规模相对较小。

（3）从枢纽港和辐射范围来看，各航运系统具有较强的区域性和空间对称性。鹿特丹和诺福克两个航运系统主要围绕北大西洋而形成，这反映了北美—欧洲航线的组织特点和空间作用。上海、东京、釜山等航运系统和奥克兰航运系统主要围绕北太平洋而形成，这反映了北美—远东航线的组织特点和空间作用。香港系统位于远东—地中海/欧洲航线的始发地区，而新加坡系统位居远东—地中海/欧洲航线的中间地区，鹿特丹系统则处于航线的目的地区，这种格局深刻反映了远东—地中海/欧洲航线的组织特点和空间机制。

第七章

国际码头企业扩张对集装箱
港口网络的影响

随着运输管制的不断放松和港口私有化进程的推进，20世纪90年代以来，交通基础设施供给制度的变化最为突出。世界各国尤其是发展中国家加快了港口管理体制改革的步伐，集装箱码头的建设和经营开始吸引码头企业和航运企业（Olivier and Brian，2006），这些企业从全球港口私有化进程中获益。港航企业的双重行为，在微观层面促使港口发展面临更多的不确定性，降低了港口自我控制能力，在宏观层面则促使全球港口体系的重构（Slack and Fremont，2005）。

第一节 国际码头企业扩张模式及历程

一、世界港口管理模式

码头企业扩张同港口的管理模式存在直接关联。在分析国际码头企业全球扩张网络之前，应首先介绍全球港口管理的主要模式。目前，全球港口的经营与管理主要存在4类，分别具有各自明显的特点，具体如下。

1. 中央政府港口

这种管理模式主要指中央政府拥有港口的所有权，并负责港口的投资、建设与维修。基于这种基本管理模式，港口经营管理机构作为中央政府的职能部门存在，没有独立的会计核算系统，港口收支纳入中央政府收支。港口重大决策由中央政府或议会根据有关法律或法规作出，港口生产由中央政府的某部门或港口的承租人或私人企业进行经营。20世纪90年代之前的中国主要港口属于这种管理模式，前苏联的主要港口和英国前港口委员会所辖的港口均为该管理模式。这种港口管理模式有利于建设经营资金的筹措，并推行国家的港口政策，保证港口发展有利于国民经济，但港口受到中央政府过多干预，经营缺少足够的自治权，港口生产和经营僵化，市场适应能力较低。目前，遵循这种管理模式的港口逐步减少。

2. 地方政府港口

该模式主要指港口的所有权和管理权属于港口所在地的地方政府或所在城市的市政府，以市属港口为典型。港口最高权力机构是地方议会或市议会，在不同的港口，政府所起的作用并不相同，但通常政府负责港口的建设和维护工作，并向用户提供港口的设施。港口经营有两种形式，一种是由政府直接投资、建设和经营，没有独立的会计核算系统，港口重大决策需要由地方议会或市议会根据有关的法律进行抉择。另一种是由独立港口经营机构进行经营，该机构是独立法人，具有独立的会计核算系统。荷兰的鹿特丹港和阿姆斯特丹港、比利时的安特卫普港和德国的汉堡港口都是市属港口，而美国的多数港口则是州政府所属港口。

3. 公共自治港口

该管理模式主要指港口由专门立法所建立的、有独立法人资格的机构所拥有，该团体（法人）的地位、任务、权利、义务和限制由法律规定。港口经营管理的最高权力机构是董事会，部分成员由中央政府任命，部分成员由港口用户选举产生，董事会主席由中央政府批准，并由董事会任命港口总监负责港口生产。

4. 股份制企业港口

该管理模式主要指港口的所有权和经营权属于私人企业。港口具有独立法人地位，可发行股票，有关港口发展和经营的重大决策由董事会做出，并由总经理负责实施。鉴于私有企业的利润追求，该类型港口的社会效益往往比较低，私有企业和港口之间存在很大的矛盾。在多数情况下，这种港口的发展和经营要受到政府的种种约束。

二、世界主要码头运营企业

按英国德鲁里航运咨询公司的标准，全球码头营运商或企业被定义为在全球两个以上的主要区域有码头投资和经营的营运商。全球集装箱码头的营运商中，主要有香港和记黄埔、新加坡港务集团、AP·摩勒港口集团、中远太平洋、铁行港口集团、迪拜世界港口集团等。

目前，主要码头企业大体呈现如下特征。

（1）世界主要码头企业的地域分布呈现出相对集中的空间特征。如表7-1所示，2004年全球前20位的码头企业多分布在亚洲和欧洲，其中亚洲有9家，欧洲有7家，由此可看出亚洲码头经营企业的全球地位。北美的码头企业比较少，仅有2家企业的总部在美国，分别是位居第10位的SSA海运公司和第15位的CSX码头，2002年两者的处理量分别为440万TEU和270万TEU，占世界总量的1.6%和1%。

表7-1　2004年全球前20位集装箱码头企业

排序	营运商	国家（地区）	排序	营运商	国家（地区）
1	和记黄埔	中国香港	11	总统轮船	新加坡
2	新加坡港务集团	新加坡	12	汉堡哈芬	德国
3	AP·摩勒港口	丹麦	13	日本邮船	日本
4	铁行港口	英国	14	东方海外	中国香港
5	欧洲门户	德国	15	CSX世界码头	美国
6	长荣海运	中国台湾	16	大阪商船三井	日本
7	迪拜港口世界	阿联酋	17	Dragados	西班牙
8	中国远洋	中国	18	川崎汽船	日本
9	韩进海运	韩国	19	Terminal de Contenidors de Badrcelona	西班牙
10	SSA海运	美国	20	地中海航运	瑞士

（2）世界主要的码头经营企业同航运企业间有着紧密的裙带关系，形成"港航合一"的行业特征。全球主要的码头企业中，有9家本身就是全球大型的航运企业，包括长荣海运、中国远洋、韩进海运、总统轮船、日本邮船、东方海外、商船三井、川崎汽船和地中海航运。有4家与大型航运企业属于同一集团，包括新加坡港务集团、铁行港口、AP·摩勒码头和CSX世界码头，其中，铁行渣华拥有铁行港口50%的股份，新加坡港务集团与东方海皇同属于一个母集团——新加坡淡马锡集团，AP·摩勒码头和马士基/海陆则同属于母集团——丹麦AP·摩勒集团，CSX世界码头是美国CSX运输集团的港口职能部门。

（3）目前，各码头经营企业处于不同的发展阶段或呈现不同的发展战略模式。在经济全球化进程中，部分跨国经营的码头企业迅速壮大，其中和记黄埔港口和铁行港口在世界码头民营化的环境中不断扩大业务，而新加坡港务集团则迅速扩大势力而奋起赶超前两者，迪拜世界港口努力通过兼并其他码头经营企业而力图迅速崛起，菲律宾国际集装箱码头（ICTSI）、美国装卸服务公司和欧洲门户也不断崛起。

（4）国际码头经营企业主要是私营企业或民营企业（如香港和记黄埔），对港航市场的变化有着很强的适应性。部分企业则是国有企业，但是数量比较少，目前这些国有企业也开始进行海外扩张，尤其是新加坡港务集团（Olivier and Slack，2006）。

三、国际码头企业扩张模式

随着全球航运资源整合进程的加快，国际码头经营企业开始从单一港口和单一地区走向全球市场，在全球范围内进行扩张。各码头企业的扩张模式虽有所不同，但归纳起来主要有以下几种。

（1）既有经营码头扩建：主要通过扩建既有码头来提高集装箱装卸量，是码头企业长期以来采用最多的扩张模式，这种模式的风险较低且汇报最高。但这仅能体现在装卸能力的扩张上，并局限于单一的港口，不能实现全球港口网络的构筑，而且随着码头资源的不断开发，这种扩张的空间或容量在许多港口已日益穷尽。

（2）租用港口码头：主要指港口管理机构或港口拥有者以现有的土地、岸线、泊位及相关设施等出租给码头企业，由码头企业负责经营并进行管理，向港口管理机构或港口拥有者交付一定的租金，但不持有港口或码头的拥有权。

（3）收购港口码头：主要指本地码头资源的充分开发迫使码头企业在其他区域寻找码头经营资源，收购其他区域既有港口或码头的股份，从而获得经营和管理的权利。这种扩张模式的经营风险中等，有利于企业评估既有设施的改善空间和市场占有率的增长幅度，可使企业迅速占领新市场，亚洲、北美和欧洲的码头企业都均有体现。

（4）投资新建码头：由政府或港口规划土地与岸线资源，通过招标，由码头企业出资竞标而独立或合资新建并经营新码头。这种扩张模式的风险较大，投资金额庞大，回收周期长，在建造和经营期内面临不确定的因素很多，市场波动较大，仅实力雄厚的码头企业能够实现这种扩张模式。具体参与方式取决于所在国家对港口私人投资的规定或市场进入标准，主要表现为合资方式和股份控制上限的规定。

（5）收购码头企业：该战略是较为高级的扩张模式。近年来，该模式开始为大型的国际码头企业所青睐。这种扩张模式可促使码头企业直接获取被并购企业的港口码头资源，扩大企业规模而获得规模经济，迅速建立全球性的港口经营网络。但这种模式容易造成垄断，并限制了市场竞争。目前，这种企业并购主要存在两类，一类是专业性码头企业间的并购，另一类是航运企业并购码头企业。

四、国际码头企业扩张分析

国际码头企业的全球扩张行为已经历了很长时间，通过系统梳理 20 世纪 70 年代以来的扩张和并购路径（图 7-1），可发现有以下特征。

（1）20 世纪 70 年代至 21 世纪初，码头企业的扩张战略主要是单一码头的投资或股份收购，采取零星布点或散点式的港口网络构筑模式。近年来，国际码头企业开始采用直接收购竞争对手的扩张战略，以迅速获取竞争对手的港口网络，建立全球性的港口经营网络。迪拜世界港口整体并购铁行港口和环球码头就是典型案例，而 2005 年成为码头业收购兼并最为频繁的年份。

（2）码头企业在极力推进码头投资与兼并的同时，开始向部分航运企业少量出售部分港口或码头的经营股权，以力图实现与航运企业的合作与竞争对手的竞合，"联合需求机遇"。例如，和记黄埔向新加坡港务集团出让香港码头股权，AP·摩勒集团和和记黄埔在塞得港和盐田港共建集装箱码头。

（3）码头企业在码头网络的全球扩张过程中，面临某些国家或区域组织的反垄断干预。随着港口码头经营网络的不断扩大，码头企业开始渐显垄断市场的特征。这迫使部分地区或国家通过各种途径，力图干预这种垄断地位的形成。例如，2001 年欧洲委员会对和记黄埔参股鹿特丹港口进行了干预，和记黄埔的原来计划可能会导致对西欧地区的装卸市场的垄断。

（4）从合作伙伴选择的角度来看，码头企业倾向于选择与港口当地有政府背景或特殊联系的企业，进行合作而组建合资企业，而且力图在合资企业中保持股东数量较少，以确保自己拥有较多的股份。例如，AP·摩勒码头分别与上海港、厦门港进行合作，所持的股份分别为 49% 和 50%，而参与天津港投资时，最终因股东数量较多、股权份额较少而决定退出。

（5）码头企业在扩张过程中关注与其他企业的空间竞争，各大港口集团在全球各大洲均存在竞争。在东南亚地区，AP·摩勒购买丹戎佩拉帕斯港 30% 的股份，以建设马士基/海陆的东南亚转运枢纽，使其成为新加坡港的竞争对手，进而对新加坡港务集团形成对峙的竞争格局。和记黄埔则购买巴生西港区 70% 的股份而介入东南亚市场，实现"有计划的竞争"。三大码头集团分别通过建立自己的码头基地，而在东南亚开展区域竞争。在拉美地区的太平洋海岸，CSX（Chessie Seaboard Transportation）在委内瑞拉卡贝略港和多米尼加的考塞多港（Caucedo）进行投资和经营，而AP·摩勒集团则经营牙买加的金斯敦港，美国装卸服务公司（SSA）经营巴拿马的曼萨尼约港，和记黄埔经营巴拿马运河的东西两港口与巴哈马的弗里波特港，四大集团在加勒比海地区进行同场竞技。

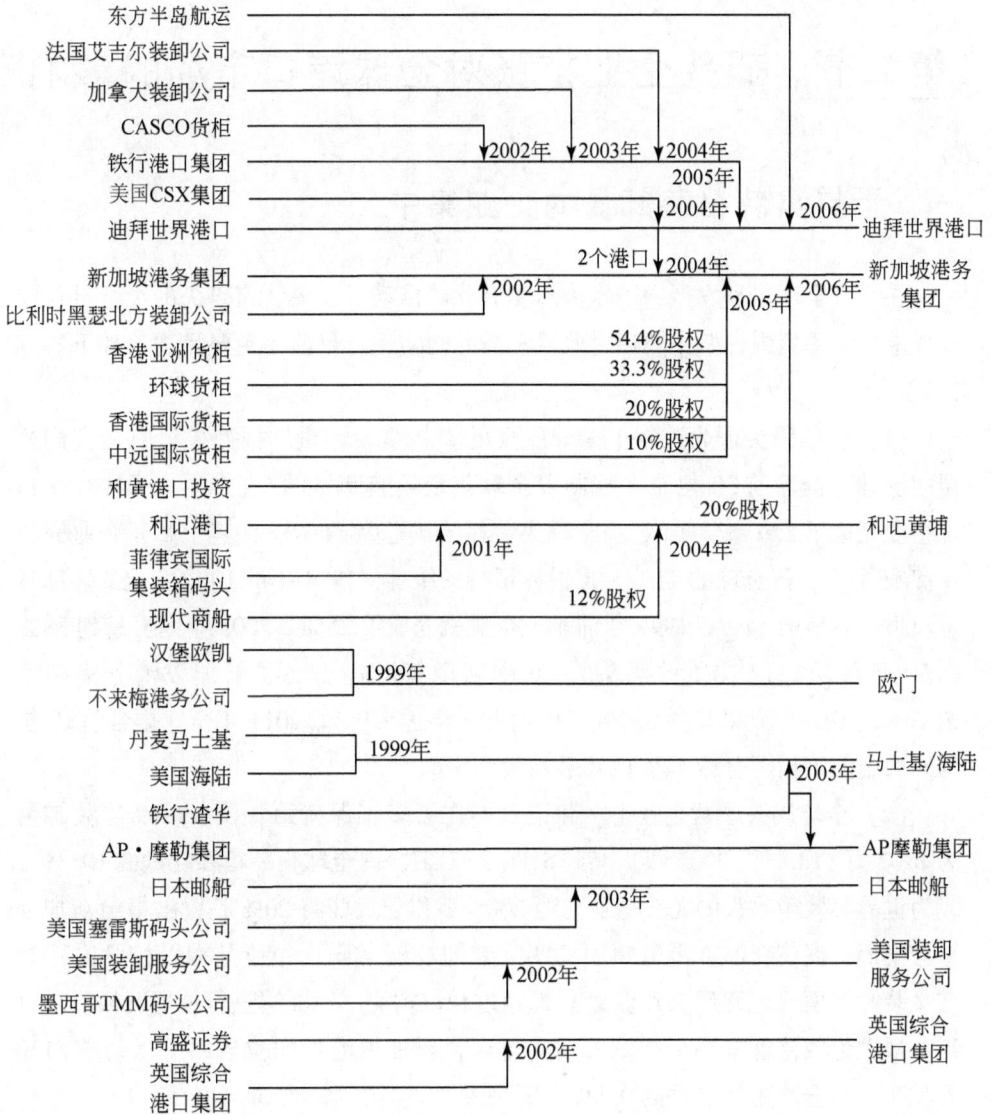

图 7-1　码头企业间的主要并购时间表

（6）目前，和记黄埔、新加坡港务、AP·摩勒、迪拜世界港口占据了码头经营扩张的第一阵营，无论总量还是发展速度都超过了其他企业。目前，这四家企业仍不断加大兼并的力度，其中，迪拜世界港口集团合并铁行港口集团，而快速扩张以跻入第一阵营。随着四大企业兼并力度的加大，大型港口集团与非集团企业间的规模差距将越拉越大。从企业并购案例来看，最活跃的企业是迪拜世界港口和新加坡港务集团，其次是和记黄埔和铁行港口。

第二节　码头企业扩张对全球港口市场的影响

一、世界集装箱装卸量的企业集中

在经济全球化和发展中国家港口私有化的推动下，集装箱码头的经营日益向少数港口集团集中，并主要通过收购和兼并而实现。目前，主要呈现出如下特点（表7-2）。

（1）少数码头企业控制了全球主要的集装箱装卸量。据德鲁里航运咨询公司的统计，全球前20位企业控制着全球集装箱装卸量的56.7%；2005年前24位企业完成了2.67亿TEU，占全球集装箱装卸总量的67%，其中私营企业完成1.78亿TEU，占全球的44%。据世界银行的统计，1994年前10家企业的装卸量不及世界总量的14%，1999年前4位企业就完成了25%，2005年则提高到38%（仅统计股份超过10%的码头），其中和记黄埔达13%，新加坡港务集团达10.3%，AP·摩勒港口达8.9%，中远太平洋达5.9%。2011年全球排名前10位的码头企业占据了全球40%的集装箱装卸份额。

（2）全球码头经营企业中，和记黄埔连续多年保持第一位，1999年装卸量为1807万TEU，而2005年提高到5180万TEU，占全球集装箱吞吐量的10.3%，成为世界集装箱码头的龙头企业。但2005年和记黄埔将20%股权出售给新加坡港务集团，促使新加坡港务集团的实际装卸规模（码头作业量乘以控股比）和名义装卸规模（经营码头作业量）都超过和记黄埔，冠亚军进行位置互换。2011年，根据伦敦德鲁里海事咨询公司的排名，新加坡港集团位居第一，完成5130万TEU，占全球市场份额的9.4%。

（3）国际码头企业通过并购行为调整并控制码头市场，而且持续进行，由此将导致更大的联盟和合并。目前，世界并购活动最活跃的码头企业是迪拜世界港口和和记黄埔，新加坡港务集团稍逊，而铁行港口则被迪拜世界港口所收购。

未来，全球主要码头企业同其他中小型企业的差距将进一步扩大，导致世界集装箱装卸量日益向少数码头经营企业进行集中。

（4）目前，世界集装箱的装卸量日益集中，尤其近年来少数码头企业发展迅速。部分学者认为这会导致全球港口市场形成垄断，并为四大企业所垄断，指出2005年迪拜世界港口集团收购铁行港口和和记黄埔向新加坡港务集团出售20%股权将继续强化这种垄断趋势，并进入格列弗式垄断时代。但部分学者则认为全球航运市场正趋于国际集约化，这是经济全球化的一种体现。以上论点存在争议，但世界港口业将进入不断调整时期，和记黄埔、新加坡港务集团、AP·摩勒集团和迪拜港口世界将牢牢地控制住全球集装箱港口行业。

表 7-2 世界主要码头公司的集装箱处理量　（单位：万 TEU）

码头公司	1999 年	2000 年	2002 年	2005 年	2008 年
和记黄埔	1807	2530	3670	5180	6760
新加坡港务集团	1765	1977	2620	4118	5970
AP·摩勒		1300	1720	3700	6440
中远太平洋			470	2607.9	4600
铁行港口	571	828	1280	2430	
迪拜港口世界			530	1290	4620
欧门	632	765	950	1210	1420
美国装卸服务（SSA）海运		600	440	1030	740
日本邮船塞雷斯码头			130	740	
地中海航运					1620
长荣航运					936
汉堡港口仓储					874
达飞码头					700
菲律宾国际集装箱码头					370

二、全球码头经营市场的空间差异

受运输管制法规和码头经营传统的影响，全球范围内的码头经营市场呈现出明显的地域差异。

1. 北美地区

北美地区缺少举足轻重的码头企业。在美国，集装箱码头多数是航运企业的子公司或港口管理部门的公共码头，私营码头很少。这导致码头经营市场较为分散，尚未形成占据多数市场份额的码头企业，和记黄埔和新加坡港务集团等在美国均没有码头业务。在美国，港口改革或自由化尚不允许，由航运企业的附属企业经营专用码头和由市州政府港务机构经营码头的做法更为普遍（Slack and Fremont，2005）。而且，港口工人力量强大（2002 年美西港口工人罢工），对港口码头的经营有着重要影响。SSA 是美国最大的独立港口营运商，铁行港口已在美国和加拿大收购港口码头，这促使北美的港口市场支离破碎。

2. 欧洲地区

由于独立码头经营巨头的影响，码头市场相当集中化，主要集中在少数大型码头企业，2002 年四大码头企业占西北欧集装箱装卸量的 45%。但欧洲码头投资决策程序较多，周期长，效率较低，如荷兰；法律政策壁垒较多，许多国家都有反垄断法，对环境和安全保护的要求很高，而且工会权力较大，劳资关系复杂。同时，因欧盟对市场集中化的严格监督，欧洲码头的继续集中化遇到障碍。目前，欧盟竞争法规已影响了和记黄埔在西北欧地区的扩张，新加坡港务集团和铁行港口的扩张也遭受严格审查。

3. 亚洲地区

东亚和东南亚由于存在少数的大型码头企业，而且各国港口吸引外资和私有化的进程积极推进，这促使码头经营市场相对集中。2002 年，和记黄埔在远东地区的集装箱装卸量占该地区市场总量的 25% 以上，中远太平洋、新加坡港务集团、AP·摩勒、CSX 环球码头、铁行港口和 Dragados 等码头企业都参与了中国港口码头的投资和经营。在南亚，铁行港口在孟买和钦奈的经营已受到限制，并被剥夺了在印度其他港口投标的资格。

4. 南美地区

码头经营市场比较分散，通常为国家所控制，尚未形成占 7% 以上市场份额的大型码头经营企业。

以上分析，反映了世界各区域码头市场差异的现实格局，全球化是否能够进一步促进世界港口经营模式的统一化或标准化仍待考察，但需要部分码头经营企业构筑全球性的超级港口网络（Slack，2001）。

三、主要国际码头企业的全球网络

1. 全球覆盖网络

码头企业的港口网络开始在全球范围内进行扩张，力图建立全球性的码头经营网络。通过对主要码头企业的分析，可发现其港口网络主要呈现出以下特征。

（1）从图7-2和表7-3可看出，国际码头企业所参与的港口和码头开始遍及世界各地，包括欧洲、亚洲、大洋洲、非洲和南北美洲等地区。据本研究的统计，国际码头企业所涉及的港口有154个，这也是少数码头企业控制全球主要集装箱装卸量的重要原因。

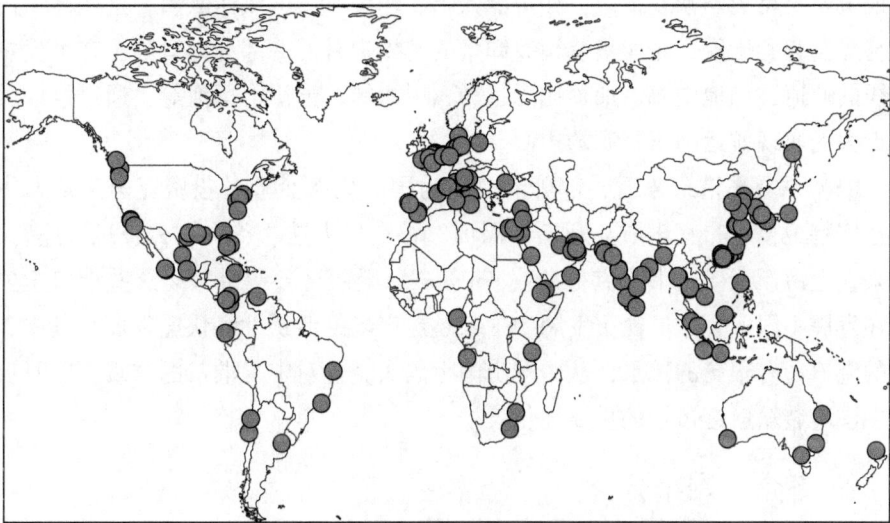

图7-2　世界主要码头企业的经营港口

（2）全球主要的集装箱港口都已有这些企业的投资、参股或经营。对比全球前100位集装箱港口，国际码头企业参与的港口已有68个，约占总量的68%，并占投资经营港口总量的44.2%。由此可判断，国际码头企业具有强大的全球影响力与控制力。

（3）从全球角度来看，码头企业对港口的投资存在相对集中的区域，包括东亚、东南亚、南亚、中东、地中海西部、苏伊士运河、西欧、北美东海岸等地区，这些地区或是主要的集装箱源地或是位居重要的航运区位。从国家角度进行判断，中国大陆、印度、美国、意大利、德国等国家的港口是国际码头企业进行投资与经营的重点，是目前国际贸易和集装箱运输最多的国家。

表7-3　2006年主要港口企业的集装箱码头网络　　　　（单位：个）

企业	澳大利亚	欧洲	北美	亚太	拉美	南亚中东	总量
AP·穆勒集团		7	13	7	3	5	39
迪拜世界港口集团	1	2		4	2	5	15
和记黄埔		10		22	7	1	42
铁行港口	4	7	5	6	1	5	29
新加坡港务集团		11		20		1	32
总量	5	37	18	59	13	17	157

（4）码头企业所收购或投资的港口分布呈现两大特点：①港口主要分布在腹地货箱充足的国家或地区，如中国大陆、印度、美国或西欧等，这些港口的投资与经营有利于码头企业集装箱装卸量的规模提升。②部分港口分布在世界主要航线的通道，如地中海、加勒比海、马六甲海峡、苏伊士运河等，通过这些关键节点力图实现航运网络资源的控制。

（5）从具体港口来看，部分港口成为国际码头企业的投资竞争焦点，主要包括安特卫普、布宜诺斯艾利斯、深圳、香港、大连、釜山、林查班、鹿特丹、钦奈、上海、天津、韦腊克鲁斯（Veracruz，墨西哥）等港口。这些港口主要分布在发展中国家，这反映了发展中国家航运市场的活跃性和快速发展。其中，中国的港口占有很高的比重，从中看出国际码头企业对中国港口的重视，同时反映了中国集装箱航运市场的重要地位。

2. 各企业网络分异

以上仅是针对各企业港口网络的综合研究，从不同企业来看，其港口网络存在较为明显的空间差异。

（1）各企业港口网络的本地化或本国化特征明显。这是因为企业经营往往首先始于本国的港口码头，企业发展具有很强的本地化或本土化特征。和记黄埔、新加坡港务集团、迪拜世界港口等均起步于母港，随后向母国的其他港口进行扩张，使港口网络逐渐本国化，突出表现在企业所参股或经营的港口码头主要分布在母国内（Slack and Fremont，2005）。这种特征在中远太平洋（中国大陆）、AP·摩勒（澳大利亚）等码头企业的港口网络中有明显体现，2004年中远太平洋的中国港口操作量占其全部操作量的90.3%。

（2）部分码头企业的港口网络逐渐覆盖全球，呈现出明显的全球化或国际

集装箱港口网络形成演化与发展机制

化的空间特征，本地化特征逐渐淡化，这同许多学者的论点相吻合。各码头企业尽管存在明显的重点经营区域，但已开始在全球主要航运区域或全球主干航线或关键区位上参与港口码头的建设与经营。其中，和记黄埔、AP·摩勒、铁行港口、新加坡港务集团等具有最为庞大的港口网络，这些企业居于全球前四位（Slack and Fremont，2005）。此外，迪拜世界港口、中远太平洋、美国SSA等企业虽向全球进行扩张，但海外港口网络相对有限，规模较小。

（3）部分码头企业的港口网络虽已跨越了国界，但仍相对集中在某一国际区域而成为区域性码头企业。例如，德国欧门的港口网络主要覆盖欧洲地区，包括西欧、北欧和地中海的欧洲港口，尤其侧重于大西洋门户港口码头的投资。控制甚至垄断区域性航运市场是该类企业的主要经营目的或目标。

（4）各企业的港口网络与扩张战略各有特点。

和记黄埔——该企业的集装箱装卸量仅有35%来自香港，其他装卸量由其他港口来完成。其中，深圳、上海和鹿特丹的贡献率较大，这反映了和记黄埔的全球化程度很高。和记黄埔港口网络扩张坚守枢纽港的全球战略，目前处于巩固实力阶段，装卸量逐年增长（表7-4），2010年达到7500万TEU。

表7-4　和记黄埔港口集团的经营业绩

年份	营业额/亿港元	装卸量/万TEU	每TEU营业额/港元	每TEU获利/港元
1996	94.91	1129	841	409
1997	103.13	1310	787	378
1998	107.54	1410	763	322
1999	121.21	1790	677	269
2000	142.26	2530	527	211
2001	155.05	2700	574	214
2002	205.72	3580	574	185
2003	231.39	4150	557	183
2004	269.8	4780	564	185
2005	299.17	5180	578	197

新加坡港务集团（PSA）——该企业港口网络的国际化，始于1996年的大连港投资，将海外分为东亚、中国、欧洲和印度四大区域。PSA主要根据亚洲集装箱航运的发展趋势制定海外战略，其港口网络处于膨胀状态，并主要沿欧洲—亚洲航线分布，形成东起韩国、西至比利时的码头网络。2003年，新加坡港务

集团的装卸量达 1810 万 TEU，海外装卸量达 1060 万 TEU，全球化程度很高，但该企业尚未进入美洲市场。在受到系列因素的冲击下，PSA 的装卸量的增长有所减缓，但 2009 年开始，由于与韩国釜山港、印度钦奈港和越南头顿港的合作，促使其集装箱装卸量大幅增长，2010 年达到 6510 万 TEU，其国外增长量较高，达到 3740 万 TEU，而在新加坡港的装卸量为 2770 万 TEU（图 7-3）。

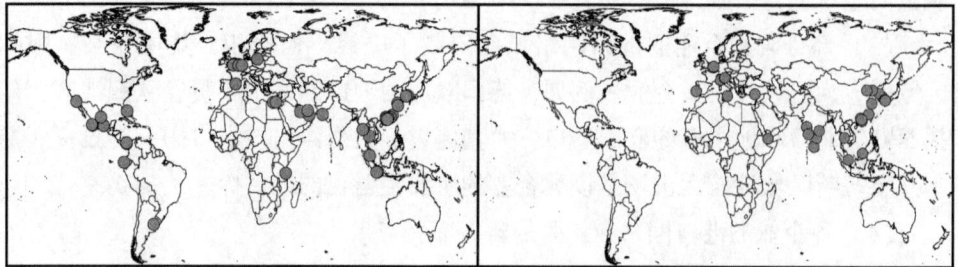

(a) 和记黄埔　　　　　　　　　　　(b) 新加坡港务集团

图 7-3　和记黄埔和新加坡港务集团码头网络

AP·摩勒——该企业从"成本中心"向"利润中心"的发展战略过渡，致力于全球码头经营。如图 7-4 所示，该企业的港口网络遍布大洋洲以外的主要港口，2003 年装卸量达 2230 万 TEU。近年来，该企业陆续从美国奥克兰港和萨凡纳港以及台湾高雄港撤出，但在发展中国家继续扩张航运业务，其发展模式逐步改变，导致许多货运中转站关闭。

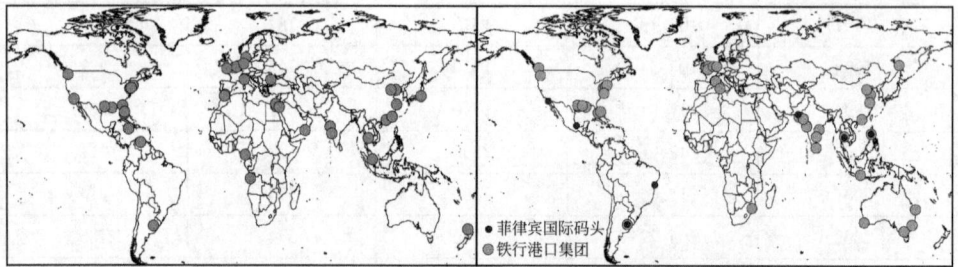

● 菲律宾国际码头
● 铁行港口集团

(a) AP·摩勒集团　　　　　　　　　(b) 铁行港口与菲律宾国际码头

图 7-4　AP·摩勒、铁行港口与菲律宾国际码头的码头网络

铁行港口——该企业港口网络的国际化始于 1984 年的巴生港经营，其港口网络最"完整"，分布于远东、非洲、欧洲、大洋洲和南北美洲的主要航线，从发达国家到发展中国家都有，在其他企业所陌生的美国、澳大利亚和印度都有码头经营，呈现较高水平的全球化。2006 年铁行港口为迪拜环球港务集团所收购。

迪拜环球港务集团（DP World）——该企业也称为迪拜世界港口集团，以

Rashid 和 Jebel Ali 两港为基地，主要参与中东、印度及欧洲的港口经营，2003 年装卸量达 643.9 万 TEU，其中海外装卸量为 129 万 TEU，全球化程度较低。但目前积极拓展全球网络，尤其收购 CSX 和铁行港口将其码头网络迅速从区域向全球拓展，并成为目前全球网络覆盖面最大的码头企业，在 30 多个国家拥有 50 个码头，2005 年集装箱操作量达 1200 万 TEU，如果包括收购的铁行港口，该年份的集装箱装卸量达到 3500 万 TEU（图 7-5）。

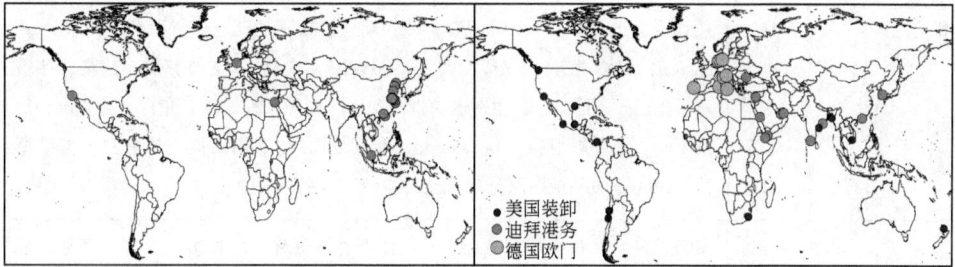

(a) 中远太平洋　　　　　　　　　　(b) 迪拜港务、美国装卸公司与欧门

图 7-5　中远太平洋、迪拜港务、美国装卸公司与欧门的码头网络

迪拜港务的码头网络主要指并购铁行港口之前的网络

　　其他码头企业——德国欧门主要经营北欧和地中海港口，近年来发展不佳，2010 年装卸量达到 1260 万 TEU。美国 SSA 原仅经营西雅图港，海外港口较少，近年来向南美洲扩张，并在亚洲进行投资。菲律宾国际集装箱码头（ICTSI）的总部位于马尼拉，其市场战略是新兴市场的门户港口，2010 年集装箱装卸量达到 420 万 TEU，其中亚洲地区的装卸量为 265 万 TEU，美洲为 105 万 TEU，欧洲、中东及非洲地区为 50 多万 TEU。中远太平洋是近年来积极扩张的码头企业，2010 年集装箱装卸量达到 850 万 TEU。而招商国际除在中国经营码头，在越南、斯里兰卡的科伦坡和尼日利亚的拉各斯有码头经营，其集装箱装卸量主要来自中国，2010 年其中国港口装卸量为 5220 万 TEU。

　　（5）各码头企业的港口网络存在不同的规模，部分企业的港口码头网络比较庞大。首先，根据本研究的统计，截至 2005 年，和记黄埔在全球参股和经营的港口有 44 个，是全球最大的码头企业，2005 年集装箱装卸量为 5180 万 TEU。其次，AP·摩勒和铁行港口的港口网络比较庞大，分别在 40 个和 41 个港口进行参股经营。再次，新加坡港务集团和美国 SSA 分别经营着近 30 个港口，中远太平洋等企业具有一定的港口网络规模，2006 年在 17 个港口参与码头经营，年处理能力 5170 万 TEU。德国欧门、迪拜世界、国际集装箱服务公司的港口网络较小，但迪拜港口世界收购铁行港口后，其港口网络的规模有了大幅提升（表7-5）。

表7-5 主要国际集装箱码头企业的全球网络

码头企业	数量/个	投资港口名称
和记港口	44	费力克斯托、鹿特丹、哈尔威治（Harwich，英国）、泰晤士、香港、上海、深圳、珠海、南海、惠州、汕头、江门、厦门、宁波、马达（Manta，厄瓜多尔）、圣樊尚（Lazaro Cardenas，墨西哥）、维拉克鲁斯、曼萨尼约（墨）、恩塞纳达、克里斯托瓦尔（Cristobal，巴拿马）、巴尔博亚、自由港、布宜诺斯艾利斯、巴塞罗那、安特卫普、杜伊斯堡、格丁尼亚、达累斯萨拉姆（Dares Salaam，坦桑尼亚）、亚历山大（Alexandria，埃及）、艾特其勒、达曼、苏哈尔（Sohar，阿曼）、巴生、卡拉奇、釜山、光阳、雅加达、仰光、林查班、丹戎不碌、波佐尼卡拉（Bojonegara，印度尼西亚）、阿巴斯、拉萨罗卡德纳斯（Lazaro Cardenas，墨西哥）、迪拉瓦（Thilawa，缅甸）
新加坡港务集团	29	安特卫普、吕布泽赫、热那亚、威尼斯、锡尼什、新加坡、大连、南通、福州、釜山、东莞、广州、香港、鹿特丹、仁川、天津、杜地戈林（Tuticorin，印度）、林查班、北九州、蒙得拉、钦奈、尼赫鲁、梅尔辛、里雅斯特（Trieste，意大利）、弗里波特、麻拉（Muara，文莱）、响滩（Sinokor，日本）、亚丁、皮帕瓦沃（Pipapav，印度）
AP·摩勒港口	40	鹿特丹、不来梅、焦亚陶罗、阿尔赫拉西斯、奥胡斯、塔科马、奥克兰、洛杉矶、纽约、巴尔的摩、查尔斯顿、杰克逊维尔、迈阿密、新奥尔良、休斯敦、普茨茅斯、埃弗格莱兹（Everglades，美国）、上海、罗安达（Luanda，安哥拉）、亚喀巴（Aqaba，约旦）、深圳、大连、拉姆恰班、丹戎佩拉帕斯、皮帕瓦沃、萨拉拉、金斯敦、横滨、康斯坦察、卡贝略港、苏伊士运河、赛得、布宜若斯艾利斯港、丹吉尔港、敦刻尔克港、杜阿拉、孟买、厦门、吕布泽赫港、天津
铁行港口	41	纽约、安特为普、南安普敦、蒂尔伯茨、卡利亚里、巴尔的摩、波特兰、诺福克、迈阿密、新奥尔良、加尔夫波特（Gulfport，美国）、休斯敦、自由港、加尔维斯敦（Galveston，美国）、查尔斯湖港、深圳、青岛、布宜诺斯艾利斯、马普托、张家港、泗水、马尼拉、天津、孟买、林查班、费城、温哥华、勒阿弗尔、墨尔本、布里斯班、悉尼、杜伊斯堡、马赛、福斯、科伦坡、钦奈、那瓦舍瓦港（Nhava Sheva，印度）、蒙德拉（Mundra，印度）、加西姆（Gassim，巴基斯坦）、东方港、弗里曼特尔（Fremantle，澳大利亚）
欧门	11	克莱佩达（Klaipeda，立陶宛）、里斯本、焦亚陶罗、不来梅、汉堡、萨莱诺（Salerno，意大利）、里窝那、拉韦纳（Ravenna，意大利）、卡利亚里、拉斯佩齐亚、里耶卡（Rijeka，克罗地亚）

集装箱港口网络形成演化与发展机制

码头企业	数量/个	投资港口名称
美国SSA Marine	26	西雅图、奥克兰、洛杉矶、长滩、新奥尔良、波特兰、圣安东尼奥、圣文森特（San vicent，智利）、曼萨尼约（巴拿马）、韦拉克鲁斯、朗维、塔科马、温哥华、查尔斯顿、杰克逊维尔、萨瓦那、威明顿、休斯敦、巴拿马城、曼萨尼亚（墨）、德班、达卡、钦奈、奥克兰（新）、胡志明、吉大
CSX	5	卡贝略、釜山、考塞多、布里斯班、哈米纳（Hamina，芬兰）
迪拜世界港口	11	亚丁、康斯坦察、釜山、科钦、富查伊拉（Fujairah，阿联酋）、香港、吉布提、维沙卡帕特南（Vishakhapattinam，印度）、吉达、贝鲁特（Beirut，黎巴嫩）、迪拜
中远太平洋	17	香港、深圳、上海、张家港、青岛、大连、南京、太仓、广州、长滩、营口、镇江、扬州、安特卫普、苏伊士港、新加坡、宁波
国际集装箱公司	9	布宜诺斯艾利斯、马尼拉、韦拉克鲁斯、恩塞纳达（Ensenada，墨西哥）、卡拉奇、林查班、格丁尼亚（Gdynia，波兰）、苏佩、金·阿布达达尔·阿治斯

注：数据截至2005年

（6）兼并与收购成为码头企业迅速扩张港口网络的有效途径。典型案例是和记黄埔收购菲律宾国际集装箱码头服务公司（ICTS）、迪拜世界港口收购铁行港口。和记黄埔通过收购ICTS，使该企业迅速进入非洲、中东和拉丁美洲的航运市场，而迪拜世界港口则通过收购铁行港口使其迅速扩大港口网络，并跃居全球第三位，新加坡港务集团的许多海外港口码头是通过收购而来。

四、航运企业扩张对港口体系的影响

前文已指出，世界主要的码头企业和航运企业有紧密的裙带关系，实际上，航运企业积极参与码头的投资、建设与经营及管理，形成"港航合一"，已成为全球航运业的重要趋势（Slack and Fremont，2005）。这对全球港口体系产生了深远的影响，尤其对枢纽港的产生和发展有着重大的影响。

1. 港航合一趋势

从物流成本来看，港口支付成本占航运企业成本近50%的比重，如何将码头支付成本内部化成为航运企业关注的焦点（Slack and Fremont，2005）。21世纪初，随着经济全球化和现代物流的发展，航运企业开始延伸资源整合的链条，参与港口码头的建设、经营与管理，关注港口和物流设施等资源的优化配置和高效利用，由此成为物流链的重要运营者。航运企业参与码头经营成为国际港口集团的另类形式，是航运企业整合航运资源并延伸物流链的重大举措，借此实现自有船舶挂靠自有港口，拥有充分的自主权，提升对全球航运市场的掌控能力。由此，形成了"港航合一"的发展趋势，这对全球港口体系产生了深远影响（Slack and Fremont，2005）。

航运企业通过收购、兼并、协议、联盟等方式构筑全球性且"港航合一"的航运网络，实现集装箱运力与码头装卸设施的有效结合。目前，这些航运联盟具有强大的市场掌控能力。截至 2005 年左右，马士基/海陆所参股的港口有 26 个，年吞吐量达 1300 万 ~ 1400 万 TEU，涉及欧洲、北美、远东、地中海和中东等区域的主要枢纽港。铁行渣华在 14 个国家的 38 个集装箱港口拥有股份，长荣海运、中远集运、东方海外、总统轮船、商船三井、铁行渣华乃至中国海运等航运企业也积极参股集装箱码头经营，力图在全球范围内建立起"港航合一"的航运网络。

2. 码头经营参与模式

航运企业参与码头经营主要存在 3 种模式。各种模式的具体特征如下所述。

（1）模式Ⅰ：该模式指航运企业经营专用码头，为自有船舶提供挂靠服务，这成为重要的码头经营模式。Heaver（2002）等学者认为大型航运企业往往关注码头专用经营，以减少航运企业的浮动性（footloose）。该模式促使航运企业根据航线组织和班轮挂靠需求制定码头扩张战略，码头经营仅是航运组织的附属过程。

（2）模式Ⅱ：该模式指航运企业的辖属功能部门从事港口码头的经营和管理，码头不仅为自有船舶提供服务，而且为其他航运企业提供船舶挂靠服务。例如，铁行港口和铁行渣华航运、AP·摩勒集团和马士基/海陆均属同一母公司。该模式更为普遍和常用，航运服务和码头经营均为企业的核心业务。

（3）模式Ⅲ：该模式指航运联盟或港航企业联合投资、开发和经营码头。2005 年，CYKH 联盟与新加坡港务集团联合开发和经营了安特卫普港，开创了航运联盟经营码头的先河。该模式实现了多家航运企业的集中利用，提高了码头设施的高效利用。

3. 航运企业对码头企业的竞争

航运企业的码头扩张对国际码头企业形成了竞争和挑战。航运企业凭借所掌握的船舶运力和航运网络而备受港口青睐，在码头投资和经营中对码头企业形成竞争和挑战。目前，越来越多的航运企业参与集装箱码头的投资、建设和经营，没有班轮背景的码头企业受到严重威胁。和记黄埔落选参股青岛港就是典型案例，环球码头和铁行港口也在该背景下将企业整体出售，前者原为海陆的码头企业，后者和铁行渣华属于同一母公司。马士基收购海陆和铁行渣华后，环球码头和铁行港口均失去了基本客户，并使集装箱装卸量急剧下降，被迫整体出售。部分码头企业针对不掌握船舶运力的弱点，而出售其股份或参股航运企业，以实现码头和船舶运力的有效结合，吸引船舶挂靠和促进码头设施的高效利用。例如，和记黄埔向中远集团出售上海集装箱码头10%的股权，并收购现代商船12%的股份。迪拜世界港口收购铁行港口后，成立阿联酋航运以构筑航运网络，增强对运力的支配能力。码头企业的行为从另一方面强化了全球"港航合一"的趋势。

以上两点表明，航运企业参与码头经营和码头企业不掌控运力的弱势及全球码头经营网络的扩张，促使港航企业相互参股和并购。全球航运资源的整合程度进一步提高，链条进一步延伸，"港航合一"成为继航运联盟和码头企业扩张后的又一重大趋势。"港航合一"实现了航运网络节点—港口码头和集装箱运力—船舶及航线和航班等航运资源的有效整合，促使"港航合一"类企业比传统码头企业或航运企业更具市场优势。这在一定程度上影响了全球化码头企业的集中度和全球航运市场的垄断程度。

4. 码头经营市场与港口装卸市场

航运企业参与集装箱码头的投资和经营，改变了全球码头经营市场的传统结构。如图7-6所示，集装箱码头的权属结构和集装箱装卸量的比重结构发生了明显变化与分异，传统的码头装卸和船舶运营的功能界限不断弱化，各种企业的功能融合程度明显增长。

（1）从集装箱港口的码头权属结构来看，专业化码头企业所投资、建设和拥有的码头数量约占全球集装箱码头总量的35%，而传统的港口管理机构拥有32%的市场，两者合计占2/3左右。对于港口管理机构而言，其市场份额是明显下降的。而航运企业所投资和经营并拥有的集装箱码头约占全球总量的1/5，相对于航运组织的专业化功能而言，该比重很高。其他类型的企业约占14%左右。

（2）从港口码头完成的集装箱装卸量的比重结构来看，专业化码头企业约拥有42%的集装箱装卸市场，其比重很高。而传统的港口管理机构则拥有27%的份额，相对于过去的绝对垄断市场，该比重已大为下降。而航运企业所属的码头完成了全球12%的集装箱装卸量，其比重较高。其他类型的企业则完成了近1/5的集装箱装卸量。

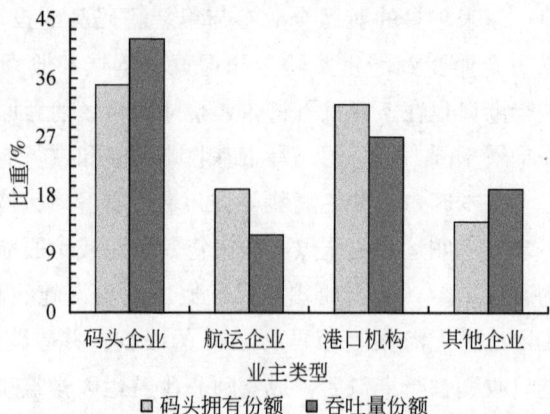

图 7-6　2002 年全球港口拥有权结构与吞吐量完成结构

5. 码头经营与枢纽港演化

　　航运企业经营港口码头加快了枢纽港的演化进程。Hayuth 认为枢纽港发展到第五阶段，因其本地约束机制而产生了边缘挑战，该论点虽然指出了枢纽港演化的要义，但忽视了航运企业的影响机制。在船舶超大型化和航运企业联盟化及港口市场供过于求的宏观背景下，吸引航运企业成为港口的重要战略，而航运企业的壮大使其具备自由选择并与港口博弈的能力，博弈的结果往往导致航运企业转移挂靠港口，这对港口尤其枢纽港产生了重要影响，降低了自我掌控能力（Baird，2003）。

　　（1）近年来，部分航运企业将中转基地从枢纽港撤迁到周边的小型港口，使枢纽港运量大幅下降。2000 年，马士基/海陆将东南亚枢纽港从新加坡港转移到马来西亚的丹戎帕拉帕斯港，并获取该港口 30% 的股权；2002 年，长荣海运采取同样举措，促使丹戎帕拉帕斯港迅速崛起且吞吐量急剧提升，这对新加坡港形成明显的边缘挑战效应。1994 年，马士基收购深圳盐田港 10% 的股份，随后派船直挂该港口，中国港口直接融入全球主干网络，深圳港对香港形成了边缘挑战。

　　（2）航运企业开始在全球建立中转基地（Ridolf，1999）。例如，长荣海运在意大利的塔兰托、中国台湾的高雄和台中、巴拿马的科伦岛建立区域性枢纽港，以此形成全球中转基地。各航运企业在地中海也形成了不同枢纽港，马士基/海陆在阿尔赫西拉斯港、康世海运在焦亚陶罗港、铁行渣华在卡利亚里港和热那亚港、中海集运在希腊的伊拉克里翁港分别建立了中转基地。这反映了航运企业力图实现对挂靠港口的控制，进而说明航运企业成为港口尤其枢纽港发展的重要影响因素。面对这种形势，部分港口选择多个投资者以权衡权益分配，力图降低航运企业的控制影响（Baird，2003）。

6. 航运企业的码头网络

从图7-7可看出，航运企业在全球主要港口尤其枢纽港参与经营，并主要分布在东亚尤其中国大陆，主要集中在香港、东京、高雄、横滨、天津、深圳等港口。此外，北美、东南亚、南亚和地中海及西北欧也成为航运企业参股的重点。

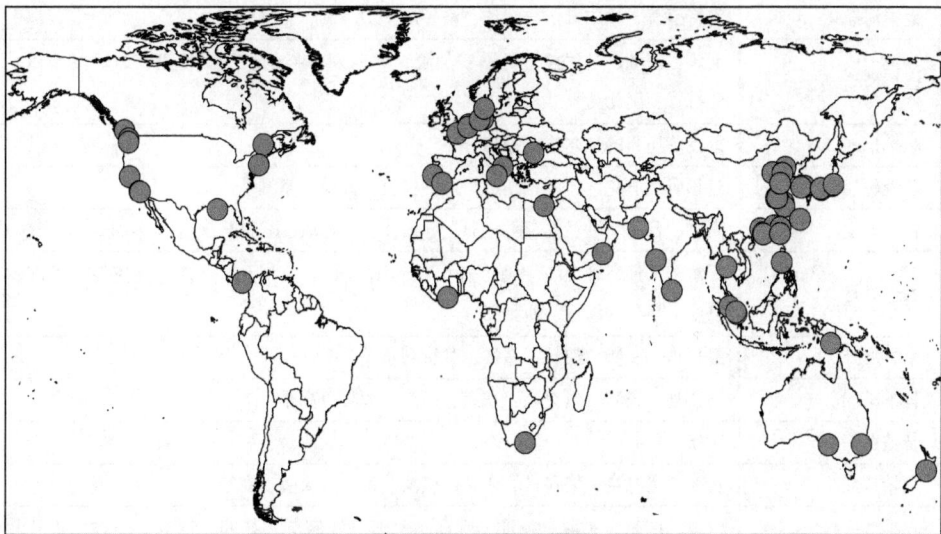

图 7-7　航运企业的主要港口网络

从各航运企业来看，码头投资战略和码头网络具有不同的空间特征。①马士基/海陆：该企业的集装箱码头呈现出全球化的特征，除南美洲尚未投资外，其他大陆均有集装箱港口的码头投资与经营及管理，呈现出网络化的空间特征。②韩进海运：该企业的集装箱码头投资重点是东亚港口，包括中国、韩国、釜山及马来西亚等国家的港口，尤其集中在中国大陆地区的港口，这在一定程度上反映了中国港口在全球港口体系中的重要地位。③铁行渣华、长荣海运：这两个航运企业的集装箱码头网络相对分散，但主要分布在全球重要区位，控制着全球的战略性地区。④中国远洋：中国远洋的集装箱码头主要集中在中国大陆地区，投资和经营的海外集装箱码头较少，具有很强的母国化或本地化特征。⑤日本邮船、川崎汽船、商船三井、总统轮船：这些航运企业的集装箱码头具有共同的特征，其重点均为日本和美国及中国台湾，在反映母国化特征的同时反映了全球化或国际化特征。⑥地中海航运：该企业的集装箱码头相对集中在欧美地区，但规模较小、数量较少。⑦东方海外：该企业的集装箱码头集中在东亚与北美，规模较小、数量较少（表7-6）。

表7-6　主要航运企业的港口网络

航运企业	集装箱港口
马士基/海陆	鹿特丹、阿尔赫西拉斯、长滩、新奥尔良、纽约、奥克兰、塔科马、阿德莱得、香港、神户、那霸、东京、横滨、高雄、不来梅、焦亚陶罗、奥胡斯、康斯坦察、萨拉拉港、丹戎佩莱帕斯港、青岛、上海、卡希姆、皮帕瓦
地中海航运	安特卫普、勒尔佛尔、纽约、洛杉矶
铁行渣华	天津、深圳、马尼拉、伊里安加亚、卡西姆、科伦坡、安特卫普、伊丽莎白、鹿特丹、阿比让
Americana Ships	得克萨斯州的加尔维斯顿湾
总统轮船	洛杉矶、奥克兰、西雅图、神户、横滨、大阪、高雄
长荣海运	高雄、台中、塔兰托、科伦坡、锡尼什、洛杉矶、塔科马、釜山、大阪
韩进海运	天津、大连、青岛、上海、釜山、光阳、东京、大阪、高雄、奥克兰、长滩、巴生、曼谷、汉堡、西雅图
东方海外	温哥华、长滩、纽约、高雄、蒙特利尔
日本邮船	塔科马、长滩、奥克兰、东京、横滨、大阪、高雄
赫伯罗特	汉堡
川崎汽船	长滩、奥克兰、塔科马、东京、横滨、神户、大阪、高雄
中国远洋	营口、广州、深圳、香港、青岛、上海、张家港、扬州、南京、宁波、大连、天津、安特为普、苏伊士、镇江、泉州
商船三井	大阪、东京、神户、横滨、高雄、洛杉矶、奥克兰、西雅图、曼谷、香港、新加坡、悉尼和惠灵顿
太平洋航运	安特卫普、蒙特利尔

五、码头经营模式与港口私有化

1. 码头经营类型

码头企业和航运企业参与集装箱码头的投资、建设和经营，有着不同的利益目的和价值取向，并坚持不同的投资、建设和经营模式。这导致港口码头形成两种基本类型：单客户专用码头和多客户公用码头。

（1）单客户专用模式。主要为单一的航运企业提供专用的集装箱船舶靠泊、装卸、堆放等航运服务。这种模式为航运企业所青睐，因为减少了集装箱船舶的等待时间，满足了特殊需求，其堆场顺序可按照航运企业的要求进行规划和布局，实现了对集装箱泊位的绝对控制，为自己或航运联盟的船舶提供专用服务，但码头设施利用不经济。目前，全球航运联盟的发展促使对单客户专用码头的需求提高，而部分港口管理机构鉴于集装箱运力的增加和大型航运企业的船舶稳定挂靠，而倾向于发展专用码头。

（2）多客户公用模式。主要为多个航运企业提供集装箱船舶挂靠、装卸与堆放等航运服务。这种模式为港口管理机构和码头经营企业所青睐，因为不同航运企业的大量挂靠和装卸，提高了港口码头设施的高效利用，实现了港口的规模经济，可以更有效地提高港口的集装箱吞吐量增长（Slack and Fremont，2005）。

码头经营的两种模式反映了不同经济过程的不同产物。码头企业的全球网络是横向扩张的结果，目的是通过水平扩张以实现规模经济，而航运企业扩张码头网络是纵向的物流资源整合，目的是控制更多的物流资源，以实现范围经济，形成全球化的门到门运输服务。目前，两种模式均基于契约而平行发展，未来可能形成冲突，但最终结果可能是松散合作或完全融合，混合模式可能是发展方向。但是，现在航运企业通过成立具有码头管理功能的分支机构，已淡化了两者的界限与差异（Slack and Fremont，2005）。

2. 港口私有化程度

20 世纪 90 年代以来，全球范围内，港口所有制开始私有化或自由化，这是部分国家尤其是发展中国家为了改善港口效率、减少公共财政负担而实施港口管制放松政策的结果（Slack and Fremont，2005）。综合目前码头管理模式，大致分为四类，其差异表现为港口货物处理功能、管理功能和土地拥有权的差异，具体分类见表7-7。

（1）类型Ⅰ：港口码头为纯公共设施，港口的使用、管理和土地拥有权均为公共机构所控制。该模式没有私有化的特征，典型案例是新加坡港，同时在中国大陆地区有明显的体现。

（2）类型Ⅱ：港口码头为公共/私有化，即码头的使用为私有化，由民营企业所控制，但港口的土地和管理权为公共机构（港口管理机构）所拥有。该模式的港口私有化较低。目前，这类港口数量众多，如安特卫普、洛杉矶、纽约、鹿特丹等港口。

（3）类型Ⅲ：港口码头为私有化/公共化，即港口使用权和土地拥有权均为私有化，但港口的管理权仍控制在公共机构，如香港、费力克斯托和哈威治等港口，港口私有化程度较高，公共机构的控制能力较低。

（4）类型Ⅳ：港口码头为纯私有化，包括港口的管理、使用和土地拥有权均为私营企业所拥有，公共机构的控制能力极低（Baird，1995）。

表7-7　港口管理模式及差异

港口管理模式	港口土地拥有权	管理	使用
纯公共设施	公共机构	公共机构	公共机构
公共/私有化	公共机构	公共机构	私营企业
私有化/公共	私营企业	公共机构	私营企业
纯私有化	私营企业	私营企业	私营企业

港航企业参与码头经营和全球港口网络的扩张，是世界各地尤其是发展中国家港口私有化过程和引进外资、技术和管理经验的结果。20世纪90年代之前，码头经营主要是本地企业或港口管理机构，具有很强的本地化特征（Airriess，2001a）。90年代以来，随着码头企业和航运企业的参与，港口码头的投资、建设、经营和管理的本地化特征逐渐弱化，"本地人或本地企业"的参与越来越少。其中，港口管理机构的控制能力不断减弱，退出泊位的经营、控制，其功能不再是"地主型"，基于自身目的而对港口的控制能力在不断下降（Slack and Fremont，2005），其功能过渡给私营码头企业。Notteboom和Winkelmans（2001）等学者认为港口管理机构已从西欧港口中退出，并在新的物流领域提供服务。但是，部分学者认为由于国际港航企业的投资经营并没有淡化本地特征，因为其委托代理企业往往具有很强的本地基础（Martin，2001），这在东亚地区有明显体现。

集装箱港口网络形成演化与发展机制

第八章
中国集装箱港口体系的发展演化

第一节　中国集装箱港口体系的空间结构

一、研究样本与数据

1. 研究数据

中国集装箱航运业的发展始于 20 世纪 70 年代初。1973 年，天津港接卸了第一个国际集装箱，开始了中国国际集装箱航运业，迄今为止已有 30 多年的时间。集装箱运输分为国内和国际两部分，两者的统计体系和测量方法不同，且以国际远洋运输为主。国际运输更能体现集装箱化对传统港口设施的技术改造，更能体现中国港口体系在世界港口体系中的竞争力。有鉴于此，作者采用 1979 年、1986 年、1990 年和 2009 年等年份，深入解析 20 世纪 70 年代以来中国集装箱港口体系的空间结构和发展过程。具体数据均源于各年的《中国交通年鉴》，部分数据源于网络采集，并结合其他相关资料整理而成。

2. 研究样本

目前，中国有 1430 个港口（数据不含港澳台），其中开展集装箱运输的港口大约有 100 多个。为了深入解析中国集装箱港口体系的演化过程，作者以全国主要港口为研究样本，共 91 个港口，具体包括沿海港口和内河港口两类，前者在中国有重要地位，是本研究的主体。但不同时期，因港口发展程度的不同，港口样本的具体数量和名称有所不同，尤其 20 世纪 70 年代末和 80 年代初的港口样本相对较少。同时，鉴于集装箱化是技术不断淘汰的过程，部分港口虽实现了集装箱化，但因腹地箱源规模有限或其他港口的竞争或腹地袭夺，而在后期过程又被淘汰。

二、集装箱港口体系构成

港口基本构成是港口体系研究的基础。随着集装箱技术由海外引进，在东部沿海港口进行传播，并逐步向内河港口进行传播，中国港口基本完成了集装箱化，形成了一定规模的集装箱港口体系。

（1）从港口分布来看，中国集装箱港口大致分为沿海港口和内河港口两大体系，而内河港口又分为长江流域港口与珠江流域港口两部分。如表8-1所示，2009年中国规模以上的集装箱港口约有91个，其中沿海港口有41个，而内河港口有50个。从港口数量来看，沿海港口和内河港口的数量基本持衡。其中，内河港口中，长江流域的集装箱港口数量较多，达30个，尤其集中在长江下游地区（约25个），而长江中上游的集装箱港口数量较少，同时珠江流域的集装箱港口相对较少，共计19个。

表8-1 中国集装箱港口体系构成

港口地域		港口数量/个	港口名称	港口数量占全国比重/%	2009年吞吐量/万TEU	吞吐量占全国比例/%
沿海港口	小计	41		45.1	10 975.92	91.4
	辽东半岛	4	丹东、大连、营口、锦州	4.4	811.24	6.75
	渤海西海岸	4	秦皇岛、京唐、天津、黄骅	4.4	927.82	7.73
	山东半岛	5	龙口、烟台、威海、青岛、日照	5.5	1 286.2	10.7
	长江三角洲	7	上海、嘉兴、宁波、舟山、台州、温州、连云港	7.7	3 921.82	32.66
	闽东南	4	福州、泉州、厦门、莆田	4.4	716.7	5.97
	珠江三角洲	12	汕头、汕尾、惠州、深圳、太平、广州、中山、珠海、江门、新会、茂名、湛江	13.2	3 218.76	26.8
	北部湾	5	北海、钦州、防城、海口、洋浦	5.5	93.38	0.78
内河港口	小计	50		54.9	1 035.09	8.62
	长江中下游	25	太仓、南通、江阴、张家港、南京、武汉、镇江、常熟、扬州、九江、长沙、芜湖、岳阳、泰州、马鞍山、常州、荆州、无锡、黄石、铜陵、安庆、池州、株洲、湘潭、南昌	27.5	686.88	5.72

港口地域		港口数量/个	港口名称	港口数量占全国比重/%	2009年吞吐量/万 TEU	吞吐量占全国比例/%
内河港口	长江上游	5	宜昌、涪陵、万州、泸州、重庆	5.5	51.12	0.43
	珠江流域	19	新塘、五和、容奇、西南、三山、新市、三埠、公益、麻涌、沙田、肇庆、惠州、南宁、梧州、贵港、来宾、中山、江门、虎门	20.9	293.7	2.45
	京杭运河	1	淮安	1.09	3.39	—
总计		91		100.0	12 010.49	100

（2）从港口吞吐量来看，沿海港口和内河港口有着明显不同的份额和地位。其中，中国集装箱吞吐量主要集中于沿海港口，占全国集装箱吞吐量的91.4%，占有绝对的地位。而内河港口的集装箱吞吐量仅占全国总量的8.62%，比重甚低，其中，长江流域港口的吞吐量占全国总量的6.15%，高于珠江流域的港口吞吐量比重（2.45%）。分析说明，沿海港口和内河港口虽然数量相当，但在全国集装箱航运网络中的地位和作用明显不同，中国沿海港口具有决定性的作用，而内河港口的集装箱运输较为落后，这显然同沿海港口主要服务于国际贸易而内河港口更多地服务于国内贸易相关。

三、集装箱港口地域集聚

随着集装箱化进程的不断推进，中国集装箱港口体系渐趋稳定，其布局呈现出一定的地域特征，且日益趋于成熟。

（1）中国集装箱港口的布局呈现出明显的地域集聚特征。少数地区集中了大量的港口，突出表现在长江三角洲和珠江三角洲两个地区。而环渤海地区的集装箱港口虽环绕渤海和黄海分布，但在地域上较为分散，未能呈现出集聚分布特征。其中，长江三角洲的集装箱港口约19个，珠江三角洲则有24个，两个地区集中了中国47.3%的集装箱港口。这反映出，中国集装箱港口有集中布局在河流入海口地域的空间特性，主要包括珠江、长江、九龙江、闽江、海河、瓯江、韩江等河流的入海口，或者集聚在具有通航功能的河流三角洲地区，尤其南方集装箱港口的集中布局尤为明显，内河港口和海洋港口临近布局，甚至交融布局，部分港口兼有海洋和内河港口的双重特征，如珠江和长江两大河流的口门或下游地区，即珠江三角洲和长江三角洲，而北方集装箱港口的集中布局则不明显。

（2）从港口的集装箱吞吐量来看，存在两个重要的集聚区域，分别为长江三角洲和珠江三角洲，其吞吐量分别占全国总量的 35% 和 28.8%，两者合计约占全国总量的 2/3，由此可以看出这两个区域的重要性。在环渤海地区，港口的集装箱吞吐量约占全国总量的 1/4，其中又以山东半岛为多。集装箱吞吐量的空间分布格局同中国外向型经济发展的空间格局基本吻合。

四、集装箱港口规模结构

规模结构是港口体系的重要方面，这主要表现为港口集装箱吞吐量的规模等级，从既有的统计数据来看，中国集装箱港口体系具有明显的规模等级差异。

1. 港口吞吐量绝对规模

集装箱港口的规模位序分布如图 8-1 所示，各港口吞吐量在全国集装箱吞吐量中的比重与累积比重如图 8-2 所示。首先，从港口集装箱吞吐量的绝对规模来看，2009 年，上海港和深圳港居全国港口体系的龙头，分别为 2500 万 TEU 和 1825 万 TEU，与其他港口的规模差距较大。其次，广州、宁波、青岛三个港口的吞吐量均超过了 1000 万 TEU，而天津港则略高于 800 万 TEU，四者具有较高的吞吐量规模。再次，厦门和大连两港的吞吐规模较高，均超过 450 万 TEU，连云港也具有一定的规模，超过 300 万 TEU。此外，营口、太仓、泉州、烟台、福州、南京等港口略具规模，吞吐量均超过 100 万 TEU，其他港口的规模较小。由此可以判断，中国大型的集装箱港口较少，尤其是吞吐量高于 250 万 TEU 的港

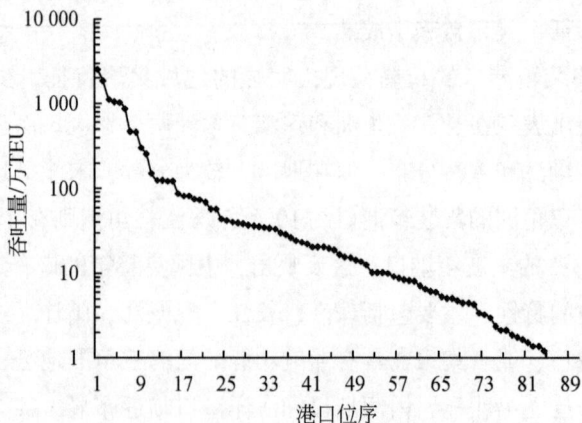

图 8-1　2009 年中国港口吞吐量规模的位序分布

口较少，多数港口的吞吐量规模非常低。

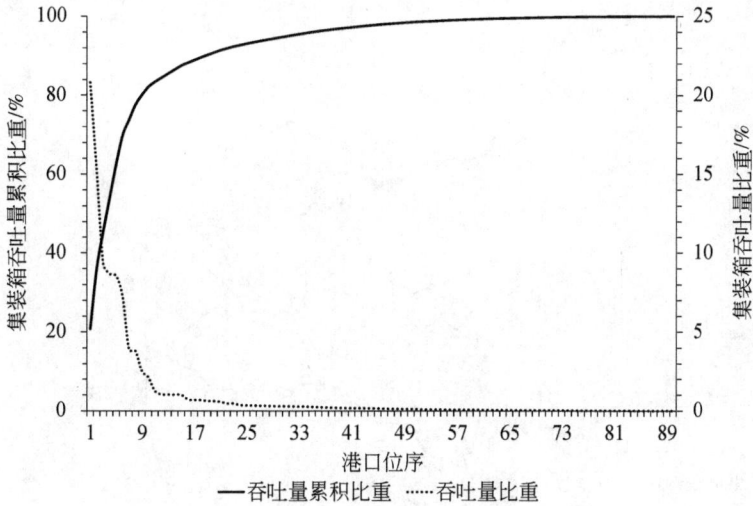

图 8-2　中国港口吞吐量的累计贡献率和分配率

2. 中国港口与世界百强

　　主要港口对一个国家或区域的经济发展具有战略作用。随着中国港口集装箱运输的快速发展，部分港口的吞吐规模日益扩大，并入围世界百强，中国在全球集装箱港口体系中的地位逐步提升。2009 年中国入围世界百强的集装箱港口共有 15 个[①]，包括上海、深圳、宁波、广州、青岛、天津、厦门、大连、连云港、营口、太仓、烟台、福州、南京、泉州等港口。其中，上海港居全球第二位，而深圳港稳居全球第 4 位。如果进一步考虑中国香港和中国台湾的港口，中国港口在全球集装箱港口体系的地位就愈加重要和突出。2009 年香港集装箱吞吐量达 2353.2 万 TEU，居全球第 3 位。而高雄港的集装箱吞吐量达 918.1 万 TEU，位居全球第 12 位，基隆（176.4 万 TEU）和台中港（126.7 万 TEU）分别位居全球 68 位和 90 位。这说明中国的集装箱港口在全球有着重要地位。

3. 港口国际吞吐量规模

　　集装箱运输主要服务于国际贸易，从国际航线吞吐量的角度分析中国集装箱港口体系的空间结构更具有意义，如图 8-3 所示。从国际航线来看，中国港口间又存在一定差异，但总体规律类似。全国共有 57 个港口设置了国际航线运输，

---

①　在不同年份，由于中国港口的合并，各年份入围世界百强的中国港口数量不同。数据不含港澳台。

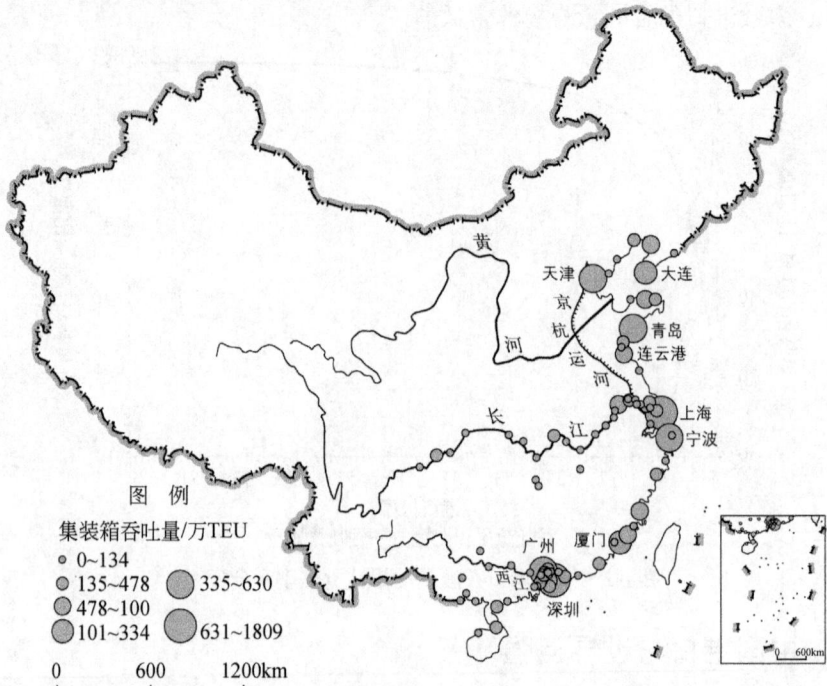

图例

集装箱吞吐量/万TEU
- 0~134
- 135~478
- 478~100
- 101~334
- 335~630
- 631~1809

0   600   1200km

(a) 集装箱港的总吞吐量

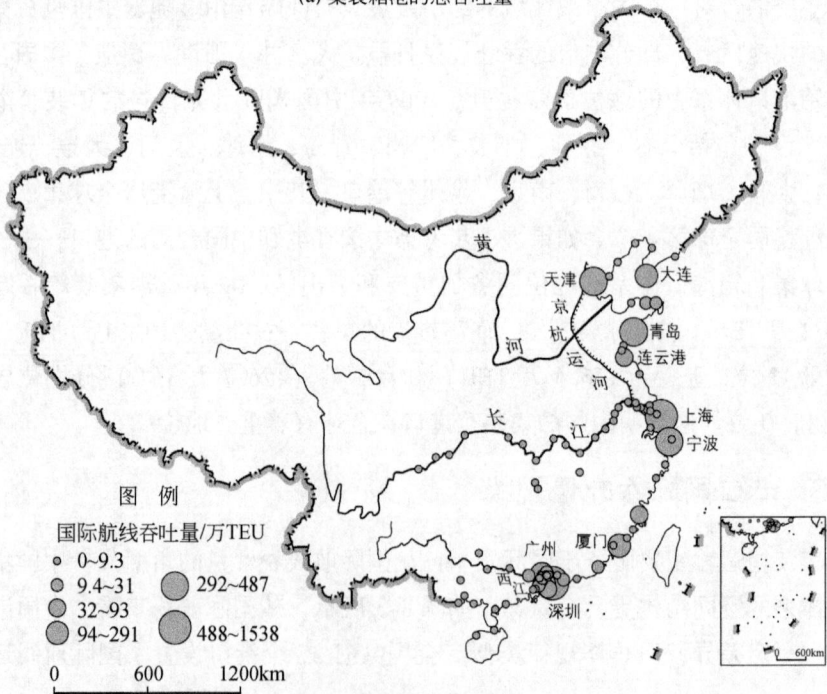

图例

国际航线吞吐量/万TEU
- 0~9.3
- 9.4~31
- 32~93
- 94~291
- 292~487
- 488~1538

0   600   1200km

(b) 国际航线吞吐量

图 8-3   2005 年中国集装箱港口的总吞吐量和国际航线吞吐量格局

约占集装箱港口数量的 2/3，这说明直接服务于国际贸易的集装箱港口相对有限。这些港口主要是沿海港口，大约有 35 个，内河港口为 22 个，集中分布在珠江三角洲，这说明珠江三角洲同国际贸易运输有着紧密的联系。在这些集装箱港口中，上海港的国际航线运量最高，其次是深圳港，两者分别为 1866.6 万 TEU 和 1633.9 万 TEU；其次是宁波和青岛两港，均高于 800 万 TEU；天津港略高于 500 万 TEU；厦门、广州、大连港则均高于 300 万 TEU；此外，连云港高于 150 万 TEU，而福州和中山的国际航线运量均高于 50 万 TEU。以上分析说明，中国沿海大型港口是开展国际贸易的主要门户，尤其是上海和深圳两个港口最为重要。

4. 港口内支线吞吐量规模

内支线是国内集装箱运输航线的重要组成部分，主要指进口货物先通过远洋运输到口岸地（如上海等），然后通过长江、珠江等水路运输到指定内陆地点的一种运输模式，内支线的功能更多地体现为枢纽港或沿海港口的集散功能。如图 8-4 所示，从内支线来看，全国有 58 个港口开展该类运输，其中内河港口有 33 个，沿海港口有 25 个，内河港口占据数量优势。同时，由于内支线运输主要是货箱的集散运输，各港口的内支线吞吐量规模都比较低。其中，上海港的规模最大，吞吐量超过 300 万 TEU，深圳港次之，规模为 88 万 TEU；广州、大连、太仓、青岛等港口，均超过了 40 万 TEU；武汉、张家港、宁波、南京、连云港超过了 20 万 TEU，重庆、天津、南通、江阴、常熟、厦门、福州、威海、镇江等港口的吞吐规模超过 10 万 TEU，其他港口的内支线吞吐量较低。须指出的是，这些港口内支线的吞吐量与国际航线相比，差距甚远。

5. 港口国内航线吞吐量规模

国内航线指供本国船舶在该国港口之间使用，该类航线主要是承担沿海内贸或内河贸易的运输，同时承担枢纽港的喂给运输。如图 8-4 所示，从国内航线来看，全国有 81 个港口开展国内航线运输，其中沿海港口有 33 个，内河港口有 48 个，内河港口仍占数量优势。从该角度来看，集装箱吞吐量的空间格局发生较大变化，广州港的集装箱吞吐量最高，接近 750 万 TEU，反映了该港在国内沿海运输体系中的重要地位。其次，天津、上海超过 300 万 TEU，营口、青岛、泉州和深圳等港口超过 100 万 TEU；再次，太仓、宁波、大连、连云港、厦门、烟台、南京、日照、锦州、江阴等港口均超过 50 万 TEU，而张家口、汕头、海口、福州、温州、秦皇岛、京唐、肇庆、丹东、武汉、虎门、重庆、南通、常熟、洋浦、镇江、龙口、扬州、湛江、嘉兴、防城港等港口超过 10 万 TEU，其他港口的规模较小。

黄
河

天津
京
杭
运
河

大连

青岛
连云港

长
江

上海
宁波

图 例

内支线吞吐量/万TEU

· 0.0~1.7
· 1.8~5.0
· 5.1~10.6
· 10.7~23.3
24~45
46~155

广州
厦门
西江
深圳

0   600   1200km

0   600km

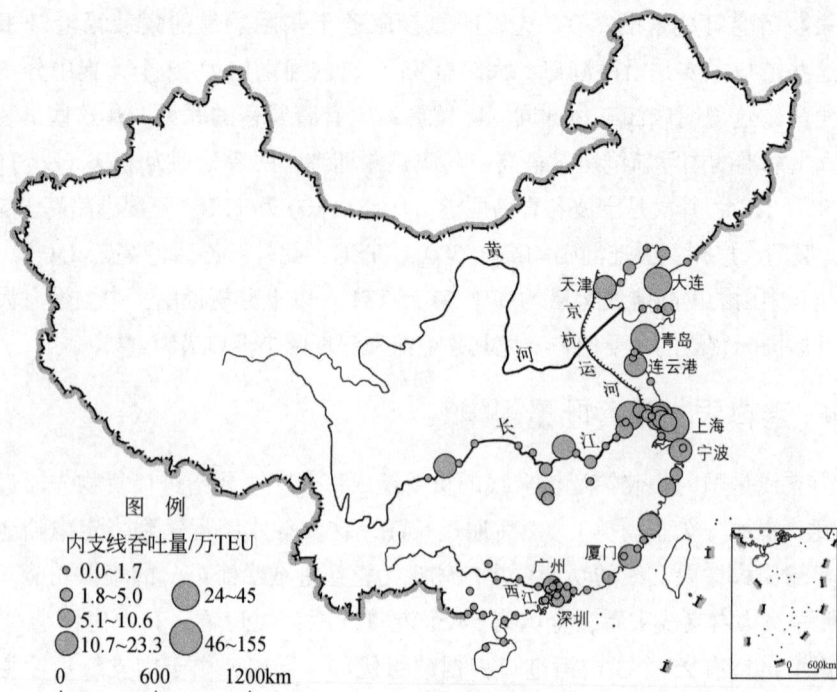

(a) 内支线吞吐量

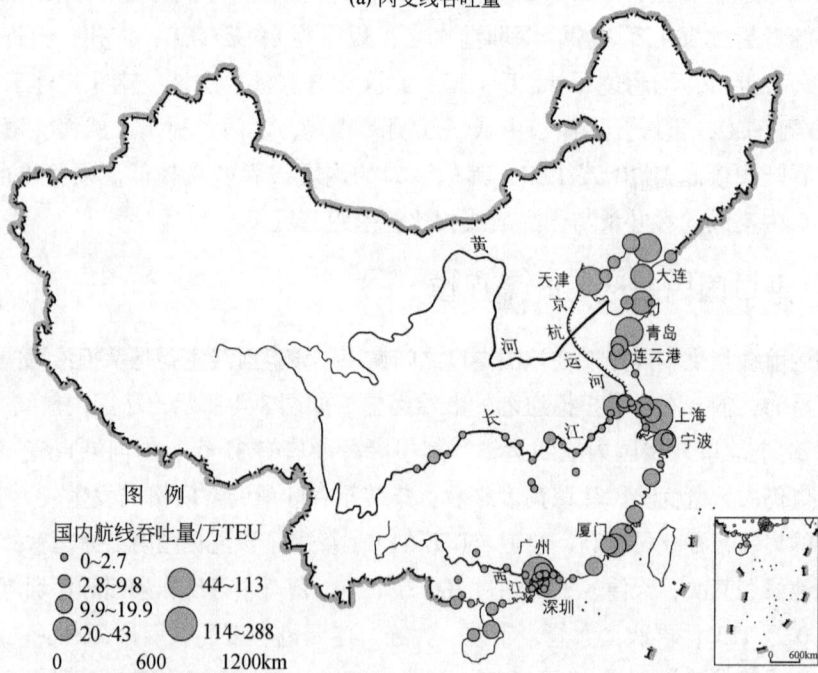

黄
河

天津
京
杭
运
河

大连

青岛
连云港

长
江

上海
宁波

图 例

国内航线吞吐量/万TEU

· 0~2.7
· 2.8~9.8
· 9.9~19.9
· 20~43
44~113
114~288

广州
厦门
西江
深圳

0   600   1200km

0   600km

(b) 国内航线吞吐量

图 8-4 2005 年中国集装箱港内支线与国内航线吞吐量格局

五、港口集装箱运输的国际化

1. 评价指标

前文已指出，集装箱航运主要是国际远洋贸易运输，国际航线的吞吐量与港口吞吐量的比重（$T_{i国际}/T_i$）可直接反映该港口的国际化程度（δ_i），从而体现了港口在中国对外贸易中的地位。集装箱港口国际化水平的计算如式（8-1）所示。

$$\delta_i = \frac{T_{i国际}}{T_i} \times 100\% , \ i \in (1, 2, 3, \cdots, n) \qquad (8\text{-}1)$$

2. 港口国际化水平

根据式（8-1），计算中国集装箱港口的国际化水平，并绘制成表8-2。

由表可以发现如下特征：①国际化程度最高的集装箱港口主要分布在珠江三角洲，尤其是小型港口的国际化程度均达100%，这反映了该地区同世界的贸易联系很高，同时反映了这些港口在区域开展国际贸易中的重要性。②长江流域集装箱港口的国际化程度较低，多低于20%，主要承担内支线和国内航线运输，而更多的国际货箱则经由上海港中转。③部分大型集装箱港口的国际化程度较高，主要包括深圳、宁波、青岛、上海、厦门、大连、天津等港口，这说明大型港口的职能重点是开展国际贸易运输，同时承担部分国内航线运输。④北方集装箱港口的国际化程度普遍较低，主要包括日照、龙口、京唐、营口、烟台等环渤海地区的港口。⑤须指出的是，广州港的国际化程度较低，仅为28.4%，这同广州港的地位不称。国际化程度的空间格局主要是同各地区的外向型经济发展水平相关。

表 8-2　中国集装箱港口的国际化程度

等级	数量/个	名称
$90 \leqslant \delta \leqslant 100$	11	南海三山、容奇、公益、汕尾、莆田、麻涌、三埠、西南、新塘、沙田、太平
$80 \leqslant \delta < 90$	7	深圳、宁波、惠州、江门河港、中山、珠海、青岛
$70 \leqslant \delta < 80$	3	中山、厦门、上海
$60 \leqslant \delta < 70$	3	大连、茂名、五和
$50 \leqslant \delta < 60$	5	天津、连云港、福州、新会、新市

等级	数量/个	名称
$40 \leq \delta < 50$	4	威海、汕头、北海、防城港
$30 \leq \delta < 40$	3	梧州、肇庆、湛江
$20 \leq \delta < 30$	3	广州、丹东、烟台
$10 \leq \delta < 20$	1	惠州河港
$0 \leq \delta < 10$	17	贵港、海口、龙口、虎门河港、张家港、秦皇岛、泉州、钦州、南京、南通、太仓、洋浦、台州、江阴、营口、镇江、日照

六、港口集装箱化程度

1. 研究方法

集装箱化率是反映港口集装箱化程度的重要指标。该指标的测算已形成了一定共识，即集装箱货物重量与港口适箱货物重量的比值，该指标体现了港口的集装箱技术改造程度，同时反映了港口的货物结构与专业化程度。其中，适箱货物主要包括以下几类：①机械、设备、电器等产品；②化工原料及制品；③有色金属产品；④轻工、医药产品；⑤农林牧渔业产品；⑥其他适箱货物。港口集装箱化率的计算方法如式（8-2）所示。

$$C_i = \frac{T'_{ic}}{T'_i} \times 100\% = \frac{T_{ic} - T_{ic'}}{\sum\limits_{i=1}^{n} T_{in} - \sum\limits_{i=1}^{m} T_{im}} \times 100\%,\ i \in (1,\ 2,\ 3,\ \cdots,\ n),\ m \in n$$

$$(8-2)$$

式中，C_i 为港口 i 的集装箱化率；T'_{ic} 为港口 i 的集装箱货物重量；T'_i 为港口 i 的适箱货物重量；T_{ic} 为港口 i 的集装箱运输重量；$T_{ic'}$ 为港口 i 的集装箱箱重；T_{in} 为港口 i 的某类货物的重量；T_{im} 为港口 i 的某类非适箱货物的重量。

2. 港口集装箱化水平

根据式（8-2），计算中国港口的集装箱化率，并绘制成图 8-5。

中国港口的集装箱化的特征主要有以下 4 点。

（1）港口的集装箱化程度同港口吞吐量在呈现基本耦合的同时，表现出较为明显的非耦合性。基本耦合的特征主要表现为沿海港口体系内，同时主要表现为大型港口往往具有较高的集装箱化水平。而非耦合性主要体现为内河港口体系

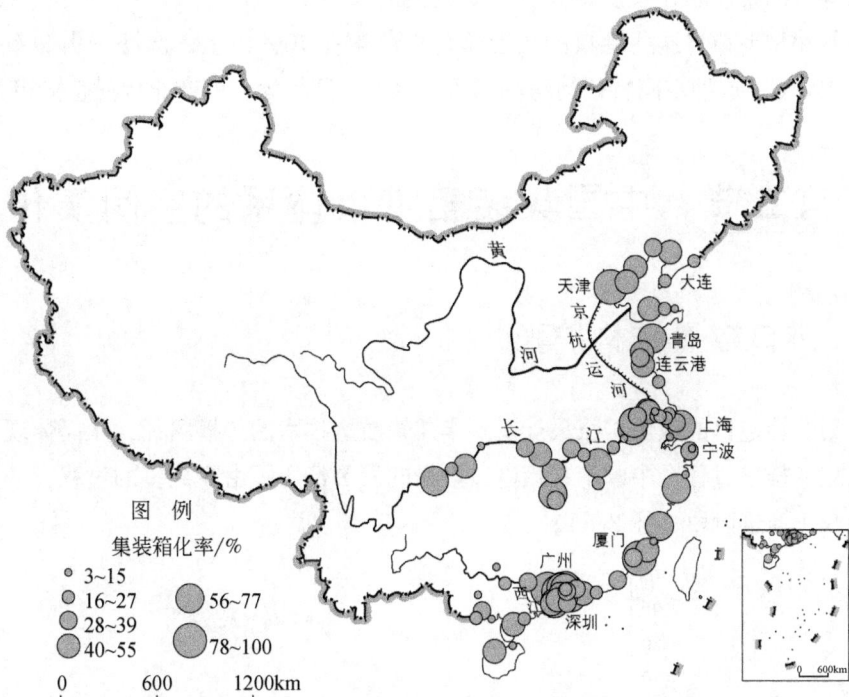

图 8-5 中国港口集装箱化率的空间格局

中，同时大型港口不一定具有很高的集装箱化程度，如大连、宁波和上海等港口。这种非耦合性也表现为中小型港口往往具有很高的集装箱化程度，如南海三山、新市、肇庆、西南、太平、新塘，而部分小型港口的集装箱水平也较低。

（2）虽然中国大型港口的集装箱化程度不一定最高，但部分大型港口的集装箱化程度仍然较高，主要包括厦门（87.2%）、天津（80.2%）、青岛（72.6%）、深圳（71.2%）、广州（71.1%）、福州（66.5%）和上海（62.6%）等港。其中，上海港的集装箱化程度和吞吐量规模存在很大的差异。这种差异说明，中国大型港口不仅服务于国际贸易，而且承担着国内贸易运输的重要职能，更体现其职能的综合性。

（3）部分小型港口的集装箱化程度较高，这在沿海港口和长江流域及珠江流域港口中都有明显体现。其中，长江流域的港口有芜湖、泸州、长沙、九江、马鞍山、扬州、涪陵等，而珠江流域的港口有南海三山、新市、肇庆、西南、新塘、公益、五和，沿海港口主要有太平、江门、惠州、中山，并主要集中在珠江三角洲。这充分体现了小型港口在各地区对外贸易中的重要地位和作用。

（4）部分集装箱化程度较高的港口呈现相对的地域集聚性，尤其以珠江三角洲港口的集装箱化程度最高，主要包括南海三山、新市、肇庆、西南、太平、新塘等小型港口，这些港口的集装箱化程度均在 70% 以上，南海三山和新市两港达 100%。这种空间特征同珠江三角洲以出口贸易为主的产业特征直接相关。

第二节 中国集装箱港口体系的空间演化

一、港口数量结构扩张

集装箱港口的数量扩张最能反映集装箱航运技术的传播路径，从而体现了集装箱化的推进过程。中国集装箱港口数量的发展经历了由少到多的过程，并大致分为 3 个演进阶段（图 8-6）。

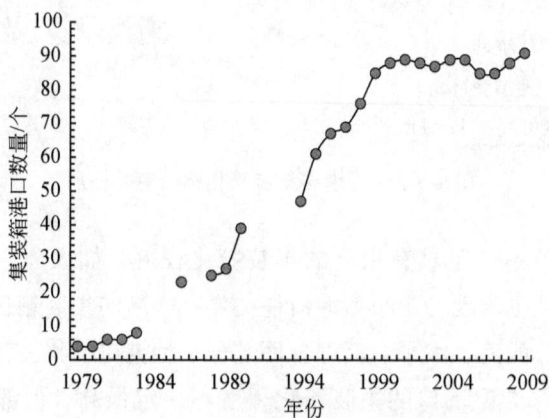

图 8-6 中国集装箱港口的数量扩张

阶段 I：20 世纪 70 年代末至 80 年代中期。该时期内，中国集装箱港口的数量处于缓慢增长阶段，港口数量主要少于 10 个。1979 年，全国仅有 4 个港口可开展集装箱运输，分别为上海港、天津港、青岛港和广州港，1983 年集装箱港口数量增长到 8 个，期间年均增长不到 1 个集装箱港口。这主要是受集装箱运输技术的传播和航运网络扩张较慢的影响，但也说明该阶段是集装箱技术的试验阶段，集装箱技术仅限于少数港口。

阶段 II：20 世纪 80 年代中期至 90 年代末。该时期内，中国集装箱港口的数量快速增长，1985 年集装箱港口数量约 10 多个，而 1999 年港口数量迅速增长到 85 个，年均增长 5~6 个集装箱港口，其增长速度约是第一阶段的 8~9 倍。这反映了该时期中国港口集装箱化进程的迅速推进，集装箱运输技术开始迅速为各港口所普遍采用，也是集装箱技术对中国传统港口进行大规模且集中改造的时期。

阶段Ⅲ：20世纪90年代末至今。该时期内，中国集装箱港口的数量日趋稳定，港口数量主要为80多个，但低于90个，近年来有所增长而突破90个。如果将部分港口的港区分离开来计算（如苏州港的各港区），港口数量则将突破90多个，须指出的是，21世纪以来，中国集装箱港口的管理体制不断变化，尤其是部分港口之间进行了合并，许多中小型集装箱港口被合并为一个港口或合并到其他大型港口，这在珠江三角洲和长江三角洲较为普遍。

从港口数量结构的变化来看，中国集装箱港口的数量已经达到了比较稳定的结构状态，未来新增集装箱港口的数量不会很多，这反映了中国港口的集装箱化进程已基本结束。

二、港口分布格局扩张

以上研究仅是从港口数量的角度，分析港口体系的扩张过程，集装箱港口体系的分析须落实到空间扩张上，才能有意义。如图8-7所示，从空间布局来看，20世纪70年代以来，中国集装箱港口的发展与演变主要呈现出以下特征。

1. 集装箱化对象

从实施集装箱化的对象来看，中国集装箱港口的发展经历了由"大港→小港"的过程。即，集装箱化进程，首先始于主要的大型港口（如上海、天津、青岛和广州），然后逐步向这些大型港口周边的中小型港口进行集装箱技术传播和普及，从而实现港口体系的集装箱化。这是因为大型港口有着很强的技术优势、资金优势以及接受技术革新的能力与获取国际航运市场信息的优势。中国集装箱化的空间特征符合Hayuth（1988）的五阶段港口体系演化理论。

2. 空间推移轨迹

从空间推移的角度来看，中国港口集装箱化存在着"由海及河"的总体轨迹。中国集装箱港口的发展，首先始于沿海地区尤其是北方沿海，然后向内河流域进行扩张，主要是长江流域和珠江流域的中小型港口，大致经历了由沿海逐步向内河推进的空间轨迹。这从另一个角度反映了中国港口的集装箱化路径。这种扩张路径符合集装箱运输主要服务国际贸易的论点，沿海港口具有很强的外贸运输职能，外来集装箱技术革新首先青睐沿海港口就成为必然。

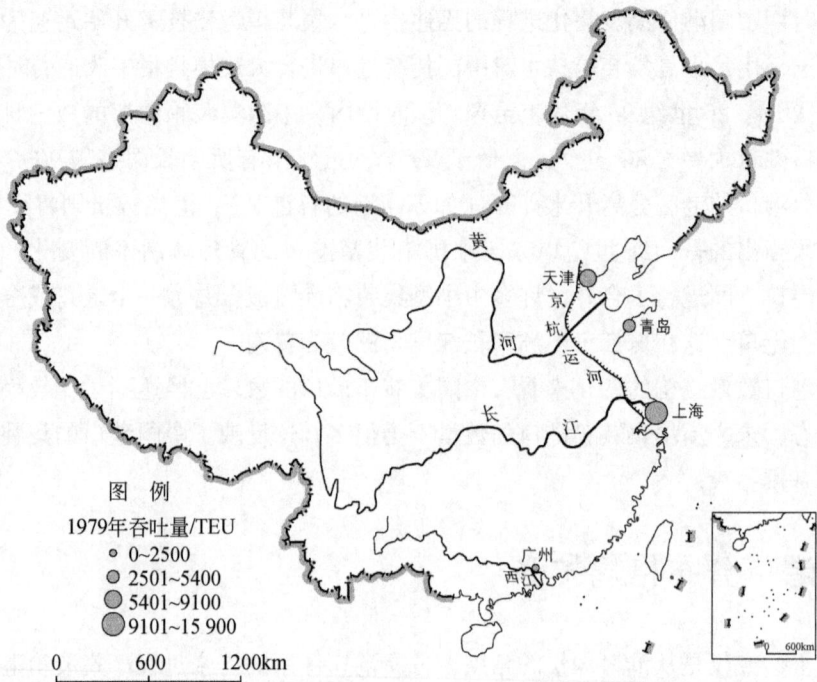

图 例

1979年吞吐量/TEU
- 0~2500
- 2501~5400
- 5401~9100
- 9101~15 900

0   600   1200km

(a) 1979年中国集装箱港口体系吞吐量格局

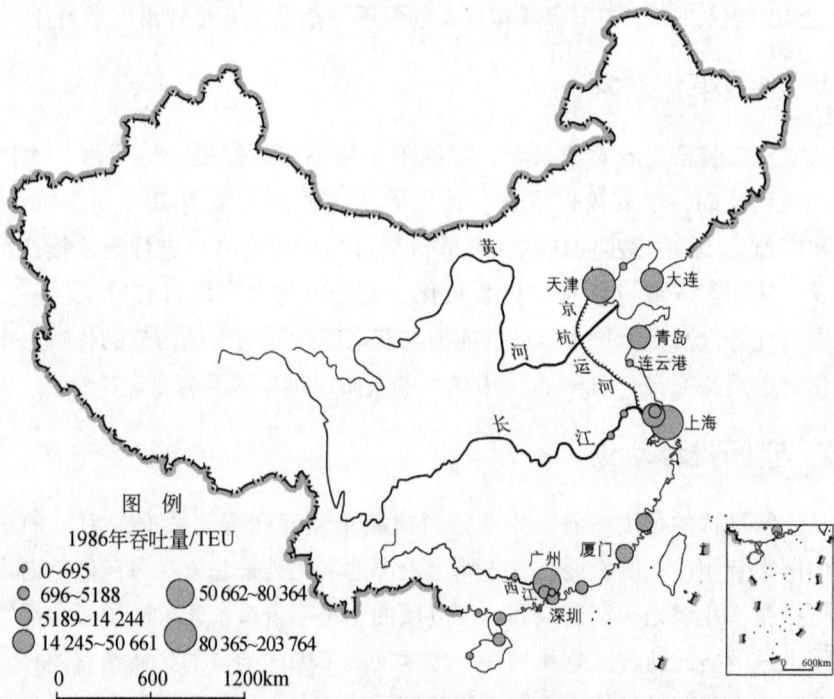

图 例

1986年吞吐量/TEU
- 0~695
- 696~5188
- 5189~14 244
- 14 245~50 661
- 50 662~80 364
- 80 365~203 764

0   600   1200km

(b) 1986年中国集装箱港口体系吞吐量格局

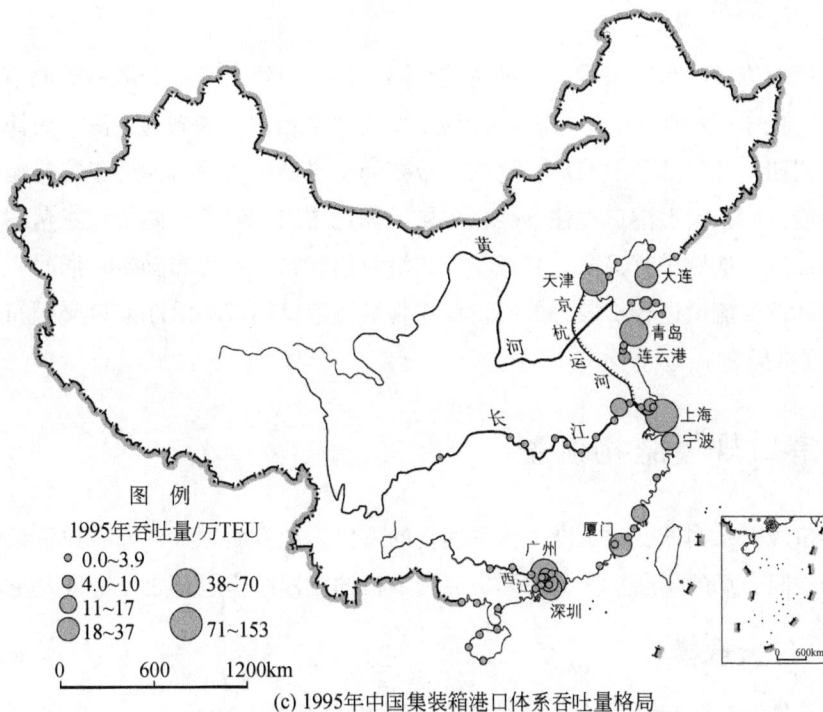

(c) 1995年中国集装箱港口体系吞吐量格局

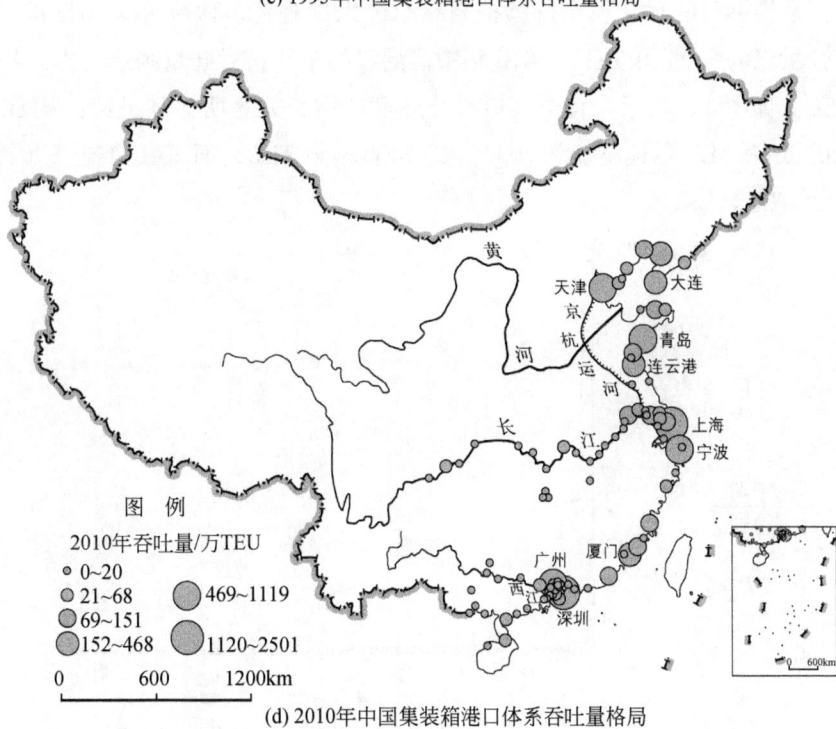

(d) 2010年中国集装箱港口体系吞吐量格局

图8-7 1979年、1986年、1995年和2010年中国集装箱港口体系

3. 区域集散

从区域集散的角度来看，中国集装箱港口的分布经历了"分散→扩散→集聚→成带"的空间扩张过程。在早期阶段，中国集装箱港口表现为上海、天津、青岛和广州四大港口的分散布局，这种分散布局主要是因为该时期处于集装箱技术试验阶段，而且大型港口往往不会在地域上邻近布局。然后，向长江三角洲和珠江三角洲两个地域进行集聚，并逐步形成沿海集装箱港口分布轴带。同时，向长江流域和珠江流域进行扩散，最终发展成为沿海港口轴带和沿江港口交融布局的"十"型格局。

三、港口规模结构调整

港口规模结构的变化是港口体系演化的重要表现方面。随着港口数量结构的变化和空间布局的不断扩张，中国集装箱港口的规模结构也开始发生重大变化。

1. 总量规模

集装箱港口的吞吐规模持续提高是总体发展趋势。1979 年，中国港口集装箱吞吐量仅为 3.29 万 TEU，2010 年中国港口的集装箱吞吐量则迅速提高到 1.46 亿 TEU。如图 8-8 所示，首位港口吞吐规模的增长尤为明显和迅速，从 80 年代中期的 20 万 TEU 迅速增加到 2007 年的 2400 多万 TEU，而 2010 年进一步提高到 2907 万 TEU。

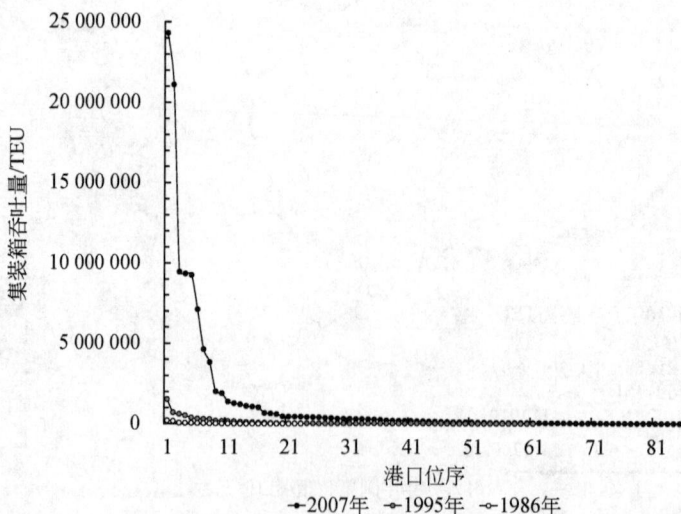

图 8-8　中国港口规模的位序结构

2. 主要港口的集中性

少数主要港口集中了中国集装箱吞吐量的多数份额，并呈现出"先下降后提高"的集中趋势，这是中国集装箱港口规模结构的重要特征。1979年，上海和天津两港集中了中国76%的集装箱吞吐量，1986年两个港口所占比重降至为58.9%，1990年继续降至为45.3%，1995年进一步降到36.8%，2000年上海和深圳两港集中了全国42.4%的集装箱吞吐量，2005年该比重进一步提高到46%，但2007年该比重下降到41.04%。这充分体现了在集装箱技术传播初期，首要港口的吞吐比重是持续下降，呈现扩散趋势，而随着集装箱化进程的实现，首要港口的吞吐比重则持续提高，呈集中趋势，但近年来开始呈现扩散化趋向（图8-9）。

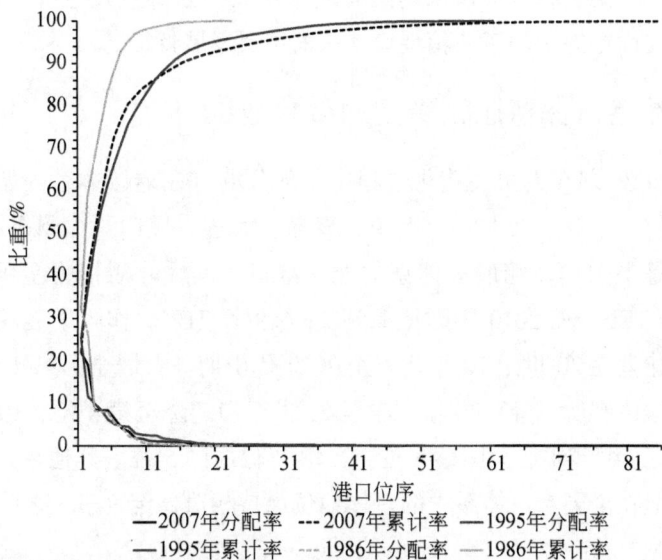

图8-9 20世纪80年代以来中国港口吞吐量的配置率与累计率

3. 主要港口的差距

主要港口之间的集装箱吞吐量差距呈现出"先扩大后下降"的趋势。在中国主要的集装箱港口之间，吞吐量规模的差距开始不断缩小。1986年，上海和天津两个港口占中国集装箱吞吐量的比重相差5.7%，1990年两个港口的差距扩大至10.4%，1995年进一步扩大为13.6%；2000年上海和深圳两个港口的差距为7.2%，而2009年该差距降至为5.6%。

主要港口同其他港口的规模差距日益拉大。以全国集装箱吞吐总量的75%为标准划分主要港口，1986年，上海、天津、黄埔和大连4个港口集中了全国75%的比重，由此可看出4个港口同其他港口的规模差异。1990年，上海、天津、张家港、青岛、大连5个港口占全国集装箱运量的78%；1995年，上海、天津、青岛、广州、大连、厦门、深圳、珠海8个港口集中了全国75.7%的吞吐量；2000年，上海、深圳、青岛、天津、广州、厦门、大连、宁波等8个港口占全国78.9%的吞吐量；2009年，上海、深圳、宁波、青岛、天津、厦门、广州、大连等8个港口占全国77%的吞吐量。

四、主要港口发展演化

主要港口在集装箱港口体系内具有战略意义，分析主要港口的发展和演化，更能在宏观层面把握中国集装箱港口体系的主要发展特征。

1. 多数港口保持比较稳定的重要地位

在中国近30多年的集装箱化进程中，部分港口在港口体系内始终保持着比较稳定的地位，主要包括上海、天津、青岛、大连、厦门、福州等港口。其中，上海港一直是中国集装箱航运体系的龙头港口，其吞吐规模为全国最高，1979年仅1.59万TEU，而2010年则提高到2906.9万TEU。作为集装箱化的最初起点港——天津港在20世纪70年代末至90年代中期一直居全国第2位，但90年代末开始其地位有所下降，90年代末至21世纪初期降至第4位，2010年位居第6位。青岛港连续多年居全国第3位，2010年位居第5位。其他港口的地位虽然有所下降，但在全国港口体系中的总体地位保持相对稳定（表8-3）。

表 8-3　1979～2010 年中国集装箱吞吐量前 10 位港口

位序 年份	1	2	3	4	5	6	7	8	9	10
1979	上海	天津	青岛	黄埔						
1981	上海	天津	广州	青岛	大连	福州				
1983	上海	天津	广州	青岛	大连	厦门	湛江	福州		
1985	上海	天津	广州	青岛	大连	张家港	厦门	福州	海口	南通
1989	上海	天津	青岛	广州	大连	张家港	厦门	福州	南京	蛇口
1991	上海	天津	青岛	大连	广州	珠海	厦门	张家港	南京	福州

位序 年份	1	2	3	4	5	6	7	8	9	10
1995	上海	天津	青岛	广州	大连	厦门	深圳	珠海	宁波	福州
1999	上海	深圳	青岛	天津	广州	厦门	大连	宁波	中山	福州
2001	上海	深圳	青岛	天津	广州	厦门	宁波	大连	中山	福州
2005	上海	深圳	青岛	宁波	天津	广州	厦门	大连	中山	连云港
2007	上海	深圳	青岛	宁波	广州	天津	厦门	大连	连云港	苏州
2010	上海	深圳	宁波— 舟山	广州	青岛	天津	厦门	大连	连云港	营口

2. 少数港口的地位有所下降

随着集装箱化进程的持续推进，部分集装箱港口的地位逐步下降，主要包括广州、张家港、珠海、南通等港口。其中，广州港在 20 世纪 80 年代期间连续多年位居全国第 3 位，但在 90 年代期间连续下降，90 年代中期至 21 世纪初，居全国第 5 位，目前略有提升，2010 年位居第四位。张家港的地位下降较为明显，从80 年代的全国第 6 位连续下降，最终被淘汰出前 10 位。珠海和南通两港同样如此。张家港和南通曾是实施集装箱化早期的港口，但随着集装箱进程的推进，其地位却不断下降，这也反映了集装箱化的部分规律：适用、竞争与淘汰。

3. 部分港口的地位得到迅速提升

20 世纪 70 年代以来，中国集装箱港口体系的规模结构呈现出较大的变化，其中，新生港口的迅速提升成为重要的特点。这类港口主要包括深圳、宁波和中山等港口，这些港口在中国集装箱港口体系中的地位不断提高。尤其以深圳港为代表，该港口的崛起成为新中国成立以来中国港口体系的最大变化，目前成为中国第 2 位的集装箱港口，2010 年吞吐量达到 2250.96 万 TEU，并与首位港口上海港的差距日益缩小，2010 年差距仅为 650 万 TEU。宁波港的发展也成为中国集装箱港口体系的亮点，1997 年集装箱吞吐量仅 25.7 万 TEU，2010 年则迅速提高到1314.65 万 TEU，成为全国乃至全球的重要港口。

4. 部分港口的吞吐规模日益扩大，并入围世界百强

考察中国港口的迅速发展程度，还需要分析在全球中的地位及其变化。随着

中国适箱货物的快速发展，直接促使中国部分港口在全球中的地位迅速提升，入围世界百强（表8-4）。1983年，上海港首次跻入世界集装箱港口前百强，1995年中国入围世界百强的港口有上海、天津、青岛、大连和厦门5个，期间尽管各港口的位序有所变化，但入围港口的数量呈现不断增多的趋势。2010年，中国大陆入围世界百强的港口有15个，包括上海、深圳、宁波—舟山、广州、青岛、天津、厦门、大连、连云港、营口、太仓、烟台、福州、南京、泉州等港口。其中，上海港近些年来稳居全球第3位，2007年超越香港而跃居第2位，2010年超越新加坡而跃居全球第1位，而深圳港稳居全球第4位。如果考虑中国香港和中国台湾的港口，中国港口在全球集装箱港口体系的地位就愈加重要。20世纪70年代中期以来，香港一直排在世界港口前百强的前列，1992～2004年居世界龙头①，2010年集装箱吞吐量达2353.2万TEU，居全球第3位，而高雄港的集装箱吞吐量达918.1万TEU，位居全球第12位，基隆（176.4万TEU）和台中港（126.7万TEU）分别位居全球第68位和第90位。

表8-4　1995年以来中国内地港口入围世界百强历程

年份	港口名称（世界位序）
1995	上海（19）、天津（44）、青岛（54）、大连（84）、厦门（84）
1997	上海（11）、青岛（35）、深圳（57）、大连（80）
1998	上海（10）、青岛（35）、深圳（43）、天津（44）、广州（52）、厦门（71）、大连（86）、蛇口（92）
2000	上海（6）、深圳（11）、盐田（24）、青岛（25）、天津（32）、广州（38）、厦门（50）、大连（61）、宁波（66）、蛇口（73）、中山（92）
2002	上海（4）、深圳（6）、青岛（15）、天津（24）、广州（27）、宁波（32）、厦门（36）、大连（53）、福州（106）
2004	上海（3）、深圳（4）、青岛（14）、宁波（17）、天津（18）、广州（22）、厦门（26）、大连（34）、中山（74）、福州（87）、营口（97）
2007	上海（2）、深圳（4）、青岛（10）、宁波（11）、广州（12）、天津（17）、厦门（22）、大连（26）、连云港（57）、苏州（62）、营口（79）、中山（81）、烟台（82）、福州（84）、南京（90）、泉州（93）
2010	上海（1）、深圳（4）、宁波—舟山（6）、广州（7）、青岛（8）、天津（11）、厦门（19）、大连（21）、连云港（30）、营口（35）、太仓（57）、烟台（73）、福州（78）、南京（81）、泉州（82）

① 1998年，香港居全球第2位，新加坡居全球第1位。

集装箱港口网络形成演化与发展机制

第三节　中国集装箱港口体系的空间集散

中国集装箱港口和运量的分布是不平衡的，这是中国集装箱港口体系不断演化的驱动力。但这种差异是趋向于集聚还是趋于扩散，需要通过评价来说明。该部分采用了前文的评价指标 HH（Hirschman-Herfindahl index）指标进行测算。

一、集聚指数演变

通过式（2-1）对中国港口集装箱运输的 HH 指数进行计算，并绘制成图 8-10。由图 8-10 所示，HH 集散指数大致经历了 3 个阶段，这刻画了中国集装箱港口体系的空间集散过程。

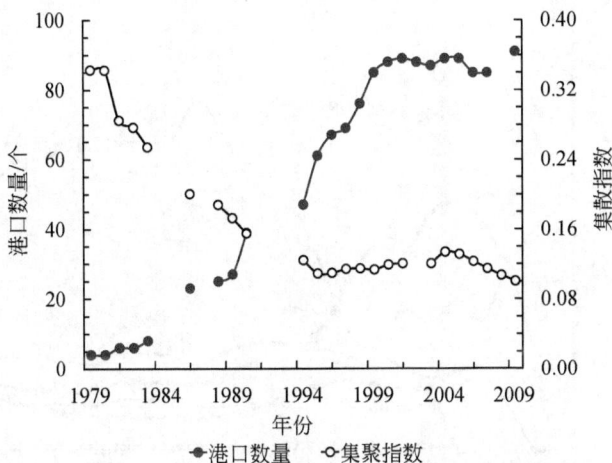

图 8-10　中国港口集装箱运量的集散指数演变

（1）阶段 I：20 世纪 70 年代中期至 90 年代中期，集散指数不断下降，1979年集散指数为 0.343，1994 年则降至 0.124，期间下降幅度较大。该阶段，集装箱航运技术在中国不断进行传播和扩散，中国港口主要处于集装箱化的普及过程中，集装箱港口的数量结构不断充实和丰富，吞吐量虽存在一定的空间集聚，但集装箱港口体系的发展主要处于港口数量扩充和运输扩散阶段。

（2）阶段 II：20 世纪 90 年代中期至 21 世纪初期，集散指数保持较为稳定的发展状态。1995 年中国港口的集散指数为 0.109，2001 年仍保持在 0.12 左右，期间虽有所增长，但总体保持相对稳定。这反映了中国集装箱港口体系已经历了港口数量结构的充实阶段，未来港口体系的发展主要是内部港口间的运量彼此消长，运输集散现象相对稳定。

（3）阶段 III：2003 年至今，集散指数呈现略有增长的趋势。2003 年中国港口的集散指数为 0.12，2005 年达到 0.131，期间呈现略有小幅的增长态势，但 2006 年和 2007 年又持续下降，2010 年达到 0.1003。这说明中国港口的集装箱吞吐量开始呈现集聚的趋势，未来发展是进一步向少数港口进行集聚；同时，这反映了中国港口在经历了港口数量结构的充实阶段后，开始进入了港口竞争（腹地货箱、海上中转等）而吞吐量彼此消长的发展阶段。

二、区域运量集聚

中国不同区域，其港口的集装箱吞吐量规模不同，在全国港口体系中的地位有所不同，而且在不同时期，其地位又有所不同。如图 8-11 所示。

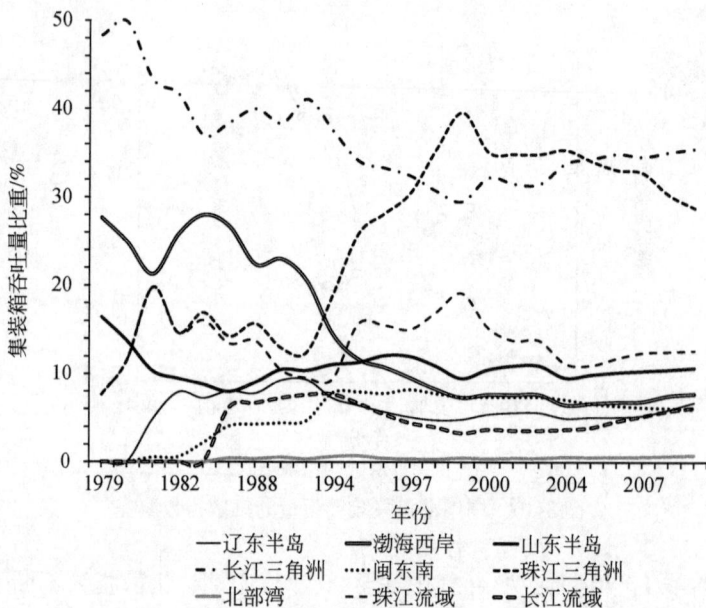

图 8-11　中国集装箱港口吞吐量的区域集聚及演变

（1）综合分析，中国不同区域港口的集装箱吞吐量份额存在较为明显的差异，且 20 世纪 70 年代以来呈现出不同的发展特征与轨迹。其中，辽东半岛的运量份额先不断上升，然后持续走低，目前略有提升并趋于平稳。渤海西海岸的运量份额呈现持续下降，并最终趋于平稳发展。山东半岛的运量份额在经历短期的下降后，呈现下降和上升循环波动的发展，但总体变化较小。长江三角洲的份额

集装箱港口网络形成演化与发展机制

呈现持续下降，目前略有提升。闽东南的份额在经历快速提高后，呈现缓慢的滑坡。珠江三角洲呈现持续提高，并在经历了短期的平稳后，其比重逐步下滑。北部湾港口的运量份额一直很低，而且波动性明显。长江流域的运量份额在经历了持续提高过程后，开始持续下降，目前略有提升。珠江流域的运量份额在经历了快速提升后，目前处于持续下降阶段。

（2）从区域集中程度来看，20世纪70年代末，集中度比较高的地区主要是长江三角洲、渤海西海岸、山东半岛、华南沿海。80年代中后期，则依次为长江三角洲、渤海西海岸、华南沿海、山东半岛、辽东半岛、长江流域、闽东南沿海、北部湾、珠江流域。90年代中后期，依次为华南沿海、长江三角洲、山东半岛、闽东南、珠江流域、长江流域、北部湾。目前，依次为长江三角洲、华南沿海、山东半岛、渤海西岸、闽东南、辽东半岛、长江流域、珠江流域、北部湾等。

（3）长江三角洲的沿海港口一直集中了中国港口吞吐量的重要份额。20世纪70年代初，其吞吐量份额很高，曾达50%以上，80年代以来，长江三角洲海港的吞吐量份额一直呈现下降趋势，90年代中后期波动在29%左右，90年代末期以来所占份额又呈现略有提升的趋势，2009年达35.5%。这充分体现了长江三角洲港口在中国集装箱港口体系内的重要地位。

（4）珠江三角洲的集装箱吞吐量呈现不断提高的发展趋势，从20世纪70年代末期10%以下的市场份额逐步提高到目前的30%多，这显然是受外向型经济快速发展的影响，而且该地区存在大量的中转运输。近些年来，珠江三角洲的市场份额呈现逐步下降的发展趋势，其市场份额从1/3向1/4下滑。

（5）渤海西海岸港口的集装箱吞吐量比例呈现不断下降的发展趋势，从20世纪80年代的20%以上的市场份额迅速下降到2005年的6.5%，这反映了渤海西海岸的港口在全国集装箱港口体系中的地位持续下降。近年来，其比重有所提高，但增长速度很低，2009年其市场份额仅为7.73%。当然这同该地区的经济格局及经济结构相关。

第四节　中国集装箱港口体系的发展演化机理

一、自然本底条件

1. 江河海洋决定了港口的自然区位

水体是水运发展的自然基础，岸线是港口建设的自然空间载体，河流或海洋成为港口布局的基本前提。中国河流分为入海外流河和入湖内流河两类，入海外流河具有明显的航运价值，而入湖内流河的航运意义较小。中国有入海河流数百条，具有通航价值、建有河口港和入口河段港口的河流共有 57 条。其中，长江、珠江、黑龙江和京杭运河具有较高的通航价值，尤其是长江成为中国内河港口的主要集中流域。特别是，江河的入海口因具有江海联运的区位优势，可衔接外海远洋、近海和内河等航线，成为各种运输方式的交汇点，往往会培育系列港口或大型港口的发展，如珠江、长江、九龙江、闽江、韩江、海河和瓯江。世界上各大港口多数为河口港，如鹿特丹、汉堡、纽约、亚历山大等港口，中国同样如此，上海、天津、广州、宁波、温州、福州（马尾）、汕头等港口都是典型的潮汐河口港，另外，如南京、镇江、南通、张家港等港口都是长江的河口港。

2. 海岸自然条件是决定港口发展的自然本底

中国大陆海岸线自鸭绿江口至北仑河口，长达 1.8 万多公里，这些海岸线是中国海港分布的主要空间依托，海岸自然条件直接决定了港口的空间格局。如表 8-5 所示，根据地质自然条件，中国海岸线可分为平原海岸、山地丘陵海岸和生物海岸，不同的海岸线具有不同的自然属性和工程技术特征，从而决定了港口建设的适宜性。其中，杭州湾以北表现为山地丘陵海岸与平原海岸交错分布，但以平原海岸居多；杭州湾以南为山地丘陵海岸，其间镶嵌了小块的河口平原海岸；北回归线以南的地方，在平原海岸与山地丘陵海岸的基础上形成部分生物海岸，各种海岸综合交错分布。从各种海岸的自然属性来看，山地丘陵海岸适合港口的建设与发展，尤其港湾海岸具有突出的海岬和深入的海湾，岬湾相间，岸线曲折，地质坚硬，岸前水深，最适合港口的建设（赵济，1980）；同时，部分三角洲与三角湾海岸也适合港口的建设，但一般大型良港比较少。这种岸线的自然属性决定了港口建设与发展的自然本底。但随着技术的进步，部分岸线经过改造也可以建设港口，如京唐港的建设。

表 8-5　中国海岸线的自然属性

海岸类型		地域范围
平原海岸	三角洲海岸	黄河、长江、珠江、滦河、韩江及台湾浊水溪等河口
	三角湾海岸	杭州湾
	淤泥质平原海岸	辽东湾、渤海湾和莱州湾及苏北海岸
	砂质或砾质平原海岸	以台湾西岸较为典型，从六股河口到滦河口的辽西、冀北海岸也发育了沙质平原海岸

海岸类型		地域范围
山地丘陵海岸	岬湾式海岸	辽东半岛南端、山东半岛南部、福建和广东沿海、浙东、闽北岸段、辽东半岛东部和粤西海岸
	断层海岸	台湾岛东海岸
生物海岸	珊瑚礁海岸	南海诸岛、海南岛沿海、雷州半岛南部沿海、澎湖列岛和台湾南部及岛屿
	红树林海岸	广东、广西、海南沿海，福建和台湾南部沿海有分布

二、经济与城镇体系

1. 经济空间格局

经济格局反映了港口的腹地基础，透视出港口体系形成和发展的部分机制。中国经济主要集中在东部沿海地区，尤其集中在长江三角洲、珠江三角洲和环渤海地区，总体呈现由沿海向内陆逐步递减的趋势，这同中国港口体系的空间格局基本吻合，港口和腹地的空间关系符合前文的第 3 种类型。中国的经济分布格局如图 8-12 所示。2007 年广东省的 GDP 占全国总量的比重最高，为 11.43%；其次是山东省和江苏省，分别占全国 GDP 总量的 9% 以上；再次是浙江、河南、河北、上海等省市，具有较高的 GDP 比重。如果从区域来看，长江三角洲地区（包括上海、江苏、浙江）的 GDP 规模占全国总量的 20.67%，而环渤海地区（包括辽宁、北京、天津、河北、山东）则占全国总量的 24.12%。沿海省市的 GDP 则占全国总量的 61.94%，具有很高的空间集聚度。这种空间格局基本反映了中国集装箱港口发展的经济基础与背景。

2. 城镇体系分布

城镇是经济的主要空间载体，城镇体系反映了城镇分布的空间格局、职能结构以及规模结构。按照部分学者的论点，城镇体系作为地域上相对完整的经济空间载体，往往形成联系国内外的门户，这种门户可能是铁路枢纽、港口或机场。分析中国城镇体系或城镇集聚区的格局，有助于解释中国集装箱港口发展的空间机制。根据方创琳等学者的研究，中国城镇体系大致分为三个层级，具体见表 8-6。其中，长江三角洲、珠江三角洲、京津冀、山东半岛、闽南金三角、辽东半岛、武汉地区、长株潭、南北钦、皖中、鄱阳湖等城镇密集区具有明显的门户

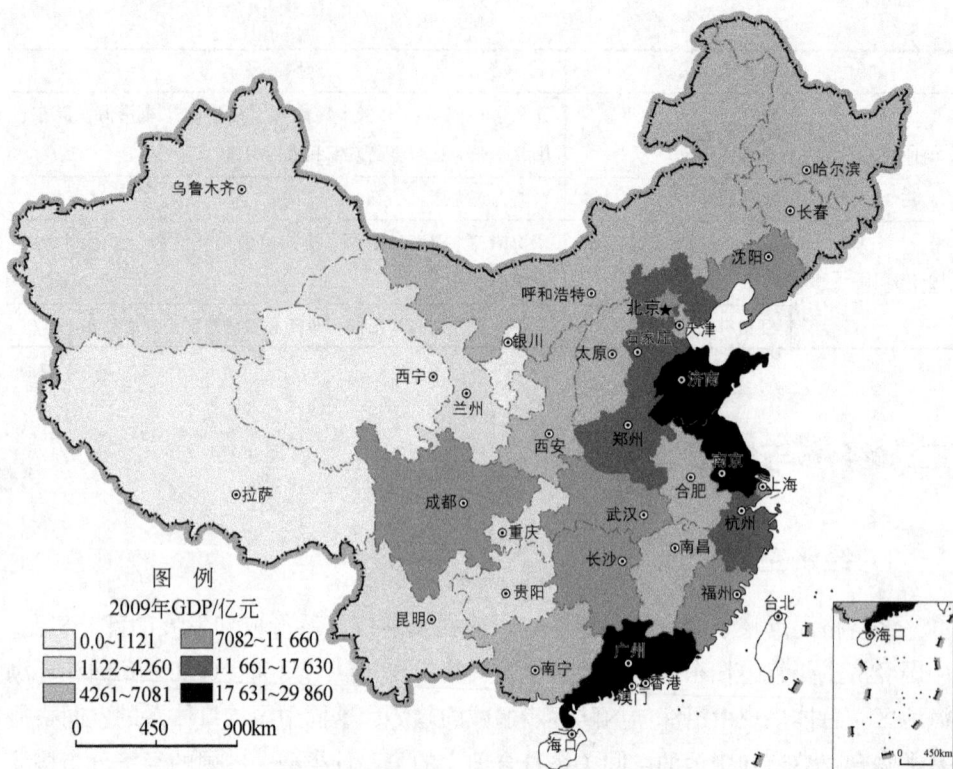

图 8-12　2009 年中国 GDP 的空间格局

港，尤其前 6 个港口，其门户港分别为上海港、香港—深圳港、天津港、青岛港、厦门港、大连港。这些港口基本上为中国主要的大型港口，城镇体系的等级结构反映了门户港的等级结构，这说明了城镇体系对港口形成和发展的支撑机制。

表 8-6　中国城市群结构体系及等级

等级	城市群或都市圈名称	具有港口门户的城市群	主要门户港
一级	长江三角洲、珠江三角洲、京津冀	长江三角洲、珠江三角洲、京津冀	上海、香港—深圳、天津
二级	山东半岛、成都地区、重庆地区、闽南金三角、辽东半岛、中原、武汉、长株潭、呼包鄂、南北钦、关中	山东半岛、重庆地区、闽南金三角、辽东半岛、武汉、长株潭、南北钦	青岛、重庆、厦门、大连、武汉、长沙、北海
三级	哈大长、皖中、晋中、银川平原、赣北鄱阳湖、济宁、滇中、黔中、兰白西、酒嘉玉、浙中、个开蒙、天山北坡、拉萨—日喀则	哈大长、皖中、赣北鄱阳湖	哈尔滨、芜湖、九江

3. 经济结构是决定货源生成规模的基础

陆向腹地对港口的影响，主要体现为腹地范围、经济规模和产业结构。其中，腹地经济结构是决定适箱货物规模的重要因素，由此对港口规模的发展产生影响。中国经济虽然集中布局在沿海地区，但中国南北方的经济结构存在明显的差异，由此对各区域的港口发展产生了重要影响。

（1）北方地区的经济结构以重工业为主，是中国重要的工业基地，加工制造业相对薄弱，同时外向型经济发展相对缓慢，这种经济结构导致北方地区缺乏生成规模箱源的基础，这是近年来环渤海港口的集装箱吞吐量比重不断下降而长江三角洲、珠江三角洲的份额比重不断增长的主要原因。

（2）近年来，长江三角洲外向型经济迅速发展，轻工业和制造业较为发达，且外向型经济发展水平较高，外贸额保持了高速增长的势头，占全国外贸额的比重稳步上升，目前已超过了30%。这种以加工制造业为主的经济结构为港口发展提供了丰富的箱源，促使集装箱吞吐量高速增长，2004年增速超过了珠江三角洲，尤其是长江三角洲港口处于长江口，通过长江水道将其港口腹地延伸到广大中西部地区，未来无论是西部开发还是制造业向中西部转移，都将生成规模庞大的箱源。

（3）珠江三角洲是中国改革开放的前沿地区，虽然近年来其外贸增速低于长江三角洲和环渤海地区，但集装箱吞吐量仍保持了高速增长的态势，这是由于该地区经济结构的外向性较高。尤其20世纪80年代以来所形成的"前店后厂"和"两头在外"的产业分工形成了大量外贸货物，其中适箱货物比重很高，这促使珠江三角洲的集装箱—外贸额弹性系数要高于长江三角洲和环渤海地区，这直接孕育了珠江三角洲集装箱港口的发展。

4. 陆向腹地是决定港口规模的重要原因

腹地是港口发展的基础要素，其范围大小直接关系到货箱生成能力，并决定了港口的规模，拥有广阔的陆向腹地决定了港口能否成为大型港口，尤其是枢纽港。鉴于中国港口多是腹地型港口，陆向腹地是决定港口规模和发展前景的因素。陆向腹地的界定主要参考腹地和港口间的集装箱流，但数据获得存在很大困难。有鉴于此，根据相关学者的研究，对中国主要港口的腹地范围进行粗略界定，并将结果整理成表8-7。中国大型港口的腹地覆盖范围较广，而中小型港口仅能服务于小区域。其中，上海港的腹地范围最广，长江三角洲是其直接服务腹地，同时借助长江水道服务于整个长江流域，正是这种广阔的腹地培育了上海港的崛起和枢纽地位，并成为长江流域乃至中国的门户港。其次，大连、天津、青岛、连云港、深圳和香港等港口因有铁路干线连接而具有较为广阔的陆向腹地，其腹地范围不仅超越了港口所在市域，并跨越了省际而服务于经济区。同时，营口、日照、武汉、重庆、宁波、温州、福州、厦门等港口也具有一定范围的陆向腹地，其范围开始超越了市域而服务于周边地区。但是，丹东、秦皇岛、京唐、威海、烟台、苏州、南京、漳州、泉州、珠海等中小型港口的腹地范围较小，多限于港口市域范围。这种腹地范围的大小基本同港口的规模结构相一致，港口成为各区域的门户港。但须指出的是，港口陆向腹地范围的大小要取决于港口同内陆地区的交通连接便捷性。

表 8-7   中国主要港口的腹地范围

港口	腹地范围	港口	腹地范围
丹东	丹东市	重庆	成渝地区
大连	东北三省	宁波	浙北地区
营口	辽中地区	温州	浙南地区
秦皇岛	秦皇岛地区	福州	闽北地区
京唐	唐山地区	漳州	漳州地区
天津	华北及部分西北地区	泉州	泉州地区
威海	威海地区	厦门	闽东南地区
烟台	烟台地区	汕头	粤东北地区
青岛	山东及部分华北地区	深圳	珠江三角洲
日照	鲁西南地区	广州	广州及粤西北地区
连云港	苏北、中原及西北地区	珠海	珠海地区
上海	长江三角洲及长江流域	北海	桂南地区
苏州	苏州地区	防城港	桂南地区
南京	南京地区	海口	海南地区
武汉	湖北地区	香港	珠江三角洲

三、交通与区位条件

1. 交通网络区位

交通网络区位主要针对陆路交通网络而言。铁路和公路（包括国道和高速公路）布局以及纵横交错，决定了各区域具有不同的通达性，由此形成了不同的区

集装箱港口网络形成演化与发展机制

位条件，这对港口的建设和发展有重要影响。须指出的是，鉴于陆路交通网络的空间属性，沿海港口往往位居陆路交通网络的边缘地区，其区位优势一般要弱于内陆节点，但港口间仍存在区位条件的可比性。本研究通过对中国主要港口的铁路和公路进行了系统分析，并总结成表8-8。中国大型港口往往具有较好的交通网络条件，是中国重要的交通干线和高速公路主干线以及重要国道的交汇点。中小型港口的交通网络条件相对较弱，主要位居地方铁路或重要铁路以及高速公路和国道的交汇点。同时，内河港口具有较好的交通网络条件，往往是大型交通干线的交汇点。如表8-8所示，上海、广州、天津、青岛、深圳、大连等沿海港口具有较好的交通网络条件，并成为中国主要的集装箱港口。同时，南京、武汉、重庆等内河港口也具有较好的交通网络区位，但港口规模较小，这是因为港口发展要取决于多种因素的影响，单一因素往往影响港口发展的某方面。这些集装箱港口通过内陆交通网络使其成为各区域的门户港，集散其集装箱贸易货物。港口的门户功能程度决定于内陆交通网络的通达范围，其中具有运输走廊而连通广阔内陆腹地的港口，不但成为本地而且成为通达区域乃至全国的门户港，衔接着国际或全球的集装箱运输。

表 8-8　中国主要港口的交通网络

港口	铁路线	国道	高速公路
上海	沪杭线、京沪线	204、312、320、318	京沪线、沈海线、沪陕线、沪蓉线、沪渝线、沪昆线、苏沪线、申嘉湖线、杭州湾环线
深圳	京九线、广深线	107、324、205	广深线、京港澳线、沈海线
大连	哈大线	202、201	沈海线、鹤大线
天津	京津线、津浦线	205、105、104、103、112	京津塘线、京沪线、京台线、荣乌线、长深线
青岛	胶济线、蓝烟线	204	沈海线、青银线、青新线
日照	兖石线	204	沈海线、日兰线
连云港	陇海线	204、327、310	连霍线、沈海线、长深线
宁波	杭甬线	329	杭州湾环线、沈海线、甬金线
厦门	鹰厦线	319、324	厦蓉线、沈海线
泉州	梅泉线	324	泉南线、沈海线
福州	外福线	104、316	沈海线、三福线
广州	京广、广深、三茂	324、105、106、107、321、325	广昆线、沈海线、二广线、京港澳线、济广线、珠江三角洲环线

港口	铁路线	国道	高速公路
烟台	蓝烟线	204、206	沈海线、荣乌线
温州	金温线	330、104	温丽线、沈海线、诸永线
泉州	梅泉线	324	福厦线
汕头	梅汕线	206、324	汕昆线、沈海线
珠海		105	京港澳线、江珠线、斗阳线
北海	南昆线	325、209	兰海线
海口	海口—三亚线	223、225、224	海南环线
湛江	黎湛线、河茂线	207、325	兰海线、广湛线、沈海线
防城	南防线		钦东线
南京	京沪、宁西、宁铜	104、312	长深线、宁芜线、宁高线、沪蓉线、宁洛线
武汉	京广、武九、汉丹	318、220、316、107	京港澳线、沪渝线、福银线、沪蓉线、大广线
重庆	成渝、川黔、襄渝	319、212、210	渝昆线、兰海线、成渝环线、沪渝线、包茂线
营口	长大线、哈大线	305、202	沈海高速、丹锡高速

随着物流资源的整合，多式联运成为集装箱航运体系的重要环节，并成为港口尤其枢纽港发展的关键。从交通网络的角度来看，不同交通方式的交汇区位往往形成了交通枢纽，便于不同交通方式间的运输衔接与货物中转，由此决定了该区位发展多式联运的潜在优势。港口腹地决定于多种交通方式的连接程度与交通网络的通达范围，而且多式联运系统的发展决定了该区位具有集聚和中介的功能作用，由此形成了枢纽地位，包括本地、区域、全国乃至国际区域的枢纽功能。技术标准统一是发展多式联运系统的前提，尤其铁路和水路运输标准的技术统一至关重要。目前"五定（定点、定线、定时、定价、定车次）"班列铁路集装箱运输已开始发展，在90条路线上开行，覆盖中国220个城市，其中海铁联运班列线共56条，北京—上海已开展双层集装箱班列，但中国多式联运仍处于起步阶段，尤其是铁路系统由于具有其自身的技术标准，尚未与海运系统统一技术标准。但未来多式联运系统的发展是必然的趋势，而且成为中国港口建设与发展的关键。

2. 全球网络的区位

区位是一个具有多重内涵的概念，集成了众多因素的综合影响，国际航运企业的航线组织和集装箱运力配置就赋予区位以运输组织的动态概念。鉴于航运企业的空间组织是同航运市场相协同的企业行为，全球航运网络就成为一个动态网络，并由此不断改变着全球各港口的区位条件。目前，全球形成了三大主干航线，分别为远东—欧洲、远东—北美和北美—欧洲航线。其中，有两条主干航线源于远东，并成为全球集装箱船舶和箱位配置最高的航线，也是世界运力增长最快的航线，各航运企业均加强了东亚航线的运力配置，由此可看出世界集装箱运力主要服务于远东。以上航线格局与集装箱运力配置，可反映出中国在全球集装箱航运网络中的区位条件（图8-13）。

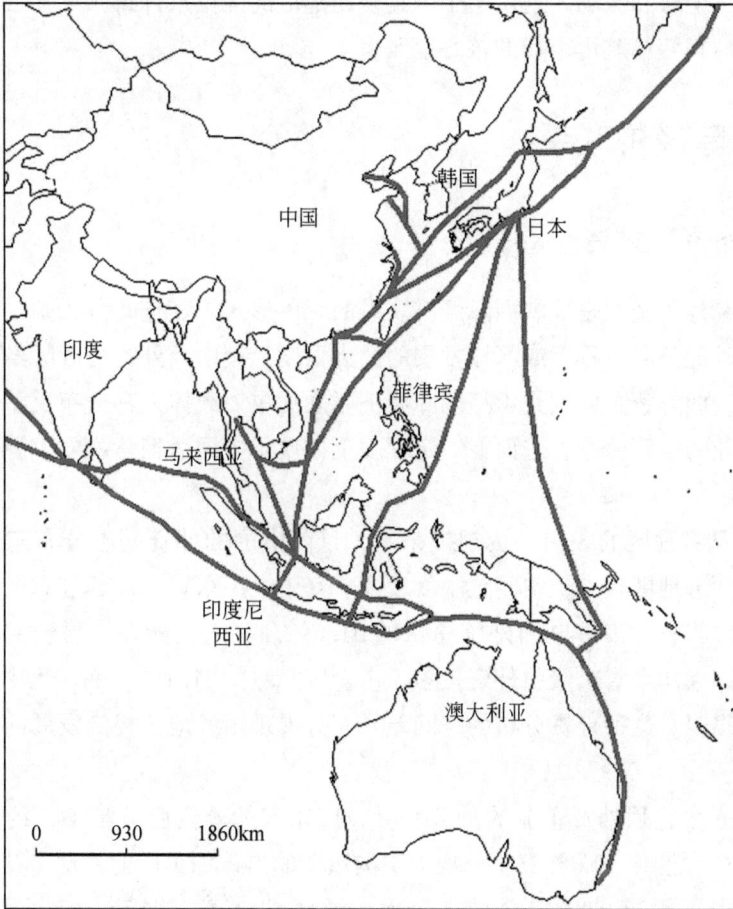

图 8-13　亚太地区的主要集装箱航线和战略区位

中国集装箱港口在全球航线网络中的区位，对其发展具有战略性的影响，经历了由"网络边缘"到"重要地区"并趋于"网络核心"的过程。20世纪90年代中期之前，连接东亚的集装箱航线虽然很重要，但主要是连接韩国和日本及中国台湾和香港，航线网络很少覆盖中国其他省份，中国的集装箱港口处于全球主干航线网络的边缘区位。90 年代中期以后，航运企业的国际航线网络逐步覆盖中国，中国集装箱港口在全球航运网络中的区位条件明显改善，并逐步成为优势区位。2007 年，东亚—东北亚航线和东亚—东南亚航线的集装箱运力最高，两者合计占全球集装箱运力的 35%，远东内部的航线网络构筑得到强化。从航运联盟挂靠的基本港来看，全球有 85 个，其中东亚有 21 个，而中国有 10 个（香港、高雄、深圳、上海、青岛、厦门、宁波、基隆、天津、大连港），其国际航线数量和航班密度都居于前列，部分港口成为具有全球意义的枢纽港，如香港、高雄、上海和深圳。这说明中国集装箱港口的区位条件得到明显改善，并逐步成为全球集装箱航运市场的核心地区。

四、国际经济联系

1. 外资与外资企业分布

外资和外资企业是反映国际经济联系的一种形式，其空间分布则反映了不同区域的对外经济联系程度或区域发展的活力强度。其中，外资是国际经济联系的重要驱动，而外资企业则是承担国际经济联系的重要载体，其分布反映了中国出口加工产业的空间分布，进而在一定程度上体现了中国适箱货物的生源地，如图 8-14 所示。

（1）从各地区的吸引外资规模来看，目前中国的外资基本分布东部沿海地区，而中西部地区较少，空间集中度较高。其中，广东省、江苏省和上海市的外资规模最多，三省市占全国外资总量的 51.6%。其次，浙江、福建、山东和辽宁、北京和天津等省市吸引外资较多，占全国总量的 31.1%。而广大中西部省市的外资量很少。这种外资分布的空间差异充分展现了各地区经济发展的资金基础与活力。

（2）首先，从外资企业的分布来看，广东省的外资企业最多，约占全国总量的 22.6%，这促使珠江三角洲成为中国重要的出口加工产业基地。其次，长江三角洲集中了大量的外资企业，上海、浙江和江苏三省市约占全国总量的 31.3%。再次，是北京、天津、福建、山东和辽宁等省市，约占全国总量的 29.4%。以上分析表明，沿海省市集中了中国大陆主要的外资企业，成为出口加工业基地，是中国国际集装箱货物的主要生源地，这直接培育了沿海港口的崛起。

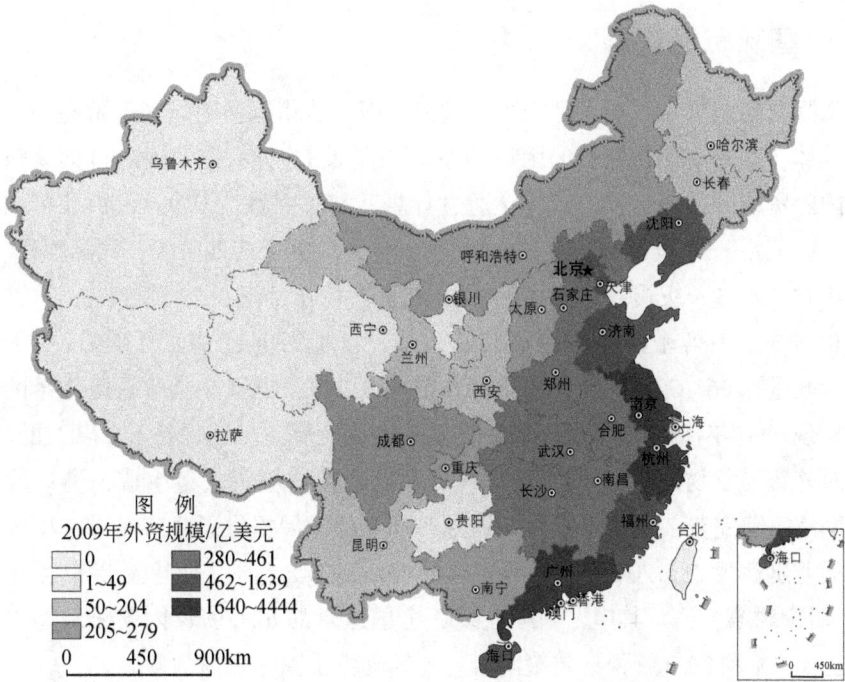

图 例

2009年外资规模/亿美元

- ☐ 0
- ☐ 1~49
- ☐ 50~204
- ☐ 205~279
- ☐ 280~461
- ☐ 462~1639
- ☐ 1640~4444

0　450　900km

(a) 中国FDI的空间分布

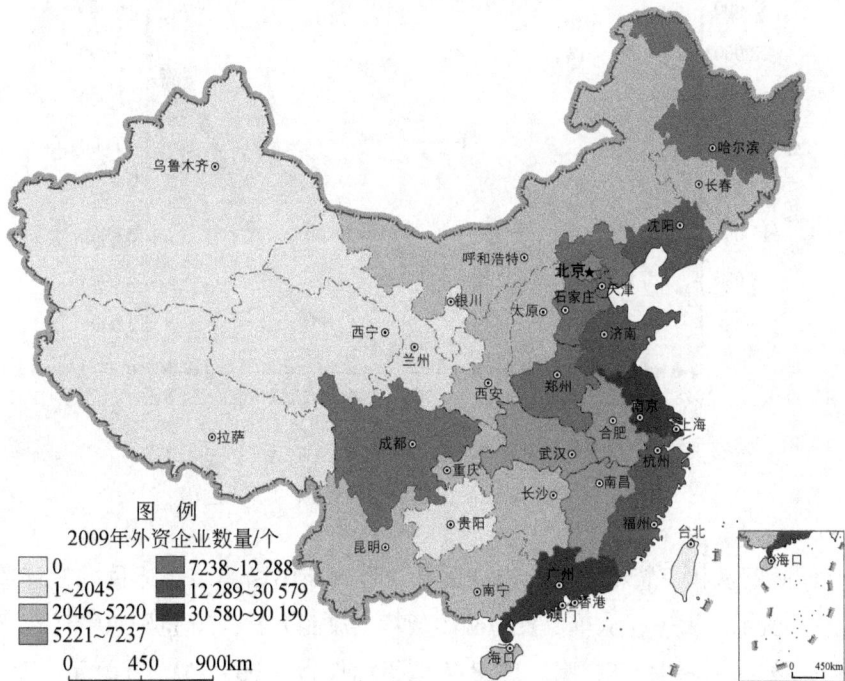

图 例

2009年外资企业数量/个

- ☐ 0
- ☐ 1~2045
- ☐ 2046~5220
- ☐ 5221~7237
- ☐ 7238~12 288
- ☐ 12 289~30 579
- ☐ 30 580~90 190

0　450　900km

(b) 外资企业的空间分布

图 8-14　中国 FDI 和外资企业的空间分布

2. 国际贸易格局

国际贸易是世界航运发展的主要动因，而集装箱运输则是国际贸易的主要途径与载体，两者间存在紧密的因果关系。如图 8-15 所示，中国港口集装箱吞吐量同国际贸易额保持一致的趋势，通过计算其相关系数为 0.994，由此可判断两者的紧密关系。20 世纪 90 年代初之前，对外开放处于初期阶段，国际贸易较少，集装箱吞吐量增长缓慢。1979 年，全国集装箱吞吐量仅 3.29 万 TEU，占世界总量的 0.09%，有四个港口开展集装箱运输，仅上海港超过 1 万 TEU。1995 年，全国吞吐量达 663.7 万 TEU，占全球总量的 5.2%，中国在全球航运体系的地位开始显现。90 年代中期后，中国对外贸易迅速发展，持续保持 8% 以上的增速，中国对外贸易货物的 90% 由海运来实现，这促使适箱货大量生成，港口设施和航运网络不断完善，这为中国集装箱港口体系的发展提供了坚实基础。中国集装箱航运业迅速发展，2010 年吞吐量达 1.46 亿 TEU，约占全球集装箱吞吐量的 1/4，居全球第 1 位。其中，国际航线占全国运量的 62.2%，内支线和国内航线分别占 8.7% 和 29.1%，集装箱港口有力地支撑了国际贸易的发展。

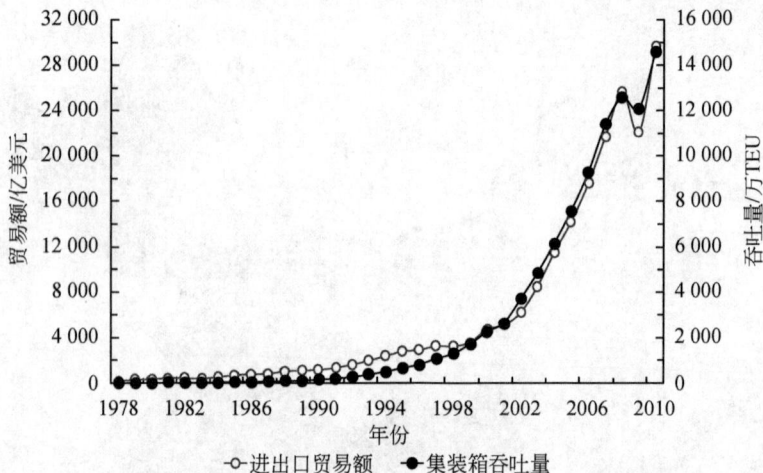

图 8-15　中国集装箱吞吐量和贸易额的增长过程

从国际贸易和集装箱运输的内在关系，可判断中国集装箱运量的发展趋势。如图 8-16 所示。第一，从单位贸易额的货箱生成能力看，20 世纪 70 年代末至 21 世纪初，该指标持续快速提高。1978 年该指标仅为 0.009 TEU/万美元，而 2002 年则提高到 0.599 TEU/万美元，该阶段集装箱运输处于国际贸易不断增长和贸易成箱能力持续提高的双重背景，反映了国际贸易对集装箱运量增长的贡献。

2003 年始，该指标开始降低并呈现逐步平稳甚至略有下降的发展趋势，2010 年集装箱生成能力达到 0.491 TEU/万美元。这说明集装箱运输的增长要依靠于国际贸易总量的增长，如果国际贸易额下降，集装箱吞吐量也将下降。第二，从单位货箱所服务的国际贸易价值看，20 世纪 70 年代末以来，呈现持续下降的趋势，这说明中国国际集装箱货物的价值比较低端，主要是附加值较低的产品，这充分体现了中国集装箱吞吐量的货币价值意义。1978 年，单位货箱的国际贸易价值为 114.67 万美元/TEU，而 2010 年降至为 2.036 万美元/TEU。

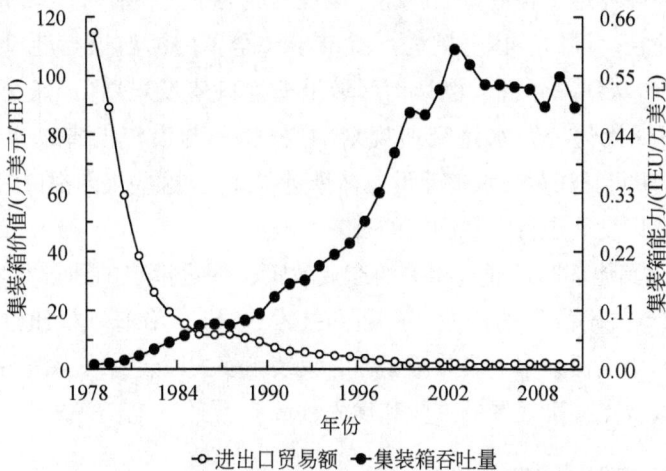

图 8-16　中国集装箱吞吐量和贸易的内在关系

五、政府管制与政策

中央政府的调控、管制以及投融资政策是港口发展的重要因素，决定了港口体系的演变。政府体制影响的考察也符合国际学者所提出的港口研究范式——制度研究。

1. 中央政府的宏观调控

中央政府对港口布局与发展的宏观调控，在各阶段有不同的途径，但主要有法律法则和发展规划两类，这是中国港口体系发展的重要因素。

（1）1954 年，针对沿海主要大型港口的管理，中央政府制定颁布了《中华人民共和国海港管理暂行条例》，这是计划经济时期调整港口关系的法规。2003 年中央政府颁布了《港口法》，对中国港口建设、经营与管理等各方面进行了责权界定，是新时期中央政府调控港口行为的法律保障。

（2）港口发展计划或空间规划是政府进行宏观调控的重要手段。20世纪90年代末之前，交通部的历次五年计划成为港口发展的重要指导，但侧重于港口建设与生产的指标调控，对空间体系涉及较少。2005年，交通部颁布了《全国沿海港口布局规划》，这是全国港口布局与发展的总体纲领，将沿海港口分为环渤海、长江三角洲、东南沿海、珠江三角洲和西南沿海等港口集群，规划煤炭、石油、铁矿石、集装箱、粮食、商品汽车、陆岛滚装和旅客等运输系统，明确了港口分布格局，并界定了各港口的职能。该规划成为中央政府对港口布局进行空间管制的主要途径。同时，国务院先后批准了《全国内河航道与港口布局规划》、《长江三角洲、珠江三角洲、渤海湾区域沿海港口建设规划》，而交通部制定了《长江三角洲现代化公路水路交通规划纲要》，并与沿江七省二市联合制定了《"十一五"期间长江黄金水道建设总体推进方案》。这些规划都成为中央政府及主管部门对港口发展进行宏观调控的有效手段。

（3）中国其他部门还通过相关的产业政策，促进港口的建设与发展。例如，《当前国家重点鼓励发展的产业、产品和技术目录》，沿海主枢纽港建设、大型港口装卸自动化工程、水上集装箱运输、集装箱多式联运、水上滚装多式联运等均为当前中国重点鼓励发展的产业和优先领域。

2. 港口管制力度的放松

全球港口的私有化展现出港口效率的提高和成功发展，同时中国港口生产迅速发展，这促使中国港口管制不断放松，并表现为港口下放和外资进入两方面。

（1）中国港口由中央政府统一管理，政府直接组织和干预生产，具体港口业务由地方政府进行配合，部分小型港口由地方政府控制。20世纪80年代中期，港口开始下放，建设经营权力交由地方政府。1984年天津港首先下放，1984～1986年，其他港口相继下放，实行中央和地方双重领导，以地方管理为主的管理体制，但中央和地方的责权划分不清楚，仅有人事任免权转交给地方政府，港口资产不明确。2001年，港口体制改革方案把交通部直接管理的大港口下放地方，实行政企分开、一港一政，废除双重领导，交通部负责行政管理（规划审批、行业政策），重要港口的审批由交通部和省政府共同承担，港口具体管理交由地方政府。

（2）中央政府对港口的投融资政策不断改革。改革开放初期，主要港口的建设实行中央直接控制，严禁外资参与。1984年开始，中国改革港口投融资体制，实行"以收抵支，以港养港"，鼓励港口向国内外金融机构进行政策性或商业性贷款，实现港口投资多元化。1985 年，颁布《关于中外合资建设码头优惠待遇的暂行规定》，允许外资参与中国港口的建设和经营，可合资经营 30 年，但严格控制外资占 50% 的股权底线。1993 年，交通部颁布了《关于深化改革、扩大开放、加快交通发展的若干意见》，鼓励中外合资建设经营码头，允许中外合资租赁码头和中外合作经营码头。2002 年，新的《外商投资产业指导目录》对外部资本投资中国港口的建设和经营进一步开放，2004 年，《港口法》确立了多元化投资主体和经营主体，放开外资持股比例，甚至允许控股。2002 年，交通部批准了国内第一家外资控股的中外合资码头公司，2006 年国内第一家由外资独资兴建的码头在青岛投入运营。

3. 技术传播路径是影响集装箱港口体系的重要因子

集装箱运输是一场技术革新，集装箱港口体系是集装箱技术对传统港口体系进行技术革新和改造的结果。在中国大陆地区，集装箱化是政府主导的技术传播过程，其中，交通部、铁道部等交通部门发挥了重要作用。20 世纪 50 年代中期，中国开始进行海铁联运的技术试验，1956 年和 1959 年试办了"上海→大连→沈阳"水陆联运。1972 年，开展大连港—上海港的集装箱运输，并向南通港延伸。1973 年，日本—上海航线进行集装箱空箱试运，1974 年天津、上海和青岛三个港口利用外国班轮开展集装箱试运，抵达北美港口。1973 ~ 1975 年初，中国港口主要是国内标准的技术试验。1975 年天津港建成国际集装箱码头，1977 年天津、上海、黄埔、青岛港从日本进口了大叉车及配套的小叉车和拖挂车，形成了最初的国际货箱装卸能力，开始国际标准的集装箱化。1978 年，中日航线由上海开辟，同时中澳航线由上海港开辟。1978 年，上海、天津、青岛等港口开展了国际集装箱运输，完成集装箱吞吐量 1.8 万 TEU，集装箱化率为 1.7%。1979 ~ 1983 年，大连、广州、福州、湛江、厦门等港口先后开展国际集装箱业务。1985 年，中国集装箱港口增至 15 个，完成国际集装箱吞吐量 57 万 TEU，集装箱化率为 16.2%。截至 20 世纪 90 年代末，中国主要港口已实现了集装箱化，集装箱技术在主要港口间完成了传播过程。这些最初采用集装箱技术的港口具备了"初始优势"，成为中国主要的集装箱港口，决定了集装箱港口体系的基本格局。

六、港航企业行为

1. 外部资本的进入

中国集装箱运输需求的迅速增长，刺激了集装箱泊位的建设需求，同时中国港口投融资和经营政策不断改革，天然垄断的港口资源成为全球码头市场的稀缺资源，这吸引了国际码头经营企业的积极进入。20世纪90年代中期，外部资本开始进入中国码头建设与经营市场，90年代末外部资本大规模进入中国，并成为中国集装箱港口建设与经营的重要力量。迄今为止，已有28家外部企业投资中国集装箱码头的建设与经营，世界主要港口码头集团已进入中国。这些外部码头经营企业主要采用投资建造全新码头的方式参与中国码头市场，其投资规模巨大。目前，外部资本已在中国形成了颇具规模的码头经营网络，大型港口均已有外部资本参股建设与经营，主要沿海和内河港口的合资率分别占集装箱泊位总数和泊位吞吐能力的64.2%和72.2%。外部资本所参与的港口承担了中国集装箱装卸量的主要份额，2004年中外合资码头完成的集装箱吞吐量达4059万TEU，占中国集装箱吞吐量的65.7%，按外商投资比例与完成吞吐量来计算，2004年外部资本实际操作量为2300万TEU，占全国集装箱吞吐量的37.2%，这深刻影响了中国集装箱码头市场和集装箱港口体系的发展。中国大型港口和重点区域性港口集群分别成为外部资本参与的重点港口和重点区域，尤其是珠江三角洲和长江三角洲成为近年来中国港口发展的重点区域。

2. 航运企业网络的调整

20世纪90年代末以来，以中国大陆为中心的东亚地区，逐步成为世界集装箱航运的重心。这促使世界航运网络不断调整，加强东亚或连接东亚的航线运力配置，成为航运网络调整的重点内容。基于该背景，航运企业不断调整连接中国港口市场的航线网络，促使中国港口从支线网络融入全球主干网络。20世纪90年代以前，国际航运企业基本上不挂靠中国沿海其他省份的港口，远洋货箱主要通过香港和釜山两个港口进行中转，中国沿海其他的省份港口只能成为区域性航运支线的挂靠港。90年代中期以来，航运联盟不断形成与发展，主要航运企业将主干网络拓展到中国大陆地区（Wang et al.，2004）。1995年，全球联盟加强了远东航线网络组织和运力配置，重点是远东—北美和远东—欧洲航线，新增上海、深圳等直挂港。随后，深圳等港口成为伟大联盟的定期挂靠港口，现代商船和川崎汽船也开始提供周期太平洋服务，中国港口直接融入全球主干航运网络。1998年，航运联盟进一步重组，将中国主要港口纳入直挂港，新的航线布局强化了中国市场的连接，增加了中国港口的航线和航班，中国港口在全球主干航线网络中的挂靠数量和频次越来越多，国际航运企业的经营重心转向远东和中国。

七、港口空间竞争

竞争是港口体系发展的重要机制，但竞争机制须和空间尺度相结合。从不同的空间尺度来看，中国港口的竞争主要表现为国际、全国和区域 3 个层面上的竞争。

1. 国际层面竞争

在国际层面，港口竞争主要表现为不同国家的枢纽港竞争，尤其集中于东北亚枢纽港的竞争。20 世纪 90 年代中期之前，中国港口主要是东亚航运网络的支线港，缺少枢纽港，中国远洋货箱主要通过其他国家的枢纽港进行中转。80 年代后，日本和韩国为竞争东北亚枢纽港而全力作为，焦点是中转货箱尤其中国货箱，并一度主宰东北亚航运市场。随着中国港口的崛起，中国货箱逐渐减少对日本和韩国港口的依赖，航运企业变中国中转运输为直达运输，减少中转依赖。同时，集装箱船舶日益大型化，中国主要枢纽港面临深水泊位的限制，这再次激起了中国和周边国家深水港建设的竞赛，以吸引航运企业进驻和大型集装箱船舶挂靠。韩国政府积极推行双枢纽港战略，即釜山和光阳港，但侧重于釜山港，准备降低码头收费 50%，吸引中国北方地区的箱源，巩固同中国、日本和俄罗斯远东的航线，建设"21 世纪环太平洋中心港"。日本是东亚最早实现集装箱化的国家，神户、东京、横滨等港口位于主干航线，其中横滨港的泊位水深达 16m，具有建设深水港的自然优势，同时神户提出建设 21 世纪亚洲母港的战略。在东南亚，新加坡港在全球同香港形成竞争格局，而且为了扩大箱源，新加坡港务集团积极进军大连、福州、广州、惠州等港口，合资建设和经营集装箱码头，将竞争空间扩展到腹地。周边国家或地区的枢纽港力图对中国构成包围圈，这对中国枢纽港的建设构成威胁。

2. 全国层面竞争

在全国尺度上，由于中国港口多为腹地型港口，主要港口具有相对稳定的腹地，但不同港口间仍存在竞争。这主要表现为两点。

（1）枢纽港或国际航运中心的竞争：中国主要港口已形成了相对稳定的空间格局，但全国政策层面的枢纽港竞争仍然是焦点。从国家规划来看，中国已规划了 20 个沿海"主枢纽港"，环渤海地区就有大连、营口、秦皇岛、天津、烟台 5 个主枢纽港，珠江三角洲共 7 个"主枢纽港"，区域密度之大在国际上少见，港口间竞争将日趋激烈。航运中心的建设则成为主要港口的竞争焦点，大连、天津、青岛、上海、深圳及厦门和福州等港口几乎都提出了建设东北亚或东亚国际航运中心的目标。但这种竞争主要限于政策层面，最终花落谁家要决定于中央政府。同时，香港和高雄也是亚太或东亚国际航运中心建设的一贯坚持者，尤其是香港凭借码头设施、服务质量及自由港政策等优势，联手珠江三角洲，构筑亚太国际航运中心。

（2）内陆深远腹地的竞争：中国主要港口都具有相对稳定的直接陆向腹地，但内陆深远腹地成为各主要港口的竞争对象。北方的天津港、青岛港以及连云港对西北内陆地区存在直接竞争，如何打通内陆的连接成为近年来各港口关注的重点，并在相关规划中都有所反映，上海港也力图通过宁西铁路将腹地扩展到西北内陆地区。

3. 区域层面竞争

港口码头经营市场化的直接结果是港口竞争加剧，但这种竞争主要集中于枢纽港建设与近域港口间。从不同区域来看，主要存在以下竞争现象。①辽东半岛：港口竞争主要集中在大连与营口两个港口间。两个港口虽存在一定职能分工，但因大连港离腹地较远，而营口港离腹地较近，这促使营口港发展迅速，一定程度上分流了大连港的箱源。这是近年来大连港积极推行通过管理体制融合而兼并营口港的主要动因。②长江三角洲：宁波港作为干线港近年来发展迅速，而且具有建设深水大港的自然条件，这对上海港的发展形成一定程度的边缘挑战。长江三角洲深水港区的选址成为宁波港和上海港竞争的焦点，行政等级差异和国家战略倾向决定了洋山深水港的建设，这也是上海港对宁波港进行竞争的战略性举措。③珠江三角洲：该地区的港口竞争表现最为明显，并主要体现在香港、深圳港和广州港的竞争上。深圳港已对香港构成边缘挑战，而广州港也力图摆脱喂给港的地位，积极建设新的深水港区，以减少对香港和深圳港的中转依赖。

第九章

中国海上集装箱运输的组织网络

第一节　中国海上集装箱运输组织

一、数据与样本

为了深入解析中国集装箱航运组织网络，本研究以全球 70 家航运企业为分析样本。其中，研究样本囊括了马士基、铁行渣华、长荣海运、韩进海运、总统轮船等位居国际排名的班轮公司（表 9-1），这些班轮公司分属于中国、美国、丹麦、意大利、德国、日本、韩国、澳大利亚、巴西、阿拉伯联合酋长国、中国台湾、中国香港、新加坡、马来西亚等国家和地区，覆盖了亚洲、欧洲、美洲、大洋洲和非洲，其航线和周航班数据可以充分反映集装箱运输的组织格局。

表 9-1　样本班轮公司和港口

类型	数量/个	名称
班轮公司	70	中国远洋、中海集运、铁行渣华、地中海航运、马士基/海陆、意大利邮船、法国达飞、长荣海运、韩进海运、商船三井、以星轮船、日本邮船、阳明海运、川崎汽船、现代商船、总统轮船、东方海外、上海锦江航运、天津海运、烟台国际海运、达贸国际轮船、南美智利国际航运、香港金星轮船、京汉海运、万荣船务、高丽海运、达通国际航运、正利航业、东港开发区海运、美达船务、远东海洋轮船、汉堡美航线、宏海箱运、兴亚海运、鲁丰航运、神原汽船、金发船务、亿通航运、德翔航运、民生轮船、太平船务、太荣商船、萨姆达拉船务、德国胜利航运、上海浦海航运、中国外运、万海航运、俊海航运、南美邮船、长锦商船、阿拉伯联合、南美海运、伟成船务、东南亚海运、新加坡德利航运、新兴船务、马来西亚船务、北欧亚航运、建益船务、边行集装箱、现代商船、新海丰航运、荣晟海运、马鲁巴海运、澳大利亚国家海运等

类型	数量/个	名称
国内港口	45	丹东、大连、营口、锦州、天津、秦皇岛、龙口、威海、烟台、青岛、日照、连云港、上海、宁波、温州、福州、厦门、基隆、高雄、台中、泉州、汕头、深圳、广州、珠海、香港、海口、湛江、防城、苏州、南京、南通、张家港、常熟、泰州、扬州、镇江、芜湖、安庆、九江、武汉、长沙、重庆等
国际港口	315	欧洲（22）、东南亚（37）、中东（28）、南亚（10）、地中海（43）、中美（13）、日韩（45）、澳新（23）、南美（28）、美东（27）、美西（12）、南非（5）、西非（11）、东非（7）

关于集装箱港口，由于本研究重点分析中国集装箱航运组织网络，所以重点以中国集装箱港口为分析对象。其中，选取了中国45个港口，具体见表9-1，同时选取了与中国有集装箱运输联系的国际港口315个，共有港口样本360个，港口覆盖了五大洲。同时，本研究选取2007年10月1～7日的航线和周航班作为分析数据。

二、港口集装箱组织能力

1. 集装箱航线组织

航线是集装箱船舶自起始港向目的港，在航行中沿途依次挂靠集装箱港口时所经过的路线。一个港口拥有集装箱班轮航线的多少，可以反映一个港口的集装箱通达能力和组织能力。作者将航线界定为同一艘船舶挂靠相同的港口，为了便于数据的整理，港口不分先后顺序，只要港口名称相同，就将其界定为同条航线。依此，整理出70家航运企业在中国设置的集装箱航线共861条，其中，国内航线有107条，国际航线有754条，具体见表9-2。中国的集装箱航线主要集中在香港、上海、深圳、宁波、青岛、天津、厦门和大连等8个港口，尤其以香港和上海两个港口的航线数量最多。从国际航线和国内航线的角度进行分析，多数中小型港口的航线中，以国内航线为主，国际航线的数量相对较少；对于大型港口而言，国际航线的数量远高于国内航线，这在一定程度上反映出，中国多数中小港口的集装箱量主要输送往大型港口，通过枢纽港再流向国际市场。以上分析反映出在中国的港口中，上海、香港、深圳、宁波、青岛、天津、厦门和大连等8个港口在航线组织方面的能力最强。对于一个港口而言，航线包括两部分：①以该港口为始发港的始发航线；②以该港口为挂靠港的航线。从这个角度可以窥视出一个港口在集装箱运输组织网络中的地位，从表9-2可以看出中国港口中，上海港的始发航线数量最多，占航线总量的29%，而且始发航线的数量远高于挂靠航线。其他主要港口，包括深圳、香港、厦门、天津、青岛、大连等港口，其始发航线的数量相对较少，而且始发航线的数量均少于挂靠航线。而像营口、烟台、温州等港口的始发航线数量就更少。这说明中国的集装箱班轮航线主要始发于上海港，而其他港口作为上海主航线的挂靠港，这在一定程度上反映出上海港的枢纽地位，说明上海港在中国的集装箱运输组织网络中具有很强的组织能力。

表9-2 中国主要港口集装箱航线设置概况

类型	国内航线		国际航线		合计		总计		
	主航线/条	挂靠航线/条	主航线/条	挂靠航线/条	主航线/条	挂靠航线/条	国内航线/条	国际航线/条	航线总数/条
大连	14	7	44	43	58	50	21	87	108
天津	8	6	44	56	52	62	14	100	114
青岛	7	8	42	84	49	92	15	126	141
连云港	4	1	13	5	17	6	5	18	23
上海	48	5	203	103	251	108	53	306	359
宁波	7	4	34	103	41	107	11	137	148
福州	5	3	10	5	15	8	8	15	23
厦门	8	4	27	73	35	77	12	100	112
基隆	6	8	3	16	9	24	14	19	33
高雄	6	5	6	25	12	30	11	31	42
深圳	5	6	77	142	82	148	11	219	230
广州	14	3	1	6	15	9	17	7	24
香港	23	3	163	223	186	226	26	286	412

航线是具有方向的一个矢量指标，其方向性和集中性可以反映出一个港口的对外联系方向，即港口存在方向性。从整个集装箱运输网络分析航线的方向性和集中性，就可以洞察一个国家对外经济联系的主要方向和主导区域。根据航线目的港的不同，并结合集装箱运输的标准，将全球分为13个航行区域：欧洲（西欧和北欧）、澳新区（包括南太平洋）、东南亚、地中海、日韩（包括远东）、南亚、中东、东非、西非、南美、中美、北美西海岸（美西）、北美东海岸（美东）。根据航行区域，对中国的集装箱航线进行整理和分析，主要结果见表9-3。中国的集装箱班轮航线主要分布在日韩、欧洲、东南亚和北美四大区域，这也反

映出中国对外经济联系主要集中在以上区域。世界经济主要集中在欧洲、北美和亚太地区，集装箱航线的空间设置与世界经济格局相耦合。从不同港口来看，大型港口的航线区域分布基本与全国分布特征相同，但又略有不同。北方港口包括大连、青岛和天津以及南方的厦门港主要集中在日韩地区，而香港主要集中在东南亚、欧洲和北美地区，深圳港主要集中在欧洲、北美和地中海地区，上海和宁波两个港口的分布规律则同于全国分布特征。对于中小型港口而言，北方港口和部分南方港口（如台中、汕头和长江流域的港口南通、张家港）的国际航线则相对集中在日韩地区，其中，北方港口有丹东、营口、威海、烟台、龙口、日照，而福州、基隆、高雄和广州等港口的国际航线则相对分散，防城港则相对集中在东南亚地区。从以上分析可以总结出，中国的北方港口以及部分南方港口的集装箱组织重点区域是日韩地区，而南方的大型港口和部分小型港口的集装箱运输组织的重点区域是欧洲、地中海、北美和日韩等地区。

表9-3　中国主要港口航线的区域分布　　　　　　　（单位：条）

港口	日韩	东南亚	南亚	中东	地中海	欧洲	美西	美东	南美	澳新	西非	东非
大连	29	10	1	4		16	8	6	2	4	3	2
天津	26	12	1	8	4	18	7	10	3	3	2	5
青岛	32	15	2	9	4	19	14	13	3	7	2	4
上海	54	33	9	17	29	46	32	36	10	28	4	5
宁波	20	8	2	12	15	28	19	11	4	9	4	5
福州	4	1		2		1	3		1	1		2
厦门	19	9	1	5	10	16	15	9	2	7	2	4
高雄	2	3		1	3	1	7		7	1	1	1
深圳	11	10	5	10	30	52	32	38	8	13	3	6
香港	37	67	14	15	47	61	30	59	16	32	2	3
全国	186	92	20	35	60	95	75	96	21	48	9	13

注：全国数据不等于各港口的总和

2. 航班组织

　　航线可以反映一个集装箱港口的组织能力，并可以粗略地窥视出港口在某些方向区域上的组织能力。但不同航线之间的组织能力，航线本身无法回答，所有不同方向航线上的航班总和，则可以反映一个港口的集装箱组织强度，对此通过航班进行分析。航班实际上是船舶在固定航线上的航行次数，其航行频率可以充分反映一个港口在不同航线上组织集装箱运输的能力。由于不同的航线必须有相对应的航班，本研究所采取的航线为861条，数量众多，无法做到一一分析。对此，本研究仍采用各港口在不同方向上的航班进行分析，同时就航班频率较高的航线单独进行分析，对航班数据进行整理而形成表9-4。

表 9-4　中国港口航班设置的区域分布　　　　（单位：次）

港口	日韩	东南亚	南亚	中东	地中海	欧洲	美西	美东	南美	澳新	西非	东非	小计	国内	合计
大连	55	28	2	6		19	9	5	3	8	2	7	144	38	182
天津	55	29	2	11	4	21	10	9	2	6	2	9	160	34	194
青岛	74	33	2	13	4	22	15	13	5	11	2	8	202	34	236
上海	102	52	10	17	36	46	42	30	18	36	5	8	402	122	524
宁波	30	12	4	10	17	29	25	11	4	13	3	11	169	24	193
福州	5				2	1	4	1		1		3	17	25	42
厦门	20	11	2	4	11	17	18	11	2	11	2	7	116	40	156
基隆	3	7		1			3	4		5			23	29	52
高雄	2	4		1	3	1	9	6	2	7		1	36	23	59
深圳	18	11	8	12	39	54	42	36	15	21	3	8	267	25	292
广州	1	2							4				8	42	50
香港	73	127	21	25	58	69	34	61	36	45	2	7	558	109	667

由表9-4可发现以下几个特点。

（1）从航班总量看，香港和上海港居首要地位。其中，香港的航班总量明显高于上海，尤其是国际航班，而国内航班少于上海，两个港口在国际网络和国内网络中有不同地位，香港在国际网络中有较高地位，而在国内网络中的地位不如上海港。这也反映了两个港口的箱源喂给形式不同，香港作为中转型港口，没有直接的内陆腹地，主要依靠海上其他港口的喂给和珠江三角洲通过深圳关口的陆路货箱喂给，而上海作为长江流域的龙头和中国的经济中心，则有直接内陆腹地和海上腹地，国际航班相对较少，而国内航班要高于香港。大连、天津、青岛、宁波、厦门、深圳等港口的航班仍然较多，但相对于香港和上海，差距已甚远。其他中小型港口的航班已很少。

（2）大型港口的国际航班明显多于国内航班，包括大连、天津、青岛、上海、宁波、厦门、深圳和香港。这说明中国的集装箱航运主要是针对国际市场，而国内市场有限，同时也说明以上港口城市在不同区域中起着门户作用。

（3）多数中小型港口以国内航班为主，国际航班处于次要地位，如营口、福州、泉州、汕头等港口。以上港口的集装箱运输侧重于国内组织，包括两部分：①以国内港口为目的港的箱源组织；②以国际港口为目的港的箱源组织，主要是对大型港口进行喂给。但对于环渤海地区而言，则有不同规律。环渤海地区的中小型港口仍以国际航班为主，国内航班较少，这说明了由于在环渤海地区尚未形成具有绝对组织能力的大型枢纽港，不同的中小型港口无法对其进行大量的箱量喂给，所以部分国际箱源只能由各港口本身来组织。

（4）从不同区域看，北方港口的国际箱源组织主要针对日韩地区，其他地区的航班相对较少，国际航班相对集中，大连、天津和青岛港在日韩地区的航班比重分别为 38.2%、34.4% 和 36.6%。中部港口虽然在日韩地区也相对较高，但国际航班已相对集中在日韩、东南亚、北美、欧洲等地区，如上海在以上地区的国际航班比重依次为 25.4%、12.9%、17.9% 和 11.4%。华南港口的国际航班在某地域的集中度已明显下降，但仍相对集中在东南亚、北美、欧洲、日韩和地中海，如香港在以上地区的国际航班比重依次为 22.8%、17%、12.4%、13.1% 和 10.4%。

三、港口集装箱运输联系

1. 研究方法

集装箱运输的空间组织行为，会使不同港口之间产生不同的联系强度，而这种联系强度往往可以反映出一个港口在集装箱航运网络中的组织能力和地位。为了便于分析集装箱航运的空间组织和港口间的联系强度，本章采用第三章中的数学模型，分别构筑中国港口间的联系矩阵 $M_{C45 \times 45}$ 和中国港口对国际港口的联系矩阵 $M_{C45 \times 315}$。

将集装箱航运网络中的空间总联系强度为

$$R = \sum_{i=1}^{n} R_i, \ (i = 1, 2, \cdots, n) \tag{9-1}$$

如何评价一个港口的集装箱组织能力，目前尚未形成比较理想的指标。作者采用集装箱组织系数 O_i 来反映港口的集装箱组织能力。O_i 是指集装箱航运网络中各节点（即港口）的联系度 R_i 与各节点联系度平均值 R'_i 的比值。由定义可看出，集装箱组织系数实际上是空间联系的衍生物。采用该系数进行分析，可避免单纯分析航线或航班所带来的片面性，是反映港口集装箱组织能力和判断港口枢纽度的综合性指标。计算公式如下。

$$O_i = \frac{R_i}{(\sum_{i=1}^{n} R_i)/n}, \quad (i = 1, 2, \cdots, n) \qquad (9\text{-}2)$$

O_i可以反映集装箱网络中各港口的组织能力和枢纽地位，同时反映了各港口区位的相对优越性和通达性。O_i值可大于1或小于1，值越大说明港口集装箱运输的组织能力越强，港口区位的通达性越好，在集装箱网络中的地位越重要，港口枢纽度越高。

2. 研究结果

根据式（9-1）与式（9-2），对70家班轮公司的航线和航班所形成的港口联系进行分析，其结果见表9-5。

（1）从沿海组织网络看，上海、香港、深圳、宁波和青岛等港口的联系强度较高，其国内组织系数均高于1，尤其是上海和香港两港的联系强度最高，组织能力分别为2.368和2.267，远高于集装箱网络的平均水平。由此可看出，上海和香港在中国近海集装箱网络中具有核心地位。其次是天津、大连和厦门港，其组织能力略低于网络平均组织水平，但3个港口间的组织能力相差不大。再次是南京、广州、高雄和基隆及福州等港口，其组织系数已远低于网络平均水平。其余中小型港口的集装箱组织能力比较低。

（2）从国际网络看，香港、上海和深圳港的国际组织能力最高，组织系数分别为12.4、8和7.29，在国际运输网络中具有绝对的核心地位。但上海和深圳的组织能力已远低于香港，而两者间却相差不大，这说明在中国国际集装箱网络中，香港是主要枢纽港。宁波、青岛、天津和大连港的国际组织能力也均高于国际网络的平均水平，但同以上3个港口已相差甚远。其次是基隆，其组织水平略低于平均水平。

（3）从中国集装箱组织网络的角度来分析，香港、上海和深圳港的综合组织能力最高，其组织系数分别为10.22、7.65和6.46，远高于网络的平均组织水平，以上三个港口无论在国内近海还是国际集装箱网络中都具有枢纽地位。其次是宁波、青岛、天津和大连等港口，其综合组织能力也远高于网络平均水平，在集装箱网络中具有相对重要的地位；再次是福州、厦门和基隆3个港口，其综合组织能力也高于网络平均水平。

综合分析各港口的组织水平和在集装箱运输网络中的地位，在国内网络中，上海和香港是集装箱运输网络的核心，具有枢纽港地位，而上海的枢纽地位要高于香港，但相差不大；在国际网络中，香港、上海和深圳是集装箱运输网络的核心，具有枢纽港地位，其中香港的枢纽地位要高于上海和深圳，这反映了 3 个港口在集装箱运输网络中的分工，上海相对侧重于沿海集装箱运输组织，而香港和深圳尤其是前者侧重于国际集装箱运输。宁波、青岛、天津和大连 4 个港口也具有一定的枢纽港地位，但这种地位同香港、上海和深圳相比，相差甚远。

表 9-5　中国主要港口的国内和国际集装箱联系强度

港口	国内联系	国际联系	总计	O_C	O_I	O
大连	269	365	634	0.795	2.094	2.208
营口	20	4	24	0.059	0.023	0.084
天津	327	434	761	0.967	2.489	2.651
烟台	33	48	81	0.098	0.275	0.282
青岛	382	576	958	1.129	3.304	3.337
连云港	54	59	113	0.16	0.338	0.394
上海	801	1394	2195	2.368	7.996	7.646
宁波	437	623	1060	1.292	3.574	3.692
福州	79	429	508	0.234	2.461	1.769
厦门	333	99	432	0.984	0.568	1.505
基隆	121	172	293	0.358	0.987	1.021
高雄	149	14	163	0.44	0.08	0.568
汕头	63	8	71	0.186	0.05	0.247
深圳	584	1271	1855	1.726	7.29	6.461
广州	107	16	123	0.316	0.09	0.428
香港	767	2166	2933	2.267	12.4	10.22
南京	119	18	137	0.352	0.1	0.477

注：①国内组织系数 O_C＝国内联系/国内联系矩阵总强度；②国际组织系数 O_I＝国际联系/国际联系矩阵总强度；③组织系数 O＝总联系/完整矩阵总强度

（4）国际运输联系的区域差异。前文中已提到，中国在不同方向、不同区域设置的航线和航班均有不同，中国同不同区域间所产生的运输联系强度也不同。如图 9-1 所示。中国集装箱运输组织网络中，重点区域是日韩地区，其联系强度高达 1564，其次是北美、欧洲和东南亚，再次是地中海、澳新地区和中东，而中国和南美、西非、东非、南亚和中美等地区的运输联系相对较弱。由于中国多数港口在一定程度上承担着区域门户的角色，集装箱运输又是实现对外经济联系的主要途径，所以集装箱所形成的联系格局，实际上反映了中国国际经济联系的基本格局。从各港口来看，中国港口主要同日韩、北美、欧洲和地中海及东南亚形成了较强的空间联系，但各港口又有所不同。其中，北方港口同日韩地区的联系度最高，形成主要的联系区域；华东港口同日韩地区的联系也很高，但集中性已明显下降；而南方港口同北美、欧洲和东南亚的联系度很高，同日韩的联系相对减弱。空间联系的地域特征同前文结论相吻合，再次说明了中国同全球的经济联系主要集中在以上4个区域。

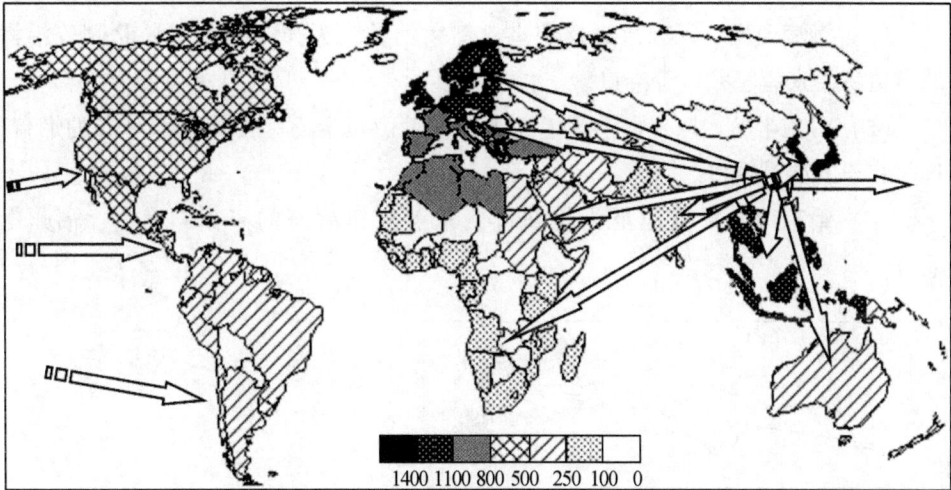

图9-1　中国集装箱组织的区域联系强度

第二节　中国海上集装箱运输的组织系统

　　本节采用第三章中的数学模型，对不同港口的首位联系度进行计算，并绘制成图，分析中国集装箱航运网络的空间系统。

一、中国近海集装箱运输组织系统

　　利用前文公式，对中国45个集装箱港口45×45个港口对计算其首位联系度，并根据计算结果绘制成图9-2，由图可以看出，在中国近海已经形成了6个集装箱运输系统。

　　（1）长江流域。以上海港为枢纽港，覆盖长江干支流的南京、芜湖、南通、重庆和武汉等港口，以及浙江的宁波、温州、舟山等港口，形成了以长江流域及两侧沿海地区为腹地的轴—辐组织系统。

（2）华南地区。以香港和深圳港为枢纽港，覆盖华南和台湾地区的汕头、海口、防城港、广州、高雄、基隆和台中等港口，形成了以华南地区为腹地的轴辐组织系统。

（3）辽东半岛。以大连港为枢纽港，覆盖辽东半岛沿海的丹东、营口、锦州以及山东半岛的威海等港口，其轴—辐组织模式明显，但覆盖地域较为狭小。

（4）渤海西岸。以天津为枢纽港，覆盖河北、天津、山东半岛北侧等沿海的秦皇岛、京唐、龙口等港口。

（5）山东半岛。以青岛港为枢纽港，覆盖山东半岛和江苏北部沿海的烟台、日照和连云港等港口。

（6）闽东南。以厦门港为枢纽港，覆盖福建沿海的泉州、漳州、福州等港口。

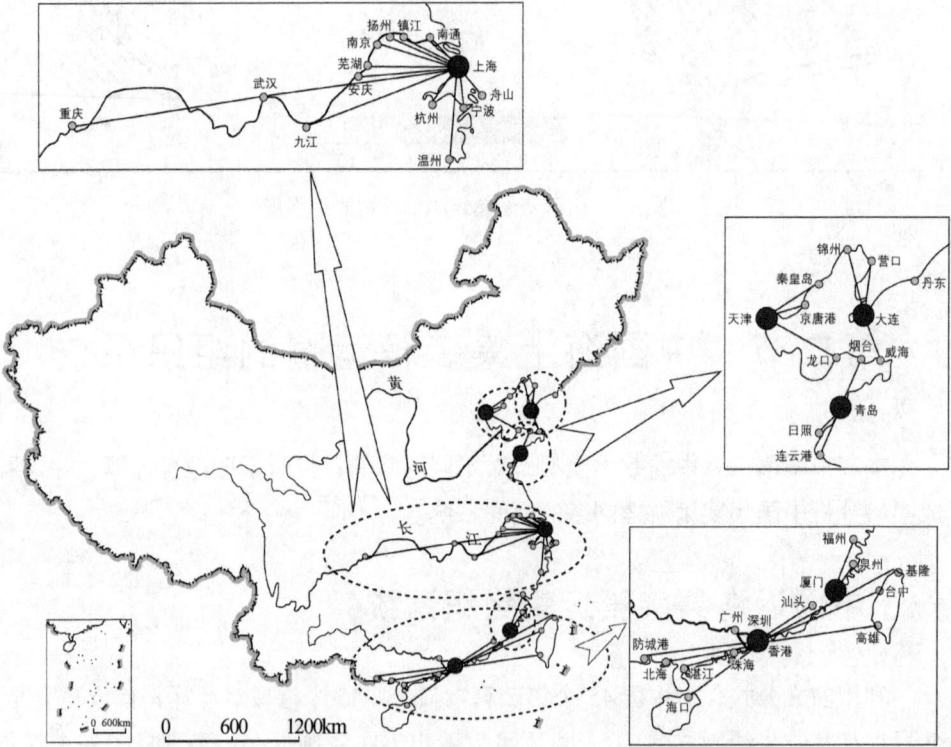

图 9-2　中国集装箱航运国内组织系统

在以上集装箱航运网络系统中，环渤海地区形成相对独立的整体，三个系统之间的联系比较强，这表现为 3 个枢纽港即青岛港、天津港和大连港的首位联系度互为指向。长江流域的轴辐系统相对成熟，主要以内河港口和少数邻近的中小型海港为喂给港。闽东南系统相对较小，并在一定程度上又从属于长江流域航运系统。

二、中国集装箱航运国际组织系统

以上仅是对中国近海的集装箱运输系统进行了分析，中国港口是世界集装箱网络的组成部分，从全球角度来看，中国港口又归属于不同的国际组织系统。为了明确中国港口在世界集装箱航运网络中的归属系统，仍采用首位联系度进行分析。利用前文公式，对港口矩阵 $M_{C45 \times B15}$，计算首位联系度，并绘制成图9-3。中国集装箱港口在世界集装箱运输网络中，从属于3个组织系统。①釜山系统：北方沿海、华东沿海以及部分华南沿海地区的港口，以韩国的釜山港为枢纽港，形成了面向全球的东亚集装箱运输系统。②阪神系统：龙口港、广州港和台中港以

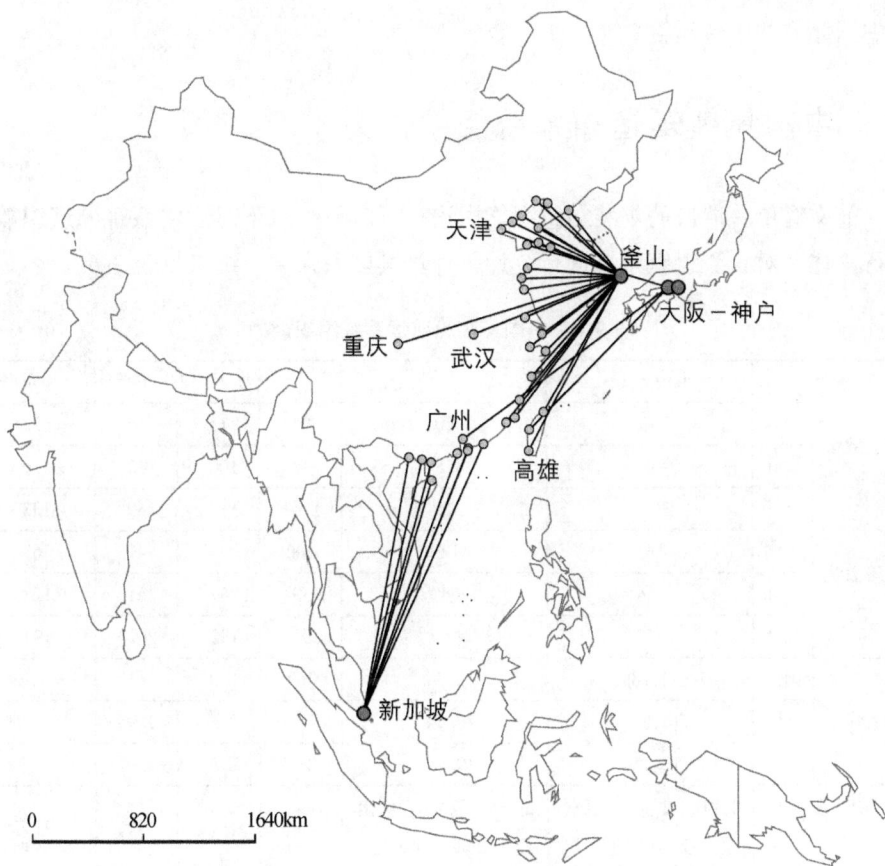

图9-3　中国集装箱航运国际组织系统

日本的大阪和神户两个港口为枢纽港，形成面向全球的东亚集装箱运输系统。③新加坡系统：厦门、深圳、香港等华南沿海的主要港口，以新加坡为枢纽港，形成面向全球的东南亚集装箱运输系统。

以上3个系统中，釜山系统规模最大，覆盖了中国的大部分港口，对中国集装箱运输起"控制"作用，而阪神系统的规模较小，阪神系统和釜山系统共同形成了东亚集装箱运输系统；东南亚系统基本覆盖了华南沿海港口，规模较大，对中国华南地区的集装箱运输起"控制"作用。从以上分析来看，中国集装箱流向国际市场的主要门户是釜山港和新加坡港，同时中国港口基本遵循了从北到南依次归属于釜山系统、阪神系统和新加坡系统的特征，尤其是釜山系统和新加坡系统具有明显的分界，深圳港归属于釜山和新加坡两个系统。其中，釜山港的枢纽地位不是来自腹地的贸易运输，而是因为该港口同世界航运网络有很强的连接性，为中国贸易提供中转运输；1989年，釜山港就同中国建立了航运联系，通过钟摆运输将釜山与上海、天津和大连等港口相链接，釜山港30%的货箱来自中国北方的中转运输。

三、中国集装箱运输系统组织能力

前文对单一港口的集装箱组织能力进行了分析，以下对运输系统的组织能力进行论述。对6个组织系统进行统计，计算其联系强度，结果见表9-6。

表9-6　中国集装箱航运系统组织能力

系统		长江流域	华南	辽东半岛	渤海西岸	山东半岛	闽东南
航线数量/条	国内	62	60	21	15	16	23
	国际	333	455	95	100	143	110
	合计	395	515	116	115	159	133
航班数量/次	国内	143	129	38	35	41	63
	国际	434	640	159	157	221	128
	合计	577	769	197	192	262	191
联系强度	国内	4.78	5.54	0.9	1.07	1.42	1.3
	国际	12.3	20.94	2.19	2.6	3.95	3.03
	合计	13.11	19.24	2.39	2.84	4.07	3.37
国际联系主导区域		日韩、北美、欧洲、东南亚、地中海	北美、欧洲、东南亚、日韩、地中海	日韩	日韩	日韩	日韩

集装箱港口网络形成演化与发展机制

从表9-6中可以得出中国海上集装箱运输具有以下特点。

（1）华南系统的集装箱运输能力最强。这表现在国际航线、航线总量、国内联系强度、国际联系强度、总体联系强度均居于首位，尤其是国际集装箱运输能力更强，其组织水平远高于国内集装箱运输能力，并远超出其他组织系统。其次是长江流域系统，其集装箱组织能力低于华南系统，但仍远强于其他系统，其国际组织能力和国内组织能力虽存在差距，但差距小于华南系统，这主要是受长江流域轴辐组织的侍服影响而形成。

（2）环渤海和闽东南等4个系统的集装箱组织能力都比较低，远落后于华南和长江流域系统。但四个系统的组织水平相差不大，而山东半岛和闽东南系统要略高于辽东半岛和渤海西岸系统。在环渤海地区，3个系统的差距与青岛、天津和大连3个港口的吞吐量差距相耦合。这说明尽管环渤海地区形成"三足鼎立"，但山东半岛系统的组织能力和实力要高于渤海西岸和辽东半岛系统，辽东半岛系统处于最劣的地位，这是客观存在的事实。

（3）从各地域系统的国际联系来看，不同系统其主导联系区域不同。长江流域系统的主要联系区域依次为日韩、北美、欧洲、东南亚和地中海，而华南系统则集中在北美、欧洲和东南亚，辽东半岛、渤海西岸、山东半岛和闽东南系统主要面向日韩地区。这种分析同前文结论相耦合，这再次证明了中国集装箱组织的地域性特征。

第十章

边缘挑战理论与珠江三角洲实证研究

第一节　边缘挑战的理论溯源

一、集散性研究的理论基础

　　港口竞争是港口地理学的基本研究内容（Hoyle，1999），而货物吞吐量在港口体系内部的集聚或扩散是港口竞争的结果或产物，也是港口研究的焦点。港口体系的集聚或扩散直接反映了枢纽港与其他港口的空间关系，体现了港口体系完全不同的两种发展趋势。自 20 世纪 60 年代开始，地理学者关注港口体系研究，就一直重视港口体系的集散性研究，考察港口增长的动力机制。Ducruet 等（2009）曾进行总结，1963 ~ 2008 年中有 34 个研究集中在港口集聚性方面。综合来看，港口体系的集散性可以从以下经典模型中找到理论源泉。

　　（1）Taaffe 等（1963）提出港口体系的六阶段模型，开始关注到港口体系的集聚性，提出当某些腹地路线发展到比其他港口更为广阔的范围内，港口集中化水平就不断提高，其第六阶段为"主街高度优先"阶段，强调了因与腹地经济中心通达水平提高而导致的枢纽港的吞吐量集聚。后来，Slack（1990）在 Taaffe 模型的基础上追加了第七阶段，因多式联运发展，交通走廊的运量继续集聚，而多余节点被淘汰。

　　（2）Rimmer（1967a；1967b）通过对新西兰和澳大利亚的案例研究，提出四阶段模型，发现交通网络深入腹地将推动枢纽港运量的进一步集聚，将第四阶段界定为"集中化阶段"。Hoyle 和 Charlier（1995）根据 1500 ~ 1990 年东非的港口发展过程，提出五阶段模型，将第三阶段界定为"集中化阶段"，继续强调因与内陆腹地的连通性提高而带来的吞吐量集聚过程。

　　（3）20 世纪 80 年代末，Hayuth（1981）根据美国集装箱港口体系的发展与演化过程，演绎出五阶段理论模型，认为存在前集装箱化、采用实验、巩固集中、枢纽港中心和边缘挑战 5 个阶段（图 10-1），提出与以往研究而不同的发展阶段：边缘挑战，港口体系的集散性研究开始从"集聚"阶段进入到"扩散"阶段。

（4）Baker（1986）对 Rimmer（1967a；1967b）的四阶段模型进行了修正，形成五阶段理论：孤立分散、集疏运深入、内陆连接与集中化、中心化和扩散化等阶段。最后一个阶段介绍了扩散化趋势，继续加强对港口体系的扩散过程研究。

（5）Notteboom（2005）结合港口发展新现象，提出了六阶段理论：港口分散化、集疏运深入、内陆连接与集中化、中心化、分散化与离岸枢纽、区域化。其发展阶段融合了"集聚阶段"和"扩散阶段"，但"区域化"是扩散还是集聚，仍存在竞争。Rimmer 和 Comtois（2009）就认为区域化仍是扩散化阶段。但 Notteboom 认为区域化阶段不仅是简单的扩散化，但是属于集聚还是扩散，仍没有给出明确结论。

经典港口体系模型的构建表明，港口体系的集聚达到一定水平时就会走向扩散化，集聚或扩散成为港口体系发展的两种基本趋势（Ogundana，1970；1971）。尤其是，各理论模型的最后一个阶段，基本反映了当时社会经济环境下港口体系的发展趋势。①港口集聚意味着各港口间的发展是呈现不成比例的，导致港口数量的减少或衰弱，部分港口的规模将迅速扩大，而部分港口的地位有所下降。②港口扩散则出现在高位序港口的衰弱和新港口或以前小型港口的明显发展，结果是港口数量的增长。不断增长的港口集聚性降低了小型港口在航运网络中的地位。在不同时间和空间线索内，许多港口体系的发展都支持了这一论点。

其中，以上理论中，Hayuth（1981）理论最具代表性，被学者们认为具有普适性。边缘挑战（peripheral port challenge）是第五阶段，受当时社会经济环境的局限，相关研究主要是验证前四个阶段，边缘挑战的分析较少。Hayuth 对第五阶段的形成和发展特征进行了描述，但未能深刻揭示其发展机制，这降低了该理论对枢纽港建设的科学指导价值。

二、Hayuth 理论模式

1. 前集装箱化阶段

如图 10-1 所示，集装箱化之前，港口体系内各港口的发展处于相对平衡的状态，包括空间结构、等级规模、集疏运系统和腹地组织已达到某种平衡状态。腹地范围取决于商品类型、内陆交通网深入程度和陆运成本，虽有变化但相对稳定。仅少数港口能直接联系远洋港口，邻近港口间存在支线服务于沿海贸易。港口的货物处理效率低，劳动力成本高，货物损坏过多，而传统技术难以解决这些问题，处理适箱货物的技术革新成为港口内在需求，尤其连接始发地和目的地的多式联运系统，但技术革新要求利益集团（如企业、港口、政府）提供资金基础。

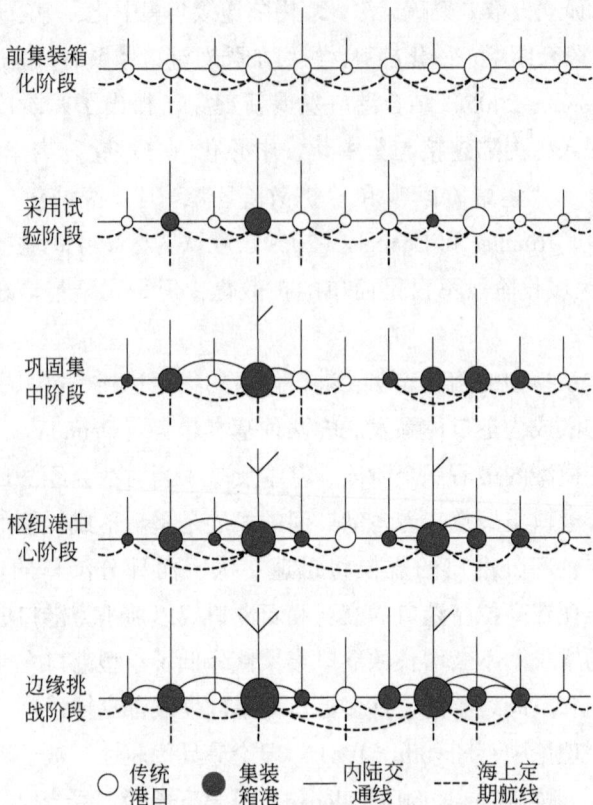

图 10-1　集装箱港口体系的演化图式

2. 采用试验阶段

　　鉴于技术革新存在投资风险，仅少数港口开始采用与试验该技术，开启了集装箱化的端倪。其中，大型港口容易接触外部航运信息，新型设施建设容易获得投资，且存在大量货运需求，这使集装箱技术首先青睐这些港口，成为集装箱化的起点。同时，部分小型港口因力图提高在港口体系中的地位，比大型港口更容易接受技术革新，部分港口因自然条件或区位优势而成为集装箱化的起点，技术传播的非均衡性促使港口初步形成分异。此阶段，集装箱港口数量较少，集装箱船舶有限且服务较少，港口运输仍集中在本地市场，海外贸易较少，支线运输尚未形成，腹地和市场结构未有明显变化，多式联运系统初步发展，集装箱港口体

集装箱港口网络形成演化与发展机制

系进入萌芽状态。

3. 巩固集中阶段

该阶段，集装箱化和多式联运开始从试验阶段发展为全面运营系统。集装箱化产生纵向和横向拓展，更多的港口面临技术革新，但部分港口因缺乏资金或区位或自然条件制约，而未能实现集装箱化。在初始优势和自我强化机制的作用下，率先集装箱化的少数港口集中了多数吞吐量并快速发展。超越腹地边界的深入交通网出现，大型港口拥有强大的集疏运网络，腹地广阔，使距离较远的港口间形成直接竞争。连接主要港口和支线港的陆路通道开始发展，海上喂给运输也通过小型船舶开展。基于"中心-次中心"的联系，港口开始形成新的空间体系，少数大型港口维持着集装箱航运的权威地位，次要港口虽保持其独立性，但向枢纽港的喂给初显端倪，对其信息和服务的依赖性增强。

4. 枢纽中心阶段

随着集装箱化的快速推进，集装箱成为海洋贸易的主要运输手段。因规模经济（包括港口、船舶、航线）的作用机制，集装箱化对船舶、码头和内陆运输企业的要求促使枢纽港的发展，集装箱吞吐量向少数港口进行集中，同时集装箱吞吐量和大型船舶向少数远洋航线进行集中，承运人减少港口挂靠数量并通过陆运和海运提供喂给服务。同时，承运人关注陆路运输效率，连接枢纽港和主要市场的运输通道开始发展，集装箱运量向运输通道集中，内陆配送中心在重要节点开始发展。枢纽港的腹地更为深入，袭夺邻近港口的腹地，并跨越国界甚至洲界。该阶段，少数港口集中了多数吞吐量，促使港口间形成等级结构，枢纽港间进行远洋航线竞争，而小型港口间则进行喂给运输的竞争，但因喂给联系的建立，枢纽港和喂给港间难以形成竞争。

5. 边缘挑战阶段

1）本地约束机制

随着海洋贸易航线网络、内陆配送系统的建设，以及港口等级结构的稳定，集装箱港口体系的空间组织趋于成熟。枢纽港继续占据港口体系的主要吞吐量，但来自周边小型港口的边缘挑战开始强化。枢纽港的进一步拓展受到一系列的本地制约，诸如土地稀缺、成本上升、交通拥堵等系列门槛的限制，尤其港口扩张的用地紧张是最为敏感的问题，不断增长的港口吞吐量则导致本已超负荷的本地公路和铁路网产生规模不经济，由此形成本地约束机制，削弱了枢纽港的发展潜力与效率，导致枢纽港在港口体系中的地位有所下降。欧洲、北美和亚洲传统的集装箱港口正逐渐面临以上问题，受到各种形式的容量限制，并面临着环境保护的压力（Baird，1999）。而大型集装箱船舶的深水要求、环境制约和本地人对港口扩张的反对，则加剧了该问题的恶化，但鉴于当时的社会经济环境，Hayuth 未能关注到该问题。

2）边缘港口发展

枢纽港边缘的众多次级港口的条件得到了改善。边缘港口具有深水泊位，可停靠现代大型集装箱船舶，并有充足的土地资源用于港口扩张，且劳动力成本较低，同时有限的投资使航运企业成为码头股东，以充分利用码头设施。边缘港口对集装箱的吸引力增强，并通过各种优惠政策从枢纽港吸引航运企业，这种挑战也通过内陆运输线的各方向深入而得到体现。

3）边缘挑战效应

基于这种背景，航运企业开始从枢纽港转移到周边的小型港口，中心港口和次中心港口的竞争开始加剧，港口体系出现扩散化，集装箱化早期拥有稀缺港口设施资源的初始优势开始丧失，港口区位开始发挥作用，并成为枢纽港发展的重要影响因素。不仅同等级港口间的竞争趋于激烈，而且不同等级港口间的竞争也开始出现，导致港口体系规模等级、空间结构、腹地组织和集疏运系统的变动与调整，港口腹地的模式变得极为复杂。Hayuth（1988）指出，该阶段可能是一种新型港口体系的初期阶段。因缺少严格的管制控制，不同港口的竞争手段和策略将对枢纽港产生了重要影响，港口等级结构由此产生了转折。

三、边缘挑战的理论本质

边缘挑战是港口体系演变过程的某一阶段，随着中转型港口的迅速发展，边缘挑战的竞争现象愈加突出。按 Fleming 和 Baird（1999）的观点，港口竞争分为四类：①同一港口内各企业间同种服务的竞争；②不同边界的港口间的竞争；③呈现相同地理特征的港口集群间的竞争；④具有重叠腹地的港口组合间的竞争（Komadina et al.，2006）。综合以上论述，边缘挑战的理论本质表现为两方面：同质区域的港口竞争与港口体系的扩散化；其中，同质区域港口竞争又解析为同质区域港口、新旧港口、小大港口和宏观利益主体的竞争等四方面。

1. 同质区域港口竞争

边缘挑战的理论本质是一种港口竞争，但这种竞争限于同质区域的港口间。

同质区域说明港口具有相同的自然条件，包括航道、水深、地质环境、岸线资源等自然条件，以及经济腹地等部分社会人文条件。自然条件的相同决定了港口建港条件的基础相同，腹地条件的相同则决定了港口发展的货物喂给相同。同质区域表明各港口均有相同的发展机率，都具有成为枢纽港的潜力，这是边缘挑战产生的基础条件。从国际上边缘挑战的港口区域来看，同质区域的空间特征尤为明显，如新加坡港与丹戎帕勒帕斯两港间仅有宽不到2km的柔佛海峡相间隔，香港和深圳则直接为陆地连接或狭小的水域相隔，即使有所差异也很小。

2. 新旧港口的竞争

从既有边缘挑战的港口区域来看，这种挑战主要发生在新旧港口之间。其中，枢纽港为发展历史悠久的港口即旧港，而形成挑战的港口则往往是近期刚刚建设的新兴港口，开港历史很短。新旧港口的竞争则进一步解释了第一种论点，在具有同质区域的港口条件的宏观背景下，只有港口的产生、发展时间不同才能形成挑战，否则在长期的港口竞争中早已被淘汰。在同质区域中，同时存在几个大型枢纽港且长期稳定协调发展，几乎是不可能的。

3. 小大港口的竞争

边缘挑战的特殊现象是港口竞争模式的不同。传统的港口竞争主要表现为大型港口对小型港口的竞争，其实现途径是港口的高效服务、集疏运系统等，结果表现为港口经济腹地的袭夺和小型港口的衰亡，这在传统的港口理论中都有详细体现。边缘挑战则表现为小型港口对大型港口的竞争，其实现途径是廉价的成本和优惠的政策，其结果表现为枢纽港的货箱分流和边缘港口的迅速崛起，在一定程度上导致枢纽港的缓慢增长甚至衰退，但是否导致枢纽港走向衰弱而边缘港口走向繁荣甚至取代枢纽港，全球范围内尚未形成实证案例。这是由于邻近港口的竞争是一个市场价格博弈的过程，两者的优势完全取决于两者的市场价格的比较。

4. 宏观利益主体的竞争

具有相同的港口条件，但为什么发展时间不同，而且形成小型港口对大型港口的竞争，这需要进一步从制度上寻找答案。港口属于不同的利益主体，尤其两个不同行政体制区域或国家，这是目前港口边缘挑战区域的重要特征。只有行政隔离下的宏观利益主体不同，才能促使同质区域港口发展时序的不同和港口竞争的逆向模式。港口是区域的门户，而大型枢纽港则是国家乃至国际区域的贸易门户，是否拥有港口尤其枢纽港具有战略意义。枢纽港往往控制着周边地区乃至周边国家的国际贸易，成为这些国家的境外航运中心，从而获取利益。而被控制的国家则从这种贸易转运中受损，这促使周边国家全力建设港口，从而形成边缘挑战。从该角度看，边缘挑战实际上是宏观利益主体的竞争。

5. 港口体系的集散性

从空间流和系统论的角度分析这种港口竞争现象，边缘挑战实际上是港口体系的一种扩散化或均衡化现象，但根本原因仍是港口内部竞争。从集装箱流来看，这种竞争是货箱从枢纽港流向周边港口的过程，这促使两者间的港口吞吐量差异缩小，随后是相关经济活动和产业的近域转移。从单一港口体系的角度来看，边缘挑战促使港口体系的扩散化或均衡化，削弱了枢纽港的极化现象。但这种扩散化或均衡化是相对的，因为枢纽港和边缘港口具有相同的区域条件，甚至原本就为同一港口，仅是因为行政障碍而使其成为两个港口。从宏观尺度看，集装箱货物仅是近距离内的搬迁，这种变化比许多港口不同港区间的距离都近，港口体系的集聚性没有发生改变，仍然为枢纽港和边缘港口的同质港口区域。从该角度来说，边缘挑战对港口体系产生的扩散化仅是适度的，甚至导致港口体系进一步集中化。

第二节　珠江三角洲集装箱港口体系演变

一、样本与数据

边缘挑战作为集装箱港口体系的扩散阶段，目前在世界许多枢纽港地区都已发生。其中，在珠江三角洲，这种港口竞争现象也开始发生。本研究选择珠江三角洲作为实证地域，选取港口样本 25 个，包括香港、深圳、广州、汕头、汕尾、惠州、中山、珠海、湛江、茂名、肇庆、沙田、麻涌、新塘、江门、新会、阳江、三埠、公益、新市、容奇、西南、五和、太平、南海等港口。

世界集装箱航运技术的发展，始于 20 世纪 50 年代，全球性的传播却始于 60年代中期，香港港口的集装箱化则始于 60 年代，中国其他港口的集装箱化则始于 70 年代中期，其中深圳港始于 80 年代中期，有着不同的时间序列和空间轨迹。有鉴于此，本研究以 1970 年为起点，分析珠江三角洲集装箱港口体系的发展规律，但港口的集装箱化却应从 70 年代中期开始（Wang et al.，2012）。

二、港口体系演变

1. 集装箱化前和技术试验阶段

鉴于当时的政治格局，珠江三角洲的港口集装箱化历程分为香港和其他港口两部分。香港的集装箱化遵循了与欧美相同的时间序列，在 20 世纪 60 年代末开始实施集装箱化。1970 年，香港的集装箱吞吐量达 35 679TEU，1972 年现代货箱（Modern Terminals Limited）建成了香港第一个集装箱码头，同时与集装箱航运有关的运输、船舶注册、融资、保险、经纪、海事仲裁、船舶管理、验船、维修、船只补给等服务业应运而生。中国其他港口的集装箱化始于 70 年代中期，集装箱化试验地区为北方港口，在集装箱技术应用相对成熟后向华南港口传播。70 年代中期前，珠江三角洲仅有少数港口规模较大，黄埔港[①]是最大的港口，1976 年其吞吐量为 1050 万 t，其次是湛江港为 947 万 t，汕头港为 153 万 t。1977年，黄埔港从日本进口了 25～36t 级大叉车及配套的小叉车和拖挂车，形成了除香港外最早具备国际集装箱装卸能力的港口，开启了大陆华南港口的集装箱化。1979 年，黄埔港的集装箱吞吐量达 2500TEU。1979～1980 年，珠江三角洲大陆港口的集装箱化处于黄埔港的技术试验与采用阶段（图 10-2），1980 年黄埔港的

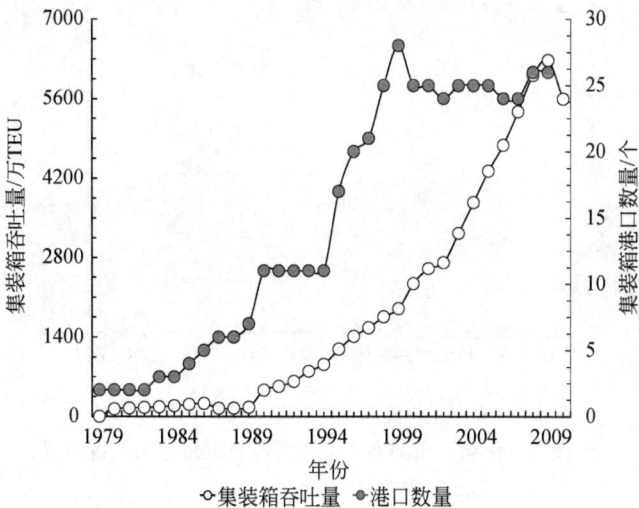

图 10-2　珠江三角洲港口的集装箱化进程

① 黄埔港于 1987 年与广州港合并，并统称为广州港

吞吐量为7300TEU。在珠江三角洲，与 Hayuth 理论不同的是，受政治格局的影响，港口集装箱化实施了香港和其他港口两个空间过程和轨迹，形成港口集装箱化不同阶段错位发展的现象。

2. 巩固集中阶段

随着华南地区改革开放的推动，国际贸易逐步发展，国际集装箱运输规模不断扩大，这促进了珠江三角洲集装箱港口体系的发展。随着黄埔港集装箱技术试验的成功与成熟，周边港口逐步实施集装箱技术革新。该阶段，集装箱港口的数量不断增多，港口体系的 HH 指数虽然有所波动，但仍保持在高位，形成集装箱港口数量不断扩大、港口体系不断集中的反向发展轨迹（图 10-3）。20 世纪 80 年代初，广州港和湛江港先后采用集装箱技术，1986 年珠海、江门、汕尾、中山等港口实现了集装箱化，1988 年深圳、汕头开始发展集装箱运输，深圳港的发展成为珠江三角洲港口体系最为重大的事件。其中，香港占据了集装箱港口体系的主要吞吐量，1988 年吞吐量达 145.8 万 TEU，占珠江三角洲港口体系吞吐量的 90.6%，而大陆港口的吞吐量较小，仅广州港的吞吐量较高，超过 12 万 TEU，深圳港达 1.3 万 TEU，其规模均无法与香港形成比较。该时期，大陆集装箱港口均以香港为远洋枢纽港，进行国际远洋货箱的喂给和转运，香港成为珠江三角洲港口体系的枢纽港。

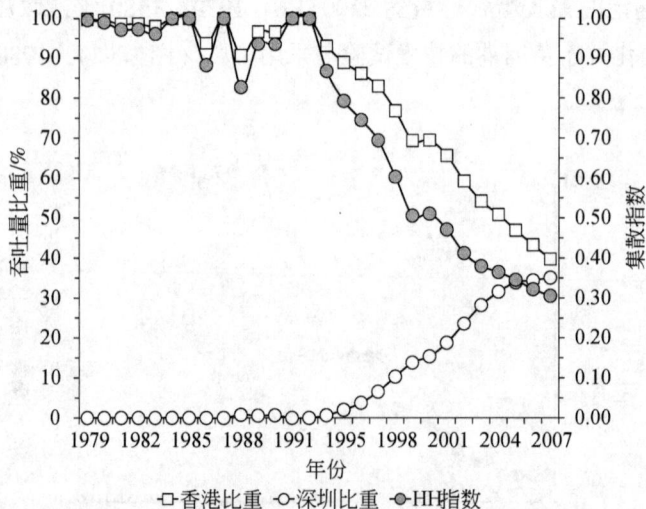

图 10-3　珠江三角洲港口 HH 指数与枢纽港的比重曲线

3. 枢纽中心阶段

20 世纪 90 年代初开始，珠江三角洲的外向型经济迅速发展，并成为中国改革开放的前沿地区。"前店后厂"的区域经济合作模式和"两头在外"的经济生产模式成熟发展，国际贸易运输和适箱货物迅速增长。这促使珠江三角洲集装箱港口体系进入枢纽中心阶段。集装箱港口的数量迅速扩张，并进入相对稳定的时期，集装箱港口从1990年的11个增加到1999年的28个（图10-2），珠江三角洲的多数港口实现了集装箱技术革新。港口体系的陆路集疏运系统不断完善，尤其连接枢纽港和主要腹地的运输通道开始形成。90年代初以来，广深（广州至深圳）、梅观（深圳梅林至东莞黎光）、深汕（深圳至汕头）、惠盐（惠州至盐田）、机荷（深圳宝安机场至深圳龙岗区荷坳）等高速公路先后通车，1994年广深铁路建成三线，1997年又改造为双线电气化铁路，极大地提高了珠江三角洲尤其是香港、深圳港同腹地的连通性。枢纽港的吞吐规模持续增长，所占比重继续提高。如图10-4所示，1990年，香港的集装箱吞吐量规模达510万TEU，占港口体系吞吐总量的96.7%，但随后不断下降，1999年吞吐量规模提高到1621

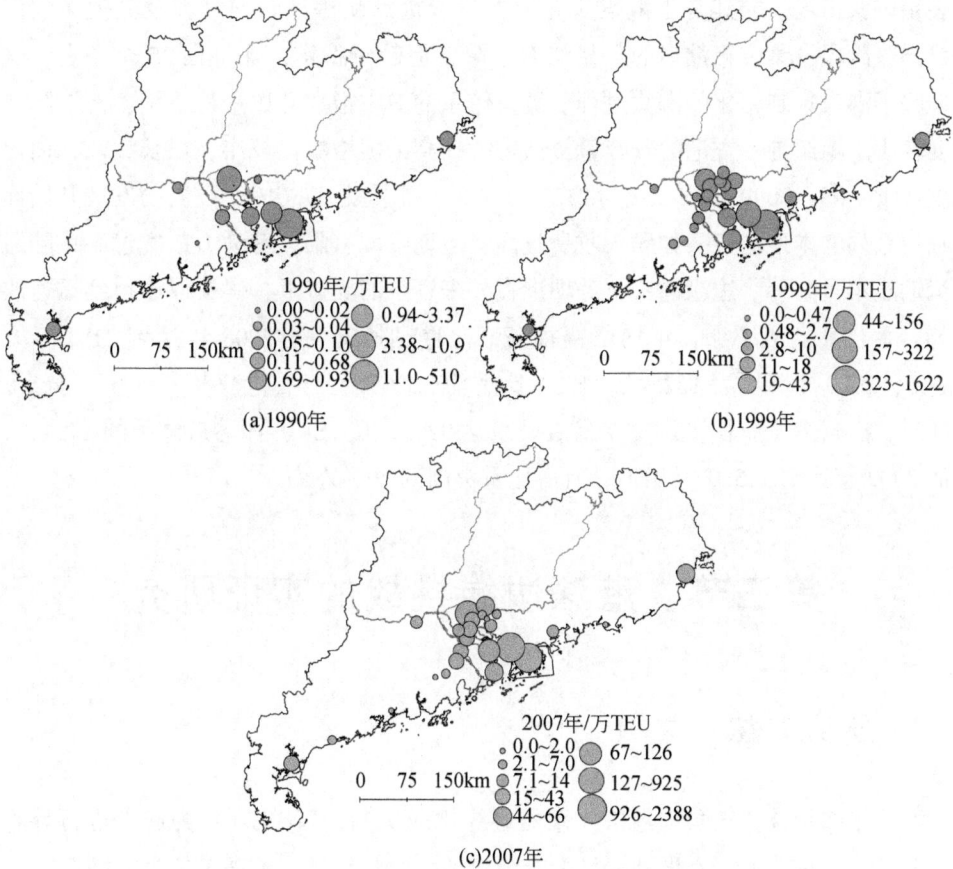

(a)1990年

(b)1999年

(c)2007年

图10-4 珠江三角洲集装箱港口体系格局演化

万 TEU，但比重降为 69.35%。港口的 HH 指数开始呈现由高向低的发展趋势，而且下降速度很快。枢纽港周边地区的部分港口呈现快速发展态势，在港口体系内的地位不断提升。例如深圳港，但吞吐量规模仍然较小，1999 年仅为 322.6 万 TEU，占港口体系吞吐量的 13.8%。其他港口发展相对缓慢，仅广州港的规模相对较高。该阶段，枢纽港香港和珠江三角洲已形成稳定的喂给网络，不仅陆路喂给系统发展成熟，而且珠江内河驳船喂给发展很快。

4. 边缘挑战阶段

20 世纪 90 年代末开始，珠江三角洲港口体系进入边缘挑战阶段，突出表现为深圳港对香港的空间竞争。大陆港口加快了建设步伐，2002 年新《外商投资产业指导目录》出台，港口放开引入外资的持股比例，甚至允许外资控股，取消外商投资内地码头控股权的各种限制。这促使外部港航企业加快进入中国大陆集装箱码头市场，尤其是香港码头企业的投资重点从香港转向深圳及其他大陆港口。该阶段，集装箱港口的数量略有下降，但趋于稳定，保持在 25 个左右，这反映了港口集装箱化的淘汰过程。港口体系的 HH 指数开始平稳下降，但下降幅度较小。枢纽港—香港的吞吐量虽然持续提高，但增幅比较小，增长疲软，而比重持续下降，2009 年吞吐量为 2104 万 TEU，比重为 37.6%。香港的发展开始面临一系列的本地约束，如码头收费过高，土地资源有限，劳动力成本过高，陆路运输成本过高等。边缘港口—深圳港在外来资金的支持下，码头设施得到迅速改善，吞吐量迅速增加，年均增幅很高，比重迅速提高，2008 年达到 2141.6 万 TEU，2009 年降至为 1825 万 TEU，比重为 32.6%，与香港仅相差 5 个百分点。同时，广州港发展较快，2007 年吞吐量达 925.9 万 TEU，占港口体系的 15.4%，而 2009 年达到 925.9 万 TEU，所占比重提高到 20% 左右。

第三节 港深边缘挑战的实证研究

一、研究方法

为了揭示珠江三角洲港口体系的边缘挑战机制，以 1970 年为起点进行计算与分析。数据均源于香港和深圳两个港口的吞吐量统计，数据单位为标准箱（即 TEU）。研究方法主要采用线性回归进行预测与检验分析。假设，p 为边缘港口，

h 为枢纽港，t 为港口的集装箱吞吐量，往往由三部分组成。港口 i 的集装箱吞吐量计算方法如式（10-1）所示。

$$t_i = t_{io} + t_{ic} + t_{id} \tag{10-1}$$

式中，t_{io} 为港口在国际航线的集装箱吞吐量；t_{ic} 为港口在内支线的集装箱吞吐量；t_{id} 为港口在国内航线的集装箱吞吐量。

设 T_o 为珠江三角洲的国际集装箱吞吐量，并由枢纽港和边缘港口的国际集装箱吞吐量 t_{ho} 和 t_{po} 组成。公式如下所示。

$$T_o = t_{ho} + t_{po} \tag{10-2}$$

1996 年，深圳港成为伟大联盟、全球联盟、马士基/海陆的直挂港，由此而融入全球集装箱航运网络。1997 年之前，深圳港的集装箱吞吐量很小，对香港的分流效应比较小，而 1997 年之后深圳港的集装箱吞吐量开始增长，并逐步逼近香港。因此，1997 年作为预测的起始年。同时，广州港的地位不能忽视，因为 20 世纪 80 年代以来广州港一直单独从事国际集装箱运输。本研究采用时间序列模型，对珠江三角洲和广州港的国际集装箱进行预测。预测公式如下所示。

$$t'_{io} = ax^2 + bx + c \tag{10-3}$$

式中，a、b 分别为参数；c 为常数；t_{io} 为港口 i 的国际集装箱吞吐量；x 为预测时间尺度。

假设 t_{go} 为广州港的国际集装箱吞吐量。根据 1979～1997 年珠江三角洲国际集装箱吞吐量的增长过程，珠江三角洲港口体系和广州港在 1998～2007 年的国际集装箱吞吐量的预测公式如下所示。

$$T'_o = 7.234x^2 - 64.453x + 260.01 \tag{10-4}$$

$$t'_{go} = 0.237x^2 - 2.274x + 7.277 \tag{10-5}$$

式中，T'_o 为 T_o 的预测值；t'_{go} 为 t_{go} 的预测值。

枢纽港即香港在 1998～2007 年的国际集装箱预测如下所示。

$$t'_{ho} = T'_o - t'_{go} \tag{10-6}$$

为了检验预测数据的误差，需要将预测数据和原始数据进行比较，考察预测数据的适用性，设误差率为 δ，其计算公式为

$$\delta = (T'_o - t_{ho} - t_{po})/(t_{ho} + t_{po}) \times 100\% \tag{10-7}$$

为了相对准确地测算边缘港口深圳对枢纽港香港的挑战效力，作者设计了分流指数 σ 进行度量，按照前文分析，边缘挑战仅对国际航线吞吐量产生效力，因此分流指数 σ 的公式见式（10-8）所示。其中，t_{so} 为深圳港的国际集装箱吞吐量。

$$\sigma = (t_{so}/t'_{ho}) \times 100\% \tag{10-8}$$

二、结果分析与结论

根据以上结论，主要计算结果见表 10-1。

表 10-1　香港和深圳港集装箱吞吐量的主要预测结果

年份	T'_o/万 TEU	t'_{go}/万 TEU	t'_{ho}/万 TEU	δ/%	σ/%
1996	1444	43.08	1400.64	0.66	2.52
1997	1647	49.57	1597.36	4.05	4.00
1998	1734	56.54	1677.46	3.33	8.92
1999	2000	63.97	1936.03	1.28	14.18
2000	2300	71.88	2228.12	1.17	16.67
2001	2440	80.27	2359.73	3.92	19.71
2002	2780	89.12	2690.88	2.19	25.85
2003	3170	98.45	3071.55	0.21	32.42
2004	3550	108.26	3441.74	-2.26	37.52
2005	3850	118.54	3731.46	-2.64	41.20
2006	4200	129.29	4070.71	-2.72	43.10
2007	4550	140.51	4409.49	-2.91	45.36

通过港口集装箱吞吐量的预测数据和实有数据，可看出香港和深圳的集装箱吞吐量增长呈现如下特点。

（1）通过以上公式预测的数据，具有相对较小的误差，个别年份的误差相对较大，但仍低于 5%，属于可分析的适用范围。这反映了香港和深圳港的集装箱吞吐量预测数据适宜于边缘挑战的分析。

（2）如表 10-1 所示，在理论上，珠江三角洲港口体系的国际集装箱吞吐量在 1997 年应达到 1650 万 TEU，并在未来几年继续保持快速增长态势。根据数据预测，珠江三角洲的吞吐量在 2007 年应达到 4550 万 TEU，比 1996 年增长 2903 万 TEU。20 世纪 80 年代以来，广州港一直是珠江三角洲西部地区的门户，1997 年其国际吞吐量应达 49.6 万 TEU，并占珠江三角洲国际吞吐量的 3%，此后也应一直保持快速增长态势，2007 年达 140.5 万 TEU，并占有 3.1% 的份额。

（3）20 世纪 90 年代初开始，香港的集装箱吞吐量呈现快速增长趋势。90 年代后期开始，吞吐量呈现增幅不断降低的趋势，个别年份甚至降低，形成预势。1996 年，香港的集装箱吞吐量达到 1400.6 万 TEU，占珠江三角洲的 97%。根据

1996 年之前的发展趋势，香港将继续保持较高的增速并拥有多数份额，2007 年其吞吐量应达到 4409.5 万 TEU，并占有 96.9% 的份额，比 1996 年增长 3009 万 TEU。但 90 年代末期以来，香港的吞吐量实际增长率不断下降，1998 年仅有 1.5 万 TEU 的增长，增幅为 0.1%，低于 6.5% 的理论增长率，占珠江三角洲的 86.5%，而理论吞吐量达到 1677.5 万 TEU，并占 96.7%，高于其实际市场份额。2007 年，香港吞吐量达到 2390 万 TEU，仅占理论吞吐量 4409.5 万 TEU 的 54.2%，比 1996 年增长 990 万 TEU，低于理论增长量 3009 万 TEU。2005 年，青港区及其他小码头吞吐量达 1428 万和 814 万 TEU，分别上升 6.4% 和下跌 4.9%，和记黄埔及现代货柜在葵涌码头曾一度负增长，2006 年葵涌码头自 6 月份起连续 4 个月吞吐量下跌。1999～2004 年，香港一直位居世界港口体系的首位。由于深圳港的竞争，2005 年香港作为全球的龙头地位被新加坡港取代，2007 年香港作为全球第二的地位为上海港所取代。如表 10-1 所示，如果香港继续保持其理论增长，其吞吐量将继续保持世界首位。香港的中转货流增长缓慢，部分货箱转移到深圳港。因此，香港不再是大陆港口的重要中转港，而成为依托珠江三角洲的腹地型枢纽港。

（4）珠江三角洲港口体系的集装箱吞吐量迅速增长，2008 年达 6275.8 万 TEU，深圳港的增长尤为迅速。1981 年，深圳港开港运营，2007 年之前一直保持较高的吞吐量增长速度。1996 年，深圳港的国际吞吐量才达 35 万 TEU，仅占珠江三角洲港口体系吞吐量的 2.5%。但 90 年代后期开始，深圳港的吞吐量迅速提高，2008 年已达 2141.6 万 TEU，占港口体系吞吐量的 34.1%，居全球第四位。2004 年，深圳港的吞吐量已超过香港葵涌码头的吞吐量和处理能力；2005 年 9 月 28 日，盐田国际拖车进港流量达 9863 辆次，刷新单日历史记录，目前深圳作为全球干线港的地位已形成。但须指出的是，近年来，深圳港的吞吐量增幅开始明显下降，但绝对增长量很高。

（5）香港和深圳两港的吞吐量呈现彼此消长的趋势。如图 10-5 所示，香港和深圳港国际航线运量的合计值的发展非常吻合香港的 1997 年之前的发展趋势，而所预测的香港理论吞吐量与港深合计吞吐量非常地吻合。2007 年香港和深圳两个港口的国际货箱吞吐量达到 4388 万 TEU，比香港的理论吞吐量仅低 21 万 TEU，深圳港的国际货箱增长主要源于香港的分流。如图 10-6 所示，90 年代后期开始，深圳和香港两港的吞吐量差距不断减少，2000 年两者差距为 1411 万 TEU，到 2007 年差距缩小为 278 万 TEU。从分流指数来看，呈现不断增长态势，1996 年仅为 2.6%，到 2007 年已达 45.4%，这说明深圳港对香港的分流效应日益增强。具体如图 10-6 所示。

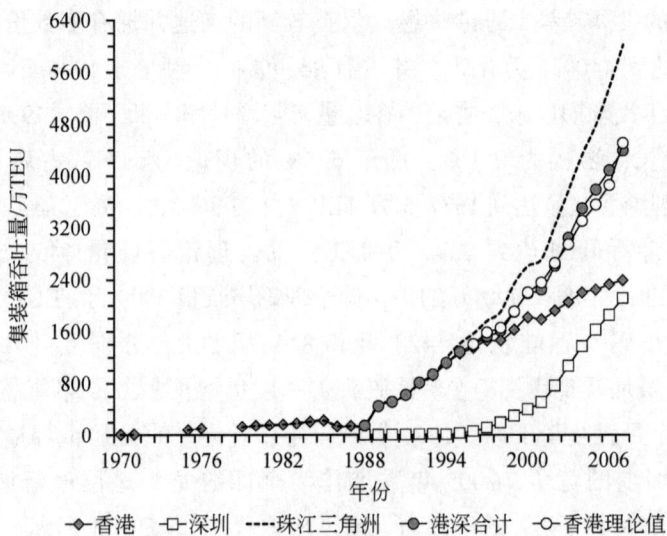

图 10-5　深圳与香港的集装箱吞吐量关系

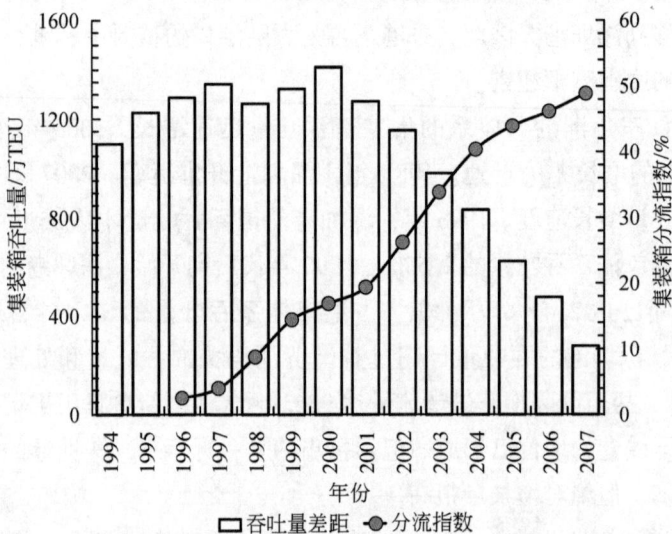

图 10-6　香港和深圳的吞吐量差距和分流指数趋势

三、边缘挑战形成机制

港口地理学概念、理论和分析框架的研究一直较为缓慢，尤其是对港口体系的动力机制的研究较少（Zalensik，1972；Robinson，1976）。Hayuth（1988）在提出港口体系演化理论时，就指出其理论是建立在自由市场经济背景中，对边缘挑战的产生与发展机制尚未进行深入解析。本研究针对香港和深圳的空间竞争关系，对边缘挑战的形成机制进行解析。

1. 区域性港口体系的竞争格局

港口体系的内部竞争是边缘挑战的根本原因。

（1）从全国尺度看，20世纪90年代中期以来，中国其他省份港口对香港中转运输的依赖性逐步降低。1997年其他省份的港口吞吐量不足1000万TEU，仅上海港超过100万TEU。2007年中国集装箱吞吐量增至1.14亿TEU，超过100万TEU的港口有16个，并跻身干线港的行列，减少了对香港的中转。1997年其他省份的港口经香港中转的重箱为89万TEU，中转比例约为10%，2005年仅为130万TEU，中转比例降至为2.4%。根据2006年原交通部颁布的《全国沿海港口总体规划》，深圳港将建设为华南地区的枢纽港，这将进一步减少其他港口对香港的中转依赖而通过深圳港进行中转。

（2）珠江三角洲的港口竞争是形成边缘挑战的直接原因。该区域的集装箱港口相距较近，分布密度很高，有着共同的航道和腹地，港口服务方式、设施等雷同，港口间难以通过理性的市场定位形成互补共赢。港口体系的内部竞争由此产生，价格竞争是主要表现形式，部分港口采取"政府暗补、企业亏损"方式压价争夺货源，吸引航运企业开辟航线。其中，深圳港靠近箱源地，盐田、蛇口、赤湾、大铲湾等港区构成港口，劳动力价格、集疏运费用和港口使用费都比较低，近年来东南亚、中东、欧洲和美洲等国际航线发展较快，是香港最大的竞争者，粤东货物由深圳港出口的趋势越加明显。广州港临近珠江三角洲西部货源地，海铁联运条件优越，近年来加快南沙港区建设，中海、中远等航运企业将原来深圳港的航线移至南沙港区，2009年广州港吞吐量已达1112万TEU，目前又加快新沙港区的建设，形成以南沙港区为龙头、以新沙和黄埔港区为辅助的港口格局，加快由支线港向干线港的发展。珠海、佛山、江门、中山、东莞、惠州、肇庆等港口也加快建设，珠海高栏港区经过十年的建设已初具规模，东莞港规划了自虎门至麻涌的大型港区，惠州港发展澳头港区。这些港口不但对香港形成挑战，并冲击了深圳港对香港的费用优势，对香港和深圳港进行分流，而深圳则加强了对香港的分流作用。此外，90年代以来，香港的加工制造业逐步减少，金融贸易等服务业成为推动经济发展的重要源泉，而且加工制造业转移到珠江三角洲其他地区尤其深圳和东莞，珠江三角洲成为世界加工业基地，产业结构和物流业发生了重大调整，促使集装箱的货源地从香港转移到深圳等地区。珠江三角洲出现了快速地扩散化与边缘挑战效应，主要货箱呈现"葵涌向深圳东部流，东部向西部流，西部向南沙流"的扩散轨迹（表10-2）。

表 10-2　珠江三角洲港口体系的喂给分配比例　　　　（单位:%）

内部区域	支线港	香港	深圳	广州
西部港口	江门	80～90	10～20	
	中山	80～90	10～20	
	珠海	95	5	
中部港口	广州	93	3	
	佛山	100		
东部港口	东莞	30	65	1
	惠州	40	40（陆路）	

资料来源：http：//info. hktdc. com/shippers/vol29_ 6/vol29_ 6_ chi_ logistic. htm

2. 利益主体的竞争机制与地方政府的外资吸引

Hayuth 的港口理论模型虽然提出了港口边缘挑战，有效地揭示了市场机制，但对于适用的范围却没有指出，并忽视了制度因素的影响（Olivier and Brian，2006）。从目前全球边缘挑战的港口区域来看，港口利益主体的不同是重要原因。枢纽港和边缘港口分别属于不同的利益主体，尤其是属于不同的两个国家。枢纽港所属的国家力图控制边缘港口所属国家的国际贸易运输，并成为其境外门户或航运中心，而后者竭力从这种被控制的利益损失中摆脱出来，积极在枢纽港周边的本国优越海岸区位加强深水港口的建设，减少对枢纽港的货物转运，对枢纽港形成分流和边缘挑战。部分学者认为香港与中国其他省份的港口的关系深受政治关系和制度因素的影响（Wang et al.，2004）。改革开放之前，中国其他省份的港口尚未实施集装箱化，且由于其外交政策，国际贸易货物主要通过香港进行中转。1997 年之前，香港和深圳两个港口的竞争不仅是港口管理部门的竞争，而且是不同地方的利益竞争。尤其是 1995 年之前，内地的国际适箱货物主要通过香港进行中转，从而流向国际市场，香港成为内地的国际门户。1997 年香港回归后，两个港口虽然同为中国所辖，但香港的地区自治体制仍然决定了利益主体的不同，而且地方政府的政策体制开始发挥作用，广东省政府尤其深圳作为经济特区在吸引外资方面有着很高的政策自由，在税收、土地等方面具有很强的吸引力。这在一定程度上强化了深圳对香港的边缘挑战。

3. 港口成本的比较优势

任何港口依其条件，都存在合理规模，进而影响近邻港口的竞争关系。按Hayuth 理论，枢纽港发展到边界规模后，土地匮乏、劳动力成本高、码头费用昂贵及环境恶化和交通拥挤等逐渐突出，运营成本增加，航运企业的码头费用上涨，港口竞争力削弱，港口收费成为影响航运企业和货箱流向的关键。如表 10-3 所示，港口间的竞争主要是成本的竞争。香港码头处理费和拖车费比较昂贵，码头收费过高，而深圳建港成本较低，操作费用较低，香港码头处理费是深圳的 1.3～2 倍，这是吸引货主、航运企业更多挂靠和使用深圳港的主要原因。而且，香港土地资源有限，其发展受到限制且成本高，同时劳动力成本较高，这导致香港生产能力不足。码头营运成本过高且难以下调，码头处理费用比深圳港高 97 美元，这是香港面临边缘挑战的本地约束，香港无论在效率、收费及规模上都难以满足市场需求。但深圳港与其他港口相比，码头收费过高，广州南沙港区装卸费比深圳港低 100～200 元/TEU，且超期堆存费全免，港口建设费免征或少征等优惠措施，港区后方疏港道路对集装箱拖车实现免费，这对广州港的发展形成一定的边缘优势。

表 10-3　港深劳动力成本与生产成本比较

项目	职位	月薪/元		深圳/香港/%
		香港（港币）	深圳（人民币）	
船公司	船务主任	17 290	4 000～5 000	23～29
	船务文员	11 417	2 500～3 000	22～26
	会计主任	18 679	3 500～4 500	19～24
	行政主任	17 462	3 500～4 500	20～26
集装箱运输	调度	14 480	2 500～3 000	17～21
	司机	10 861	5 000～6 000	46～55
	送货员	8 742	1 000～1 500	11～17
	会计	10 312	1 500～2 500	15～24
	普通文具	8 635	1 500～2 000	17～23
	秘书	8 987	2 000～2 500	22～28
生产成本	写字楼租金	300～650 元/m²×月	55～100 元/ m²×月	1/6
	CFS 作业费	50～100 元/ m³	16～30 元/ m³	1/3
	集装箱堆场	30～50 元/ m²×月	8～10 元/ m²×月	1/4
	运输车辆	50～60	18～20	1/3
	码头作业设备	中国制造为主	中国制造	基本相同

注：①香港和深圳比值为各货币单位比值；深圳港及相关行业人工成本只有香港的 1/9～1/3；②深圳港口及相关行业的生产资料成本只有香港的 1/4～1/2；③CFS 指集装箱货运站（Container Freight Station, CFS）

资料来源：香港商报，2005 年，10，14

香港有相当比例的运量来自珠江三角洲，货物通常先以陆路过境抵达香港出口，陆路交通是实现货箱喂给的主要途径，陆路集疏运系统的交通成本成为影响香港竞争力的关键因素。英国 GHK 在"香港港口发展大纲 2020"指出，珠江三角洲到香港的陆路跨境运输费用过高是削弱香港竞争力的最大原因。深圳、惠州、东莞、黄埔、广州和汕头到香港的运费，以标箱计分别为 2500 元、3400 元、3600 元、4400 元、5100 元和 7300 元，跨境货运业务需要同时支付两地的保险费、验车费及各类行政费用，跨境陆路运输成本偏高。香港或深圳港到欧美的远洋货箱单位成本差距较小，约 50 美元，但陆路运输成本高昂，华南至深圳和香港的陆运成本差距约为 300 多美元（表 10-4），香港的出境成本比深圳港高 10%，其陆路过境运输费用比欧美高 1.5～2 倍，分别是盐田港和蛇口港的 1.4 倍和 2.3 倍，其中陆运成本占港口成本的 2/3。跨境货车成本过高的原因是须向广东省缴交的"跨境车辆指标有偿使用费（每 3 年 10 万元）"，此外，双边验车、牌费和保险等也存在很大问题。

表 10-4　港深港口运输成本比较

2004 年数据（美元）（东莞到美西）	经香港		经盐田		经蛇口/赤湾	
	20 尺	40 尺	20 尺	40 尺	20 尺	40 尺
航运费用（基本）	2000	2700	2000	2700	2000	2700
杂费	599	1014	579		579	994
至码头拖车费	308	333	128	154	141	167
码头处理费	274	366	141	269	141	269
总计	3181	4413	2848	3123	2861	4130
经香港或深圳费用差别	333	296				

注：①20 尺指 20 尺 ISO 货柜（1TEU）；40 尺指 40 尺 ISO 货柜；②杂费包括目的地提货费、燃料调整附加费、燃油调整附加费和报关费

资料来源：香港商报．2005，10，14

4. 港口码头企业转移投资战略方向

港口资源是稀有国土资源，对国家或地区的发展有战略性意义，码头经营企业行为成为边缘挑战的重要驱动力。2002 年，中国政府颁布的《外商投资产业指导目录》，允许外资以中外合资企业的形式投资中国港口码头建设与经营，这促使香港的码头企业开始进入珠江三角洲。①香港政府对港口的支持不足，码头建设均为私人或私营企业进行投资，无政府资助或补贴，而大陆港口的兴建和发展有政府的支持和参与。货运业营运上，香港码头由少数企业进行营运，财团寡头垄断业务，政府未能有限控制港口码头资源。1993 年以来，香港的基建投资很少，吞吐能力未能增加。相反的是，深圳港为政府拥有，能够获得政府的经济

集装箱港口网络形成演化与发展机制

与政策支持，以加强基础设施建设并提高吞吐能力。②香港码头企业开始向其他省份港口进行投资战略转移，部分码头企业甚至撤出香港港口码头的投资，通过内地港口的高额利润平衡在香港收入的损失。20世纪90年代以来，香港码头经营企业重点加强了对深圳港的投资，其投资规模占深圳港全部投资的65%，使交通部原规划规模大幅提高（盐田港由1000万箱增加到1500万箱，蛇口由500万箱增加到1000万箱，大铲湾增加700万箱，如图10-7所示），深圳港的管理、装备、操作效率和服务质量均达到或接近世界水平。其中，和记黄埔重点投资深圳港的盐田港区，现代码头则重点投资赤湾港区和大铲湾港区，在深圳港内部形成了竞争态势；和记黄埔又投资珠海高栏港区和惠州港。2005年，深圳港已经吸引外资300亿元，建设了24.5km的码头岸线和23个集装箱泊位。深圳对港资企业的引入实现了香港货柜操作中心的自然延伸。③国际码头经营企业对中国港口和码头的投资日益增强，重点集中在深圳港，诸多码头经营企业均为中外合资企业，其中盐田港区由和记黄埔投资，蛇口港区由香港招商局、中远集团、铁行渣华、太古集团进行投资，南山开发集团则投资建设赤湾港区，招商港务则投资南集部和赤湾港区。

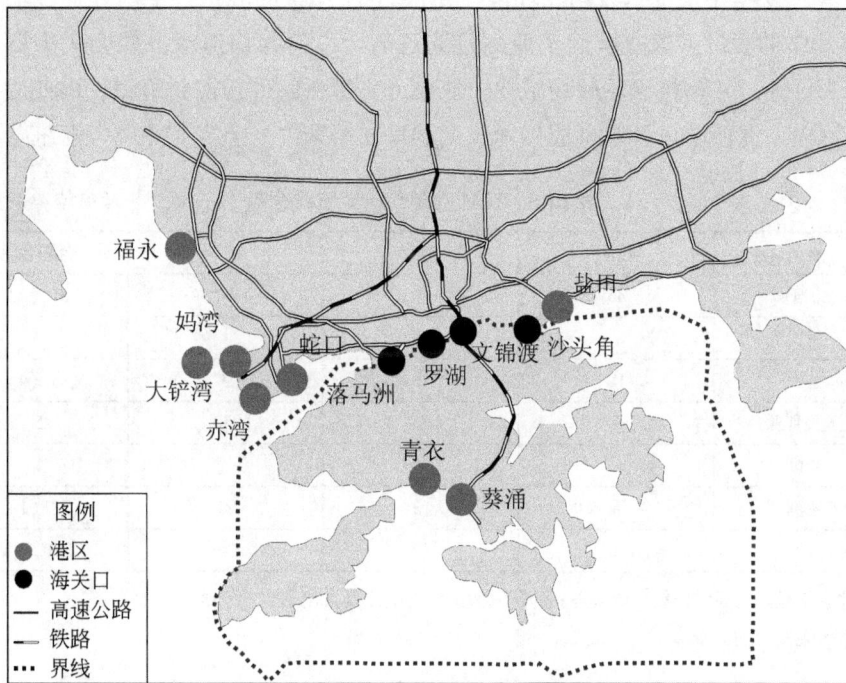

图10-7　香港与深圳两港主要港区与关口

5. 班轮企业航运网络的调整与资源整合

航运企业是集装箱航运的运营主体，不但决定全球集装箱运输的组织网络，控制着全球的海运资源，并深刻影响着枢纽港的发展。航运企业对港口体系边缘挑战的意义表现为两方面。①航运企业对航运网络开始进行调整。1995年全球联盟开始在深圳港的盐田港区直接挂靠亚欧、亚美航线服务，同时深圳港成为伟大联盟的定期挂靠港口和马士基/海陆的合作伙伴，现代商船和川崎汽船也开始提供周期太平洋服务。深圳港开始直接融入到全球集装箱航运干线网络中，部分远洋货箱无须再经由香港进行转运。2004年年底，深圳港每周已有135个国际班轮挂靠，2005年底深圳港已有131条国际航线，见表10-5，但挂靠深圳港的集装箱船舶90%以上同时挂靠香港，2006年深圳港每月有660个航班，国际集装箱航线增加到165条，由50多家航运企业经营组织。②航运企业对港口码头资源的整合，"港船合一"成为全球航运的发展趋势（Notteboom，2004）。目前，珠江三角洲的港口除了提供优惠服务和开放政策以外，积极吸引航运企业成为重要的战略。著名航运企业如马士基/海陆和东方海外都相继投资集装箱码头建设和经营，1994年马士基收购深圳港盐田港区的10%的股份，中国外运控制了佛山港40%的股份。这些航运企业一旦选定某个港口为枢纽港，就会集中资源建设码头设施，并调整班轮航线组织，将承运货箱在此进行重新组织，由此改变集装箱流向，促使港口吞吐量成倍增长，港口在短期内发生突变并成为枢纽港。

表 10-5　深圳港国际班轮航线分布　　　　　（单位：条）

航区	盐田	赤湾	蛇口	全港合计
北美	36	7	10	51（2）
南美		2	1	3
欧洲	18	16	3	33（4）
澳大利亚	1	3	1	5
非洲		1		1
亚洲	5	13	21	38（1）
合计	60	42	36	131（7）

注：括号内为同时挂靠东西部码头的航线数；数据统计以2006年7月为准
资料来源：http：//www.szport.net

集装箱港口网络形成演化与发展机制

第十一章

现代集装箱港口体系理论与长江三角洲实证

第一节　现代集装箱港口体系演化模式

随着环境变迁，新的港口现象不断产生，尤其是随着东亚、地中海、加勒比海等地区港口管理体制的推进，港航企业行为日益活跃，港口发展的新特征不断涌现，传统的港口体系理论模型已难以解释这些现象和揭示其发展机制。有鉴于此，Notteboom 提出六阶段理论，充分关注陆向和海向因素的综合作用。长江三角洲港口体系的最初发展验证了 Hayuth 理论的早期阶段特征，而最新发展则验证了 Notteboom 理论的后期阶段。根据港口体系的最新现象，进行凝练和提升，对 Hayuth 和 Notteboom 理论进行整合，认为集装箱港口体系大致经历了 6 个阶段：①前集装箱化阶段；②技术试验阶段；③技术传播与集中化阶段；④枢纽港中心化阶段；⑤扩散化与离岸枢纽阶段；⑥港口区域化阶段。如图 11-1 所示，各阶段具有明显不同的港口体系特征和发展机制，这是形成不同历史分期的根本原因。

一、现代集装箱港口体系演化模式

1. 前集装箱化阶段

集装箱化前夕，港口体系为传统技术采用阶段。受腹地经济发展程度和通达水平的不同，港口体系已形成了不同增长的驱动力，由此产生了等级结构。但各港口的发展包括空间结构、规模组合、集疏运和腹地组织已达到某种平衡状态，并趋于相对稳定；其中，具有明显区位优势的少数港口规模较大，成为港口体系的枢纽港，占据港口体系吞吐量的主要比重。港口腹地的范围取决于商品类型、

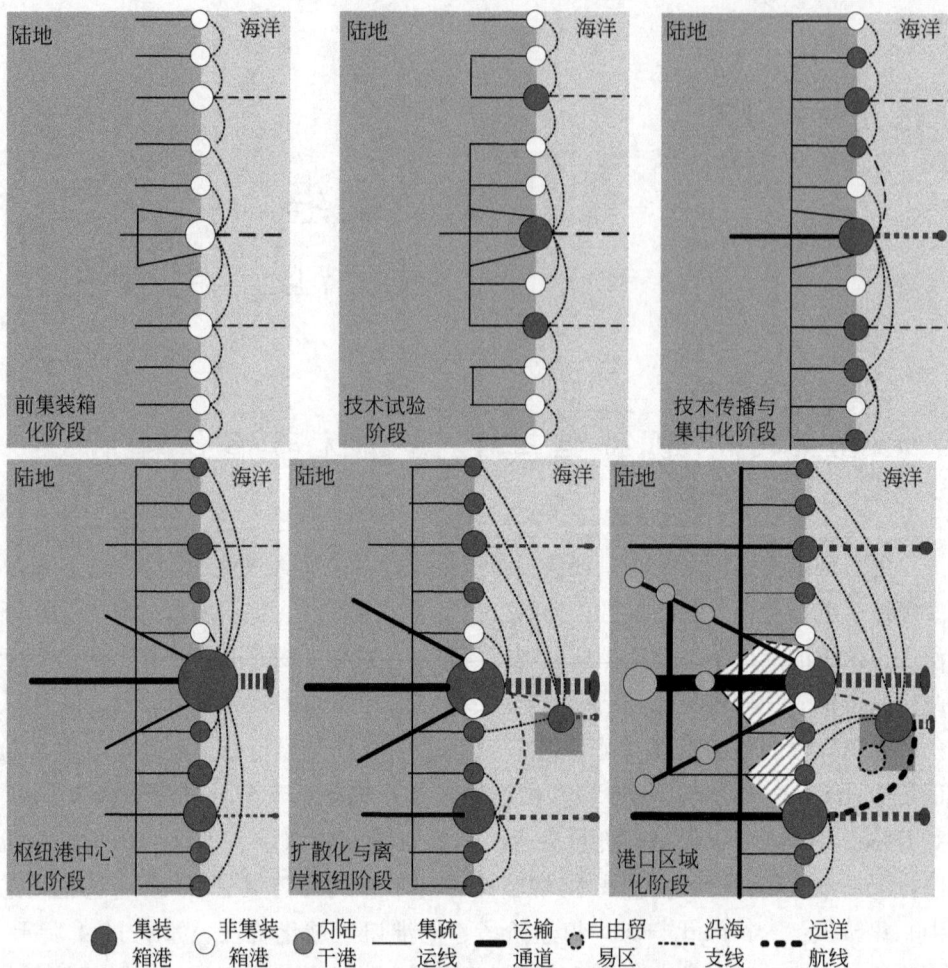

图 11-1 现代集装箱港口体系的演化图式

资料来源：Rodrigue 和 Notteboom（2010）并进行适度调整

内陆交通网深入程度和陆运成本，虽然呈现动态变化但相对稳定；仅有少数海港有直接联系远洋港口的能力，邻近的小型海港及内河港口间存在支线服务于沿海和内河运输，其中内河港口通过连续衔接与大型港口联系，中小型港口的远洋贸易主要通过枢纽港进行中转，枢纽港几乎控制了港口体系的远洋贸易；港口之间已有陆路交通线进行连接。但港口的货物处理效率低，劳动力成本高，货物损坏过多，而传统技术难以解决这些问题，技术革新成为港口发展的内在需求，尤其是远洋贸易件杂货的装卸、仓储、船舶等技术，以及连接始发地和目的地的综合交通系统，迫切需要进行技术改造。

集装箱港口网络形成演化与发展机制

2. 技术试验阶段

随着铁路集装箱技术的成熟和港口技术革新需求的增强，传统港口开始采用集装箱技术，实行集装箱化，但由于技术革新存在投资风险，仅有少数港口采用该技术，该时期处于技术引进与试验阶段。其中，大型海港尤其枢纽港容易接触外部信息（如承运人、船东），新型设施建设容易获得投资，且存在大量货物运输的迫切需求，这促使集装箱技术首先青睐这些海港尤其原枢纽港，由此形成港口集装箱化的起点；同时，部分小型海港因力图提高在港口体系中的地位，比大港更容易接受技术革新，而部分内河港或小型海港因自然条件或区位优势而成为集装箱化的起始港。此阶段，集装箱港数量较少，专业化集装箱船有限，试验港口间形成集装箱航线，力图同国际枢纽港实现技术接轨，开辟同主要国家或枢纽港的远洋航线并试验运输，但航线较少且航班密度较低，同时以港口为核心的铁路、公路和水运的多式联运开始试验。这促使技术试验限于少数港口，集装箱运输集中在少数大港尤其枢纽港，港口联系仍集中在本地市场，腹地和市场结构未发生明显变化，港口体系具有很高的集中度，但集装箱港口体系开始萌芽。

3. 技术传播与集中化阶段

随着技术试验的成功，港口集装箱化进入技术持续传播和扩散阶段。传统港口的集装箱化开始产生纵向和横向拓展，更多的港口面临技术革新，通过配置专用设施而实现集装箱化，但部分港口因缺乏资金或因区位或自然条件的制约，而未能实现集装箱化。随着技术的持续传播和扩散，越来越多的港口开展集装箱运输（港口数量总体增多，但个别港口退出，反映了集装箱化的技术、能力与淘汰），集装箱航线日益增多并渐成国内外航运网络，航班密度提高并趋于固定化，港口体系的集中度有所下降。连接主要港口尤其枢纽港的多式联运系统或新型陆路交通线（如高速公路或铁路货运专线）深入发展，腹地不断扩张并远大于周边小型港口，港口间开始形成连续的陆上交通联系，这促使腹地组织和市场结构发生改变，并使距离较远的港口间形成直接竞争。在初始优势和自我强化机制的作用下，率先实施集装箱化的少数港口集中了港口体系的主要吞吐量份额并快速发展，维持着集装箱航运的主导地位，同时次级港口向大型港口的海上支线喂给系统初显端倪。该阶段，随着港口和腹地货物的集装箱化，集装箱技术重塑了传统的港口体系，原有的港口空间结构、规模组合和腹地组织的平衡状态被打破，进入新一轮重组过程，开始形成新的空间结构或秩序安排。

4. 枢纽港中心化阶段

随着集装箱化的快速推进，多数港口包括内河港口也最终实现了集装箱化，少数港口因腹地狭小或区位特征或专业化职能等原因而未能实现集装箱化，或曾实现了集装箱化但又被淘汰，但集装箱已成为海洋贸易的主要手段。随着集装箱港口数量和布局的稳定，规模经济开始发挥作用机制，集装箱化对船舶、码头和集疏运企业的要求促使枢纽港的发展，少数港口集中了多数运量，同时集装箱运量和大型船舶向少数远洋航线集中，港口体系的集中度逐步提高。而且，陆路运输系统明显改善，连接枢纽港和主要腹地的运输通道开始发展，腹地货箱向运输通道集中；腹地模式发生改变，枢纽港的腹地更为深入，袭夺邻近支线港的腹地，并跨越国界甚至洲际化。这促使港口体系形成以枢纽港为中心的发展阶段，枢纽港不断发展并占据重要或绝对地位，多数中小型港口和枢纽港形成稳定的支线喂给联系，但因邻近枢纽港而具有相同区位的少数港口也快速发展并成为干线挂靠港，这促使港口间形成等级结构；港口体系内形成竞争机制，枢纽港间在远洋航线进行竞争，而小型港口间进行喂给运输的竞争，但因喂给联系的建立，枢纽港和喂给港间难以形成竞争。

5. 扩散化与离岸枢纽阶段

随着枢纽港的吞吐量持续集聚和膨胀，其发展开始面临系列的瓶颈约束，如港口扩张的用地紧张、集疏运系统超载运营、交通堵塞、劳动力成本过高，这削弱了港口发展的动力与效率。同时集装箱船日益大型化，对港口航道和泊位的水深提出了更高要求，班轮公司日益减少直挂港的数量，而且环境制约和本地人对港口扩张的反对也成为发展瓶颈，枢纽港的货箱及相关产业产生向周边地区进行转移的需求和趋势。Hayuth（1988）曾在其理论模型中，指出临近枢纽港、腹地连通能力较低但海上通达能力高的次级港口，有可能成为枢纽港货箱转移的重点港口。枢纽港周边具有深水条件的孤岛成为离岸港口，两者间或狭小水域隔离或跨海大桥连通，可形成竞争或合作关系。离岸枢纽布局在班轮航线集中的节点，设施技术远超过原枢纽港，土地资源丰富，没有明显的陆上腹地但拥有因喂给服务而形成的间接腹地，市场环境高度自由，政府影响较小，国际港航企业为主要投资者（表 11-1），而且离岸枢纽可避免穿越都市的陆路交通堵塞（Baird，2003）。离岸枢纽与原腹地型枢纽港或许形成竞争关系，也可能发展成合作伙伴。离岸枢纽的初期阶段主要是转运和分流原枢纽港的货箱（超过 80%），这导致集装箱港口体系形成扩散化和离岸枢纽阶段。同时，沿海和内河港口航线网络逐步变化，从以原枢纽港为核心的喂给网络向以原枢纽港和离岸枢纽并重甚至离岸枢纽为主的喂给网络发展，离岸枢纽成为集装箱港口体系的主要转运基地和各种航线箱流的汇集、重新配置的枢纽。这种现象在地中海、加勒比海以及东亚地区已得到普遍性地验证，如巴哈马自由港、萨拉拉、马耳他等港口。同时，干线挂靠港继续发展，规模不断提高，并集中了部分远洋航线；原枢纽港分离出其他专业功能的港区或码头，但规模较小。离岸枢纽的出现导致了港口体系内的货箱扩散化和转移。该阶段体现了该模型与 Hayuth 模型的不同，这主要是由于不同的时代背景与区域环境所导致的，但已成为世界港口发展的普遍现象。

表 11-1　主要离岸枢纽的水深和航运企业

港口	国家	泊位水深/m	投资/挂靠企业
阿尔赫拉西斯	西班牙	16	马士基/海陆
自由港	马耳他	15.5	伟大联盟
焦亚陶罗	意大利	15	意大利集装箱船公司、马士基
卡利亚里	意大利	14	意大利集装箱船公司、欧洲门户
萨拉拉	阿曼	16	马士基/海陆
锡尼斯	葡萄牙	17	新加坡港务集团
塔兰托	意大利	16	长荣海运
塞的港	埃及	16	欧洲联合码头公司/马士基海陆
亚丁	也门	16	新加坡港务集团
曼萨尼亚	巴拿马	13	美国 SSA 航运集团
自由港	巴哈马群岛	16	和记黄埔
塞佩蒂巴	巴西	18.5	German operator
科伦坡	斯里兰卡	16	铁行港口
丹戎帕勒帕斯	马来西亚	16	马士基海陆
卡比尔	巴团岛	17	规划阶段
北九州	日本	15	新加坡港务集团
光阳	韩国	15	韩进海运/现代商船

6. 港口区域化阶段

港口区域化阶段是 Hayuth 模型的延伸，港口体系发展到第四阶段时，枢纽港面临本地约束和全球化的双重背景。随着全球物流资源的整合，港口不再仅仅是海运网络的节点，港口的发展不再局限于港区（Palmer，1999），内地配送成为经济全球化和集装箱航运业的重要环节，港口开始调整在物流链中的角色，形成以港口为核心的国际贸易配送系统，物流链成为港口竞争的重要领域，以适应全球生产网络和配送系统（图11-2）。港口竞争的核心从海岸向内陆转移，内陆形成多层级的物流配送中心，以班轮公司为主的综合物流服务商促使内陆配送中心实现了规模经济和极化效应，而港口成为国际贸易配送基地。港口和内地配送系统的连接促使综合运输走廊和内陆干港的发展，许多配送网络节点成为内陆干港（Ng and Gujar, 2009），并主要以物流园区的模式进行发展，物流节点的极化效应得到发展，枢纽港和内陆干港间形成了综合运输走廊。枢纽港的腹地因运输走廊和内陆干港的发展而得到扩张，并进一步袭夺邻近甚至距离较远港口的腹地，枢纽港的发展跨越了传统边界，拓展到更广的空间，在其邻近地区形成了物流园区或自由贸易区，并使其成为枢纽港的一部分，其规模经济继续维持；中小型港口因连接到内陆配送网络，其腹地也得到扩张，这促进了港口体系的继续扩散化。港口区域化在美国的港口体系内已经得到验证。同时，离岸枢纽开始发展高附加值物流服务（Rodrigue and Notteboom, 2010），并形成自由贸易区，使其具备了直接腹地以提供箱源，离岸枢纽的中转比例有所下降，但离岸枢纽的发展并没有导致陆地枢纽港生产能力的闲置，各类港口在集装箱航运网络中承担不同的职能。内陆配送网络和枢纽港的进一步发展，促使港口区域化阶段的产生，这种现象已在美国东海岸和长江三角洲的港口体系内已得到证实。

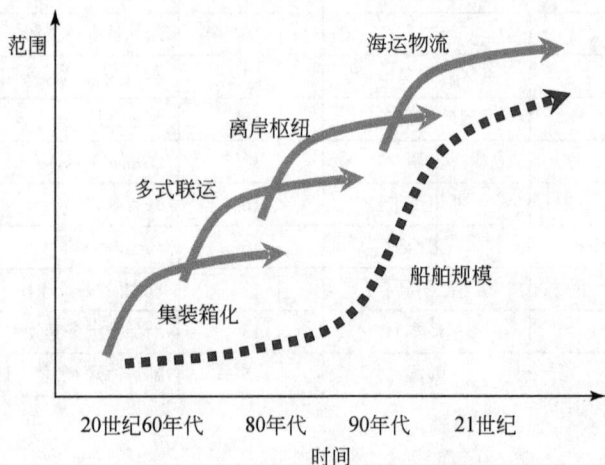

图 11-2 20～21 世纪集装箱航运发展阶段及转变

二、离岸枢纽与港口区域化的理论机制

对比上述的港口体系模式与 Hayuth 的理论，其差异在第五阶段的不同和第

六阶段的追加，有必要进一步对其产生和发展的机制进行理论解析。离岸枢纽和港口区域化反映了港口发展的自然条件和环境变化。

1. 枢纽港本地约束

离岸枢纽和港口区域化发展的重要原因是源于枢纽港的本地约束，这种约束在 Hayuth 理论的边缘挑战阶段中已有描述。随着枢纽港集装箱吞吐量的进一步集聚，港口交通拥挤而堵塞，港口扩张的土地资源日益紧张，劳动力成本较高，港口的集疏运系统超负运营，本地人对港口扩张的反对意见增多。尤其是，集装箱船舶日益大型化，5000TEU 以上、吃水 13～15m 的超巴拿马型船舶已成为三大干线的主流船型，8000TEU 以上的船舶也日益增多，深水泊位的需求不断增强，而离岸枢纽一般具有深水航道和泊位（表 11-2）。枢纽港为了进一步维持其规模经济，被迫寻找拥有充足土地资源并远离城市的深水港区，以确保目前和未来的集装箱运输发展。而枢纽港周边地区的岛港或半岛的顶端地区往往拥有充足而廉价的土地资源可满足港口扩张，拥有深水泊位和航道（自然水深多为 15m 以上），没有劳动组织（如工会、协会等）和法规的强力约束，劳动力成本比较低，并往往具有紧邻密集航线的区位，港口建设对区域交通网络的影响较小，码头经营企业可避免为本地或区域交通机构提供通达性，陆地集疏运系统建设的投资要求较低（Baird，2003）。枢纽港和岛港（半岛顶端地区）形成了明显的"约束–优势"对比，由此形成了离岸枢纽和港口区域化的发展机制。

表 11-2　意大利主要离岸枢纽的概况

项目	焦亚陶罗	卡利亚里	塔兰托
开港时间	1995 年	2003 年	2001 年
港口拥有者	港口管理机构	港口管理机构	港口管理机构
港口经营者	意大利集装箱船公司	意大利集装箱船公司	长荣海运
协议模式	长期出租合同	长期出租合同	60 年出租合同
设施投资	公共投资	公共投资	公共投资
设备投资	私人投资	私人投资	私人投资
水深/m	13.5～17	16	14.3～16
泊位数量/个	10～13	5	5
能力/万 TEU	500	150	200

2. 集装箱航运网络模式转变

从全球航运业的发展趋势看，国际班轮业经营日益联盟化，而且集装箱船舶日益大型化，航运干线组织网络化。为了追求规模经济和提高运营效率，航运企业的航线网络组织从传统的多港挂靠向轴辐系统发展，减少集装箱船舶的港口挂靠数量，仅挂靠少数能够满足船舶箱源需求规模和技术需求的大型港口。这促使更多的港口将沦为喂给港，而仅有少数港口成为枢纽港。枢纽港的发展很大程度上取决于航运企业的选择，港口不能满足 15m 水深就将沦为喂给港。为此，世界主要港口纷纷建设深水泊位和航道，竞争全球干线网络中数量极少的战略性枢纽港。离岸枢纽虽没有明显的腹地，但具有邻近全球海运网络主要瓶颈地区的区位（如马六甲海峡、地中海、加勒比海）或具有与外海快速沟通的通达性，接近海洋贸易通道的战略区位，通过靠泊连接近海航线的离岸枢纽，航运企业可减少港口挂靠数量。离岸枢纽将近海喂给服务和远洋干线运输进行衔接和融合，成为集装箱重新配置的物流基地，既满足了大型集装箱船舶的挂靠和集中化，并满足了小型港口维持其腹地稳定性，通过近海班轮而成为离岸枢纽的喂给港。离岸枢纽因提供中转运输而改善整个集装箱航运网络的运输效率和服务实效性，提高了航运企业的市场覆盖范围，成为有效的竞争手段（Baird，2003）。目前集装箱航运网络中，离岸枢纽主要表现为 3 种模式，如图 11-3。

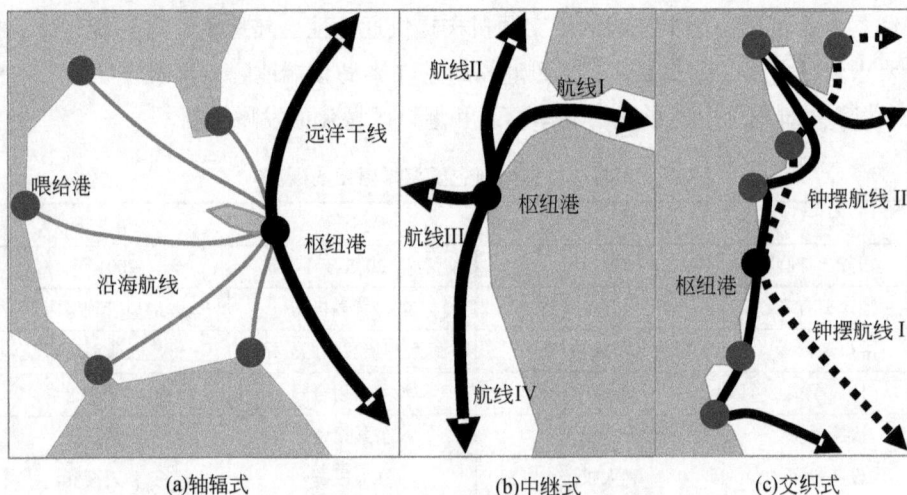

图 11-3 离岸枢纽的不同空间模式

资料来源：Notteboom 等（2009）

（1）轴辐式：离岸枢纽连接长距离远洋运输和短距离喂给运输，衔接全球性或洲际航运网络和区域性航运网络。这种离岸枢纽多出现在相对封闭海域内的岛屿，处于中心区位而连接整个区域。例如，加勒比海的圣胡安港、地中海的马尔萨什洛克港和黄海的釜山港（Baird，2003）。

（2）中继式：离岸枢纽成为连接不同长距离航运服务的交叉点，其区位倾向于分布在航运网络的瓶颈区位（如半岛的顶端区位），如新加坡港和阿尔赫拉西斯港。

（3）交织式：离岸枢纽成为沿着相同海域少数钟摆航线服务的交界面，但服务于不同的挂靠港。

3. 现代物流资源整合

港口本身不是区域化的驱动者，其动力来自现代物流资源的整合，港口的成功取决于是否能够满足物流链的网络需求。20世纪90年代以来，全球物流资源进行整合，港口开始成为全球供应链和物流链的重要环节，尤其成为国际贸易配送的基地（Palmer，1999）。如图11-4所示，基于原有的多式联运系统，集装箱航运业以港口为核心进行物流资源整合，包括航运企业、货代、装卸企业和内陆运输企业，力图降低整个物流系统的成本。航运企业高度关注海上航运资源的整合，采用收购、合并等途径兼并其他航运企业，通过航线共享、舱位互租等方式，以契约形式形成航运联盟，提高船舶利用率，获得规模经济并降低物流成本；同时，航运企业将物流资源整合的重点从海上转移到陆上，整合公路、铁

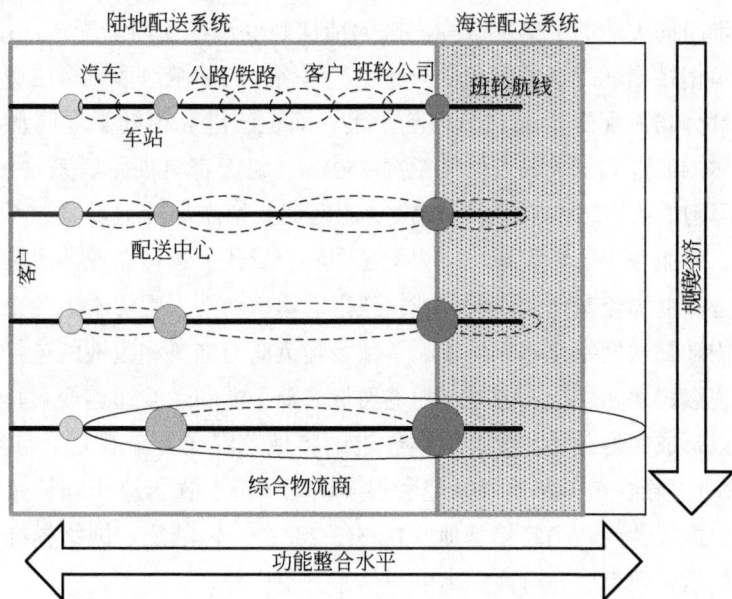

图 11-4　基于港口的物流链的功能整合

资料来源：Robinson（2005）并进行修正

路、仓储等物流企业，发展综合物流服务（包括物流包装、码头经营、内陆运输等），超级承运人或综合物流服务商产生（Notteboom，2002）。例如，马士基/海陆在北美经营卡车和铁路运输，而且将业务拓展到俄罗斯、中国和北欧，目前积极拓展印度和拉美市场，同时在丹麦拥有集装箱制造厂。长荣航运在中国台湾和印度尼西亚也拥有集装箱制造厂，铁行渣华和马士基在荷兰联合参与连接鹿特丹港的铁路运输（Baird，2003）。在资源整合过程中，围绕港口的物流资源由相互分散而集中于少数综合性企业，并为其所控制，港口成为国际物流网络的关键功能节点，为港口区域化提供了前提。航运企业的基地是港口，超级承运人的产生势必对港口物流业和港口与内陆腹地的空间关系及港区的发展产生深刻影响。

4. 内陆配送网络与干港

现代物流的发展促使物流配送成为全球贸易的重要环节，尤其连接港口的内陆配送系统成为港口区域化的核心。港口和腹地的联系是港口地理的研究重点，也是港口发展的基础（Hoyle，1999）。很多学者指出腹地基础设施、内陆交通服务和相关物流组织成为港口获得竞争优势的重要支点（Konings，1993；Graham，1998；Cariou，2001）。航运联盟的海上合作实现了成本降低，但内陆运输成本仍然很高，占物流成本的40%~80%，这使港口尤其枢纽港关注内陆配送网络的建设，加强港口同腹地的可达性。物流链的结构性变革促使内陆配送网络的产生，并通过港口衔接国际配送系统和全球性生产网络。内陆腹地形成多层级的物流配送中心，部分物流配送中心成为内陆干港，而枢纽港和内陆干港间形成运输通道，如巴尔的摩港和干港弗吉尼亚距离350km，每天都有铁路联系（Notteboom，2005）。干港成为远离港口的货箱集散功能区域或枢纽港的卫星城，不仅服务于本地市场，并服务于区域腹地，成为配送中心、货代、运输企业、集装箱维修企业等集聚分布的物流基地，以此分减枢纽港的集散功能，缓解本地约束并维持规模经济。内陆配送网络化和干港影响了集装箱流向与港口和腹地的连接，将连续腹地和非连续腹地相融合，同时枢纽港通过内陆干港和运输通道侵入其他港口的特殊腹地以形成腹地孤岛，提高了枢纽港的腹地范围和货箱潜力，如图11-5所示。马士基/海陆在美国和俄罗斯经营很多内陆干港，铁行渣华和长荣海运分别在英国和中国经营内陆集装箱基地（Baird，2003）。内陆配送网络提高了港口尤其枢纽港的运营效率，并可能提高港口体系的集中化。

5. 近邻区域物流园区

随着物流资源的整合和内陆配送网络的发展，物流链已经成为港口竞争的领

集装箱港口网络形成演化与发展机制

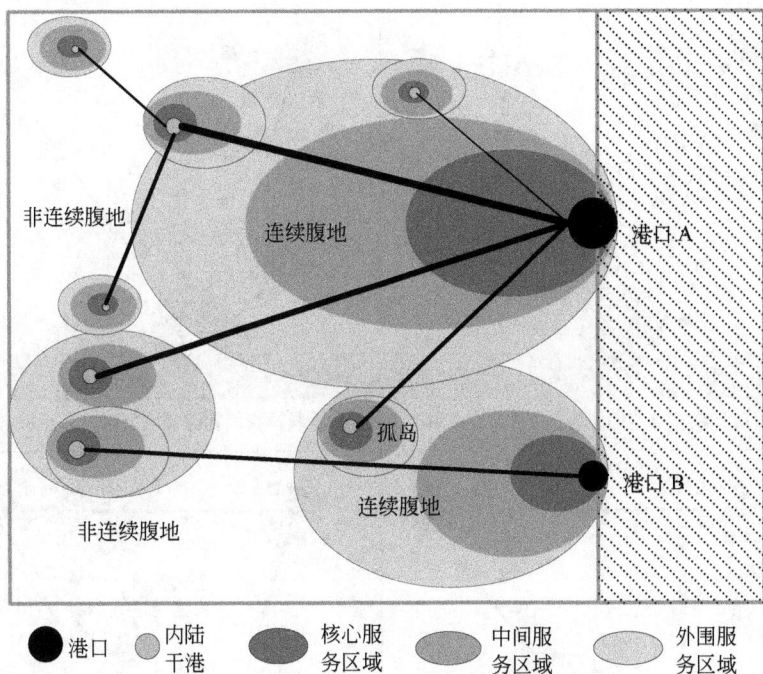

图 11-5　基于运输走廊与内陆干港的腹地格局

资料来源：Notteboom 等（2009）

域，而物流园区成为港口的重要竞争手段，如图 11-6 所示。港口在邻近区域建设物流园区，以整合周边的物流资源，并发展其他高附加值的服务或产业，且往往以自由贸易区的形式设置。这些园区化的物流节点往往和港口存在一定距离，以避免港口交通拥挤，且避免港口区域的高劳动力成本和土地资源稀缺性（Notteboom，2005）。同时，同港口连接的内陆干港日益集中物流资源（如物流设施和物流企业）和相关产业而形成物流园区，提供传统物流服务的同时，发展高附加值物流服务或产业活动，内陆物流节点园区化并不断繁盛，最终成为更大的增长极。此外，沿着交通走廊，部分优势区位成为新的增长极，逐渐形成新的物流园区或产业园区，且部分企业基于供应链而围绕物流园区和交通走廊形成特殊的配送网络。随着物流园区的发展，部分较大的物流园区开始扩散，形成中小型物流园区，产生物流园区分区化。在以上过程机制的作用下，港口将其自身、邻近地区和腹地的物流节点整合为有序的物流网络，在区域上形成物流增长极，促进了港口区域化。

6. 政府调控和港口建设市场化

集装箱港口体系的演化趋势同宏观经济环境和制度有重要联系，Hayuth 的港口理论模式是建立于市场自由和没有政府管束的宏观环境。Hayuth 曾指出如果存

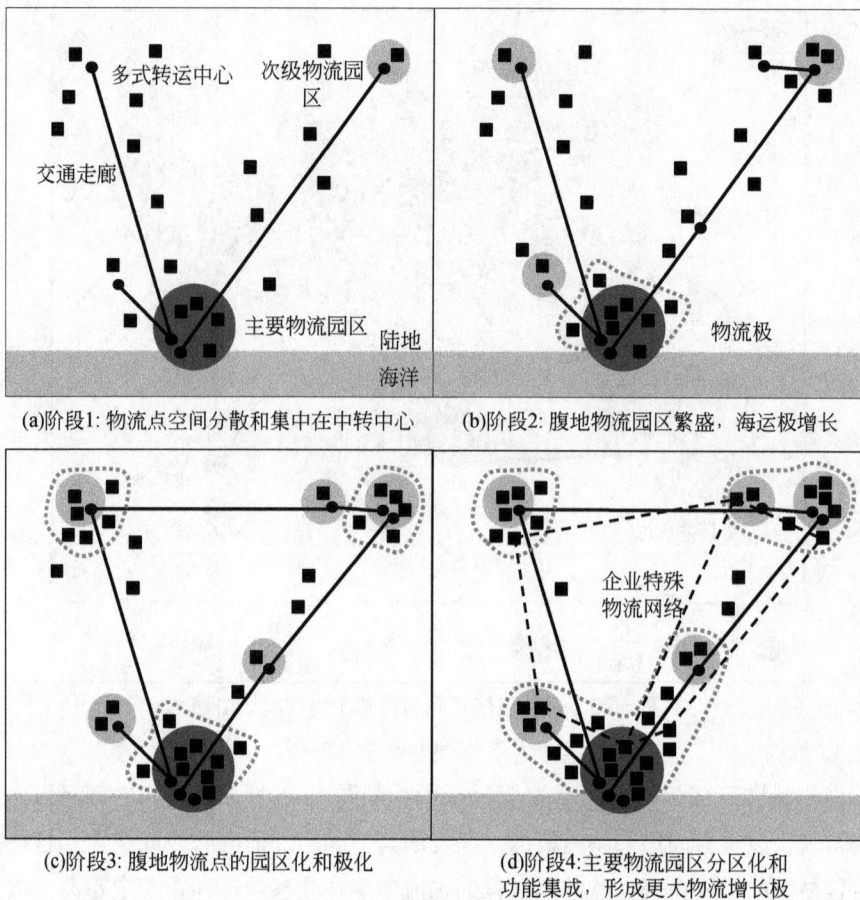

(a)阶段1: 物流点空间分散和集中在中转中心   (b)阶段2: 腹地物流园区繁盛，海运极增长

(c)阶段3: 腹地物流点的园区化和极化   (d)阶段4:主要物流园区分区化和功能集成，形成更大物流增长极

图 11-6   港口—腹地的物流区位空间模型

资料来源：Notteboom 等（2009）

在一定的政府管制，港口等级结构将产生转折。随着航运市场竞争的日益激烈，政府和港口机构调整管理政策。政府和港口机构关注单一港口和区域港口体系的发展规划，强化政府管制作用。同时，政府和港口管理机构加强港口建设的市场化，国际码头企业或航运企业成为港口的主要投资者或控股人，以充分利用码头设施（Baird，2003）；而且，设置市场环境高度开放的自由贸易区或保税港（如洋山港、天津和大连保税港），集保税区、出口加工区、物流园区于一体，构筑港口与产业区相统一的自组织体系。政府和港口管理机构通过港口市场化或私有化重新界定了其角色和职能，努力成为物流链公共设施提供者，集中于多式联运系统建设，并同其他交通节点建立合作，尽量减少直接干预，通过决定和调整码头股东的进入和退出间接影响港口发展，其市场化程度直接决定了集装箱泊位设施的利用效率及重新配置的自由性。国际经验表明，离岸枢纽的建设竭力避免港

口机构与政府的影响和约束，以强化港口适应或应变市场变化的能力，自由贸易区的发展则是最有力的实证（Notteboom，2005）。

第二节　长江三角洲集装箱港口体系演化

前文仅对现代集装箱港口体系的演化理论进行解析，但未能进行实证。对此，作者选取长江三角洲作进行实证分析，研究港口样本包括上海、洋山、宁波、舟山、杭州、芜湖、马鞍山、南京、扬州、镇江、张家港、江阴、常熟、太仓、南通、常州、泰州、嘉兴、湖州、铜陵、安庆、池州、乍浦、海门和高港，共计25个港口（王成金，2011）。

一、集装箱化前期与技术试验阶段

中国集装箱技术的发展始于20世纪50年代中期，50~70年代中期一直处于铁路系统的试验阶段。70年代中期之前，长江三角洲港口体系处于集装箱化前阶段，时间跨度漫长。图11-7反映了长江三角洲港口体系在集装箱化前的空间格局。居江海联运和南北沿海航线衔接区位的上海是首位港，并成为该区域乃至中国大陆地区的枢纽港，1972年上海港的货物吞吐量占珠江三角洲港口体系吞吐量的72.1%，有很高的集中度。同时，上海港成为中国大陆地区最大的贸易门户，其国际贸易货物吞吐量占其吞吐量的22%。其次，作为长江流域的最大河港，南京港有着较高的吞吐量，占港口体系总量的13.6%。再次是芜湖，其吞吐量占港口体系的6.5%。而南通、安庆、铜陵、镇江、池州、马鞍山、江阴、高港等港有较低的吞吐量。这种格局符合前文理论模型的前集装箱化特征。遗憾的是除上海港外，其他海港的发展尚未起步。这有两方面的原因：①长江口门以北主要淤泥质海岸，建港的自然条件较差，致使苏北地区的海港仅有连云港，数量极少；②时处中国计划经济时期，海外贸易较少，这致使浙北地区的海港发展缓慢，宁波、舟山、乍浦、嘉兴等港口尚未起步。

长江三角洲港口的集装箱化始于20世纪70年代初。在此之前，中国曾进行了水陆集装箱联运的试验，1956年和1959年先后试办"上海→大连→沈阳"的水陆集装箱联运的试验，这主要是铁路集装箱运输的延伸，不能算为港口集装箱化的起点。1972年，中国开展大连至上海港的国内集装箱运输，随后向南通延伸。1974年，上海港利用外国杂货班轮开展20ft集装箱的试运，抵达北美港口。

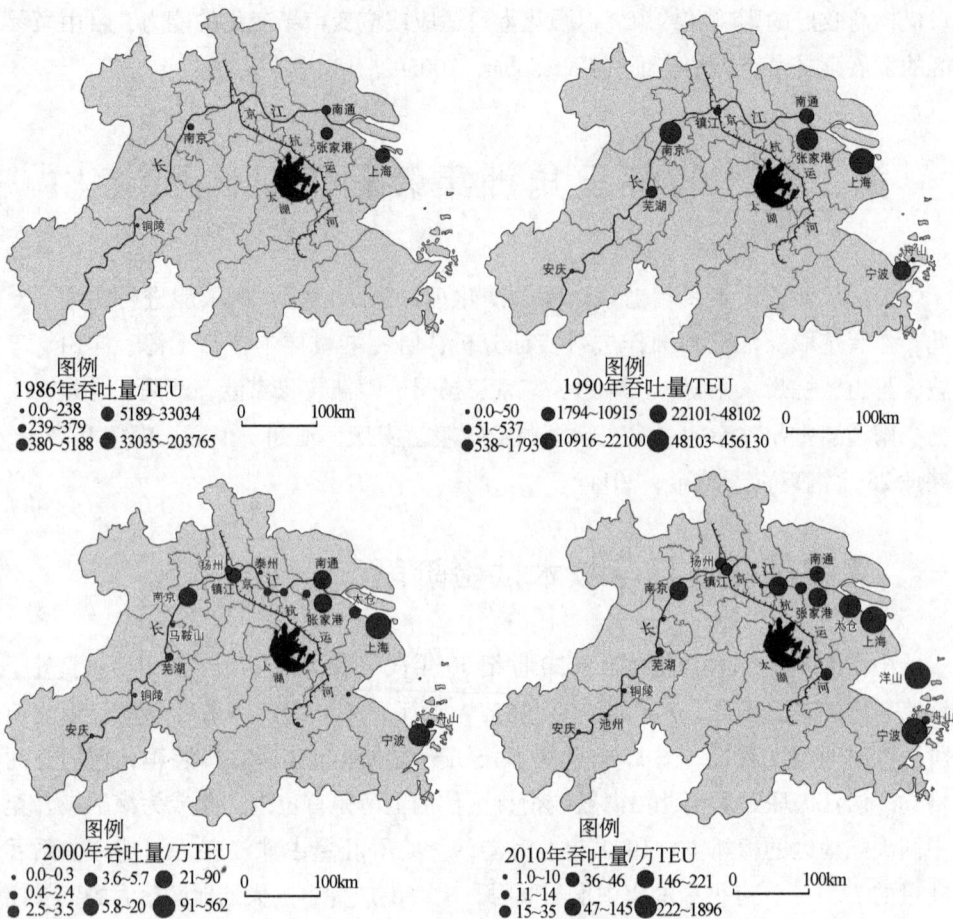

图例
1986年吞吐量/TEU
- 0.0~238 ● 5189~33034
- 239~379
- 380~5188 ● 33035~203765

0   100km

图例
1990年吞吐量/TEU
- 0.0~50 ● 1794~10915 ● 22101~48102
- 51~537
- 538~1793 ● 10916~22100 ● 48103~456130

0   100km

图例
2000年吞吐量/万TEU
- 0.0~0.3 ● 3.6~5.7 ● 21~90
- 0.4~2.4
- 2.5~3.5 ● 5.8~20 ● 91~562

0   100km

图例
2010年吞吐量/万TEU
- 1.0~10 ● 36~46 ● 146~221
- 11~14
- 15~35 ● 47~145 ● 222~1896

0   100km

图 11-7   长江三角洲港口体系演化过程

1973~1975 年 2 月底，中国完成了 89 航次、2499 箱货物，这主要是国内标准的集装箱技术试验。国际标准的集装箱技术试验始于 70 年代中期，1977 年上海港从日本进口大叉车及配套的小叉车和拖挂车，形成了最初的国际集装箱装卸能力。1978 年中日航线由上海开辟，采用杂货班轮捎带国际集装箱，同时中澳航线由上海港开辟；1978 年上海、天津、青岛港完成 1.8 万 TEU，集装箱化率为1.7%。1972~1978 年，长江三角洲处于集装箱技术采用和试验阶段，试验港口包括上海、南通及南京等港，从 1973 年吞吐量看，这些港口是长江三角洲的优势港口，具有明显的区位优势和规模优势，这反映了集装箱技术首先青睐大型港口的论点。该阶段，长江三角洲仅有少数港口进行集装箱技术试验，货物运输主要依赖于杂件泊位，专业性的国际集装箱泊位极少，国际集装箱运输尚未形成规模，国际航线甚少。集装箱技术尚未对传统的港口体系产生明显的影响或起到重组的作用。

集装箱港口网络形成演化与发展机制

二、技术传播与集中化阶段

20世纪70年代末，长江三角洲港口完成了集装箱技术的试验，并进入国际集装箱运输轨道。80年代以来，改革开放促进了长江三角洲的外向经济发展，适箱货物在外贸产品结构中的比重日趋上升，这为集装箱港口的发展提供了充足箱源。基于该背景，长江三角洲集装箱港口逐步发展，具备了技术传播和扩散阶段的特征。该时期的突出表现为：集装箱港口的数量不断增加，集装箱吞吐量不断增多，集装箱航运网络不断完善。1978～1983年，长江三角洲仅有上海港进行持续的国际货箱运输，其他港口均未能持续进行。1980年，开辟了由上海港出发的中美航线，同时陆续开辟中日、中欧、中西非等集装箱航线，张家港开始接卸国际集装箱，并开辟长江至香港的航线，1983年开辟了大连—上海—南通的集装箱江海联运航线，1983年上海港吞吐量已达8万TEU。1984年始，其他港口陆续开办国际集装箱运输，如南通、张家港、南京等港口。其中，张家港的吞吐量增长较快，1986年达3.3万TEU。1984年，上海—武汉长江集装箱航线开始运营，截至该年份中国集装箱航线已达20条。1988年，宁波港和海门港开展国际集装箱运输，1990年安庆、镇江、舟山、芜湖等港口开展该运输，1994年江阴港、1995年高港、1996年泰州和扬州、1997年乍浦、1998年常熟、1999年射阳等先后开展集装箱运输，2000年常州、杭州、马鞍山、太仓等港开展集装箱运输（图11-8）。

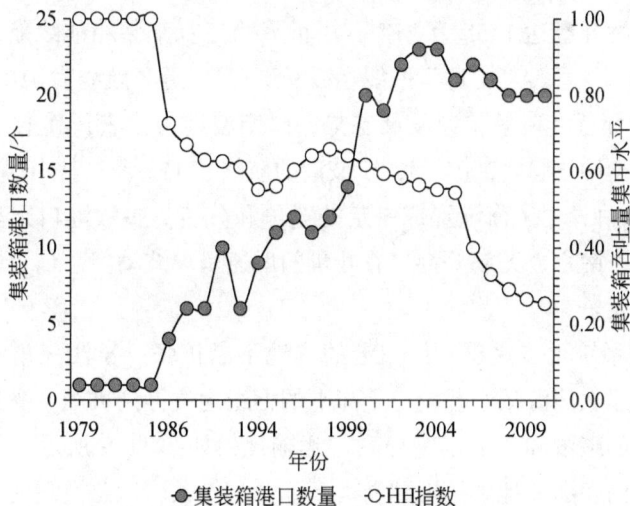

图11-8　长江三角洲港口体系的集装箱化进程

2000年，长江三角洲已有85%的港口已实现了集装箱化，开展国际货箱运输。长江三角洲港口体系内，集装箱吞吐量主要集中在上海港，其份额一直占港口体系吞吐量的 70% ~ 80%，2000 年吞吐量达 561 万 TEU，而港口体系的吞吐量达 725 万 TEU。根据曹有挥的研究，南通、镇江向上海港的喂给量占各港口吞吐量的 20% 以上，而张家港和南京的喂给量则达 10% 左右，这说明次中心港向中心港提供箱源的喂给系统初步发育。连通主要港口的陆路集疏运通道开始建设，如宁沪高速和沪杭高速公路。同时，上海港主要以香港和日本近洋航线为主导流向，加强了同北美、澳洲和日本的远洋联系，其中沿江各港口在香港、日本等近洋航线上的集装箱吞吐量的分布比例均大于 50%。

三、中心枢纽港阶段

20 世纪 90 年代末，长江三角洲港口体系进入枢纽港中心阶段。这表现为以下几方面。

（1）港口体系的 HH 指数经过快速下降后略有提高，并趋于稳定，集装箱港口的数量趋于稳定，维持在 20 个左右，期间部分港口跻入而部分港口退出，这说明集装箱化是港口不断淘汰的过程。集装箱运输已经成为长江三角洲海洋贸易的主要运输方式。

（2）枢纽港的吞吐量占有较高比重，但经历集装箱化早期的集中化后，比重逐渐下降，随后继续提高并达最高值，即 80% 左右。20 世纪 90 年代中期，中国政府提出上海建成国际航运中心的战略部署，这加快了枢纽港的建设。2004 年，上海港的吞吐量达 1455 万 TEU，居世界第三；集装箱航线航班众多，2003 年航班达 1494 班/月，其中远洋航线达 279 班/月，近洋航线为 416 班/月。

（3）部分邻近港口呈快速发展态势，以宁波港为代表，其增幅均高于 30% 以上，连续居全国之首。2004 年，宁波港的航线达 115 条，其中远洋干线 53 条，航班达 500 班/月，对上海港形成一定的竞争和分流。多数港口则呈现相对衰退的趋势，南通、南京、芜湖等港口吞吐量的增速呈现波动但总体下降的趋势，相互间形成喂给竞争。

（4）喂给系统逐步完善，枢纽港的腹地不断扩张。长江三角洲形成以上海为枢纽港的多层次箱源喂给系统，上海港的枢纽地位得到巩固。高速公路网的完善、长江航道的疏浚和"五定"班列（运输规模如图 11-9 所示）的开通，将腹地从上海、苏南和浙北地区拓展到浙南、苏北、安徽、江西及湖北、湖南和四川等地区。长江流域供给上海港的货箱占其吞吐总量的 1/6，外贸货箱除本地箱源外约 90% 来自长江流域，内贸箱源近 60% 分布在长江流域，长江不同流段的货箱运输规模如图 11-10 所示。同时，上海港为了保证西南箱源而参股重庆港

40%，为了吸引中部箱源而参股武汉港 55%，同时参股南京龙潭港 45%，并与芜湖港合作，由此构筑四大箱源基地，并辅以长沙、芜湖、南通、扬州等地方港口。由此，上海港成为长江流域国际远洋货箱的转运基地，形成了从长江上游到下游的集装箱装卸、运输、代理一条龙服务的支线运营网络与喂给港群。

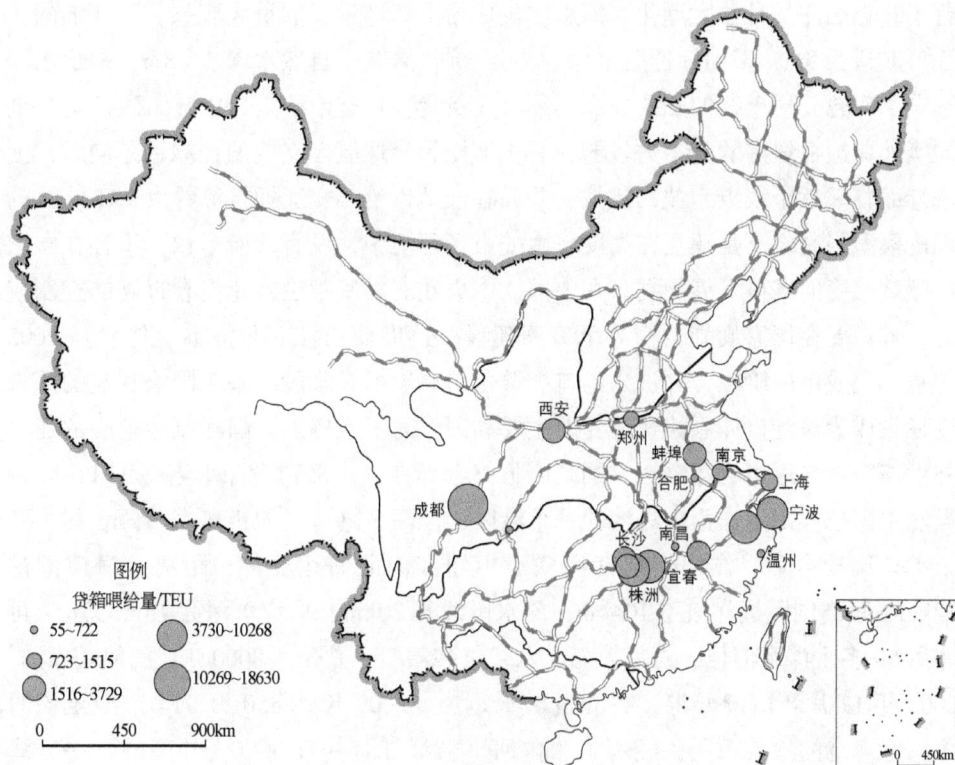

图 11-9　2002 年 1～10 月上海港的铁路货箱喂给格局

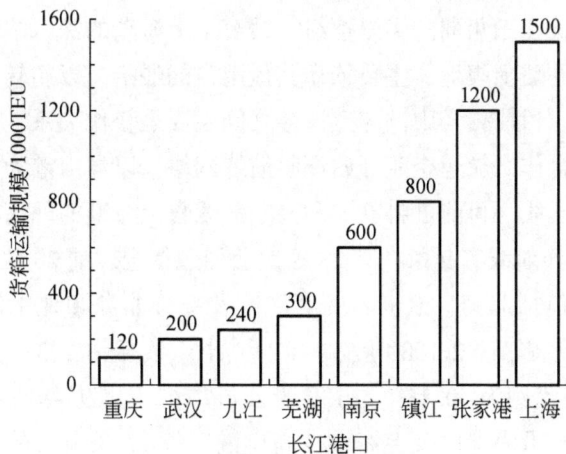

图 11-10　长江通道的集装箱流规模

四、扩散化与离岸枢纽阶段

随着吞吐量的持续增长，上海港的进一步发展面临系列的瓶颈。尤其是，随着集装箱船舶的日益大型化，深水泊位成为上海港发展的重大瓶颈。上海港的长江口航道为9m，黄浦江通航水深为8m，杭州湾航道自然水深7～8m，航道水深影响了班轮公司干线船舶的挂靠，须将大量货箱到釜山等港口中转，致使上海港同境外周边枢纽港的竞争力较弱，并长期沦为全球航运支线的挂靠港。同时，上海港面临邻近干线港宁波的挑战，并面临土地供给、交通拥挤等约束。Hayuth 的理论模型限制之一是建立在高度自由的市场环境中，没有政府干预，不存在国家或区域尺度的港口发展规划。在中国，中央政府对基础设施建设有很高的控制权力，港口要在国家规划的引导下有序建设。这促使长江三角洲港口体系从 2005年基本完成第四阶段，并进入港口扩散化与离岸枢纽阶段。基于国家利益的深水港建设成为该港口体系快速演变的主要动因，为了支持上海国际航运中心的建设并参与全球航运市场竞争，中国政府最终选择在洋山岛建设深水港（图 11-11）。虽然中国把洋山港作为上海港的一个港区，但两个港口间的距离表明两者作为两个港口比较合适。洋山港居江海联运枢纽和南北海运要冲，距离上海芦潮港32km，距离国际远洋航道104km，深水岸线长 20km，平均水深为15m 以上，可布置50 多个深水泊位，停靠第五、六代集装箱船，并兼顾8000TEU 的船舶靠泊。2005 年12 月洋山港开港，吞吐量增长迅速，2009 年达 850 万 TEU。截至该时段，上海港的集装箱码头经历了"内河（黄浦江）→江海口（外高桥）→外海（洋山港）"的空间演变轨迹（Wang et al., 2004）。

洋山港成为长江三角洲的离岸枢纽，缓解了上海港的深水泊位、土地供给等约束，没有明显的陆上腹地，主要依靠其他港口的喂给，以中转运输为主，分流了上海港的货箱。目前，洋山港与上海港之间主要是合作关系，并通过近海转运和跨海大桥实现合作。航运企业开始调整航线网络，以洋山港为枢纽连接邻近中小型港口的喂给支线，目前已将欧洲和南美航线自上海港的外高桥港区转移至洋山港，2009 年远洋航线有 9 条，有 28 家船公司包括全球前 20 位船公司与洋山港建立航线挂靠，包括北美、欧洲、南美航线及部分非洲和地中海航线，航班达69 个/周，靠泊集装箱船 20 000 艘次/年，其中干线船占 1/3；国际中转比例为5.7%，水水中转比例为40.1%，26 家船公司共 62 艘船从事支线运输，承担洋山港到长江港口、沿海港口及上海港外高桥港区等 17 条航线的集装箱运输，每天有 24 艘次进出，洋山港吞吐量的 34.5% 由支线运输提供喂给；尤其洋山港和

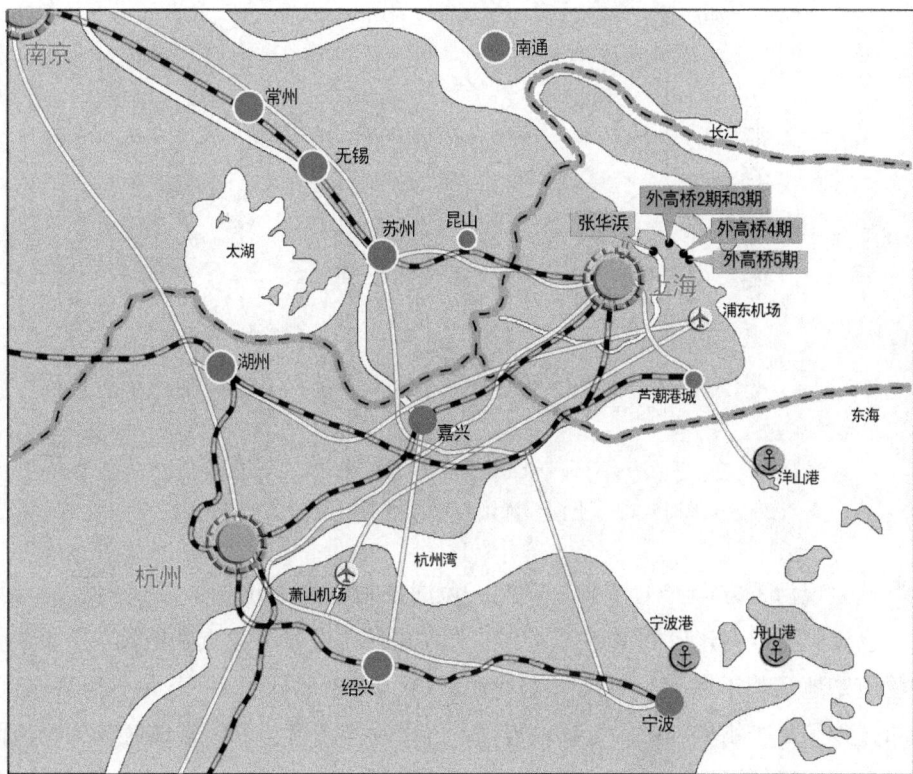

图 11-11　上海港的集装箱码头与洋山港区位

上海港外高桥港区间形成"穿梭巴士"，投入 13 艘船舶，每天航行 4~5 艘次，每天运量为 1000TEU。该时期，重要特征是原枢纽港、离岸枢纽和干线港及喂给港的共同发展，同时港口体系呈现扩散化趋势，不仅表现为港口体系内的货箱倾向于扩散化，并表现为原枢纽港的货箱流向离岸枢纽。如图 11-12 所示，上海港的吞吐量从 2007 年的 2400 万 TEU 减少至 2010 年的 1800 万 TEU（2009 年因金融危机的影响而减少到 1650 万 TEU），洋山港为 1000 万 TEU，而干线港宁波港为 1300 万 TEU。在洋山港与上海港的合计吞吐量中，洋山港的比重明显上升，2006 年为 13.8%，2009 年升至 34%，2010 年则继续提高到 35.7%。宁波港与上海原枢纽港的差距也日益缩小，2006 年为 1288 万 TEU，2010 年缩为 500 万 TEU。

五、区域化阶段

随着现代物流体系和深水港的发展，长江三角洲渐显港口区域化的前期特

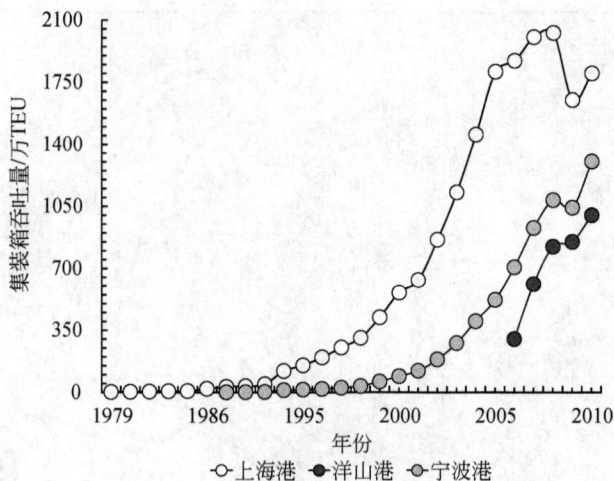

图 11-12　上海、洋山与宁波港吞吐量增长趋势

征。这表现为 3 方面：①目前，长江三角洲各地区相继出台了现代物流发展规划，物流园区成为建设的重点。其中，上海规划建设 4 个重点物流园区、4 个专业物流基地及若干联运、专用货运物流节点，苏州规划了 10 个大型物流园区，南京规划了 4 个物流园区，无锡也规划了许多物流园区，苏锡常地区成为物流园区的重点布局地域。同时，上海陆续开通了至南京、成都、绵阳、合肥、蚌埠、长沙、西安、郑州、重庆、义乌、南京、温州、宁波、南昌、昆明、醴陵、温州、株洲、宜春等城市的集装箱五定班列，但运量主要来自长江流域，约占铁海联运量的 95% 以上；部分腹地形成区域性集装箱联运中心，船公司、货代和货主开始进入，船公司有中远、东方海外、中外运、美国总统、川崎汽船、太平船务、以星轮船、韩进、铁行渣华等。目前这些物流园区处于规划和起步阶段，多数尚未成为内陆干港，但仍透视出港口竞争向内陆腹地的延伸。②2005 年中国政府将洋山港列为第一个保税港，由小洋山港区、东海大桥和相连接的陆上特定区域组成，将港区、保税区、出口加工区 "三区合一"，发展国际中转、配送、采购、转口贸易和出口加工等物流功能，对入驻企业提供优惠政策，2005 年 12 月正式启用，2007 年 5 月马士基、达飞等在内的 44 家知名企业陆续进驻，同时新加坡 CWT 仓储物流、飞利浦物流服务中心等众多物流仓储企业进入，涉及第三方物流、贸易、货代、船代、保险、金融等物流服务，洋山港逐步发展高附加值物流服务，并形成了自由贸易区，使其具备了直接腹地以提供货箱。内陆物流园区、集装箱班列和自由贸易区的建设促使长江三角洲向港口区域化阶段发展。③长江三角洲港口之间的关系开始重组。太仓、常熟和张家港 3 个港口合并成为

集装箱港口网络形成演化与发展机制

统一的苏州港，同时航运企业和码头企业不断加大集装箱码头的投资建设，并购部分港口的股权。这强化了不同港口间的协调发展。

第三节　长江三角洲离岸枢纽的建设与发展

一、洋山港的规划建设

1. 上海港集装箱码头扩张历程

长期以来，上海港已经进行了不断的努力，以提高集装箱吞吐能力。20 世纪 80 年代，上海港在黄浦江上建设了 5 个集装箱码头，包括张华浜、军工路、朱家门、共青、龙吴港区，并在长江南岸建设了 3 个集装箱码头，包括宝山、吴泾和外高桥，而张华浜成为当时建设的重点。90 年代初期，随着航道的淤积、船舶的大型化和国际贸易的增长，港口建设的重点从黄浦江转移到长江口，外高桥港区得到了加强。1991 年上海港在长江南岸开工建设高桥一期，1993 年 10 月完工，形成有 4 个泊位的多用途码头，1997 年改造为全集装箱码头，设计能力为 60 万 TEU。二期工程于 1999 年 8 月完成，有 3 个泊位，年设计能力为 60 万 TEU，可容纳第三代和第四代集装箱船舶。三期工程于 1999 年 10 月开工，2002 年完工，有泊位 2 个，可容纳第四代船舶，兼顾第五代船舶靠泊，年设计能力为 65 万 TEU。四期工程于 2000 年开工，2002 年建成，年设计能力为 120 万 TEU，共 4 个泊位，靠泊第四代集装箱船舶。五期工程于 2003 年 9 月开工，2004 年完工，拥有 4 个万吨级泊位和 2 个 3000 吨级长江驳泊位，年设计能力为 200 万 TEU。六期工程于 2009 年开工，2010 年完工，拥有 3 个泊位，年通过能力为 210 万 TEU，同年外贸集装箱航线撤出黄浦江，转移至外高桥码头。在此扩张过程中，上海港在外高桥形成水深 13m 的码头，以满足第四代集装箱船舶，并成为该区域的贸易门户（Airriess，2001b）。但进入 21 世纪以来，以外高桥为主的集装箱码头已不能满足快速增长的运输需求，主要的集装箱深水泊位转移到洋山港。

2. 洋山港总体建设框架

洋山港不是传统概念或字面概念上的"港口"。按照洋山港的建设规划，该港口包括四部分。第一部分是洋山港区本身，由大洋山岛和小洋山岛组成。第二部分是东海大桥，该跨海大桥长 32.5km，连接洋山港区与上海，为洋山港区集装箱提供陆路集疏运和供水、供电、通讯等服务。第三部分是芦潮港城，位于上海市的东南部海岸，要建设为世界一流的港口城市，并成为洋山港的后方基地，承担集装箱配送、仓储、离岸加工、航运市场交易、居住、金融和商贸、娱乐和旅游等功能，拟容纳人口 30 万，用地 90km^2。第四部分是沪芦高速公路，连接东海大桥和腹地。四部分之间在总体布局、功能定位、业务运作等方面有机衔接，联为整体。

3. 洋山港建设时序

1992 年，中国政府提出把上海建成"一个龙头、三个中心"的重大战略，要求加快上海国际航运中心建设。1995 年，上海市提出了洋山深水港区的战略构想，并开展前期论证工作，1998 年编制完成洋山深水港区总体布局规划；2001 年 2 月国务院批准洋山深水港区一期工程项目，同月 12 日国务院确定了洋山开发工程，3 月国家计委批准立项在洋山建立上海国际航运中心。经过六年的前期论证，2002 年 3 月国务院审批了洋山港和东海大桥项目，洋山港开工建设。根据规划，洋山港分四期建设。一期工程于 2002 年 6 月开工，2005 年 12 月完工，建设了东海大桥、洋山港区和沪芦高速及芦潮港城的部分辅助设施，形成 1.53km^2 的港区，拥有 5 个泊位、1600m 码头岸线和 72 万 m^2 的堆场，泊位水深达 15.5m，靠泊第五代和第六代集装箱船舶，集装箱装卸能力达 220 万 TEU。二期工程于 2005 年 6 月开工，2006 年 12 月竣工，新增 4 个深水泊位，新增集装箱装卸能力 210 万 TEU，码头岸线长 1400m，陆域面积为 0.8km^2。三期工程分两个阶段建设，第一阶段于 2007 年 12 月竣工，第二阶段于 2008 年 12 月竣工，共建设 7 个泊位，前沿水深达 17.5m，码头岸线长 2650m，陆域面积达 5.9km^2，年设计能力为 500 万 TEU。根据规划，2020 年洋山港将形成 1340 万 TEU 的吞吐能力，远景达 2500 万 TEU。

表 11-3　洋山港的建设阶段与规划能力

建设阶段	时间	泊位数量/个	码头吨级/万 t	码头岸线长度/m	集装箱装卸能力/万 TEU
I	2002～2005	5	7～10	1 600	250
II	2005～2006	4	7～10	1 400	210
III	2006～2010	7	7～15	2 600	470
IV	2011～2020	14	7～15	4 400	570
总计		30	7～10	10 000	1 500

二、洋山港的航运发展

1. 航线网络扩张

洋山港开港以来，航线数量不断增长，连接欧洲、北美、南美、非洲和波斯湾、地中海与东亚的远洋航线开辟运营，长江内河航线和南北沿海航线也逐步发展，航线网络逐步形成。虽然洋山港在 2005 年才开港，是新生港口，但其航线航班一直快速增长。如图 11-13 所示，2009 年 11 月，洋山港的航班总量为 948 艘，其中干线航班为 283 艘，所占比重为 29.85%，平均每月挂靠船舶为 900 艘左右，干线船舶为 290 艘左右。2010 年，洋山港平均每月挂靠船舶次数增长到 1000 艘，干线船舶增长到 320 艘左右。2011 年 11 月，洋山港的航班总量继续增长到 1196 艘，其中干线航班为 391 艘，所占比重为 33.1%，集装箱船舶平均每月挂靠 1130 艘，尤其是干线船舶每月挂靠 400 次左右。

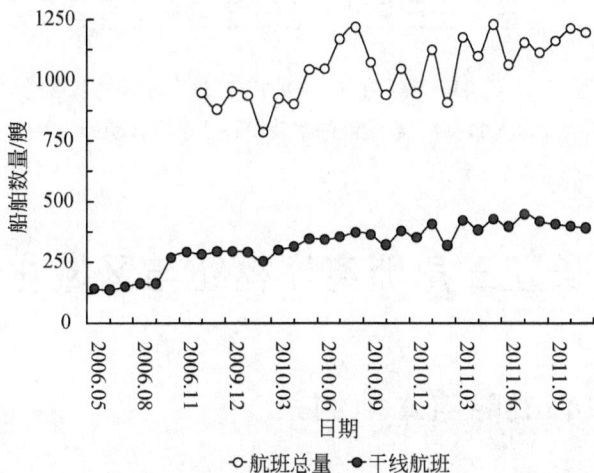

图 11-13　洋山港集装箱航班增长趋势

2. 集装箱吞吐量增长

2005 年洋山港开港以来，其集装箱吞吐量快速增长，并逐步跃居为大型集装箱港口。2006 年，洋山港的集装箱吞吐量为 300 万 TEU，比南京港还要高，在长江三角洲位居第 3 位。随后的几年内，洋山港一直保持着很快的增长速度，即使在 2008 年世界金融危机中也没有受到明显影响，吞吐量仍然增长到 820 万

TEU，比 2007 年增长 210 万 TEU。2009 年，洋山港的吞吐量达到 850 万 TEU，又增长 30 万 TEU。随着国际贸易的逐步恢复，洋山港的集装箱吞吐量开始迅速增长，2010 年达到 1000 万 TEU，2011 年达到 1300 万 TEU，又增长 300 万 TEU（图 11-14）。在洋山港的集装箱吞吐量中，水水中转量约占 45%，而国际货箱中转量仅占 8%～9%，其他货箱由卡车通过东海大桥提供喂给。

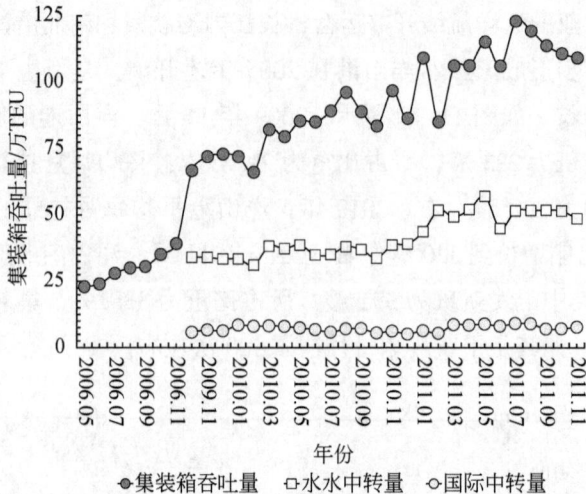

图 11-14　洋山港的集装箱吞吐量增长趋势

第四节　长江三角洲离岸枢纽与区域化形成机制

一、航运中心战略与本地约束

1. 东亚集装箱中转市场

就港口设施本身而言，上海港似乎已经拥有国际集装箱转运的能力，但实际发展却表明上海港的国际中转刚刚起步，与国际主要的航运中心如香港和新加坡等仍存在较大差距。2005 年，东亚地区共完成了 4900 万 TEU 的集装箱中转量，其中，东南亚完成 2500 万 TEU，东东亚完成了 1644 万 TEU，而东北亚完成了 686 万 TEU。在东亚集装箱的转运过程中，培育了几个大型转运枢纽港，包括釜山、香港、高雄和新加坡等港口。其中，香港和高雄成为东东亚的主要转运枢纽，其转运量占该地区转运总量的61.7%。在东北亚，韩国与日本的港口分别占该地区集装箱转运量的80%和11%，而中国除香港外其他省份港口仅占8.4%的份额。上海港的国际货箱中转比例仅为22.4%，国内货箱中转比例仅为2.2%。目前，中国的国际货箱一般要通过国外的枢纽港进行中转，如釜山、新加坡和神户等港口。其中，釜山港的集装箱吞吐量中，40%由中国港口提供喂给，每年达200万TEU。这削弱了中国港口的竞争力，需要建设中国的国际集装箱转运枢纽。

2. 上海港本地约束

20世纪80年代以来，上海港已进行了不断地努力而建设港口码头设施，以提高集装箱吞吐能力。尤其是，1993年启动的外高桥码头建设工程，已经使上海港拥有13m水深的泊位，并能够满足第四代集装箱船舶。但上海港仍离真正的国际转运中心很远，尤其是深水泊位建设滞后，航道水深较浅且狭窄。张华浜是内河港区，黄浦江的航道仅7~8m深，位居长江口的外高桥码头的航道水深也仅7m。较浅的航道水深阻碍了1400TEU以上的集装箱船舶进入港区，大型集装箱船舶如第三代和四代要等到涨潮时方可进出上海港。Ducruet等（2010）对东亚和东北亚航线网络的研究表明，上海港具有较低的中心性，尽管近年来吞吐量增长迅速，但未能形成与吞吐规模相对称的枢纽中心性。目前，上海在其辖区内已没有合适区位用于建设深水泊位，而周边的国际大型港口往往有着较多的深水泊位（表11-4），因此，深水泊位影响了大型集装箱船舶在上海港的挂靠，并逼迫上海港和其他港口通过釜山港转运国际货箱。

表11-4　1998年东亚主要集装箱港口概况

类型	高雄	釜山	神户	上海
既有泊位数量/个	25	15	24	13
深水泊位数量/个	3	8	5	0
吞吐量/百万TEU	6.27	5.73	1.94	3.07
世界排名	3	5	17	10
主干航线数量/条	38	25	26	14
每周主干航线挂靠次数/次	55	37	36	19
规划泊位数量/个	4	25	8	10
规划深水泊位数量/个	2	25	4	5
规划新增能力（百万TEU）	1 (2006)	12.5 (2011)	4	3.2 (2005)

注：表中的括号内为年份

3. 国际航运中心战略

深水泊位的缺失，严重削弱了上海港同临近国际枢纽港的竞争能力，促使上海港沦为区域性喂给网络的挂靠港。而且，上海港面临着宁波港的有力竞争，天津、大连和青岛等港口也同上海港竞争国际航运中心。这促使中国政府制定了"上海双中心"规划，根据该规划，上海港必须寻求新的区位以建设深水泊位，以具备配置全球航运资源的能力，发展为国际转运中心。在上海港的周边地区，宁波北仑港拥有 18.2m 的前沿水深，可建设大型深水泊位，并成为上海港在长江三角洲的主要竞争对手，若选择北仑港建设深水泊位将影响上海港国际航运中心的发展。在东海，洋山岛拥有 20km 的前沿岸线，水深超过 15m，适宜于建设 50 个以上的深水泊位，可挂靠第六代船舶甚至 8000TEU 以上船舶，而且位居长江航线与海运干线的衔接点，因此，洋山岛被选择于建设深水泊位。

二、港口码头投资与建设模式

港口码头的投资和建设模式对洋山港的建设有着重要影响。洋山港的开发者是上海同盛投资集团，该集团由上海国际集团、上海港务局、上海国资公司共同组建，分别占有 52%、40% 和 8% 的股份，于 2002 年 4 月成立。

（1）洋山港一期工程主要由依靠中国自身力量来完成建设，并由上海港建设集团来承担建设。2002 年 7 月，上海同盛集团从五家银行①组成的银团向洋山港一期工程提供了 75 亿元的贷款，并与该银团及其他五家银行②共同组成的银团签订协议，规定 2020 年之前继续向洋山港提供 170 亿元的贷款。

（2）洋山港优良的自然条件和区位优势，吸引了许多国外投资者力图参与码头建设。《2002 年外商投资指南》允许外资在中外合资企业中增持股比甚至控股。根据中国入世承诺，外资可在港口项目中持有 75% 的股份。航运企业如马士基/海陆、中国远洋、东方海外，和著名的码头企业如 AP. 穆勒、和记黄埔、新加坡港务集团，对洋山港二期工程表达意向。中国在洋山港二期中提高了码头建设的市场化水平，著名码头企业和航运企业成为主要的投资者和持股者，以充

---

① 五家银行：中国建设银行上海市分行、国家开发银行上海分行、中国工商银行上海市分行、中国银行上海市分行和上海浦东发展银行。
② 五家银行：中国农业银行上海市分行、交通银行上海分行、上海银行、中国光大银行上海分行、中信实业银行上海分行。

分利用码头设施（Baird，2003）。二期工程主要有和记黄埔、马士基/海陆、中国远洋、中海运和上港集团。

（3）三期工程刚启动，就吸引了很多投资者，如马士基/海陆、和记黄埔、AP·摩勒和迪拜世界港口集团，均希望三期工程继续采用二期的建设模式以引入外资。近年来，港口建设市场化已成为趋势，通过引入外资以提高港口设施利用率、技术和管理水平。2007年，上海国际集团接受上海同盛集团的授权，经营和管理三期工程。上海港口管理局在外资引入方面形成下列原则：企业财务状况与融资能力、码头经营绩效排名、吸引或开辟航线能力、同上海的关系。

洋山港码头投融资与建设模式表明，鉴于洋山港对中国经济的战略意义，中国在港口建设初期阶段主要依靠自力更生，避免私人经营者占主导优势，即使吸引国外投资，也往往在单一港口行政机构下构建极为复杂的码头权属结构和股权结构，尤其是港口投资和建设的合作伙伴从码头企业占主导向航运企业占主导的模式过渡（Wang et al.，2004）。这种模式有助于洋山港全力支撑上海国际航运中心的战略实施。

三、集装箱航运网络模式转变

1. 航运网络重组

作为孤立的岛屿，洋山港没有直接的陆向腹地，如何保障货箱喂给成为洋山港必须解决的问题。由于通达外海的区位优势，许多航运企业开始调整航运网络，促使长江三角洲的航运网络从单一枢纽向双枢纽的空间组织模式转变，如图11-15所示。长江三角洲的枢纽产生了分异，形成陆地导向的腹地枢纽港和海洋导向的离岸枢纽港。2005年，航运企业将所有至欧洲、南美的航线从外高桥港区转移到洋山港，奠定了洋山港国际航运网络的基础。随后，上海至北美东海岸的航线也转移到洋山港，CKYH联盟也对上海至北美西海岸的航线进行了调整而转移到洋山港。而且，汉堡航运、地中海航运、商船三井、总统轮船和东方海外等航运企业不断开辟新航线，增加航班数量以挂靠洋山港。2008年，洋山港拥有9条航运干线，连接全球300多个港口，28家航运企业每周有63个航班至欧洲、北美和南美、大洋洲、中东、非洲、地中海。洋山港有17条喂给航线，由26家航运企业配置62艘船舶进行组织。2005年太仓至洋山港的航线开辟，配置250TEU的船舶提供喂给，2006年商船三井、中外运联合组织南京至洋山支线，同年南通至洋山航线也开辟，航班分别达到17和4个航班/周。2006年5月，中国远洋将武汉始发的非经停航线由外高桥港区转移到洋山港。2008年《特定航线船舶安全管理暂行规定》允许能够通过长江口的船舶组织至洋山港的非经停航线。2008年，洋山港的吞吐量达到823万TEU，内河喂给量达395万TEU，约占48%。航运网络的改变在洋山港的运营中扮演着关键性作用，洋山离岸枢纽连接短途近海喂给航线、长江喂给航线和长距离全球航运干线，促使洋山港拥有直接腹地，而成为长江三角洲和长江流域货箱重组的基地，而航运企业则通过洋山离岸枢纽而减少挂靠港口数量，获得大型船舶的规模经济，提高了航运网络的运营效率。洋山港的发展同许多大型港口的外港建设类似，如孟买港的外港尼赫鲁港、曼谷港的外港林查班港（Ducruet等，2006）。这也被认为是港口区域化的一种过程。

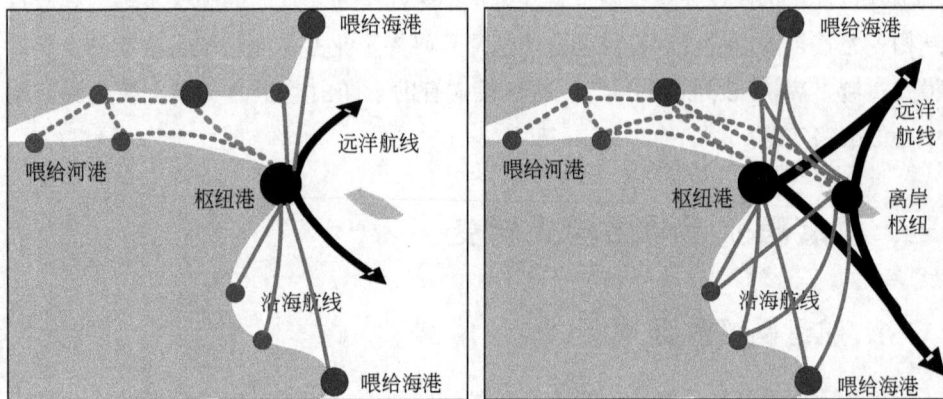

(a)单枢纽航运网络　　　　　　　　(b)双枢纽航运网络

图11-15　离岸枢纽港的航运模式转变

2. 陆路集装箱喂给

洋山港货箱喂给的另一重要途径是公路卡车运输，主要是通过东海大桥而实现。东海大桥长约32.5km，宽31.5m，双向六车道，年均通过能力为500万TEU。东海大桥自运营以来，汽车通过量一直持续增长，如图11-16所示。2006年，集装箱卡车通过量达到15万辆，2008年则提高到30万辆。集装箱卡车将集装箱从芦潮铁路站转运到洋山港，而芦潮铁路连通着腹地的14个城市，包括合肥、南昌等城市，也从长江三角洲直接输送集装箱到洋山港。2008年，洋山港完成了823万TEU的集装箱吞吐量，卡车喂给量为323万TEU，占洋山港吞吐量的39.3%。与珠江三角洲不同的是，东海大桥没有产生各类交通的费用，尤其是通过东海大桥的集装箱卡车不收费。

集装箱港口网络形成演化与发展机制

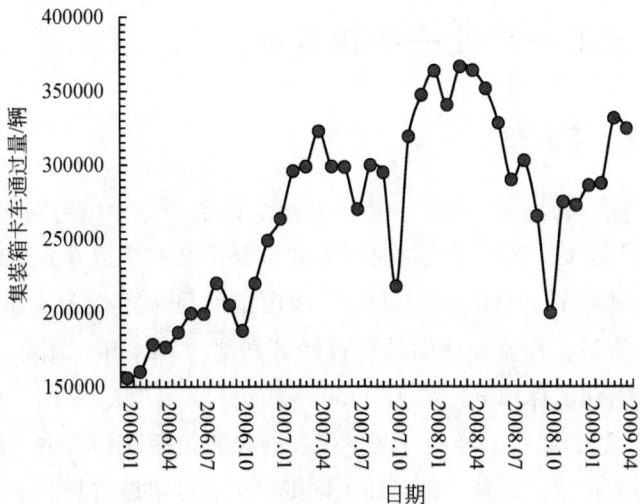

图 11-16　东海大桥集装箱卡车通过量增长趋势

四、政府支持政策

洋山港在建设和发展过程中，得到了中国政府的有力支撑。为了支持上海国际航运中心的建设，国务院批准了中国第一个保税港—洋山保税港。根据《国务院关于设立洋山保税港区的批复》和《洋山保税区投资政策与产业发展指南》，洋山港实施封闭性运营与管理，享受出口加工区、保税区、物流园区的产业、税收、海关、外币等各类优惠政策。

（1）任何进入该区域的国外货物都被视为保税货物，包括原材料、零部件、产成品、再出口商品等，国内货物进入该区域同样视为出口货物而享受退税政策，区域内部企业间货物不再征收附加值税和消费税，在此注册并参与航运、装卸、仓储的企业免征营业税。

（2）简化海关手续，提高通关效率。例如，洋山港继续整合区域性海关而同腹地的 69 个海关间实施"属地申报，口岸验收"通关模式。尤其是，洋山港同长江流域的其他港口间形成了较好的通关合作关系。

（3）目前，中资外籍船舶特案免税登记将继续实施优惠的进口税收政策。这些优惠政策能够吸引更多的货物进入洋山港进行转运，减少了中国货物对国外枢纽港的依赖，有助于建设上海国际航运中心。

五、出口加工—产业—物流基地

1. 综合经济实体

构建集产业、物流和航运于一体的自组织系统，是洋山港发展的重要模式。20 世纪 90 年代以来，随着现代物流资源的整合，海港开始成为全球供应链和物流网络中的关键环节（Palmer, 1999）。洋山港的目标不仅是集装箱转运中心，而且是产业、贸易、物流和航运的综合经济基地。2005 年，国务院批准了中国第一个保税港—洋山保税港，约 8.14km², 由出口加工区、保税区和港区 3 部分组成，实现"三区合一"。洋山港区主要发展集装箱装卸和转运，保税区集中发展进出口货物的仓储、监管，出口加工区则吸引和进口原材料、半成品、零部件以再加工、组装和出口，以国际贸易为导向，发展国际中转、国际配送、国际采购、转口贸易和出口加工等功能。这种空间组织模式将港区、出口加工区、物流园区和产业园区集成为经济空间实体，形成港口经济和产业经济互为驱动的发展机制，构建了"港口-产业"自组织系统，为其提供直接货源。香港和新加坡的发展已成功验证了这种模式。除了集装箱泊位，洋山港还建设了原油码头和液化天然气码头。截至 2008 年，已有 63 家国外企业在洋山港注册。这促使保税监管货物的总产值增加到 42.3 亿美元。

2. 主要引入行业

目前，洋山保税港已成为跨国公司、著名航运企业、第三方物流供应商的配送分拨中心集聚之地，作为全球物流网络中连通亚太、欧美地区的重要节点。2007 年马士基、达飞、普洛斯、海博斯班赛在内的 44 家中外知名企业陆续进驻洋山港保税区，同时马士基物流、同盛丰树保税物流中心、新加坡 CWT 仓储物流、飞利浦物流服务中心、怡亚通物流、爱多乐仓储物流、马来西亚综合物流集团、德国塔克物流等众多物流仓储项目签约，涉及第三方物流、贸易、货代、船代、报关、保险、金融等等直接参与物流服务或为物流服务提供配套支持的环节。

（1）许多企业在洋山保税港设置了分支机构或子公司，以形成加工、组装和配送的基地，如电子信息产业、汽车零部件产业。法国的阿尔卡特朗讯将洋山港作为全球物流网络的三大节点之一和亚太区集成物流运作中心，瑞典的爱立信、日本先锋等也选择洋山港作为电子和通讯设备的加工和配送基地。

（2）部分著名汽车企业或零部件供应企业在洋山保税港建设了仓储、物流中心。意大利的 WSP 在洋山保税港注册了第一个分支机构，将洋山港作为欧洲汽车零部件在亚太地区的采购、仓储和分拨中心。美国的克莱斯勒汽车也将亚太地区的零部件配送中心从新加坡转移到洋山保税港。

（3）作为国际航运的综合实验区，洋山港吸引了许多航运企业建设分支机构，如中国远洋、中外运和马士基/海陆。

（4）跨国公司的进入吸引了许多第三方物流企业跟随进入。如丹麦的 DSV 为其客户北欧风情提供亚太地区的产品配送服务而在洋山港设置分支机构。

（5）部分非金属企业在洋山港设立产品进出口的仓储与转运基地，如世天威等知名有色金属经营商，中储股份在洋山港建立了电解铜保税仓库，新加坡的 GKE 也在此建设金属产品的贸易基地。2010 年，通过洋山保税港的进口铜就达到 52.6 亿美元，占全国电解铜进口量的 1/4 左右。

第五节　长江三角洲港口体系发展态势

按照前文的理论模式，目前长江三角洲集装箱港口体系已具有离岸枢纽阶段的典型特征。未来演化除遵循系统自身规律外，还与系统外部的宏观环境变化密切相关，本研究侧重于系统的开放性，对其未来演化趋势进行分析。

一、东亚枢纽港秩序重新组合

根据前文分析，中国集装箱航运网络在国内形成 6 个组织系统，分别为长江流域—华东、华南、闽东南、辽东半岛、山东半岛、渤海西岸等航运系统，同时中国港口又属于三个国际航运组织系统，北方海港、华东海港均属于以釜山、大阪—神户为枢纽港的东北亚系统，华南海港主要属于以新加坡为枢纽港的东南亚系统。中国的集装箱运输仍以向周边地区或国家的枢纽港进行喂给为主，尚未形成自己的国际枢纽港，上海港及其他长江三角洲港口有相当数量的货箱须通过釜山港进行中转，一定程度上上海成为釜山的喂给港，在国际分工与竞争中处于被动地位。

洋山港的建设改变了这种国际港口体系的格局，将主导东北亚班轮运输秩序的重组，并表现为两方面。

（1）上海港将摆脱釜山港的中转依赖，成为全球主航线的直挂港，马士基/海陆、总统轮船、铁行渣华等航运企业均已挂靠洋山港，这使上海港成为东亚航区的枢纽港，在全球集装箱网络的枢纽地位大为提高，并超越釜山、高雄、横滨、神户等港口，有望成为与香港、新加坡并列的全球性枢纽港。2007 年，上海港集装箱吞吐量为 2615 万 TEU，已超过香港（2400 万 TEU），并逼近新加坡（2793 万 TEU），2010 年集装箱吞吐量 2900 万 TEU，超过新加坡港（2843 万 TEU）而跃居全球第一。

（2）上海港的腹地将极大地得到扩展，主要表现为海上腹地的扩大。上海港的腹地将扩展到中国北方沿海，甚至成为韩国、日本和和俄罗斯远东中小型港口的货箱转运基地，这促使中国华东沿海港口从东亚国际集装箱航运的边缘地带直接融入全球网络。综合判断，东北亚的集装箱航运组织将从现在以釜山为枢纽港而以上海等中国港口为支线港或喂给港的航运网络，发展成为以上海港为枢纽港而其他港口为支线港或喂给港的航运网络。

二、长三角港口职能继续调整

按 Hayuth 理论，2005 年前长江三角洲港口体系处于第四阶段即枢纽港中心期，未来发展是边缘挑战阶段，这意味着上海周边港口尤其是宁波港将形成边缘挑战。洋山港的建设和发展则促使该区域摆脱了 Hayuth 模型的理论轨迹，避免了边缘挑战，这也显示出 Hayuth 理论的弊端（高度自由竞争，没有政府干预等）。洋山港的发展促使长江三角洲又一深水大港的产生，作为离岸枢纽有效优化了长江三角洲港口体系的空间结构，有利于形成枢纽港、干线港、支线港和喂给港的合理布局。

上海港将成为长江流域乃至全国港口体系的枢纽港，尤其洋山港将成为沿海港口（如大连、天津、青岛、温州、连云港、福州等）和长江下游港口（如南京、张家港、南通、镇江、扬州、江阴、太仓、常熟、芜湖等港）的中转基地，长江港口在洋山港未开港前就纷纷靠拢，嘉兴港、温州港至洋山港的内支线实现首航，台州等港口开始酝酿。鉴于外高桥港区的成熟运营、长江深水航道的疏浚和外高桥保税物流园区的配套政策，外高桥港区和洋山港区会形成功能定位的不同，前者专注于为直接腹地提供服务，而后者专注于中转运输（沿海中转、长江中转和国际中转）并兼顾本地运输。宁波北仑港作为上海国际航运中心的组成部分，继续发挥深水良港的优势，与洋山港在服务区域上进行互补，这也是洋山港气象条件限制的需求，促进港口资源的优化组合。南京、张家港、南通和镇江等港口因腹地狭小并交叉，且受航道水深限制而不具备接纳大型船舶的能力，只能沦为支线港或喂给港。通过调整，最终在长江三角洲形成以洋山港为远洋转运枢纽，以上海港为近洋贸易枢纽港，以宁波为干线直挂港，其他港口为喂给港的港口体系，发展为相互促进、结构合理、共同发展的航运系统。但是，这种港口体系的形成，需要政府进一步加强宏观调控。

三、国际航运中心逐步形成

门户地区是国家的战略性区域，是国际航运中心、商贸中心与金融中心的集聚体。承担庞大物资运输的航运系统则是国际贸易中心的主要支撑，缺少国际航运和国际贸易的基础，国际金融中心的发展将受到制约。国际航运中心是国家门户建设的战略需求，从形成规律来看，在某区域内，枢纽港的地位是唯一的，可依托其航线航班的优势形成集聚效应和规模效应，将其他枢纽港沦为其喂给港或支线港。

从周边环境来看，与上海毗邻的周边国家或地区纷纷加紧夺取东北亚航运中心，釜山提出建设"21世纪环太平洋中心城市港"，高雄要建设"亚太营运中心"，神户也力争东北亚航运中心，各港口计划以低费率和优良服务吸引航运企业，把中国港口沦为支线喂给港，将中国大陆作为陆向腹地，东北亚经过角逐必将诞生新的国际航运中心。国际航运中心的核心就是集装箱深水枢纽港，洋山港的建设则使上海在国际环境中获取强大的竞争优势，成为打造国际航运中心的关键和核心工程，成为中国建设东北亚航运中心的国家战略。Wang 等（2004）认为洋山港是自然条件和政治体制的综合作用产物。离岸枢纽的建设将迅速推进上海国际航运中心的发展，带动港务管理、航运交易、货运代理、商业贸易、流通加工、金融保险、咨询和法律等高级服务业的发展，而这些产业则是国际航运中心的经济基础。

四、长江三角洲物流基地发展

离岸枢纽的发展将促使自由贸易区的繁荣和内陆集疏运系统的物流资源整合，尤其是长江三角洲成为现代物流基地。21世纪初，长江三角洲已经呈现出物流资源整合的趋势。随着洋山港离岸枢纽的发展，长江三角洲将围绕上海枢纽港，由航运企业、码头企业或内陆运输企业进一步整合物流资源，使长江三角洲港口体系成为全球物流链和生产网络的国际贸易配送基地。其中，保税区、经济开发区、工业园区及港口邻近地域的物流园区成为长江三角洲物流网络的核心节点，如上海的洋山保税港、外高桥保税区和西北物流园区，宁波的保税区和北仑、慈溪、庄桥、镇海、江东等物流园区，南京的王家湾物流园区。通过这些物流基地的建立和港口体系的整合，将形成具有等级结构和职能结构的内陆配送网络，而上海港、宁波港与内陆大型物流基地间形成水陆运输走廊，最终形成以上海港为核心，以宁波港为副中心，以长江三角洲为主要辐射范围，并延伸至长江流域的物流网络，成为中国国际贸易、国际采购和国际货物集散等物流功能的集中地域。

集装箱港口网络形成演化与发展机制

第十二章

国际港航企业重组与中国集装箱港口体系

航运企业重组与码头经营企业网络扩张是全球性的港航企业行为，是航运资源不断进行整合、优化配置的一个过程或阶段，但对全球港口体系的发展和演化产生了深远影响。随着全球集装箱运输重心向东亚地区的转移，中国成为国际港航企业行为集聚发生的地域。基于全球背景，探讨港航企业行为对中国港口体系的影响机制，具有积极的实践价值。

第一节　航运企业重组对中国港口体系的影响

一、国际班轮挂靠中国港口的历史

世界集装箱航运网络存在主干网络和支线网络两大部分，港口能否成为主干航线网络的挂靠港口对其发展至关重要。

1. 20 世纪 70 ~ 90 年代中期

20 世纪 90 年代之前，中国集装箱港口一直属于支线网络，虽然直达北美、澳大利亚等港口的远洋航线早已开辟，但运输规模有限。中国的国际远洋集装箱主要通过香港进行中转，部分货箱通过釜山港进行中转，中国其他省份港口仅能成为区域性航运支线的挂靠港，在全球集装箱航运网络中的地位较低。1992 年，中国开始批准外商在中国设立航运办事处和外商独资航运公司，允许外商开设挂靠中国其他省份港口的国际集装箱班轮航线。截至 1995 年，外国船队在中国国际集装箱运输市场的承运份额超过了国内班轮，占 52.5%，而且市场份额逐年上升（王明志，1998）。

2. 90 年代中期至 90 年代末

随着世界航运资源的整合，全球性航运联盟开始形成，航运网络不断全球化，主要的航运企业不断调整港口挂靠网络（Wang et al.，2004）。同时，国际码头经营企业开始参与中国集装箱码头的建设与经营，中国港口逐步纳入世界主干网络。1994 年，马士基航运收购深圳港盐田港区 10% 的股份，随后派船直挂深圳港。1995 年，刚刚组建的全球联盟开始加强远东航线的网络组织和运力配置，重点包括远东—北美和远东—欧洲等主干航线，其中远东—北美航线每周 7 班，远东—欧洲航线每周 3 班，直接挂靠亚洲 9 个国家和地区的 15 个港口，新增上海、深圳、巴生、博多等直挂港，中国港口第一次直接纳入全球主干网络。随后，深圳等港口成为伟大联盟的定期挂靠港口和马士基/海陆的合作伙伴，现代商船和川崎汽船也开始提供周期太平洋服务，中国港口直接融入全球航运网络的主干航线。

3. 90 年代末期以来

1998 年，世界航运联盟进一步重组，新的航线布局加大了中国市场的开拓力度，增加了直挂中国的港口数量、航线和航班。随着航运企业的重组，中国港口在全球主干网络的挂靠数量和频次越来越多，从连接港口的航线数量看，英国（133 条）、荷兰（131 条）、比利时（123 条）、德国（114 条）、法国（105 条）、新加坡（98 条）、中国（96 条）等国家较多，中国在全球集装箱航运网络的地位明显提升。由美国总统轮船、荷兰渣华、日本商船三井、香港东方海外和马来西亚国际航运等航运企业组成的环球联盟，以及随后成立的其他航运联盟，均将上海、深圳、天津、青岛等港口列入直挂港，并把集装箱航运网络经营重点转向远东和中国。

二、基于航运联盟的中国港口体系

基于全球主要航运联盟的集装箱组织网络，可考察中国在全球集装箱港口体系中的地位与职能，如图 12-1 所示。目前，中国集装箱港口体系主要呈现如下特点。

1. 挂靠港口数量

目前，中国主要港口已纳入主要航运联盟的干线网络，但数量较少，共 10

个港口，分别为大连、天津、青岛、上海、宁波、厦门、基隆、高雄、深圳和香港等港口，占全国港口数量的比重很低。这说明中国港口尤其大陆港口在全球主干网络中的地位仍然有限，处于逐步发展阶段。其中，中国大陆沿海港口有7个，中国台湾有2个，中国香港为1个。这些港口均为海港，中国内河航运尚未纳入全球集装箱航运网络。

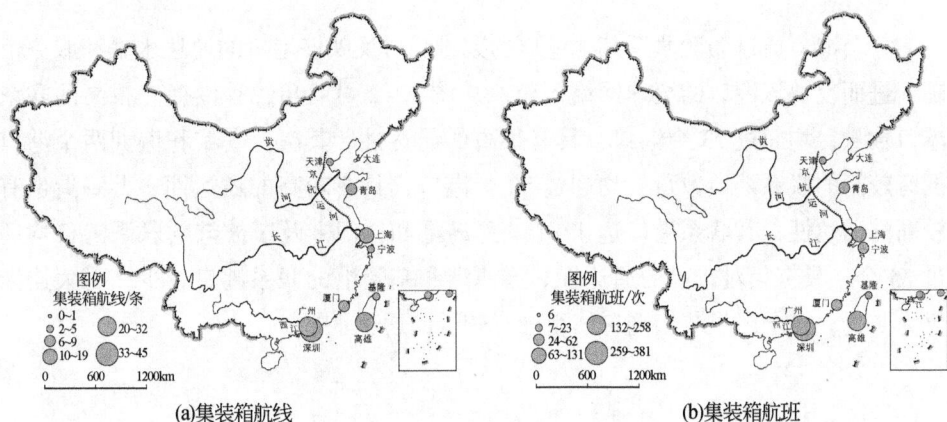

(a)集装箱航线　　　　　　　　　　(b)集装箱航班

图 12-1　基于全球主干网络的中国港口航线和航班格局

2. 主干航线数量

挂靠主干航线的数量多少，充分说明了各港口在全球集装箱港口体系中的地位。从各港口挂靠的主干航线看，香港拥有最高的航线数量，达45条。其次是高雄，其航线数量达32条，但已与香港形成一定的差距。再次是深圳港，航线数量达26条，上海港具有一定数量的航线，达19条。青岛、厦门、宁波、天津、基隆和大连等港口的主干航线数量较少，尤其后三者更少。由此可判断，香港和高雄港在全球和中国集装箱港口体系中具有重要地位，而深圳港和上海港较为重要，其他港口虽有所体现，但地位较低，这种差异体现了中国主要集装箱港口的空间等级体系。

3. 航班密度

航班数量是航线数量与船舶运行频次的复合指标，更能深入地揭示中国集装箱港口的空间体系。香港拥有最高的航班频次，为381班/周，是中国最为重要的港口。其次是高雄和深圳两个港口，分别达258班/周和229班/周，是中国很重要的港口。再次是上海港的航班频次较高，青岛和厦门具有一定规模的航班频次，分别达62班/周和53班/周。宁波和基隆及天津的航班频次较低，均低于40班/周。而大连港的航班频次最低，仅为6班/周。航班频次的结构基本类同于航线的结构，这进一步反映了中国集装箱港口体系的等级结构及中国港口在全球集装箱港口体系中的重要程度。

4. 港口国际通达性

一个港口通过船舶联系其他港口的数量，可反映该港口的通达水平和服务范围，进而反映该港口的全球网络区位。从图12-2可看出，香港拥有很高的联系港口数量，均超过73个港口，具有很高的通达性。其次，高雄和深圳两个港口拥有较高的联系港口数量，均超过50个港口，具有较高的通达性。上海港也有较高的通达性，其联系港口达49个。青岛港和厦门港及宁波港的联系港口均超过25个，具有相对较高的通达性。天津港和基隆港的联系港口较少，而大连港仅为5个，在全球集装箱港口体系中有较低的通达水平。

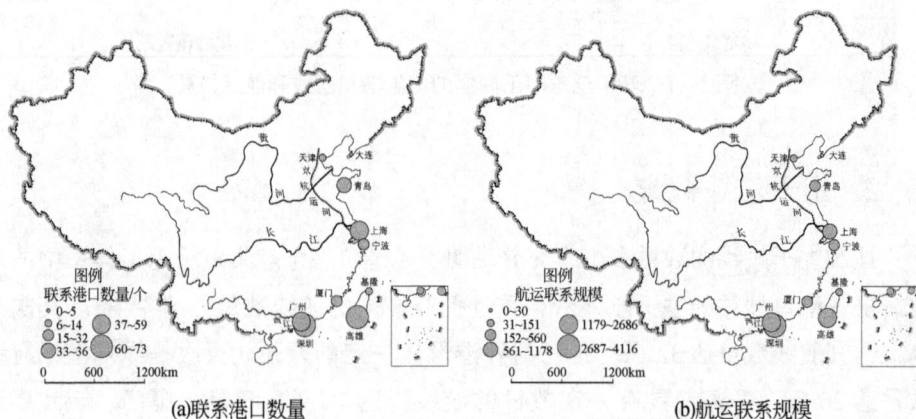

图 12-2　基于全球主干网络的中国港口联系数量与航运联系规模

5. 国际集装箱运输联系

全球集装箱航运网络中，中国主要港口究竟与其他港口形成了什么样的空间联系，这可以通过集装箱运输联系来考察。港口与其他港口所形成的运输联系，可综合体现了各港口在集装箱航运网络和港口体系中的地位与通达水平。香港拥有绝对的集装箱运输联系，规模达4116，由此可看出香港在全球和中国航运网络中的枢纽地位。高雄港和深圳港具有很高的运输联系，规模分别为2686和2577，在全球航运网络中有较高的枢纽地位。同时，上海港拥有较高的联系规模，达

1178，但与香港的差距已甚远。厦门、青岛和宁波港的联系规模相对较高，基隆、天津、大连等港具有一定的联系规模，但较低，尤其是大连港的联系规模很低。这进一步反映了中国主要港口的等级结构。

三、基于航运联盟的中国航运系统

从图12-3可看出，全球主要航运企业重组对中国的港口体系产生了重要影响。从国内集装箱航运网络来看，大致呈现如下特点。

图例
—— 国内首位联系
------ 国际首位联系

0   820   1640km

图12-3　基于世界环境的中国港口航运系统

（1）从中国不同区域来看，全国存在部分区域性集装箱航运系统，包括华东沿海、华南和环渤海三大组织系统。其中，在环渤海地区，青岛成为枢纽港，统领着天津和大连两个港口的发展。在华东沿海，上海成为枢纽港，影响着宁波港和青岛港的发展。在华南沿海，香港成为枢纽港，统领着深圳、高雄、厦门、基隆以及上海等港口的发展。

（2）在国内集装箱网络中，3个组织系统间存在一定的统领或归属关系。这是因为环渤海枢纽港的首位联系港是上海港，而华东枢纽港的首位联系港是香港，3个枢纽港的首位联系港形成等级关系。由此可判断，华南组织系统居第一层次，而华东组织系统居第二层次，环渤海组织系统为第三层次。

（3）从各航运系统的运营规模来看，环渤海和华东两个航运组织系统的规模较小，而华南航运组织系统的规模相对较大，其覆盖范围不仅包括华南地区，而且辐射闽东南港口和台湾港口。

（4）从中国联系的国际航运系统看，中国港口主要属于两个航运组织系统。环渤海港口（包括大连港、青岛港、天津港）及台湾的基隆港属于以釜山为枢纽港的东北亚航运系统，而华东和华南港口（包括上海、宁波、厦门、深圳、香港、高雄等港口）属于以新加坡为枢纽港的东南亚航运系统，釜山和新加坡成为中国国际贸易流向海外市场的主要境外门户。

第二节　国际码头企业扩张对中国港口的影响

国际码头经营企业力图从世界集装箱码头市场的竞争中获益。目前，中国国际贸易货物增长迅速，促使全球主干航线包括远东—欧洲、远东—北美航线的集装箱运量激增。同时，中国港口具有天然垄断的地位，使其成为全球码头市场的稀缺资源。这促使国际码头经营企业积极参与中国集装箱港口的建设与经营。

一、港口类型与管理机构

1. 港口类型

根据港口当局被授予辖权的不同，港口分为基础设施港、设备港和服务港。各种类型港口的具体特征，如下所述。

（1）基础设施港：指港务当局从事港口的基础设施建设、维护和经营活动，并代替国家行使港政和航政权力。但港务当局不参与港口业务的生产活动，由港口私营企业承担。目前，西欧大陆的主要国家、日本、美国、加拿大和澳大利亚的多数港口都是这类模式。

（2）服务港：指港务当局不仅提供港口的基础设施，还提供诸如货物装卸服务和货物的港内搬运和处理等服务，不仅从事港政和航政，还从事港内的各项业务活动。中国几乎所有的港口都是这类性质，以色列、新加坡等国家和非洲的多数港口的港务当局都属这类性质的港口机构，英国、爱尔兰和丹麦的部分港口也属于该类性质。

（3）设备港：指界于基础设施港和服务港两者之间的港口辖权形式。港务当局不仅拥有港口的基础设施，还拥有部分或全部港口的岸上设施，但不直接从事港口的生产业务活动，而采用租赁的形式给私营企业使用，从中收取租金，并以此作为其重要的经济收入来源。目前，英国的伦敦、布里斯托尔和法国的勒阿弗尔等港口属于这种类型。

2. 港口当局权利

三种港口当局的辖权，内容尽管不同，但有两点一致。一是负责港政管理，二是都在经营港口，只是经营的范围、深度和方式有所差异。概括起来，港务当局的职能有如下方面。

（1）港口规划是港务当局的最基本职能。

（2）对港口财产的拥有。港口的财产不仅包括港口的岸上设施和设备，而且港口财产还向水中延伸，向水中延伸的财产涉及大量的水土问题和环保问题，还涉及国家的领海权问题。

（3）港政和航政的管理。

（4）港口设施的建设、经营和管理。

（5）直接经营货物装卸等业务。

（6）协调企业与企业之间及企业与政府之间的关系。

二、中国港口政策演进与外资进入

港口作为大型基础设施，各个国家对港口的控制和影响程度不同，这取决于政府对港口的干预力度（Wang et al.，2004）。分析国际码头企业的中国港口网络扩张，就须回顾中国港口的管理政策。新中国成立以来，中国港口的管理和投融资政策大致形成了四个发展阶段。在各阶段，中国港口管理和投融资政策明显不同，对外部资本的进入有不同的开放程度，直接影响了中国港口的建设与港口体系的演化。

1. 严禁外部资本时期

在计划经济时代和改革开放的初期阶段，中国港口主要实行全民所有制和政企合一模式，对主要港口码头的规划、建设和经营实行中央直接控制的管理政策，严禁外部资本参与大陆港口的码头建设与经营市场，形成高度的中央垄断特征。该时期，部分小型港口由地方政府直接控制和经营。20世纪50年代后期，沿海主要港口曾下放到地方，60年代初期又归属中央政府统管。该时期，中国港口的投资和建设主要由中央政府和地方政府包办，同时少数企业专用码头由使用的企业承担投资和建设。但中央政府及地方政府的经济财力，难以承担港口快速发展的资金需求，港口企业没有市场压力，这造成港口能力紧张，同时港口企业缺乏活力。

2. 限制外资控股时期

随着中国对外开放的发展，港口码头的建设和融资政策面临新的形势，中央政府开始对港口的建设和经营进行改革。1984年始，中国对港口的投融资体制进行改革，实行"以收抵支，以港养港"政策，政府鼓励港口向国内外金融机构进行政策性或商业性贷款，并通过体制改革来扩大港口建设和经营投资多元化。1985年，中国颁布了《关于中外合资建设码头优惠待遇的暂行规定》，允许外部资本进入中国港口的投资、建设和经营，并可合资经营30年，但严格控制外资50%的股权上限。这标志着中国港口码头市场开始向外部资本打开大门，但进入的门槛比较高。1987年，南京市港务局和美国英塞纳码头公司组建了中国第一个合资码头企业——南京国际集装箱装卸有限公司，标志着中国港口投资主体多元化进程正式起步。该时期，外部资本开始进入中国码头投资、建设和经营市场，并采用同中国港务局组建合资企业的模式，但外部资本的股权存在限制底线，严格控制在50%以下。

3. 允许外资控股时期

1985~1993年，中国港口处于引入外部资本的试验阶段。随着中国经济的迅速发展，国际贸易运输迅速增加，中国港口的建设有着更高的需求。1993年，中国原交通部颁布了《关于深化改革、扩大开放、加快交通发展的若干意见》，提出鼓励中外合资建设并经营港口公用码头，允许中外合资租赁码头和中外合作经营码头，这对外部资本的进入放宽了限制。1993年，上海港集装箱综合发展公司与和记黄埔港口集团，合资组建了上海集装箱码头有限公司，其中和记黄埔拥有50%的股份。这突破了1985年中国政府规定的外资限制底线，标志着港口利用外资走上了新台阶。随后，和记黄埔与深圳盐田港集团合资组建了盐田国际集装箱码头有限公司，其中和记黄埔拥有73%的股份，开创外部资本控股大型港区的先河，并占有很高股权。中国对外部资本控股底线的突破，促使外部资本开始大量进入中国集装箱码头的投资、建设与经营市场。

4. 股权限制取消时期

WTO 的加入对中国各行业的开放是强有力的催化剂，中央政府加快放开对外商投资中国港口的股权限制。2002 年，新的《外商投资产业指导目录》出台，对外部资本投资中国码头的建设和经营做了进一步的开放。同时，2004 年中国的《港口法》确立了多元化投资主体和经营主体，原由交通部直接管理和经营的上海、秦皇岛、大连、青岛、天津等八大港口均已实行政企分家，并将其经营和管理权力下放到本地港务局。港口码头放开引入外部资本的持股比例，甚至允许外资控股，外商投资中国大陆码头的控股限制被取消，甚至形成了由外资占多数股份的政策允诺，这促使外部码头经营企业加快投资中国大陆码头的步伐，以抢占中国码头尤其是集装箱码头的经营市场，形成先发优势。2007 年 1 月，迪拜世界港口在青岛前湾的集装箱码头项目获得核准，这是国内首家外商独资码头。以上分析说明，港口投融资政策的调整是牵引中国港口码头投资结构的主要动因，而中国港口投融资政策主导着外部资本在中国的投资模式与市场规模乃至空间网络。

三、外部资本的中国港口经营网络

随着外部资本进入中国港口码头市场的持续推进，目前已成为中国港口建设的重要力量，并逐步形成颇具规模的码头网络，深刻影响了中国集装箱港口体系的发展。

1. 外部投资企业

截至 2005 年，已有 28 家外部企业投资中国集装箱码头的建设与经营。其中，世界主要的港口集团已进入中国，主要码头经营企业有香港和记黄埔港口集团、新加坡港务集团、招商国际、铁行港口集团、中远太平洋、AP·摩勒集团、迪拜世界港口集团、现代货柜码头、CSX 世界码头、马士基航运、美国英塞纳码头、香港现代货箱、香港太平洋等。这些码头企业主要采用投资建造全新码头的方式参与中国集装箱码头市场，其投资金额巨大。其中，和记黄埔是进入中国的外部资本先行者，1993 年就开始参与中国港口的投资与建设、经营，投资码头项目最多，投入资金规模最大，对中国集装箱港口建设的影响巨大。须指出的是，外部资本企业的组成体现了基于地域文化根植性的合作网络。这些企业同中国有着共同的社会文化背景，形成了紧密的民族商业网络（Airriess，2001a；

Comtois Rimmer，1996；Wang et al.，2004）。2005 年，中国沿海港口完成投资 542 亿元，国家预算内资金和交通部专项资金仅为 8.7 亿元，98.4% 的投资由资本、民间资本来完成，这种日益多元化的投资体制是中国港口高速成长的最重要动力。

2. 外部投资港口

中国有 1400 多个港口，能够开展集装箱运输的港口约有 130 多个，其中大型港口有 30~40 个，目前这些港口的码头已有外部资本的投资、参股与经营。这些港口主要包括大连、营口、天津、烟台、青岛、连云港、上海、宁波、福州、厦门、汕头、深圳、广州、珠海、江门等海港和南京、张家港、常熟、太仓、南海、番禺、潮阳等中小型河港（图 12-4），沿海和内河集装箱主要码头的合资率分别占集装箱泊位总数和泊位吞吐能力的 64.2% 和 72.2%。由此可看出，外部资本对中国港口发展的影响日益重要。

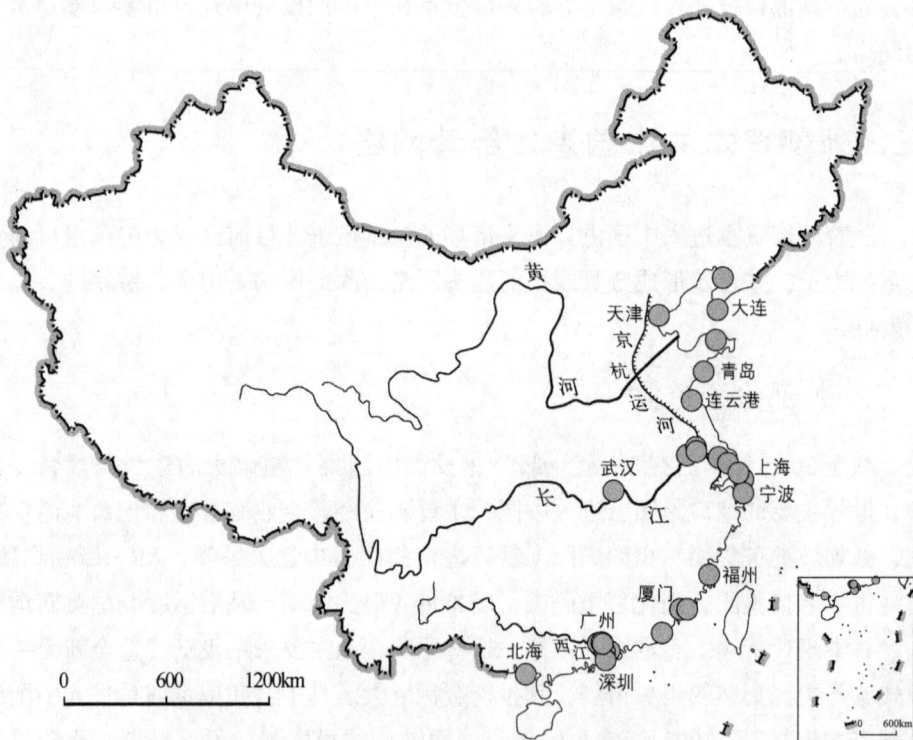

图 12-4　外部资本参股经营的中国港口网络

从具体港口来讲，尽管国际码头经营企业参股投资的码头数量较多，但仍存在投资比较集中的港口。20 世纪 80 年代开始，深圳港的码头建设和经营市场就

集装箱港口网络形成演化与发展机制

成为外部资本竞争投资的焦点，其中盐田和蛇口两个港区尤其突出，大铲湾又成为外部资本新的竞争焦点。21世纪以来，上海港的洋山深水港区开始成为外部资本的竞争焦点，同时青岛、天津、厦门、大连也是外部资本关注的重点港口。从竞争的具体港口来看，主要是大型枢纽港。这反映了外部资本在中国投资的基本原则之一是占领港口码头经营市场的制高点。

3. 外部资本集装箱装卸量

外部资本参股的港口开始承担中国主要的集装箱吞吐量。2004年，中外合资的集装箱码头完成吞吐量4059万TEU，占中国港口吞吐量的65.7%。按外商投资比例与完成吞吐量计算，2004年外部资本在中国的实际操作量为2300万TEU，占全国外商投资码头操作量的56.7%，全国集装箱吞吐量的37.2%。由此看出，外部资本已在中国码头市场占据重要地位，并逐步主导码头市场。2004年和记黄埔、新加坡港务集团、AP·摩勒和铁行港口及招商局国际和中远太平洋，在中国的实际装卸量为2050万TEU，占外资实际装卸量的89.3%。其中，和记黄埔占外资在国内实际装卸量的29.3%，是装卸量最大的外资经营商。这说明虽然有很多外部码头企业已进入中国，但装卸量仍集中于少数企业。外部资本中，香港资本占有投资优势，中国前6位企业中有4家是香港企业。据统计，2004年港资企业在大陆的实际装卸量为1508万TEU，占外部资本装卸总量的65.7%，成为外部资本投资中国码头的主体。此外，本土优势助推部分企业积极参与大陆码头的建设与经营，其中，以招商国际和中远太平洋为代表，这些企业的所属集团具有大陆的本土优势或同大陆企业具有紧密的资本关系。

4. 外部投资重点区域

如图12-5所示，各个国际码头企业在中国的投资战略重点不同。和记黄埔在早期阶段的码头投资主要倾向于上海以南的沿海港口，尤其是珠江三角洲港口（如深圳盐田港区）。这种投资倾向同其母港香港有直接的业务联系，实际是香港港口企业投资在中国内地的延伸。现在和记黄埔日益向上海以北的沿海港口市场进行扩张，重点是上海和宁波港，而且和记黄埔在中国的势力扩张期已过去，进入收益阶段。在华南地区，和记黄埔、招商国际与新加坡港务集团则形成激烈竞争的空间格局。其中，新加坡港务集团重点投资广州港，和记黄埔重点投资深圳东部的盐田港区，而招商国际则全力投资深圳西部的蛇口（100%的股权）、赤湾和妈湾等港区，而香港九龙仓则投资大铲湾港区。这些企业全力打造各自的珠江三角洲门户港，并作为在中国的码头经营基地进行华南地区尤其珠江三角洲的门户竞争。同时，招商国际和中远太平洋主要倾向于华北海港的码头投资，如青岛、天津、大连、营口、烟台等港口。

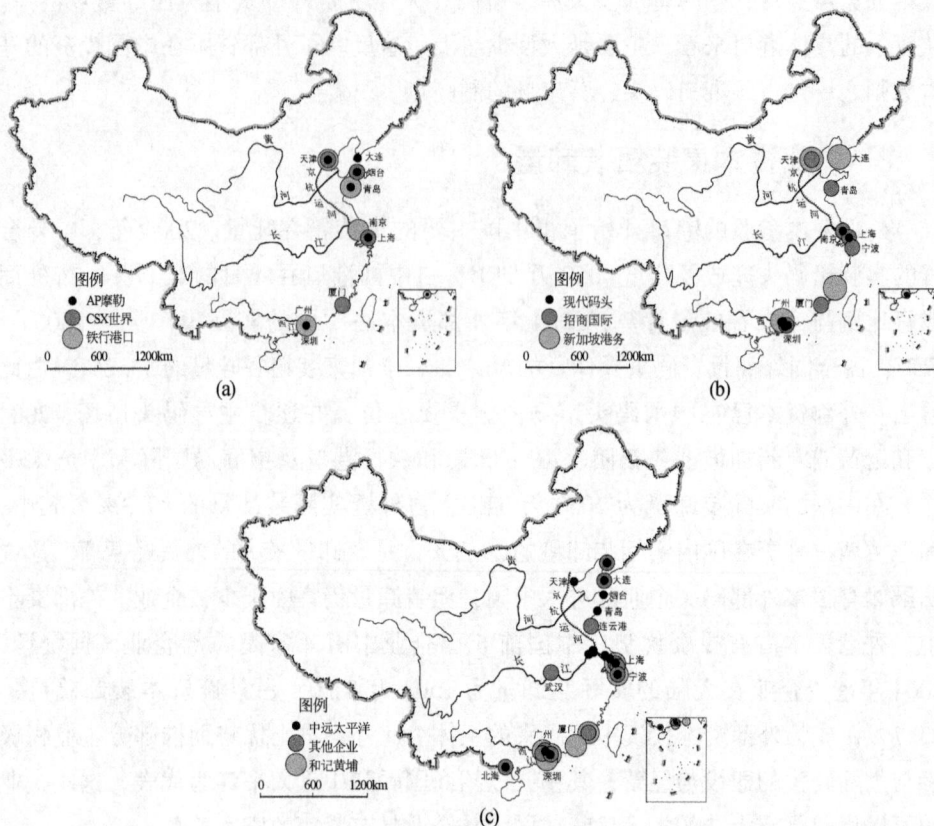

图 12-5　外部资本在中国的港口网络

从外部资本的重点投资区域来看，早期阶段主要集中在珠江三角洲的集装箱港口。这与中国改革开放的进程相关，并与早期外部资本主要是香港企业有重要关系，因为香港企业早期投资主要是为了扩充香港货源而力图在珠江三角洲建立码头网络。港资在大陆的扩张动力包括推力和拉力两方面，推力主要指香港的市场竞争和交通拥挤，拉力主要指大陆的利润机会和管制日益放松的航运业（Airriess，2001a）。目前，外部资本主要集中在两个重点区域，分别为珠江三角洲和长江三角洲，这与中国港口的集装箱运输市场和经济格局相吻合。同时，中国北方沿海存在几个重点投资港口，主要包括大连、青岛和天津三个港口，分别为辽东半岛、渤海西海岸和山东半岛的枢纽港。

5. 外部资本的垄断趋势

随着越来越多的外部资本争夺中国集装箱码头市场，部分国际码头企业已在中国完成了主要港口网络的战略布局。这逐步从单一港口的层面向港口体系的宏观层面对中国港口体系发展产生了深远的影响。同时，外部资本在中国大陆码头的股权比重很大，尤其是和记黄埔多控股50%以上，甚至形成70%和73%的绝对控股（表12-1），日渐呈现垄断部分码头经营的趋势，外部资本的综合效应形成垄断中国集装箱码头市场的形势。港口是国家的大型基础设施和战略性资源，如何制定相关政策或通过宏观调控，遏制部分码头单一外部资本的垄断是中国政府须重视的问题，防止外部资本对中国集装箱港口的垄断或控制。

表 12-1　部分外资的中国（不含港台）集装箱码头概览表

港口	码头	外部投资企业	注资比例/%
天津	天津东方海陆集装箱码头	环球货柜新世界天津公司	49
青岛	青岛前湾	铁行/马士基/中远太平洋	29/20/20
	青岛远港集装箱码头	中远太平洋	50
大连	大连集装箱码头	新加坡港务/马士基	42/7
宁波	宁波北仑港二期	和记黄埔	49
上海	上海港集装箱码头	和记黄埔	50
	上海外高桥四期	马士基	49
	上海外高桥一期	和记黄埔/中远太平洋	30/20
广州	广州港集装箱码头	新加坡港务集团	49
厦门	厦门国际货柜码头	和记黄埔	49
	厦门象屿保税区惠建码头	香港新创集团	50
深圳	盐田国际集装箱码头	和记黄埔	73
	蛇口集装箱码头	招商国际/中远/铁行/太古洋行	32.5/17.5/25/25
	赤湾集装箱码头	招商国际/嘉里	20/25
福州	福州江阴集装箱码头	新加坡港务集团	—
汕头	汕头国际货柜码头	和记黄埔	70
南京	南京国际集装箱装卸公司	美国英雪纳码头	>50
南海	南海国际货柜码头	和记黄埔	50
江门	江门国际货柜码头	和记黄埔	50
珠海	珠海国际货柜码头	和记黄埔	50
张家港	张家港永嘉集装箱码头	中远太平洋	49
秦皇岛	秦皇岛集装箱港务有限公司	香港银都机场公司	49

同时，在以上过程中，各级政府和主管部门对港口的控制力在减弱，码头拥有权最为关键，并直接决定了港口是公共还是私有，外部资本的进入是否导致大陆港口的私有化也是需关注的问题（Wang et al.，2004）。在港口私有化过程中，政府扮演什么角色并承担什么功能，同私营企业的职能界定尤其是关系公共设施维护的功能如何区分（如航道疏浚、集疏运系统），这是未来中国各级政府要面对的问题（Slack，2001）。

6. 外部资本的港口网络

从码头企业的角度来看，各企业的港口网络呈现不同的空间特征。中远太平洋集团投资港口的数量最多，其次是和记黄埔、现代码头、招商国际和 AP·穆勒，再次是新加坡港务集团、铁行港口、CSX 世界等企业，这些企业已在中国建立起基本的码头网络。其中，和记黄埔、现代码头的港口网络集中在珠江三角洲和长江三角洲，而 AP·摩勒的投资港口集中在环渤海地区，中远太平洋则集中在环渤海和长江三角洲，而铁行港口、新加坡港务集团、CSX、招商国际等企业的码头网络相对分散，但大致呈现集中投资枢纽港，然后向中小型港口扩张以形成中国大陆战略性港口网络的路径。港口码头网络空间结构的不同，显示出各企业竞争的重点区域或网络扩张战略不同。须指出的是，航运企业和码头企业对中国集装箱码头的投资存在不同的战略目的，前者力图在中国关键区位建立转运基地或枢纽港，仅投资少数具有广阔腹地的港口，其港口经营是满足自己的全球航运需求（Comtois，1999）。

表 12-2　外部资本在中国的投资港口与码头

企业名称	港口数量/个	投资港口名称
和记港口集团	8	上海、深圳盐田、宁波北仑、厦门、珠海高栏、汕头、珠海九洲、南海、江门
新加坡港务集团	4	大连、福州、广州黄埔、广州南沙、天津北港
AP·摩勒集团	6	青岛前湾、上海外高桥、深圳盐田、大连、烟台、天津北港
铁行港口集团	3	深圳蛇口、天津、青岛
中远太平洋集团	14	上海、青岛、青岛前湾、张家港、深圳、大连、扬州、营口、镇江、广州南沙、宁波北仑、南京龙潭、天津北港、北海、太仓
现代码头集团	7	深圳、上海、江门、广州黄埔、顺德、佛山、太仓
CSX 世界集团	3	天津、上海、烟台

企业名称	港口数量/个	投资港口名称
招商国际集团	7	深圳蛇口、深圳妈湾、深圳赤湾、上海、宁波、青岛、天津、漳州、太仓
马士基海陆	1	上海外高桥
加拿大 CSII	1	营口
九龙仓公司	4	武汉阳逻、深圳大铲湾、宁波、番禺南洲湾

四、中国港口的政企关系模式

港口的政企关系主要指港务当局与港口经营企业的权利关系。目前，中国由过去的中央直属港或地方港的政企合一的单一港口模式，向中央港下放后的地方港政企分离的一港一企和一港多企的模式方向迅速发展，并呈现多样化的趋势。

1. 一港一企模式

该模式是中国较为通行的港口管理模式，主要指一个港口有一个管理局，并对应一家主要的港口企业。该模式又包括政企合一、强政弱企、弱政强企等具体类型，这与政企分开还处于初始阶段有关。如上海港主要有上海国际港务股份有限公司，青岛港主要有青岛港集团有限公司，连云港港主要有连云港港务集团有限公司。随着行业开放的深化，港口的多元化经营必将深入发展，一个港口必将拥有更多的企业参与经营。

2. 一港多企模式

通过行政手段和市场力量，经过长期发展，许多港口已出现一港多企的模式，如烟台港、苏州港、深圳港等。目前，中国港口企业逐步趋向混合经营型即股份合作经营，中央直属的国有成分在减少，合资比重在增加，许多企业国有股份已降至50%以下甚至更少，这表明中央及地方政府对港口资源的控制力在逐渐消退。

3. 多城共港和多城多港、一企多港模式

这些模式是市场经济的产物。其中，多城共港模式是指多座城市、多个区域共同拥有某港口，如连云港由不同省区市共同出资建设、共同拥有港口码头。多

城多港模式指多个城市共同拥有多座港口,如厦门市和漳州市共同拥有厦门港和漳州港,宁波市和舟山市共同拥有宁波和舟山港。一企多港模式指一家港口企业跨区域经营多家港口,如上海国际港务集团通过投资武汉港、南通港等港口而拥有参与经营权,营口港集团跨区域经营盘锦港,大连港务集团通过收购锦州港股份将取得该港口的经营权,连云港港口集团投资大丰港而形成港口战略伙伴。国际码头企业如新加坡港务集团、马士基/海陆、和记黄埔在中国其他省份港口的投资、控股和参股及经营,形成了明显的一企多港模式。

鉴于中国开放政策的持续推进,多城共港、多城多港和一企多港等模式将持续下去,在发达国家早已经历的港口运营模式正在中国开始逐步出现,且更具多样性。但国有成分在港口经营中开始逐步消退,私有企业的成分不断增多,国家对港口企业和稀有岸线资源的控制力在削弱,国家权益可能受到弱化。港口是国家的战略性资源,对国家竞争力建设和国防安全具有保障和支撑作用,中央及地方政府应关注这种趋势及其影响,建立相应的机制和应对策略,强化对港口资源和岸线资源的控制能力,警惕港口的私有化,确保港口经济的健康发展和国土安全。

第十三章

中国集装箱港口体系演化模式与发展战略

第一节　中国集装箱港口体系的演化模式

一、集装箱港口体系演化图式

1. 研究说明

前文已对中国集装箱港口体系的发展过程进行了解析，并对长江三角洲、珠江三角洲港口体系的演化规律进行了刻画，同时将中国作为案例区域，对世界集装箱港口体系的发展理论进行了实证，尤其对 Hayuth 和 Notteboom 的港口理论进行了验证与应用。前文研究在丰富世界港口理论的同时，为中国港口建设提供了相关借鉴，但遗憾的是未能勾勒出中国集装箱港口体系的完整演化图式。

中国作为发展中国家，在实施集装箱化之前，欧美国家和日本等已经完成了集装箱化过程，中国国际集装箱运输就无需考虑"点至点"的技术对接与集装箱化同步进行，因此中国港口的集装箱化过程具有不同于欧美国家的发展轨迹。同时，中国政府对港口的布局与发展具有很高的控制性，并有布局建设规划的空间约束，这是 Hayuth 理论所未能深入考虑的因素。这促使其港口体系发展融合了各种港口理论，抽象、总结其演化图式具有积极的学术意义和实践价值。

有鉴于此，本章对中国集装箱港口体系的演化图式进行归纳和演绎，并关注以下问题与原则。

（1）鉴于抽象图式表达内容的有限性，分析样本限于主要港口（包括沿海港口和内河港口），忽略部分中小型港口。如此，虽有所遗漏港口信息，但仍能展现宏观特征与基本规律，符合演绎的基本要求。抽象图式的重要展现内容是总体格局与区域突出现象，以表现各区域港口的发展阶段与空间差异。

（2）港口样本主要针对集装箱港口，非集装箱港口在早期阶段纳入演绎范围，后期不纳入分析，虽然与 Notteboom 的研究理念有所出入，但秉承了 Hayuth 的研究模式。前文对中国香港和中国台湾港口的论述虽然较少，但鉴于中国香港和中国台湾港口与内地港口有着紧密的航运联系，相互间原本就是统一的港口体系，该抽象图式将中国香港和中国台湾港口纳入分析范畴，以形成完整的中国集装箱港口体系。

（3）航运网络体现了港口体系的海向运输联系，是牵引港口体系演变的重要驱动，也是其演变的重要表现内容，抽象图式充分关注航线网络的变化。Hayuth、Notteboom、Bird 等提出的港口理论均忽视了内河航运，这是以往研究的重要缺陷，而在中国，长江和珠江在集装箱运输方面有重要作用，有鉴于此，抽象图式考虑内河运输与作用机制。

（4）陆向运输联系是传统港口理论关注的重要内容，虽然中国集装箱港口体系在尚未形成之前，内陆交通网络已基本完善，但高速公路与部分铁路的发展仍成为集装箱港口演化的驱动力，因此该抽象图式将考虑内陆集疏运系统的连接性。

2. 演化图式

基于以上问题与原则，根据 20 世纪 70 年代以来中国集装箱港口体系的演化过程与空间特征，可演绎出以下图式，如图 13-1 所示。

二、集装箱港口体系图式特征

鉴于前文已对中国和长江三角洲、珠江三角洲集装箱港口体系进行了深入解析，本研究在此不作深入论述，仅是总结宏观特征与一般规律。

1. 多枢纽港的空间体系

中国境域内未能形成单一枢纽港的集装箱港口体系，而形成多枢纽港共存的空间体系。各区域的集装箱港口和枢纽港有着不同的陆向腹地范围和海向航运联系，彼此间的竞争尤其是枢纽港间的货源竞争比较弱，严格意义上的、单一而完整或成熟的中国集装箱港口体系尚未形成。

各区域性港口体系的枢纽港之间，形成了不同的空间等级，大致形成了全球、全国（或国际性）和区域性的等级体系。这些枢纽港具有不同的职能属性、服务范围与规模等级，枢纽港的分异决定了港口体系的等级结构，形成了全国性和区域性两个层级的集装箱港口体系。

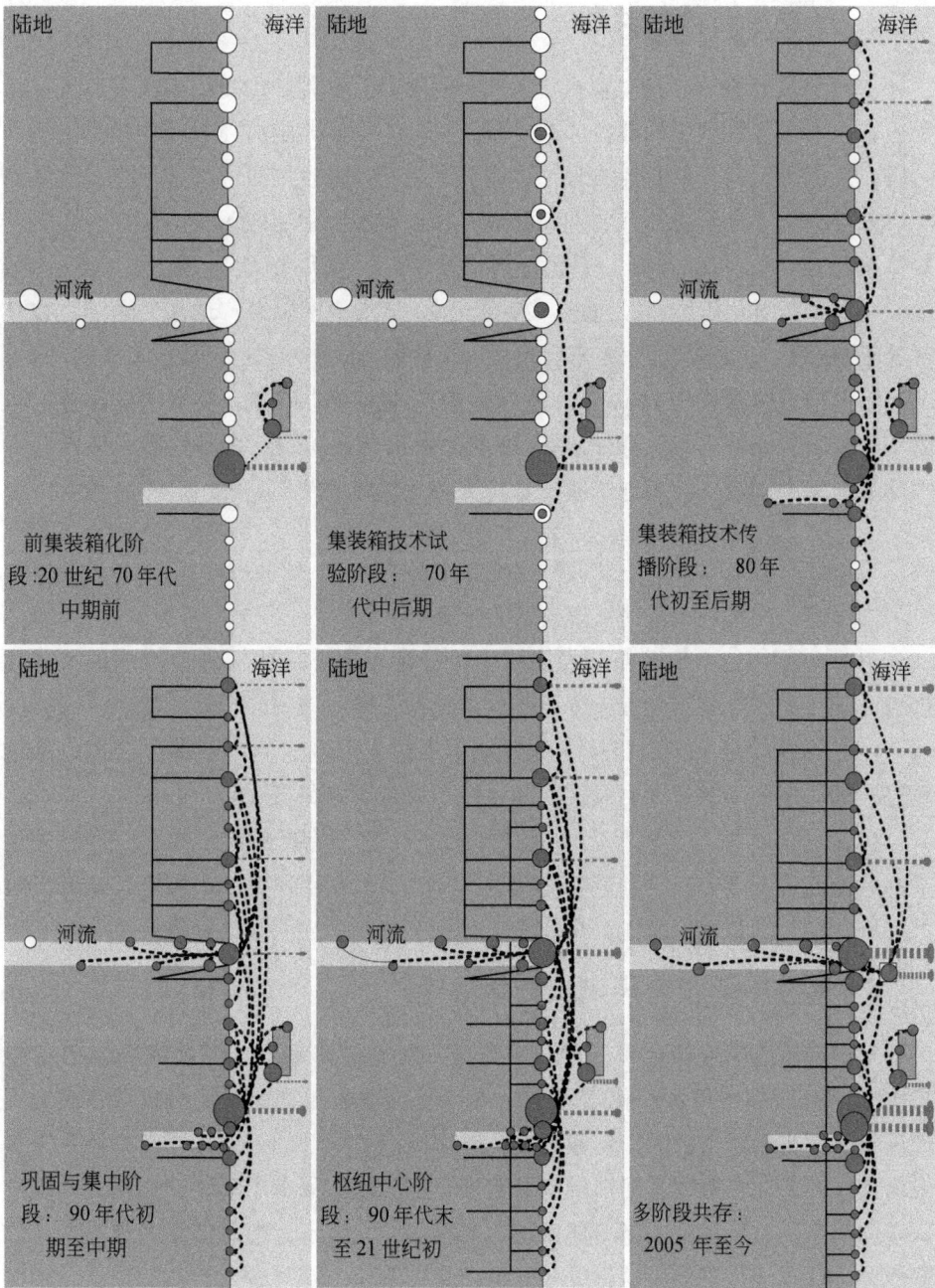

陆地　海洋　陆地　海洋　陆地　海洋

河流　河流　河流

前集装箱化阶
段:20 世纪 70 年代
中期前

集装箱技术试
验阶段： 70 年
代中后期

集装箱技术传
播阶段： 80 年
代初至后期

陆地　海洋　陆地　海洋　陆地　海洋

河流　河流　河流

巩固与集中阶
段： 90 年代初
期至中期

枢纽中心阶
段： 90 年代末
至 21 世纪初

多阶段共存：
2005 年至今

●集装箱港　○非集装箱港　——集疏运系统　⋯⋯国内航线　▦▦▦国际航线

图 13-1　中国集装箱港口的演化模式

2. 多发展阶段的共存性

枢纽港及近域港口间的发展状态和空间关系，是判断港口体系发展阶段的重要标志。中国各区域性的港口体系发展，符合不同经典港口体系理论模型的不同阶段，未能呈现符合单一经典理论模型的发展特征或发展阶段。这使全国集装箱港口发展呈现多种阶段共存的空间特征，这在世界范围比较鲜见。长江三角洲港口体系处于 Notteboom 理论模型的第五阶段——离岸枢纽阶段，并向第六阶段——港口区域化阶段积极迈进。20 世纪 90 年代中期以来，珠江三角洲港口体系处于 Hayuth 理论模型的第五阶段——边缘挑战，未来的发展方向尚不明确。环渤海的港口体系处于 Hayuth 理论模型的枢纽港中心阶段，闽东南地区处于巩固集中阶段，北部湾则处于 Hayuth 理论的采用试验阶段。多种发展阶段共存的空间格局是中国政府行为与港航市场行为相互作用的结果。

3. 集装箱化的空间轨迹

中国港口的集装箱化轨迹表现为多方面。

（1）空间轨迹：集装箱化经历了由沿海港口逐步向内河港口推进的空间轨迹与宏观方向。集装箱化首先服务于远洋贸易，随后向内陆贸易延伸。

（2）结构轨迹：集装箱技术传播呈现出由大型港口向小型港口扩散的结构轨迹，港口规模与融资能力及技术消化能力决定了该路径。

（3）新旧体系：集装箱化不但在技术上改造了传统的港口体系，同时促生了部分新港口。其中，深圳港的崛起成为 20 世纪 50 年代以来中国港口体系的最大突破，新生港口对原有尤其是临近的大型枢纽港形成明显的竞争或挑战。

4. 集装箱化仅实现港口技术改造

理论界认为集装箱化是一种技术革新，对港口体系产生深远影响。20 世纪 70 年代以来，中国集装箱化实现了对港口传统设施与管理系统的技术改造，促使港口发展规模日益扩大。但集装箱化对中国港口体系的宏观格局，未产生重大或彻底性的变化或改变，目前的集装箱港口格局基本秉承了集装箱化前的传统港口空间体系。这既体现为港口体系的布局格局，又体现为港口体系的规模结构和职能结构及腹地范围等。这进一步验证了集装箱化主要是技术改造的论点，但同时反映了中国港口体系的相对稳定性。

5. 水向联系的空间机制

水向联系形成内河联系和海向联系两条轨迹和路径。①内河航运体系成为中国集装箱港口体系的重要组成部分，并有力地支撑了主要枢纽港的发展，成为江海联运枢纽港的喂给体系；②海向联系随着枢纽港的变化而不断调整，经历了单枢纽航线网络与多枢纽航线网络的演化。

第二节　中国集装箱港口体系的发展环境

一、国际环境

1. 全球集装箱运输重心的继续转移

随着中国大陆经济的继续崛起，世界集装箱航运的重心继续向以中国大陆为中心的东亚地区进行转移，继续维系以东亚为重心的全球航运时代。东亚地区的集装箱港口数量与吞吐量比重不断提高，尤其20世纪80年代中期以来其地位明显提升，截至2005年东亚港口的集装箱吞吐量已占全球总量的38.6%，东亚不但以数量夺冠，并以大港为主，太平洋航线成为世界集装箱航运的焦点。从具体国家来看，集装箱航运从美英两国高度集中向多国逐渐发展，但最终向中国集中的宏观走势。目前，中国集装箱吞吐量已位居全球第一，成为全球集装箱航运的核心地区。从全球集装箱航运的空间集散规律来看，目前处于空间分散趋势的终期，即将进入集聚趋势时期，主要表现为集装箱运输向中国进行集聚，这说明中国港口将成为全球集装箱航运的主体。

2. 全球航运网络的调整

随着东亚经济的发展，集装箱港口迅速崛起，全球航线网络逐渐变化。全球航线网络中，有两条主干航线连接亚洲：远东—欧洲和远东—北美航线，并成为世界运力与运量最为集中的航线。目前，全球主干航线及主要集装箱运力向箱源充足的亚洲尤其中国进行转移，马士基/海陆的7条太平洋航线中有6条直挂中国。中国开始建立直挂系统，与全球主干网络相连。目前，有3条主干航线连接中国。①青岛、大连、天津等连接欧洲和北美的航线正在形成，有利于中国北方发展直达欧美的枢纽港；②华东港口的航线得到加强，是通达全球的主通道；③华南与欧洲和北美航线的运量不断增长，在东亚地区扮重要角色。随着主流船型的大型化，以上航线挂靠的远东港口将从14个减到7个。这些直挂航线的形成和发展，使中小型港口只需更少的支线就可和主干航线联网，有利于中国港口货箱运量的集聚。

3. 周边国家的港口发展战略

中国枢纽港和国际航运中心的建设面临着周边港口的激烈竞争。20世纪80年代后，日本和韩国均为竞争东北亚枢纽港而全力作为，焦点是中转货箱尤其中国大陆货箱，并一度主宰东北亚的航运市场。随着中国港口的崛起，货箱逐渐减少对日韩港口的中转依赖，航运企业开始变中国中转运输为直达运输，并降低日韩港口的中转运输，这促使周边国家加快枢纽港的建设。20世纪90年代，韩国吸引中国和日本的箱源，使釜山港在东北亚一枝独秀，目前实施双枢纽港（釜山与光阳港）战略，但侧重于釜山港，欲降低码头收费50%，以吸引中国箱源，并巩固同中日俄的航线网络，建设21世纪环太平洋中心港。针对洋山港的发展，韩国政府力图通过补贴措施，将釜山港的场地租赁费用降为上海港的1/15，并推出各种优惠政策。日本的神户、东京、横滨等港口位于主干航线，其中，横滨港的泊位水深达16m，而神户港则提出要建设21世纪亚洲母港的战略。目前，东北亚各港口已建和在建的深水泊位将近40个。同时，新加坡港为了扩大箱源，近年来进军大连、福州、广州等中国港口，合资建设和经营集装箱码头。周边港口力图对中国港口构成包围圈，这对中国枢纽港和国际航运中心的建设构成严重挑战。同时，香港凭借码头设施、服务质量及自由港政策等优势，联手珠江三角洲的港口，构筑亚太国际物流中心，而高雄港提出亚太营运中心的发展目标，加快中转大陆货箱。这也对中国大陆地区的航运中心建设产生影响。

二、国内环境

1. 国民经济持续发展，集装箱运量将继续增长

改革开放以来，中国经济快速发展，2009年GDP达34.05万亿元，货物进出口额达2.2万亿美元。根据经济和物流的规律，中国初中级产品比例大，适箱货物多；通过计算，中国集装箱吞吐量和GDP、外贸额的相关系数为0.913和0.985，高度相关。未来中国经济仍将持续发展，港口货运需求继续增长，腹地经济的持续发展是中国枢纽港建设的根本驱动。中国集装箱海运始于1973年，90年代以来中国集装箱吞吐量迅速发展，2010年达1.46亿TEU，居世界第一位并占全球总量的1/4，中国在亚洲至北美和欧洲主航线的份额分别达60%和50%以上。中国集装箱港相继崛起，上海、深圳跻身全球前十强，其他港口也跻入百

强，这引发了全球航运格局的结构性变化。随着中国经济的持续快速发展，中国集装箱港口的发展将对世界航运业和全球集装箱港口体系产生深远影响。

2. 国内集装箱港口体系不断调整

从全球背景来看，中国集装箱港口体系处于调整时期，竞争关系复杂，突出表现为以下方面。①上海港的发展对周边港口形成挑战，包括沿海各港及高雄、香港等港口，尤其洋山深水港的建设将加速上海港的崛起，促使中国、东亚甚至全球港口体系进行重构，同时宁波港的崛起也对中国港口体系产生了影响。②香港面临边缘港口——深圳和广州港的挑战，三个港口的腹地均为珠江三角洲，香港中转广东90%的货物，但深圳和广州对香港箱源的分流作用日趋明显，1995年前深圳港以喂给香港为主，目前迅速崛起并对香港形成挑战。③闽台港口围绕台湾海峡形成竞争，包括台中、高雄、台北、厦门和福州等港，港口关系随两岸政治形势变化而不断调整，同时以上港口面临上海港和宁波港的威胁。④环渤海"三足鼎立"的格局难以改变，青岛、大连和天津三个港口仍自成体系，尚未形成具有绝对地位的枢纽港，但枢纽港或航运中心之争却如火如荼。大连提出要建设"东北亚国际航运中心"，日本邮船、中远等落户于大窑湾保税港。天津港提出要建设"北方国际航运中心"，吸引了 PSA、中远和丰树集团等企业的关注。青岛提出建设"中国北方国际航运中心"，积极推行"万国码头"计划，马士基/海陆、铁行渣华等世界500强纷纷参与其码头建设，这提升了青岛港的地位。竞争是港口体系演变的重要动力，目前中国集装箱港口体系内的竞争现象和新发展，都将促使其不断进行调整，直至进入相对稳定阶段。

3. 码头供需市场变化

港航市场的供需状态直接关系着港口的发展与未来建设。20 世纪 90 年代以来，我国处于集装箱运输的快速发展阶段，多数港口的装卸能力尚存在缺口，致使"大船靠小码头"，1/3 的泊位超船型靠泊。该时期开始，吞吐能力提高成为港口发展的主要目标，但经过 20 多年的建设，中国集装箱吞吐能力却面临过剩。2005～2008 年，新增泊位 119 个，新增能力 6272 万 TEU，同期吞吐量增长 6710 万 TEU，而 2009 年新增泊位 29 个，能力 1100 万 TEU，而吞吐量减少 650 万 TEU，集装箱码头装卸能力显著大于吞吐量。截至 2009 年，中国主要集装箱码头超过 91 个，占用岸线 9.7 万 m，通过能力达到 1.17 亿 TEU（全国为 1.29 亿 TEU），而完成集装箱 1.04 亿 TEU，码头能力与吞吐量之比为 1.13∶1，全国集装箱码头平均能力利用率为 90%。2010 年全国集装箱吞吐量达到 1.46 亿 TEU，而装卸能力超标 1.7 亿 TEU，年均能力过剩 2000 万 TEU。而在此背景下，中国主要港口仍在持续推进集装箱码头的建设。中国港口主要是腹地型，港口建设规模与吞吐能力应与腹地货箱生成能力相匹配，目前中国对外贸易处于增长下降的通道，而货箱生成能力处于什么阶段虽尚未定论，但将港口能力建设和该问题相结合，显然是具有意义的。充分关注目前及未来的码头供需市场，并科学指导港口能力建设，是具有积极意义的。

4. 枢纽港的发展态势

枢纽港是港口体系的核心节点，其发展阶段及未来态势是中国港口体系的焦点。20 世纪 90 年代以来，中国港口快速发展，这促使枢纽港快速演进，并分别符合 Bird、Hayuth、Notteboom 的理论。从各枢纽港的发展程度来看，处于以上理论的不同阶段，并具有不同的空间特征，而港口理论证明各港口应采取不同的应对措施。在珠江三角洲，香港和深圳处于 Hayuth 的第五阶段——边缘挑战阶段，如何缓解两者的竞争是该港口体系的核心问题。在长江三角洲，枢纽港的发展处于Notteboom 提出的第五阶段——离岸枢纽阶段，如何重组航运网络是该港口体系的核心问题。在环渤海地区，因枢纽港临近地区不存在大型港口，其发展仍遵循 Bird 的 Anyport 模型，并多处于第六阶段或简化模型的第三阶段——专业化阶段，并符合 Hayuth 理论的枢纽港中心阶段，如何加强国际竞争力是该港口体系的重点问题。以上分析表明了中国枢纽港发展的基本阶段与未来态势，针对这些问题，制定各枢纽港的发展战略与实施途径是关键。

5. 区域港口资源整合

区域港口"整合"是发生在中国港口行业的特殊现象，是政府行为和市场行为的共同产物，但以前者为主。港口整合的具体模式是在高层级政区权力的扶持下，低层级政区的港口资源打破行政区划，组建高层级港口管理机构或合资企业，对港口资源实施统一管理或共同开发经营。上海国际航运中心建设和上海组合港概念的提出标志着港口资源整合的开始，2005 年宁波和舟山港在浙江省政府的扶持下合并，改为"宁波—舟山港"，而温州港与台州港实现了一体化。2002 年，张家港、太仓港、常熟港在苏州市的扶持下合并为苏州港。2006 年年初，厦门港与漳州港合并，目前福建省力促泉州港与莆田港的合并。2007 年，北海、钦州、防城港三港成立广西北部湾国际港务集团有限公司，北部湾港口实现了统一整合。2006 年年初，青岛港和威海港成立青威集装箱码头有限公司，前者控股后者的集装箱码头，2007 年 5 月青岛港与日照港进行合资合作，2005

年烟台港与蓬莱港合并，随后 2006 年烟台港与龙口港合并。2006 年大连港与锦州港进行全面战略和资本合作，同年营口港与盘锦港也进行合作，联合建设盘锦新港。上海港与长江流域港口包括宁波、重庆、武汉、芜湖、南京、南通、扬州等港口，采取了不同形式的整合。多数学者认为港口整合是资源优化配置的有效手段，避免码头、泊位的重复建设。从整合方式看，大致分为港口体制合并、港口资金渗透和港口联合经营，港口资源整合除了追求规模数字增长而提升全国地位外，通过对区域港口资源的垄断以遏制区域市场竞争而形成市场垄断，成为宏观层面大型港口间进行竞争的重要途径，但对航运网络构筑难以产生明显的空间影响。

第三节　中国集装箱港口的发展战略

基于前文分析，本研究力图提出中国港口体系发展的相关战略，以为中国港口的发展提供相关指导。

一、港口体系战略

1. 推行"挑选与集中"战略

国家枢纽港的发展战略：港口越大，竞争力越强，庞大而集中的货源更能吸引航运企业进驻和大型集装箱船舶的挂靠，国家集中力量发展少数枢纽港比同时发展多个港口更能提高竞争力。韩国采用该战略集中发展釜山港，放弃釜山和光阳并重的战略，目前釜山港的发展证实了该战略的正确性。相反的案例是日本，日本采取大阪、神户、名古屋、横滨和东京五个港口均衡发展的战略，结果五个港口的发展差距不大，但未能形成强大的枢纽港，并与釜山港的差距越来越大，不但未吸引其他国家的货箱，而且本国货箱被釜山港所分流。有鉴于此，中国枢纽港建设应从全球港口体系出发，采取"挑选与集中"战略，全力建设上海港和香港—深圳港，将其定位于全球枢纽港。其中，上海港重点建设洋山深水港，推进主要港区的外移，香港—深圳港则注重香港和深圳港的协调与优势互补。

2. 调整港口体系的竞争方向

中国集装箱港口是各区域的门户，从东亚港口的建设与竞争格局来看，未来中国港口的重点是提高国际竞争力。中国集装箱港口体系应调整竞争方向，实现从内部竞争到外部竞争的转变，实现国家利益的竞争，建设具有国际竞争力的航运中心。中国集装箱港口体系的未来重点是整合各港口优势，突出培育整体竞争优势，各港口在航线、航班密度等方面实现优势互补，增加航班密度和效率，形成相互补充并提升国家竞争力的港口优势。在此基础上，中国集装箱港口体系实现与新加坡、釜山等境外大型航运中心和枢纽港的竞争，强化同东北亚、东南亚港口体系的竞争，是中国港口的整体对外竞争，借以增长中国港口体系尤其枢纽港的国际竞争力，力争使中国港口体系成为世界航运网络的核心地区。

3. 强化港口体系的职能分工

港口体系是具有职能分工的空间体系，由此形成有序的港航市场秩序，中国集装箱港口体系须强化港口的职能分工。①基于枢纽港的科学选择，形成枢纽港的职能分工，上海和香港—深圳组合港应成为全国主枢纽港，参与全球枢纽港的竞争；大连、天津、青岛和厦门为各区域的枢纽港，参与东亚枢纽港的竞争。②宁波、连云港、广州等港口应定位于干线港，全力发展近海和近洋货箱运输的同时，适度发展远洋货箱运输，尤其是宁波港，但须避免同主枢纽港的竞争。③营口、烟台、威海、日照、南京、福州、泉州、温州等港口定位于支线港，以发展近海运输为主，适度发展国际货箱运输，多数国际货箱通过枢纽港进行中转。④其他中小型港口应定位于喂给港，积极发展面向枢纽港的内河或近海喂给运输。以上港口职能的分工，须建立在以下前提条件下。第一，打破行政界限，消除地方权益与港口无序竞争；第二，构筑合理的航运网络，通过航线设置和船舶挂靠来实现港口职能分工；第三，港口间形成良好的协调机制，以权衡各港口的利益。

4. 有机协调边缘挑战

边缘挑战是针对枢纽港的近域港口竞争现象，目前在全球已普遍发生，在中国部分地区已显现。其中，较为典型的是珠江三角洲的香港和深圳港，长江三角洲的上海港和宁波港也具备了边缘挑战的部分特征。对于上海和宁波两个港口，因洋山深水港的建设有效缓解了边缘挑战，并改变了 Hayuth 理论的演变轨迹。对于香港和深圳，边缘挑战愈来愈激烈。如何协调边缘挑战，合理调整竞争关系，不但关系两个港口的发展前景，并关系中国枢纽港的建设，直接影响国家竞争力。香港和深圳两个港口应坚持市场机制，采取竞争与合作的战略，改善交通联系，使两者优势互补而作为组合港进行发展。深圳港应定位于集装箱操作中心，吸引航运企业的操作点，积极发展低附加值航运业，适当分流香港货箱，以减轻香港交通压力。香港应发挥航运资源优势，采用伦敦模式（表13-1），积极发展高端航运服务业，重点包括船舶注册与买卖、货运代理、船员劳务、船舶管理、航运融资、海事保险、海事仲裁、航运交易、航运会计、航运信息咨询、航运组织、航运教育等多个领域，向更高层次的国际航运中心发展。

表13-1 伦敦航运服务业构成（2002年）

产业	发展情况	占世界市场份额
航运金融投资	放贷总额估计达150亿~200亿英镑	20%
航运保险	保险费收入达32亿英镑	19%
航运仲裁	年案值近4亿美元	
航运经纪	交易金额达340亿美元	50%
航运就业人数	达13 000人	
出版、研究与活动	全球领先的海事刊物出版中心和海事研究中心	航运活动的领先组织者
技术与工程咨询	在全球业界占据主导地位	

5. 实施内河喂给战略

内河喂给战略是部分国际枢纽港的重要成功经验。在中国，具有通航功能的内河主要有珠江和长江及京杭运河，实施珠江和长江的内河喂给战略是珠江三角洲和长江三角洲枢纽港的重要战略。集装箱的陆路运输成本较高，而内河驳航运输比较廉价，这促使内陆喂给运输颇具战略性。在欧洲，集装箱驳航运输已有20多年的发展历史（Konings，2006）。充分发挥珠江和长江的内河通航优势，在中小型港口和枢纽港间积极发展驳船喂给运输。在珠江三角洲，中小型港口重点向香港和深圳两个港口进行驳船喂给，实施"珠江战略"，尤其强化深圳西部港区和香港与珠江水网码头的合作与联盟，发展公共驳船快线，稳定两大港口的箱源，减少内陆运输量。在长江三角洲，重点加强长江下游中小型港口向洋山港的货箱喂给，实施"长江战略"，发展稳定的驳船快线；长江中游港口也应发展同上海港或洋山港的稳定喂给航线，减少陆运运输，支撑离岸枢纽的发展，助推上海国际航运中心的建设。

二、港口码头战略

1. 防止"早衰"现象的蔓延

"早衰"指因不合理的管理或建设，导致港口发展未能遵循其原有规律，提前出现衰败趋势或痕迹。目前，"早衰"现象在中国已显现，突出体现在深圳、上海等大型港口。中国港口处于迅速崛起的阶段，硬件设施和软件条件都尚未具备与周边枢纽港进行抗争的能力，通过优惠政策和低收费吸引码头投资商和经营商、航运企业和中转货箱，是港口加快发展的重要途径，同时是抗衡周边国际枢纽港的重要战略。目前，中国部分港口收费普遍偏高，其中深圳的码头收费居首位并不断提高，再加上船舶费用等，收费水平与香港相比不具优势。而且，这发生在深圳港尚不到 1000 万 TEU 的阶段，更凸显问题的严重性。中国须对港口进行成本结构调整，改善服务水平，控制港口收费上涨，提高国际竞争力。

同时，关注航线和港口费收的价格竞争。其中，严格控制航线"零运价"、"负报价"的发生，避免航运业的"价格战"。2005 年港口内贸装卸、堆存价格放开以来，港口价格竞争颇为激烈，部分港口的权益得不到保障，虽然外贸收费尚未开放，但港口业已出现如杀价、压价等不正常现象，部分企业利润降至很低水平，并产生价格战成为持久战的趋势。有鉴于此，港口行业应全面协调行业价格，实现理性价格竞争，为建立良好的市场氛围创造条件。

2. 积极发展以港口业为核心的现代物流业

港口区域化已成为中国部分枢纽港的发展趋势，加强以港口航运为核心的现代物流业发展成为中国港口尤其是枢纽港的重要战略。①以港口为中心，在其近邻地区或内陆腹地建设现代物流基地，具体采用物流园区或物流中心或配送中心的模式进行空间组织。②除了传统的港口装卸、仓储等业务，应积极发展高附加值的物流服务，如包装、流通加工、物流信息处理、配送等，满足货主多层次的物流需求。③枢纽港的发展以全球供应链为理念，积极发展全球化的采购、加工、仓储和配送等物流功能，建设跨国公司的国际配送枢纽或采购中心。④国家在主要枢纽港地区建设部分自由贸易区或保税港，进一步促进港口国际运输和现代物流及加工制造业、出口贸易的空间融合。

3. 构建港口码头联盟

航运联盟是 20 世纪 90 年代中期以来全球航运市场的主要特征，在实现航运企业运力充分利用的同时，降低了港口发展的自主性，港口选择权力从港口转移给航运企业。航运企业的运力和箱源资源直接决定了港口的发展机遇与潜力。为了降低航运企业或航运联盟的控制性，港口码头间可以打破行政区界限（如地市、省市甚至国家）和所有权界限（如国有、私有），形成码头联盟（Slack，2001），就港口码头经营的某些内容达成协议（如码头使用费、码头出租费），提高港口发展的自主性。

4. 深水港区和基础设施建设

船舶大型化仍是航运市场的重要趋势，而且随着港航市场的成本与利润比较，深水港口成为吸引航运企业和集装箱船舶挂靠的重要途径。①主要枢纽港要继续加快深水泊位的建设，具体可另选新址或改造既有泊位，提高枢纽港挂靠大型集装箱船舶的能力，进而培育港口国际竞争力。②部分中型港口适度建设部分深水泊位，以强化对未来航运市场的满足。③强化港口装卸设施及配套设施的升级改造，提高货箱处理效率。④港口及集疏运设施建设须和国际接轨，实现集装箱船舶的无障碍挂靠和多式联运畅通。

三、港航企业战略

1. 国际码头企业的引入

中国港口建设的资金缺乏是长期存在的问题，同时中国码头的经营与管理也需要借鉴国际经验，这需要继续引进国际著名的码头企业。但国际码头企业的引入和持股须坚持以下原则。①重点吸引国际专业化的码头企业，充分利用其全球网络和港航姊妹关系，吸引资金、拓展国际码头关系的同时，加强同航运企业的关系，提高大型船舶和干线主流船舶的挂靠频次。②同一港口或码头注重多家码头企业的引入与参股，构筑复杂的港口码头股权结构，企业间形成竞争与抗衡态势的同时，降低单一企业的垄断程度，提高我国对港口或码头的掌控能力。③为了防止码头经营企业在某些港口或码头形成垄断，对区域或全国港口市场形成干预能力，设立码头企业的全国占有率警戒线、区域占有率警戒线及港口占有率警戒线，超过警戒线时，政府应采取相应地反垄断政策。

2. 全力吸引航运企业，构筑主干航线网络

随着航运联盟和港船合一等全球港航市场的变化，港口选择的权力交由航运企业，航运企业日显重要，引驻航运企业成为全球港口尤其枢纽港持续发展的积极战略。中国在港口崛起时期，更应强调该战略。①通过优惠政策，提高服务水平（如装卸效率、通关时间），降低码头收费（如设施费、碇泊费），积极引驻航运企业，成为其稳定挂靠港。②通过合资等形式，吸引航运企业参与码头建设和经营，拓宽中国港口建设资金渠道，拓展航运企业的产业链。③在部分港口码

头积极推行单一客户战略，为客户量身定制服务模式，全力吸引航运企业，使其成为中转基地或基本港。④鼓励中国参与国际合作，通过箱位互租和航线共同经营等方式，构筑国际航运联盟，借以提高中国航运企业的竞争力。通过以上途径，促使航运企业调整航线组织和航班设置，力争使中国港口成为国际航运企业的挂靠港，发展直达运输，实现中国航运网络与全球航运网络的融合。

四、政府部门战略

1. 实施港口规划的空间管制

港口布局与建设规划是政府尤其中央政府对港口体系进行宏观调控的主要途径。随着市场不确定性的增强，尤其是在各地均存在"大建港口、建大港口"强烈意愿的背景下，中央及地方政府更应加强港口布局与建设规划的制定与实施，尤其关注以下方面。①合理确定各个港口的建设规模，重点控制中小型港口的建设规模，遏制港口建设过热，预防港口能力过剩而资源闲置与无序竞争。②枢纽港选择与定位：港口规划须高度重视枢纽港的布局、选择与规模，这关系到港口建设的投资，并影响到国家竞争力的提升。③港口职能界定：港口规划须界定各个港口的职能关系，尤其关注近域港口的职能分工，合理确定枢纽港、干线港、支线港和喂给港等港口类型的职能界定与布局，这是构筑有序港航市场的前提。④集疏运系统：随着政府角色的重新定位，港口规划必须重视港口与腹地的集疏运系统建设，连接内陆腹地并有序划定各港口的腹地范围，同时缓解港口城市的交通压力，从另一个角度遏制港口无序竞争。

2. 转变政府角色

转变政府及主管部门的角色，是中国港口发展面临的重要问题。各级政府和主管部门在港口建设与发展中应关注以下方面。①政府从港口产权中退出，实现政企分离，划清政府和企业的责权关系。②政府成为公共设施、公共环境的投资者和公共服务提供者，如集疏运建设、仓储用地等，并注重从物流链的角度改善港口的多式联运系统。③政府应建立与航运和港口相关的法律环境，以界定各参与方的职责与权利，并对其进行监察。④政府应成为宏观调控者，通过港口规划确定各港在区域发展中的功能与角色，通过投资者的进入门槛制定和港口码头的股权结构协调各方利益，确保国家利益。⑤港口主管部门应同其他交通网络节点进行战略合作，包括政策和稀缺资源的共享、交通管理、内陆联系与服务、环境保护等。

3. 选择合理区位建设自由港

港口尤其枢纽港作为国际贸易的核心节点，是否拥有自由开放的市场环境对其发展至关重要。从国际经验来看，多数成功发展的国际枢纽港往往具有高度开放和自由的市场环境，尤其自由港是重要的经营模式。有鉴于此，科学选择我国主要枢纽港或枢纽港的某一部分港区，作为自由港的建设区位，并在空间上形成合理的空间体系。同时，按照国际惯例，采取自由港的运作模式，为旅客、货物、船舶的进出和货币流通提供自由的市场环境。重点是基于既有的保税区，针对目前的监管手续繁琐、物流不畅、自由度不高、功能不完善、出口功能受出口退税影响、加工功能受出口经营权限制政策影响等若干突出问题，采取与世界贸易组织所遵循的关税减让、取消数量限制和统一实施的透明政策等法律，建设成为自由港，提升国际竞争力。

4. 港口建设的社会职责监督

保障人们的生活质量水平是全球当前和未来共同关注的问题。随着人们环保意识的增强，港口发展所引起的环境问题将成为港口发展的重要制约因素。从西北欧港口的发展经验来看，这点尤其明显，阿姆斯特丹港就特别关注对周边自然环境的保护，并成为港务局的管理重点。港口和城市的发展规律，在理论上也证明这点。政府作为公共管理和服务机构，应强化港口环境的评估。①政府主管部门应对港口及附近地区的环境进行定期评估，为港口业务操作制定相关的环境保护标准。②通过土地使用者遵守相关环保规则，确保土壤、水域和地基等不受破坏或威胁，对可利用空间进行保护和有效管理。③通过法律或经济手段引导运输企业，更多地利用铁路、航空、水运（内河和短途海运）等方式进行货物集疏运，减少公路运输所产生的污染和交通压力，中国港口多由公路进行集疏运而铁路支线较少，更应关注此策略。④发挥公众参与的作用，充分听取城市居民的意见，将公众权益倾向反映在港口发展规划中。

第十四章

研究结论及展望

第一节　结论与创新

通过本书研究的分析，主要得出以下结论。

1. 世界集装箱港口网络演变与空间集散

集装箱化是集装箱技术对传统港口的改造过程，港口及港口体系的空间拓展和功能发展形成了时序过程和历史分期。20世纪50年代以来，集装箱化呈现由欧美开始并迅速向世界普及的空间传播轨迹，世界集装箱港口布局的重心地区经历了"北美、西北欧→北美、西北欧和东亚→东亚→中国"的空间转移路径，分别围绕大西洋和太平洋形成港口布局体系。全球集装箱运输存在一定的空间集散周期，其集散周期日益扩大，而且集散周期和集装箱港口的格局演变存在时序耦合，目前全球集装箱航运处于扩散终期，并即将进入集聚阶段，而集聚的中心地区则是中国。

2. 全球集装箱航运网络的空间体系

航线组织是航运网络的基础阶段，主要包括两点往返式、钟摆式、环型和轴辐式等基本模式。截至目前，全球航线网络已形成航线萌芽、北北航线、北南航线和南南航线四个阶段。全球集装箱航运网络呈现出明显的区域差异，东亚、东南亚、西北欧和北美东海岸是重点组织地区，而香港、新加坡、深圳、上海和高雄等少数港口拥有较高的航运组织能力。但是，全球范围内尚未形成全球性或大规模的集装箱航运组织系统，而形成了44个区域性航运系统和枢纽港，其布局格局同时呈现区域化、多元化、南北对称性、近邻性等空间特征。枢纽港不一定是高吞吐量的大型港口，但等级体系同吞吐量规模结构基本一致，形成了五个层级的等级体系，新加坡和香港两个港口成为全球集装箱航运的咽喉，东亚则成为高层级枢纽港集中分布的地区，而中国在全球枢纽港体系中开始具备重要的地位。

3. 集装箱港口和枢纽港的发展机制

集装箱港口的生成、发展和演化具有内在的机制，受一系列因素所驱动。在不同空间尺度和时段内，集装箱港口发展的主导因素有所不同。经济、航线网络和区位、港航企业、船舶大型化和成本比较等成为集装箱港口的重要影响因素，国际贸易网络和集装箱港口网络呈现较好的空间耦合。枢纽港的发展存在驱动机制、支撑机制、发展模式、竞争机制、本地约束机制和发展趋向等机制过程。目前，航运企业重组和码头经营企业的全球扩张对世界集装箱港口体系的演化具有深远的影响，尤其影响枢纽港的发展机率与潜力。

4. 中国集装箱港口体系的发展演化

20 世纪 70 年代以来，中国港口启动了集装箱化过程，呈现出由沿海向内河和大港向小港的传播路径，港口集装箱化率与吞吐量规模呈现耦合和非耦合两面性，大型港口和许多小型港口具有较高的集装箱化率。海港在中国集装箱港口体系内占有重要地位，尤其江海交汇的长江三角洲和珠江三角洲是重要集聚地区。70 年代以来，主要港口的地位相对稳定，少数港口的地位有所下降，而部分港口则迅速提升。中国集装箱港口体系的形成与发展，主要受自然条件、经济城镇、区位、国际联系、政府行为、外部资本和竞争等因素的影响，并在不同领域或空间尺度实施影响。

5. 中国集装箱航运网络的空间体系

中国集装箱航运网络内，香港、上海和深圳等港口具有很强的组织能力，中国港口同日韩、北美、欧洲和东南亚等地区形成了较强的运输联系，并形成了一定的地域特征。在国内集装箱航运网络中，中国形成了 6 个航运组织系统，香港—深圳、上海、青岛、天津、大连和厦门分别为各航运系统的枢纽港。在国际集装箱航运网络中，中国港口从属于 3 个航运系统，釜山、大阪—神户和新加坡分别为各航运系统的枢纽港。

6. 区域性港口体系与经典港口理论模型

中国区域性集装箱港口体系存在很大的差异，尤其是珠江三角洲和长江三角洲港口体系。珠江三角洲港口体系经历了 Hayuth 理论的 5 个阶段，香港和深圳的竞争关系是中国乃至全球港口体系的焦点，边缘挑战的理论本质就是同质区域的港口竞争和港口体系的扩散化。长江三角洲港口体系则验证了现代集装箱港口体系的演化理论，洋山港的建设促使该区域进入离岸枢纽的发展阶段，并逐步向港口区域化阶段演进，这主要受集装箱深水泊位和现代物流资源整合等机制的综合影响。

7. 港航企业重组对中国港口体系产生深远影响

国际港航企业重组和全球扩张对中国集装箱港口体系产生深远影响。目前，中国主要港口的建设与经营均有外部资本的参与，主要国际码头企业在中国已建立码头网络，并逐步主导中国码头市场，而深圳、上海、青岛、天津、厦门、大连等枢纽港是外部资本关注的重点。中国港口经历了由支线网络到主干网络的发展过程，成为国际班轮挂靠的重点地区，主要港口已纳入航运联盟的主干网络，香港是枢纽港，其次是高雄、深圳和上海，而青岛、厦门、宁波、天津和基隆及大连等港口的地位较低。

第二节 未来展望

基于本研究的主要进展，结合未来集装箱港口和世界集装箱航运业的发展趋势，作者认为未来集装箱港口及港口体系的研究应加强以下方面的分析。

1. 区域性港口体系的演进机制与特殊规律

本研究的核心内容是全球港口体系的空间格局与演变及发展机制，但全球分析难以反映区域特殊现象与特殊机制。任何区域都存在着不同的社会经济环境，尤其是经济发展水平不一，国家制度环境各不相同，由此形成了不同的港口发展特征与机制及规律。港口发展新兴地区包括东亚、地中海、加勒比海等地区，呈现出特殊的发展机制，而西北欧、北美等地区也呈现出新的发展特征。但是鉴于数据的有限，本研究未能对欧洲、北美、东亚、地中海等具体区域的港口体系进行分析。进一步加强对区域性港口体系的分析，可以揭示港口体系发展的特殊机制，更有利于补充和完善港口发展理论。

2. 关注综合物流整合对港口体系的影响机制

现代物流的发展对交通运输业产生了理念性革命，现代物流资源的整合则将港口纳入综合物流链和价值链，港口开始重新界定其角色与功能。物流资源整合和港口角色调整重塑了港口与海陆向腹地及全球生产、消费网络的价值链关系，并形成了全球性空间网络的调整，这改变了港口或港口体系的传统演变路径。如何从现代综合物流的视角，考察港口或港口体系的发展趋向及内在机制是港口地理学应加强的研究内容，尤其是全球物流网络与港口网络的空间关系值得关注。

3. 重视制度对港口体系的影响

制度已成为港口地理学的基本研究范畴，并成为解析港口体系生成、发展和演变深层次机制的切入点。而且，港口地理学关注制度研究显然和经济地理学的研究逻辑趋于一致，人类社会中若干空间行为或空间格局的差异或分异，归根到底要探求制度原因。目前，东亚尤其中国已成为港口地理学的研究平台，该地区的特殊制度深深吸引了部分学者。但港口地理学的相关研究处于起步阶段，而本研究对该方面的分析也涉及较少，这在一定程度上影响了研究效果。未来，作者及相关学者应以东亚尤其中国为案例地区，从实证分析和理论总结两方面，揭示制度对港口发展或港口体系演变的影响机制。

4. 强调港口研究的码头化

港口地理学的基础研究单位是港口，这是长期以来所秉承的研究范式。但20世纪末以来，随着世界港口私有化的推进，竞争机制由港口间深入到港口码头间，码头的地位日显重要和突出，并具备了改变港口或港口体系传统发展路径的能力，这在中国也有明显体现。港口研究的码头化更有利于将港航企业行为、政府体制、自然本底、全球环境等各种要素进行整合分析，深入揭示港口发展的机制与机理。未来研究，应将港口研究单位逐步转移到码头，探讨其发展的基本驱动、产权关系、管理体制、客户网络和全球网络，深入分析港航市场的宏微观竞争机制，反映港口体系的宏观问题。

5. 港口中心论和企业中心论的综合分析

任何学科的基础研究与发展，都与研究范式存在紧密关系。港口中心论曾是港口地理研究长期采用的研究范式，并主导了过去60多年的研究理念与进展，奠定了港口研究的理论框架与技术方法。20世纪90年代以来，港口发展的环境不断变化，航运企业和码头企业的地位不断凸显，港口发展逐步由外部因素决定。企业中心论的研究范式不仅反映了港航企业行为的空间效应，而且体现了技术进步、网络组织、资金流动等各方面的综合效应。未来的港口研究，应立足于港口中心论，结合集装箱港口与班轮航运业的最新发展现象，积极采用企业中心论的研究范式，加强港航企业的影响机制和空间效应分析，实现传统研究范式和现代研究理念的融合。通过两种研究范式的结合，从港口发展的内部属性与外部因素两个方面，综合考虑集装箱港口发展和演化的内外机理与机制，考察港口发展的自身决定权与外部控制力，判断港航企业对港口体系的空间影响。

参 考 文 献

安箴鹏，韩增林，杨荫凯．2000. 国际集装箱枢纽港的形成演化机理与发展模式研究．地理研究，19（4）：383-390.

安箴鹏．1998. 中国集装箱发展和布局刍议．地域研究与开发，17（4）：44-48.

曹有挥，曹卫东，金世胜，等．2003. 中国沿海集装箱港口体系的形成演化机理．地理学报，58（3）：424-432.

曹有挥，李海建，陈雯．2004. 中国集装箱港口体系的空间结构与竞争格局．地理学报，59（6）：1020-1027.

曹有挥．1998. 江苏省长江沿岸集装箱港口群体基本特征与战略方向．经济地理，18（4）：81-84.

曹有挥．1999. 集装箱港口体系的演化模式研究．地理科学，19（6）：485-490.

董洁霜，范炳全．2002. 长江三角洲主要集装箱港口扩张与竞争．人文地理，17（6）：66-70.

龚月明．2006. 班轮公司经营进入"规模"时代．海运情报，（10）：1-3.

韩增林，安箴鹏，王利，等．2002. 中国国际集装箱运输网络布局与优化．地理学报，57（4）：479-488.

韩增林，安箴鹏．2001. 东北集装箱运输网络的建设与优化探讨．地理科学，21（4）：308-314.

韩增林，安箴鹏．2006. 集装箱港口发展与布局研究．北京：海洋出版社.

蒋正雄，刘鼎铭．2002. 集装箱运输学．北京：人民交通出版社.

金凤君．2001. 中国航空客流网络发展及其地域系统研究．地理研究，20（1）：31-39.

凌起．1998. 世纪之交福建港口集装箱运输的发展走势．经济地理，（4）：85-89.

马淑燕．1998. 上海国际航运中心建设若干问题探讨．经济地理，18（4）：75-80.

莫道．1995. 世界集装箱航线的发展和现状．集装箱化，（1）：8-17.

王成金，金凤君．2006. 中国海上集装箱运输的空间组织．地理科学，26（4）：392-401.

王成金，于良．2007. 世界集装箱港的形成演化及与国际贸易的耦合机制．地理研究，26（3）：557-568.

王成金．2008a. 世界航运企业重组及对航运网络影响．世界地理研究，17（1）：94-118.

王成金．2008b. 全球集装箱航运的空间组织网络．地理研究，27（3）：636-647.

王成金．2008c. 现代港口地理学研究进展及展望．地球科学进展，23（3）：243-251.

王成金．2011. 现代集装箱港口体系的理论模型及实证研究．地理研究，30（3）：397-410.

王明志．国际航运市场形势和我国国际航运行业管理设想．水运管理，1998，（12）：14-17.

张炳华．2000. 集装箱应用全书．北京：人民交通出版社.

张怀明．2000. 中枢辐射航线网络的运行条件．国际航空，（6）：37-39.

赵济．1980. 中国自然地理．北京：高等教育出版社.

Airriess C A. 1989. The spatial spread of container transport in a developing regional economy. Transportation Research, 23: 453-461.

Airriess C A. 2001a. The regionalization of Hutchison port holding in mainland china. Journal of Transport Geography, 9: 267-278.

Airriess C A. 2001b. Regional production, information- communication technology, and the developmental state: the rise of Singapore as a global container hub. Geoforum, 32: 235-254.

Alix Y, Slack B, Comtois C N. 1999. Alliance or acquisition? Strategies for growth in the container shipping industry, the case of CP ships. Journal of Transport Geography, 7: 203-208.

Alonso W. 1964. Location Theory. In: Regional Development and Planning Eds J Friedmann, WAlonso (MIT Press, Cambridge, MA): 78-106.

Ashar A. 2002. Revolution now. Containerisation International, 1: 56-59.

Baird A J. 1995. Privatisation of trust ports in the United Kingdom: review and analysis of the first sales, review and analysis of the first sales. Transport Policy, 2 (2): 135-143.

Baird A J. 1997. Rejoinder: extending the lifecycle of container mainports in upstream urban locations. Maritime Policy & Management, 24: 299-301.

Baird A J. 1999. Global challenges for ports and terminals in the new era? Ports and Harbors, 44 (2): 17-27.

Baird A J. 2003. Global strategic magement in liner container shipping, the presented paper on 23rd IAPH world ports conference, Durban, South Africa, The national ports Authority of South Africa.

Baird A J. 2006. Optimising the container transhipment hub location in northern Europe. Journal of Transport Geography, 14 (3): 195-214.

Bichou K, Gray R. 2005. A critical review of conventional terminology for classifying seaports. Transportation Research part A, 39: 75-92.

Bird J H. 1963. The Major Seaports of the United Kingdom. London: Hutchinson.

Bird J. 1980: Seaports and seaport terminals. London: Hutchinson University Library.

Brennan J R. 2002. Brave New World. Containerisation International, 35: 39-41.

Britton J N H. 1965. Coastuise external relations of the poris of Victoria. The Australian Geographer, 9: 269-281.

Brooks M R. 2000. Sea change in liner shipping: regulation and managerial decision-making in a global industry. Oxford: Pergamon Press.

Buckwalter D W. 2001. Complex topology in the highway network of Hungary, 1990 and 1998. Journal of Transport Geography, 9: 125-135.

Burg G V D. 1969. Containerisation: a modern transport system. Londun: Hutchinson.

Cariou P. 2001. Vertical integration within the logistic chain: does regulation play rational? the case for dedicated container terminals. Transporti Europei, 7: 37-41.

Carter R E. 1962. A comparative analysis of United States Ports and their traffic characteristics. Economic Geography, (38): 162-175.

集装箱港口网络形成演化与发展机制

Charlier J. 1992. The regeneration of old port areas for new port uses, in Seaport Systems and Spatial Change. *In*:, Hoyle B S, Hilling D, JohnWiley, Chichester, Sussex: 137-154.

Charlier J. 1996. The benelux seanort svstem. Tijdschrift voor Economische en sociale Geografie, 87 (h): 310-321.

Chorley R J, Haggett P. 1970. Network analysis in geography. London: Edward Arnold.

Comtois C, Rimmer P J. 1996. Refocusing on China: the case of Hong Kong's Hutchison Whampoa. Asia Pacific Viewpoint, 37 (1): 89-102.

Comtois C. 1999. The integration of China' s port system into global container shipping. GeoJournal, 48: 35-42.

Cooke P, Morgan K. 1993. The network paradigm: new departures in corporate and regional development. Environment and Planning D: Society and Space, 11: 543-564.

Couper A D. 1972. The Geographg of sea transport. London: Hutchinson.

Cullinance K, Khanna M, Song D W. 1999. How big is beautiful: economies of scale and the optimal size of containership. Liner shipping: what's next? *In*: Proceedings of the 1999 IAME Conference, Halifax: 108-140.

Cullinance K, Khanna M. 2000. Economies of scale in large containerships: optimal size and geographical implications. Journal of Transport Geography, 8: 181-195.

De Monie G. 1997. The global economy, very large containerships and the funding of mega hubs. London: Port Finance Conference: 26-27.

Dicken P, Kelly P F, Olds K, et al. 2001. Chains and networks, territories and scales: towards a relational framework for analysing the global economy. Global Networks, 1 (2): 89-112.

Ducruet C 2004. Port cities, laboratories of globalisation. unpublished dissertation in geography. Le Havre University.

Ducruet C, Lee S W, Na A K Y. 2010. Centrality and vulnerability in liner shipping networks: revisiting the Northeast Asian port hierarchy. Maritime Policy and Management, 37, (1): 17-36.

Ducruet C, Notteboom T E, De Langen P. 2009a. Revisiting inter- port relationships under the New Economic Geography research framework. *In*: Notteboom T E, Ducruet C, De Langen P W. Ports in proximity: competition and coordination among adjacent seaports. Aldershot: Ashgate, 11-28.

Ducruet C. 2006. Port- city relationships in Europe and Asia. Journal of International Logistics and Trade, 13 (4): 13-35.

Elliott N R. 1969. Hinterland and foreland as illustrated by the port of the Tyne. Transactions of the Institute of British Geographers, 47: 153-170.

Fleming D K, Hayuth Y. 1994. Spatial characteristics of transportation hubs: centrality and intermediacy. Journal of Transport Geography, 2: 3-18.

Fleming D K. 1997. The meaning of port competition. *In*: Proceedings of International Conference of the International Association of Maritime Economist (IAME), London: 22-24.

Fleming D, Baird A. 1999. Comment. Some reflections on port competition in the United States and Western Europe. Maritime Policy and Management, 26: 383-394.

Garrison W L. 1960. Connectivity of the interstate highway system. Regional Science Association, Papers and Proceedings 6: 121-137.

Gilman S, Maggs R P, Ryder S C. 1977. Container on the North Atlantic. Marine Transport Centre, University of Liverpool.

Gilman S. 1980. A critique of the super-port idea. Maritime Policy and Management, 7: 77-78.

Gilman S. 1999. The size economies and network efficiency of large containerships. International Journal of Maritime Economics, 1 (1): 39-59.

Goss R O. 1968. Towards an economic appraisal of port investments. Studies in Maritime Economics. Cambridge: Cambridge University Press.

Graham M G. 1998. Stability and competition in intermodal container shipping: finding a balance. Maritime Policy and Management, 25: 129-147.

Hawkins J, Gray R. 2000. Strategies for asia-pacific shipping. Aldershot: Ashgate.

Hayuth Y, Fleming D K. 1994. Concepts of strategic commercial location: the case of container ports. Maritime Policy and Management, 21 (3): 187-193.

Hayuth Y. 1981. Containerization and the load center concept. Economic geograhy, 57 (2): 160-176.

Hayuth Y. 1982. The port urban interface: an area in transition. area, 14, 219-224.

Hayuth Y. 1988. Rationalization and deconcentration of the US container port system. The Professional Geographer, 40 (3): 279-288.

Heaver T D. 1995. The implications of increased competition among ports for port policy and management. Maritime Policy and Management, 22: 125-133.

Heaver T D. 2002. The evolving roles of shipping lines in international logistics. International Journal of Maritime Economics, 4 (3): 210-230.

Heaver T, Meersman H, Van de Voorde E. 2000. Co-operation and competition in international container transport: strategies for ports. Maritime Policy and Management, 28 (3): 293-305.

Helmick J. 1994. Concentration and connectivity in the north atlantic line port network: 1970-1990, Ph. D. University of Miami: 149.

Hesse M, Rodrigue J P. 2004. The transport geography of logistics and freight distribution. Journal of Transport Geography, 12 (3): 171-184.

Hilling D. 1977. The evolution of a port system - the case of Ghana. Geograhy, 62 (2): 97-105.

Hoover E M. 1948. The Location of E onvmic Activity. New York: McGraw Hill.

Hoyle B S, Charlier J. 1995. Inter-port competition in developing countries. Journal of Transport Geography, 3 (2): 87-103.

Hoyle B S, Hilling D. 1970. Seaports and development in tropical Africa. London: Macmillan.

Hoyle B S, Hilling D. 1984. Seaport system and spatial change: technology, industry, and

集装箱港口网络形成演化与发展机制

development strategies. New York: Beekman Books Inc. 22.

Hoyle B S, Pinder D A. 1981. Cityport industrialization and regional development: spatial analysis and planning strategies. Oxford: Pergamon Press: 23-339.

Hoyle B S. 1968. East African seaports: an application of the concept of 'Anyport'. The Institute of British Geographers, 44: 163-183.

Hoyle B S. 1989. The port-city interface: trends, problems and examples. Geoforum, 20: 429-435.

Hoyle B. 1967. The Seaports of East Africa. Nairobi: East African Publishing House.

Hoyle B. 1999. Port concentration, inter- port competition and revitalization: the case of Mombasa, Kenya, *Maritime Policy & Management*, 26 (2): 161-174.

Hoyle B. 2000. Global and local forces in developing countries. Journal for Maritime Research, 2 (1): 9-27.

Huybrechts M, Meersman H, Van de Voorde E, et al. 2002. Port Competitiveness: An Economic and Legal Analysis of the Factors Determining the Competitiveness of Seaports. Antwerp: De Boeck Ltd.

Janelle D, Beuthe M. 1997. Globalization and research issues in transportation. Journal of Transport Geography, 5: 199-206.

Johnson J A, Fandry C B, Leslie L M. 1971. On the variation of ocean circulation produced by bottom topography. Tellus, 23: 113-121.

Kanski K J. 1963. Structure of transportation networks: relationships between network geometry and regional characteristics. Chicago: University of Chicago Press.

Komadina P, Čišic D, Hlača B. 2006. Globalization in maritime transport industry. Naše more, 53: 5-6.

Konings R, Louw E, Rietveld P. 1992. Transport and infrastructure in the Radstad: an international perspective. Tijdschrift Voor Economische en Sociale Geografie, 83 (4): 263-277.

Konings R. 1993. De rol van de zeerederij in het achterlandvervoer van containers. Tijdschrift Vervoer-swetenschap, 29 (3): 225-233.

Konings R. 2006. Hub and spoke networks in container on barge transport, paper presented at the TRB meeting.

Kuby M, Reid N. 1992. Technological change and the concentration of the U. S. general cargo port system: 1970-1988. Economic Geography, 68 (3): 272-289.

Lago A, Malchow M, Kanafani A. 2001. An analysis of carriers-schedules and the impact on port selection. *In*: Hong kong Polytechrcic University. Proceedings of the IAME 2001 Conference, Hong Kong: 123-137.

Lee J H. 2001. Prospects for growth of world container ports in 2000. Busan: Authority of container terminal in Korea.

Lee S W, Song D W, Ducruetc. 2008. A tale of Asia's world ports: the spatial evolution in global hub port cities. Geoforum, 39 (1): 372-385.

参考文献

Manners G. 1971. The changing world market for iron ore, 1950- 1980: an ewnomic geography. Baltimore: John Hopkins Press.

Marcadon J. 1999. Containerisation in the ports of Northern and Western Europe. GeoJournal, 48 (1): 15-20.

Marti B E. 1988. The evolution of Pacific Basin load centres. Maritime Policy and Management, 15: 57-66.

Martin J, Thomas B J. 2001. The container terminal community. Maritime Policy and Management, 28 (3): 279-292.

Mayer H M. 1973. Some geographic aspects of technological changes in maritime transportation. Economic Geography, 49: 145-155.

Mayer H M. 1978. Current trend in Great Lakes shipping. GeoJournal, 2: 117-122.

McCalla R J. 1999a. From St. John's to Miami: containerisation at eastern seaboard ports. GeoJournal, 48: 21-28.

McCalla R J. 1999b. Global change, local pain: intermodal seaport terminals and their service areas. Journal of Transport Geography, 7: 247-254.

Midoro R, Pitto A. 2000. A critical evaluation of strategic alliances in liner shipping. Maritime Policy and Management, 27: 31-40.

Monie G D. 1997. The global economy, very large containerships and the funding of mega hubs. In port Finance conference, London, June 1997: 26-27.

Morgan F W. 1952. Ports and harbours. London: Hutchinson.

Musso E, Ferrari C, Benacchio M. 2001. Co- Operation in Maritime and Port Industry and Its Effects on Market Structure, paper presented at WCTR Conference, Seoul.

Ng K Y A, Gujar G C. 2009. The spatial characteristics of inland transport hubs: oevidences from Southern India. Journal of Transport Geography, 17 (5), 346-356.

Norcliffe, G B. 1981. Processes Affecting Industrial Development in Port Areas in Canada. *In*: Hoyle B S, Pinder D A. Cityport Industrialisation: Spatial Analysis and Planning Stratégies. Oxford: Pergamon: 151-165.

Notteboom T E, Winkelmans W. 2001. Structural changes in logistics: how will port authorities face the challenge? Maritime Policy and Management, 28: 71-89.

Notteboom T E. 1997. Concentration and load centre development in the European container port system. Journal of Transportation Geography, 5 (2): 99-115.

Notteboom T E. 2002. Consolidation and contestability in the European container handling industry. Maritime Policy and Management, 29: 257-269.

Notteboom T E. 2004. Container shipping and ports: an overview. Review of Network Economics, 3 (2): 86-106.

Notteboom T E. 2005. Port regionalization: towards a new phase in port development. Maritime Policy &

集装箱港口网络形成演化与发展机制

Management, 32 (3): 297-313.

Notteboom T E. 2006. Traffic inequality in seaport systems revisited. Journal of Transport Geography, 14 (2): 95-108.

Notteboom T, Ducruet C, Langen P D. 2009. Ports in Proximity-Competition and Coordination among Adjacent Seaports, Ashgate.

Odell P R. 1976. An economic geography. New York: Greenwood Press.

Ogundana B. 1970. Patterns and problems of seaport evolution in Nigeria. In: Hoyle B S, Hilling D. Seaports and development in tropical Africa. London: Macmillan: 167-182.

Ogundana B. 1971. The location factor in changing seaport significance in Nigeria. Nigerian Geographical Journal, 14: 71-88.

Olivier D, Brian S B. 2006. Rethinking the port. Environment and Planning A, 38: 1409-1427.

Omtvedt P. 1963. Report on the profitability of port investment. Oslo: Mimeo.

O'Mahony H. 1998. Opportunities for container ports: a cargo system report. London: Cargo System.

Palmer S. 1999. Current port trends in an historical perspective. Journal for Maritime Research, 1 (1): 99-111.

Panayides P M, Cullinane K. 2002. Competitive advantage in liner shipping: a review and research agenda. International Journal of Maritime Economics, 4: 189-209.

Pedersen P. 2003. Development of freight transport and logistics in Sub-Saharan Africa: Taaffe, Morrill and Gould revisited. Transport Reviews, 23: 275-297.

Ridolfi G. 1999. Containerisation in the Mediterranean: between global ocean routeways and feeder services. GeoJournal, 48: 29-34.

Rimmer P J, Comtois C. 2005. China's extra and intra- Asian liner shipping connections 1990-2000. Journal of international logistics and trade, 3 (1): 75-97.

Rimmer P J, Comtois C. 2009. China's container-related dynamics: 1990-2005. GeoJournal, 74 (1), 35-50.

Rimmer P J. 1967a. The changing status of new Zealand seaports, 1853- 1960. Annals of the Association of American Geographers, 57 (1): 88-100.

Rimmer P J. 1967b. The search for spatial regularities in the development of Australian seaports 1861-1961. Geografiska Annaler, 49B: 42-54.

Rimmer P J. 1977. A conceptual framework for examining urban and regional transport needs in Southeast Asia. Pacific Viewpoint, 18: 133-147.

Rimmer P J. 1997. China's infrastrure and economic development in the 21st century. Futures, 29 (4-5): 435-465.

Rimmer P J. 1999. The Asia-Pacific Rim's transport and telecommunications systems: spatial structure and corporate control since the mid-1980s. GeoJournal, 48: 43-65.

Robinson R, Kenneth W. 1997. Port brunswick and the colonial naval stores industry: historical and archaeological observations. North Carolina Archaeology, 46: 51-68.

Robinson R. 1970. The hinterland-foreland continuum: concept and methodology. The Professional Geographer, 22 (6): 307-310.

Robinson R. 1976. Modeling the port as an operational system: a perspective for research. Economic Geography, 52: 71-84.

Robinson R. 1998. Asia hub/feeder nets: the dynamics of restructuring. Maritime Policy and Management, 25: 21-40.

Robinson R. 2002. Ports as elements in value-driven chain systems: the new paradigm. Maritime Policy and Management, 29: 241-255.

Robinson R. 2005. Liner shipping strategy, network structuring and competitive advantage: a chain systems perspective, In: Cu Uinana (Ed.) Research in Transportation Economics Amsterdam: Elsevier, 12: 247-289.

Rodrigue J P, Comtois C, Slack B. 1997. Transportation and spatial cycles: evidence from maritime systems. Journal of Transport Geography, 5 (2): 87-98.

Rodrigue J P, Notteboom T. 2010. Foreland-based regionalization: integrating intermediate hubs with port hinterlands. Research in Transportation Economics, (27): 19-29.

Rose A J. 1966. Dissent from down under: metropolitan primacy as the normal state. Pacific viewpoint, 7: 1-27.

Ryoo D K, Thanopoulou H A. 1999. Liner alliances in the globalisation era: a strategic tool for Asian container carriers. Maritime Policy and Management, 26: 349-367.

Sargent A J. 1938. Seaports and hinterlands. London: Black.

Slack B, Comtois C, McCalla R J. 2002. Strategic alliances in the container shipping industry: a global perspective. Maritime Policy and Management, 29: 65-75.

Slack B, Comtois C, Sletmo G. 1996. Shipping lines as agents of change in the port industry. Maritime Policy and Management, 23: 289-300.

Slack B, Fremont A. 2005. Transformation of port terminal operations: from the local to the global. Transport Reviews, 25 (1): 117-130.

Slack B, Frémont A. 2004. The Transformation of Port Terminal Operations - From the Local to the Global. unpublished paper

Slack B, Wang J J. 2003. The challenge of peripheral ports: an Asian perspective. GeoJournal, 56: 159-166.

Slack B. 1985. Containerization, inter-port competition, and port selection. Maritime Policy and Management, 12: 293-303.

Slack B. 1990. Intermodal transportation in North America and the development of inland load centers. The Professional Geographer, 42 (1): 72-83.

Slack B. 1994. Domestic containerization and the load center concept. Maritime Policy and Managemrnt,

21 (3): 229-236.

Slack B. 1999. Across the pond: container shipping on the North Atlantic in the era of globalization. GeoJournal, 48: 9-14.

Slack B. 2001. Globalisation in Maritime Transportation: Competition, uncertainty and implications for port development strategy. FEEM Working Paper.

Smith D M. 1977. Geography of social Wellbeing in the United states. New York: McGraw Hill.

Smolensky E, Ratajczak D. 1965. The conception of cities. Explorations in Entrepreneurial History, 2 (2), 90-131.

Song D W. 2002. Regional container port competition and co-operation: the case of Hong Kong and South China. Journal of Transport Geography, 10 (2): 99-110.

Starr J T. 1994. The mid-Atlantic load center: Baltimore or Hampton Roads? Maritime Policy and Managemrnt, 21 (3): 219-227.

Suykens F. 1992. Can there be one mega-hub for Europe. Not published.

Taaffe E, Morril R. 1963. Transport expansion in underdeveloped countries. Geographical Review, 53 (4): 503-529.

Tongzon J. 2002. Port choice determinants in a competitive environment? Proceedings of the Panama 2002 IAME Conference. http: //www. eclac. cl/Transporte/perfil/iame papers/papers. asp 2010-3-10.

Veenstra A W, Mulder H M, Sels R A. 2005. Analysing container flows in the Caribbean. Journal of Transport Geography, 13 (4): 295-305.

Vigarié A. 1964. Les Grands Ports de Commerce de la Seine au Rhin. Leur Evolution devant l' Industrialisation des Arrière-pays (Paris: Sabri) .

Wang C J, Wang J E, Ducruet C. 2012. The peripheral port challenge in container system: a case study of the Pearl River Delta. Chinese Geographical Science, 22 (1): 97-108.

Wang J J, NgA K Y, Olivier D. 2004a. Port governance in China: a review of policies in an era of internationalizing port management practices. Transport Policy, 11: 237-250.

Wang J J, Olivier D. 2003. La gouvernance des ports et la relation ville-port en Chine? Les Cahiers Scientifiques due transport, 44: 25-54.

Wang J J, Slack B. 2000. The evolution of a regional container port system: the Pearl River Delta. Journal of Transport Geography, 8 (4): 263-275.

Wang J J, Slack B. 2004b. Regional governance of port development in China: a case study of Shanghai International Shipping Center. Maritime Policy and Management, 31 (4): 357-373.

Wang J J. 1998. A container load center with a developing hinterland: a case study of Hong Kong. Journal of Transport Geography, 6 (3): 187-201.

Weigend G G. 1958. Some elements in the study of port geography. Geographical Review, 48: 185-200.

参考文献

Willingdale M C. 1984. Ship-operator port-routeing behavior and the development process. *In*: Hoyle H S, Hilling D, Wiley J, Seaport Systems and Spatial Change. New York: 43-59.

Xavier F. 2000. Load centres in the Mediterranean port range. Ports hub and ports gateway, Load Lines, International Convention On Load Lines.

Yap W Y, Jasmine L. 2006. Competition dynamics between container ports in East Asia. Transportation Research Part A, 40: 35-51.

Yap W Y, Jasrnine L, Notteborm T. 2003. Developments in container port competition in East Asia. Proceedings of the IAME Conference, Busan, September: 715-735.

Yeung H W C, Lin G C S. 2003. Theorizing economic geographies of Asia. Economic Geography, 79: 107-128.

Yeung H W C. 1999. Introduction: competing in the global economy: the globalization of business firms from emerging economies. *In*: Yeung H W C. The Globalization of Business Firms from Emerging Economies, Edward Elgar, Cheltenham, Glos.

Yeung H W C. 2000a. The Globalization of Chinese Business Firms. London: Macmillan.

Yeung H W C. 2000b. Reconceptualising the 'firm' in new economic geographies: an organizational perspective, paper presented at The Firm in Economic GeographyWorkshop, 9 - 11, March, University of Portsmouth, Portsmouth.

Zalensik J. 1972. Remarks on the range of methods of the research of geography of sea transport. Geographia Polonia, 21: 79-89.

集装箱港口网络形成演化与发展机制

附　录

表1　世界主要集装箱港口的名称与所属地区

序号	港口英文名称	港口中文名称	所属国家/地区	序号	港口英文名称	港口中文名称	所属国家/地区
1	Hong Kong	香港	中国香港	31	Algeciras	阿尔赫西拉斯	西班牙
2	Singapore	新加坡	新加坡	32	Hampton Roads	汉普顿罗斯	美国
3	Kaohsiung	高雄	中国台湾	33	La Spezia	拉斯佩齐亚	意大利
4	Rotterdam	鹿特丹	荷兰	34	Port Kelang	巴生港	马来西亚
5	Busan	釜山	韩国	35	Honolulu	檀香山	美国
6	Kobe	神户	日本	36	Melbourne	墨尔本	澳大利亚
7	Hamburg	汉堡	德国	37	Osaka	大阪	日本
8	Los Angeles	洛杉矶	美国	38	Fujairah	富查伊拉	阿拉伯联合酋长国
9	Yokohama	横滨	日本	39	Durban	德班	南非
10	Long Beach	长滩	美国	40	Montreal	蒙特利尔	加拿大
11	New York/ New Jersey	纽约/新泽西	美国	41	Miani	迈阿密	美国
12	Antwerp	安特卫普	比利时	42	Damietta	达米埃塔	埃及
13	Keelung	基隆	中国台湾	43	Houston	休斯敦	美国
14	Dubai	迪拜	阿拉伯联合酋长国	44	Santos	桑托斯	巴西
15	Felixstowe	费利克斯托	英国	45	Piraeus	比雷埃夫斯	希腊
16	San Juan	圣胡安	波多黎各	46	Savannah	萨凡纳	美国
17	Tokyo	东京	日本	47	Zeebrugge	泽布吕赫	比利时
18	Bremen / Bremerhaven	不来梅/ 不来梅港	德国	48	Southampton	南安普敦	英国
19	Oakland	奥克兰	美国	49	Barcelona	巴塞罗那	西班牙
20	Bangkok	曼谷	泰国	50	Buenos Aires	布宜诺斯艾利斯	阿根廷
21	Manila	马尼拉	菲律宾	51	Port Botany	植物学港	澳大利亚
22	Nagoya	名古屋	日本	52	Baltimore	巴尔的摩	美国
23	Seattle	西雅图	美国	53	Xingang	新港	中国
24	Tacoma	塔科马	美国	54	Dublin	都柏林	爱尔兰
25	Tanjung Priok	丹戎不碌	印度尼西亚	55	Jacksonville	杰克逊维尔	美国
26	Jeddah	吉达	沙特阿拉伯	56	Khor Fakkan	豪尔费坎	阿拉伯联合酋长国
27	Shanghai	上海	中国	57	Vancouver	温哥华	加拿大
28	Le Havre	勒阿弗尔	法国	58	Marseilles	马赛	法国
29	Colornbo	科伦坡	斯里兰卡	59	Bomboy	孟买	印度
30	Charleston	查尔斯顿	美国	60	Haife	海法	以色列

序号	港口英文名称	港口中文名称	所属国家/地区	序号	港口英文名称	港口中文名称	所属国家/地区
61	Tanjung Perak	丹戎佩拉	印度尼西亚	96	Lzmir	伊兹密尔	土耳其
62	Valencia	巴伦西亚	西班牙	97	Thamesport	泰晤士港	英国
63	Liverpool	利物浦	英国	98	Alexandria	亚历山大	埃及
64	Gothenburg	哥德堡	瑞典	99	Cebu	宿务	菲律宾
65	Pueto Limon	利蒙港	哥斯达黎加	100	Hakata	干脆多	日本
66	New Orleans	新奥尔良	美国	101	Cape Town	开普敦	南非
67	Tilbury	蒂伯里	英国	102	Aarhus	奥胡斯	丹麦
68	Leghorn	莱戈恩	意大利	103	Puerto Cortes	科尔特斯港	洪都拉斯
69	Genoa	热那亚	意大利	104	Veracruz	韦拉克鲁斯	墨西哥
70	Penang	槟城	马来西亚	105	Cristobal	克里斯托瓦尔	巴拿马
71	Helsinki	赫尔辛基	芬兰	106	Larnaca	拉纳卡	塞浦路斯
72	Auckland	奥克兰	新西兰	107	Chittagong	吉大港	孟加拉国
73	Moji	门司	日本	108	Reykjavik	雷克雅未克	冰岛
74	Taichung	台中	中国台湾	109	Tomakomai	苫小牧	日本
75	Halifax	哈利法克斯	加拿大	110	Naples	那不勒斯	意大利
76	Dammam	达曼	沙特阿拉伯	111	Casablanca	卡萨布兰卡	摩洛哥
77	Marsaxlokk	马尔萨什洛克	马耳他	112	Jawaharlal Nehru	贾瓦哈拉尔·尼赫钽	印度
78	Anchorage	安克雷奇	美国	113	Wilmington	威尔明顿	美国
79	Lisbon	里斯本	葡萄牙	114	Fremantle	弗里曼特尔	澳大利亚
80	Ashdod	阿什杜德	以色列	115	Johor	柔佛	马来西亚
81	Kingston	金斯敦	牙加买	116	LEIXOES	莱克索斯	葡萄牙
82	Qingdao	青岛	中国	117	Thessaloniki	塞萨洛尼基	希腊
83	Hull	赫尔	英国	118	Ravenna	拉韦纳	意大利
84	Dalian	大连	中国	119	Madras	马德拉斯	印度
85	Valparaiso	瓦尔帕莱索	智利	120	Beiawan	勿拉湾	印度尼西亚
86	Portland OR	波特兰	美国	121	Santa Cruz	圣克鲁斯	加那利群岛（西班牙）
87	Abidajan	阿比让	科特迪瓦	122	Xiamen	厦门	中国
88	Shimizu	清水	日本	123	Harwich	哈里奇	英国
89	Las Palmas	拉斯帕尔马斯	加那利群岛（西班牙）	124	Boston	波士顿	美国
90	Haydarpasa	海达尔帕夏	土耳其	125	Trieste	的里雅斯特	意大利
91	Port Everglades	大沼泽地港	美国	126	Port Said	塞得港	埃及
92	Bilbao	比尔巴鄂	西班牙	127	Apra	阿普拉	关岛（美国）
93	Limassol	利马索尔	塞浦路斯	128	Copenhagen	哥本哈根	丹麦
94	Brisbane	布里斯班	澳大利亚	129	Palm Beach	棕榈滩	美国
95	Laem Chabang	林查班	泰国	130	Salexno	萨莱诺	意大利

集装箱港口网络形成演化与发展机制

序号	港口英文名称	港口中文名称	所属国家/地区	序号	港口英文名称	港口中文名称	所属国家/地区
131	Mombasa	蒙巴萨	肯尼亚	166	Port Jackson	杰克逊港	澳大利亚
132	Belfast	贝尔法斯特	英国	167	Fort-de-France	法兰西堡	马提尼克（法国）
133	Lagos	拉各斯	尼日利亚	168	Teesport	蒂斯波特	英国
134	Waterford	活特福德	爱尔兰	169	Burnie	伯尼	澳大利亚
135	Huangpu	黄埔	中国	170	Tema	特马	加纳
136	Guayaquil	瓜亚基尔	厄瓜多尔	171	Rio de Janeiro	里约热内卢	巴西
137	Immingham	伊明赫	英国	172	Shuwaikh	舒威赫	科威特
138	Buenaventura	布埃纳文图拉	哥伦比亚	173	Amsterdam	阿姆斯特丹	荷兰
139	Lattakia	拉塔基尔	叙利亚	174	Gulfport	格尔夫波特	美国
140	San Francisco	旧金山	美国	175	Sultan Qaboos	苏丹卡布斯港	阿曼
141	Cagayan de Oro	卡加延德奥罗	菲律宾	176	Nanjing	南京	中国
142	Venice	威尼斯	意大利	177	Montevideo	蒙得维的亚	乌拉圭
143	Philadelphia	费城	美国	178	Port Louis	路易港	毛里求斯
144	Port Elizabeth	伊丽莎白港	南非	179	Davao	达沃	菲律宾
145	Ipswich	伊普斯威奇	英国	180	St Petersburg	圣彼得堡	俄国
146	Oslo	奥斯陆	挪威	181	Bandar Abbas	阿巴斯港	伊朗
147	Grimsby	格里姆斯比	英国	182	Zhangjiagang	张家港港	中国
148	Gdynia	格丁尼亚	波兰	183	Vigo	维哥	西班牙
149	Shuaiba	舒艾拜	科威特	184	St john's NF	圣约翰斯	加拿大
150	Aqaba	亚喀巴	约旦	185	Cadiz	加的斯	西班牙
151	Rio Haina	里奥艾纳	多米尼加	186	Dunkirk	敦刻尔克	法国
152	Lyttelton	利特尔顿	新西兰	187	Douala	杜阿拉	喀麦隆
153	Wilmington NC	威尔明顿	美国	188	Willemstad	威廉斯塔德	安的列斯群岛（荷兰）
154	Kotka	科特尔	芬兰	189	Bellport	贝尔波特	英国
155	Mina Sulman	米纳苏尔曼	巴林	190	Itajai	伊塔雅伊	巴西
156	Calcutta/Haldia	加尔各答/霍尔迪	印度	191	Altamira	阿尔塔米拉	墨西哥
157	Rio Grande	里奥格兰德	巴西	192	Shekou	蛇口	中国
158	Mina Zayed	米纳扎伊德	阿拉伯联合酋长国	193	Paranagua	巴拉那瓜	巴西
159	Port of Spain	西班牙港	特立尼达和多巴哥	194	Cochin	科钦	印度
160	Mersin	梅尔辛	土耳其	195	Djibouti	吉布提	吉布提
161	Rouen	鲁昂	法国	196	Warrenpoint	沃伦波因特	英国
162	Galveston	加尔维斯顿	美国	197	Adelaide	阿德莱德	澳大利亚
163	Pointe-a-Pirtre	皮特尔角	瓜德罗普（法国）	198	Wellington	惠灵顿	新西兰
164	San Anotonio	圣安东尼奥	智利	199	Puert Cabello	卡贝略港	委内瑞拉
165	Nawiliwil	纳威利威利	美国	200	Esberg	埃斯比约	丹麦

序号	港口英文名称	港口中文名称	所属国家/地区	序号	港口英文名称	港口中文名称	所属国家/地区
201	Iquique	伊基克	智利	236	Tarragona	塔拉戈纳	西班牙
202	Koper	科佩尔	斯洛文尼亚	237	Arica	阿里卡	智利
203	Boston	波士顿	英国	238	Papeete	帕皮提	塔希提(法国)
204	Naha	那霸	日本	239	Doha	多哈	卡塔尔
205	Palma de Mallorca	帕尔马	西班牙	240	Bridgotown	布里奇敦	巴巴多斯
206	Lazaro Cardenas	拉萨罗·卡德纳斯	墨西哥	241	Noumea	努美阿	新喀里多尼亚(法国)
207	Funchal	丰沙尔	马德拉(葡萄牙)	242	Port Moresby	莫尔兹比港	巴布亚新几内亚
208	Rades	拉迪斯	突尼斯	243	Otago	奥塔戈	新西兰
209	Port Khalid	哈里德港	阿拉伯联合酋长国	244	Nassau	拿骚	巴哈马
210	Shantou	汕头	中国	245	Pomce	蓬塞	波多黎各
211	Coco Solo	科科索洛	巴拿马	246	Cotonou	科托努	贝宁
212	Grangemouth	格兰奇茅伊	英国	247	Tyne	泰恩	英国
213	Kahului	卡胡卢伊	英国	248	Savona	萨活纳	意大利
214	Ilyichevsk	伊利切夫斯克	乌克兰	249	Purfleet	珀弗利特	英国
215	Shimonoseki	下关	日本	250	Suva	苏瓦	斐济
216	Cork	科克	爱尔兰	251	Fernandina	弗尔南迪纳	美国
217	Manzamillo	曼萨尼约	墨西哥	252	Napier	内皮尔	新西兰
218	Comstantza	康斯坦察	罗马尼亚	253	Hobart	堆巴特	澳大利亚
219	Tauranga	陶朗阿	新西兰	254	Mitajiri	三田尻	日本
220	Chester	切斯特	美国	255	Lake Charles	莱克查尔斯	美国
221	Rijeka	里耶卡	克罗地亚	256	Rauma	劳马	芬兰
222	Lae	莱城	巴布亚新几内亚	257	Valletta^z	瓦莱塔	马耳他
223	Tuticorim	杜蒂戈林	印度	258	Hamilton	哈密尔顿	百慕大群岛(英国)
224	Kuching	古晋	马来西亚	259	Tampico	坦皮科	墨西哥
225	Launceston	郎塞斯顿	澳大利亚	260	Goole	古尔	英国
226	Ujung Pandang	乌绒潘当	印度尼西亚	261	Freeport	弗里波特	美国
227	Kota Kinabalu	哥打基纳巴卢	马来西亚	262	Port-au-Prince	太子港	海地
228	Hilo	希洛	美国	263	Kandla	根德拉	印度
229	Oraniestad	奥拉涅斯塔德	阿鲁巴	264	Pago Pago	帕果帕里	萨摩亚(美国)
230	Helsingborg	赫尔辛堡	瑞典	265	Varna	瓦尔纳	保加利亚
231	Pomta Delgada	蓬塔德尔加达	亚速尔群岛(葡萄牙)	266	Nantes	南特	法国
232	Wallhamn	瓦尔哈姆	瑞典	267	St John NB	圣约翰	加拿大
233	Richmond Va	里士满	美国	268	Palermo	巴勒莫	意大利
234	Las Minas Bay	拉斯米纳湾	巴拿马	269	Alcudia	阿尔库迪亚	西班牙
235	St John's	圣约翰	安提瓜和巴布达	270	Belem	贝伦	巴西

集装箱港口网络形成演化与发展机制

序号	港口英文名称	港口中文名称	所属国家/地区	序号	港口英文名称	港口中文名称	所属国家/地区
271	Seville	塞维利亚	西班牙	306	Cuzhaven	库克斯港	德国
272	Freeport	弗里波特	巴哈马	307	Mobile	莫比尔	美国
273	Yantai	烟台	中国	308	Toronto	多伦多	加拿大
274	Lianyungang	连云港	中国	309	Ensenada	埃塞纳达	墨西哥
275	Stockholm	斯德哥尔摩	瑞典	310	Bergen	卑尔根	挪威
276	Salina Cruz	萨利纳克鲁斯	墨西哥	311	Mahon	马杭	西班牙
277	Fredrikstad	腓特烈斯塔	挪威	312	Sete	塞特	法国
278	Sibu	泗务	马来西亚	313	Dover	多弗尔	英国
279	East London	东伦敦	南非	314	Rabaul	拉包尔	巴布亚新几内亚
280	Yokkaichi	四日市	日本	315	Timaru	蒂马鲁	新西兰
281	Castries	卡斯特里	圣卢西亚	316	Port Manatee	马纳蒂港	美国
282	Balboa	巴尔博亚	巴拿马	317	Kawaihae	卡韦哈伊	美国
283	Malmo	马尔默	瑞典	318	Manta	曼塔	厄瓜多尔
284	Belize	伯利兹	伯利兹	319	Ghent	根特	比利时
285	Acajutla	阿卡胡特拉	萨尔瓦多	320	Port Victoria	维多利亚港	塞舌尔
286	Swansea	斯旺西	英国	321	Kuantan	关丹	马来西亚
287	Odessa	敖德萨	乌克兰	322	Ibiza	伊维萨	西班牙
288	Walvis Bay	鲸湾	纳米比亚	323	Rosario	罗萨里奥	加那利群岛（西班牙）
289	Antofagasta	安托法加斯塔	智利	324	Progreso	普罗格协索	墨西哥
290	TRurku	图尔库	芬兰	325	Roseau	罗索	多米尼加
291	Point Lisas	波因特利萨斯	特立尼达和多巴哥	326	Port Harcourt	哈科特港	尼日利亚
292	Maputo	马普托	莫桑比克	327	Kiel	基尔	德国
293	Clydeport	克莱德港	英国	328	Apia	阿皮亚	西萨摩亚
294	Oran	奥兰	阿尔及利亚	329	Szczecin	什切青	波兰
295	Beira	贝拉	莫桑比克	330	Tampa	坦帕	美国
296	Puenta Arenas	蓬塔阿雷纳斯	智利	331	Visakhapatnam	维沙卡帕特南	印度
297	Zhangjiang	湛江	中国	332	Bandar Khomeini	堆梅尼港	伊朗
298	Townsville	汤斯维尔	澳大利亚	333	Dutch Harbor	荷兰港	美国
299	Kristiansand	克里斯蒂安桑	挪威	334	San Vicente	圣维森特	智利
300	Niigata	新潟	日本	335	Aden	亚丁	也门
301	Bordeaux	波尔多	法国	336	Darwin	达尔文	澳大利亚
302	Vasteras	韦斯特罗斯	瑞典	337	Flushing	弗拉辛	荷兰
303	Eilat	埃拉特	以色列	338	Drogheda	德罗赫达	爱尔兰
304	Freetown	弗里敦	塞拉利昂	339	Famagusta	法马古斯塔	塞浦路斯
305	Vancouver WA	温哥华	美国	340	Gijon	希洪	西班牙

序号	港口英文名称	港口中文名称	所属国家/地区	序号	港口英文名称	港口中文名称	所属国家/地区
341	Morelos	莫雷洛斯	墨西哥	362	Wewak	韦瓦克	巴布亚新几内亚
342	Suape	苏阿佩	巴西	363	Onehunga	奥内洪加	新西兰
343	Renory	雷诺里	比利时	364	Tuxpan	图斯潘	墨西哥
344	Lautok	劳托卡	斐济	365	Calabar	卡拉巴尔	尼日利亚
345	Nacalaa	纳卡拉	莫桑比克	366	Acapulco	阿卡普尔科	墨西哥
346	Ilheus	伊列乌斯	巴西	367	Derince	代林杰	土耳其
347	Gemport	盖姆波特	土耳其	368	Tunis	突尼斯	突尼斯
348	Newcastle	纽卡斯尔	澳大利亚	369	Mazatlan	马萨特兰	墨西哥
349	Warri	瓦里	尼日利亚	370	Arrecife	阿雷西费	加那利群岛（西班牙）
350	San Diego	圣迭哥	美国	371	Gibraltar	直布罗陀	直布罗陀（英国）
351	Corpus Christi	科珀斯克里斯蒂	美国	372	Alotau	阿洛陶	巴布亚新几内亚
352	Samsun	萨姆松	土耳其	373	Porto Santo	圣港	马德拉岛（葡萄牙）
353	Yanbu	延布	沙特阿拉伯	374	Bandirm	班德尔马	土耳其
354	Qinhuangdao	秦皇岛	中国	375	Kimbea	金贝	巴布亚新几内亚
355	Bluff	布拉夫	新西兰	376	Rostock	罗斯托克	德国
356	Longview	朗维尤	美国	377	Emden	埃姆登	德国
357	NEW Plymouth	新普利茅斯	新西兰	378	King's Lynn	金斯林	英国
358	Talcahuano	塔尔卡瓦诺	智利	379	Kavieng	卡维恩	巴布亚新几内亚
359	Madang	马当	巴布亚新几内亚	380	Milwaukee	密尔活基	美国
360	Coquimbo	科金博	智利	381	Mina Saqr	米纳塞格尔	阿拉伯联合酋长国
361	Portland ME	波特兰	美国				

后 记

本人从事港口和港口体系的地理学研究，开始于硕士研究生期间。1999 年攻读硕士以来，开始接触交通地理学的学习和研究，并将研究方向定位于港口地理学。在攻读硕士和博士期间，有幸参与了国家自然科学基金项目与地方港口项目的研究工作，对港口和港口体系的地理学研究逐渐积累一定的基础认识，形成了初步的基础知识体系。2005 年，参与了金凤君研究员带领的交通地理研究团队，除了系统地学习交通地理的研究体系，集中精力从事港口的地理学研究。尤其是在国家自然科学基金项目的资助下，开始了本书的系统化设计与研究。作为从事港口地理研究十几年的科研产出，本专著能够出版，甚为欣喜。

本专著的研究与撰写离不开老师、同事与师兄弟们的指导与帮助。我的老师金凤君研究员在本专著的设计、研究和撰写过程中，提供了许多的指导、建议与帮助，同时他也是我从事港口地理研究的坚定支持者。交通地理研究团队的王姣娥、马丽、戴特奇等同事同仁，参与了本研究的许多讨论与设计，并在研究方法上提供了许多指导。刘鹤、丁金学、杨威等师弟们也为本研究的制图与数据收集提供了有力支撑。

在研究过程中，学习和借鉴了许多国际同仁们的研究理念和学术思想，尤其是重点参考了 Jean-Paul Rodrigue、Theo Notteboom 等编著的 *Transport system and transportation Geography* 一书，了解到国际港口地理学的最新研究进展、理念理论和技术方法。特别是，在港口地理的研究过程中，得到了法国国家科学研究院的 Ducruet Cesar 教授的协助与合作，Ducruet Cesar 教授为本书的许多研究做出了贡献。

虽然这本专著已经完成并有幸出版，但作为作者感觉还有许多的缺陷和不足，仍然忐忑不安。所幸的是，交通地理学是我终生要从事的学术研究领域，未来可以投入更多的时间与精力，去完善和补充甚至修正本专著的不足之处。

最后，希望本书能够对中国港口地理学的理论构建与实证研究有所丰富，对中国港口的建设与发展有所指导与借鉴，实现科学研究的应用价值。

王成金

2012 年 4 月